郑州大学人才学科项目

中国青铜乐钟考古

冯卓慧·主编

文化艺术出版社
Culture and Art Publishing House

图书在版编目（CIP）数据

中国青铜乐钟考古 / 冯卓慧主编. —北京： 文化艺术出版社，2022.12
ISBN 978-7-5039-7339-0

Ⅰ.①编… Ⅱ.①冯… Ⅲ.①编钟—音乐—考古—研究—中国 Ⅳ.①K875.54

中国版本图书馆CIP数据核字（2022）第228372号

中国青铜乐钟考古

主　　编	冯卓慧
责任编辑	董良敏　李　璐　赵明智
书籍设计	李　响　姚雪嫒
出版发行	文化藝術出版社
地　　址	北京市东城区东四八条52号（100700）
网　　址	www.caaph.com
电子邮箱	s@caaph.com
电　　话	（010）84057666（总编室）　84057667（办公室） 　　　　84057696—84057699（发行部）
传　　真	（010）84057660（总编室）　84057670（办公室） 　　　　84057690（发行部）
经　　销	新华书店
印　　刷	国英印务有限公司
版　　次	2023年1月第1版
印　　次	2023年1月第1次印刷
开　　本	710毫米×1000毫米　1/16
印　　张	31.25
字　　数	456千字
书　　号	ISBN 978-7-5039-7339-0
定　　价	118.00元

版权所有，侵权必究。如有印装错误，随时调换。

序　言

王子初

　　中国青铜乐钟，完全不同于世界其他古文明中的钟类乐器，它有着更为深厚的历史与文化积淀。在中国古老的传说中，黄帝、炎帝、颛顼、帝喾、尧、禹等，均有发明乐钟的说法。考古资料表明，陕西龙山文化遗址中出土的陶钟、山西襄汾陶寺等遗址中发现的陶铃以及中国最早的金属乐器铜铃，可视为乐钟的原始形态。它们与生俱来的非正圆形腔体，与后来青铜乐钟的"合瓦形"有着明显的同源关系。

　　史传周公制礼作乐，至今3000余年。中华民族自誉"礼仪之邦"，"礼乐"成为一种至高无上的政治理想。与此密切相关，钟磬乐悬得到急剧的发展。周人已充分认识了音乐的社会功能，严格地规定了各级贵族的用乐制度。"乐""礼"相辅相成，"乐悬"之中，编钟始终占据着核心地位，加之青铜材料的耐久性，由此造就了丰富的地下编钟宝藏，举世罕见。

　　自殷商的编铙至西周初期的钟类乐器，多为二三件一组。个案如曾侯犺墓，偶见有5件一组者。至西周中晚期，编钟发展到诸如"柞钟"8件一套、晋侯苏编钟16件一套。音乐考古学研究表明，西周编钟的音列被严格地规定为五声缺商的宫、角、徵、羽四声。至两周之际，编钟以纽钟的新貌走出了五音不全的困境，商音出现了！作为乐器，艺术的动力终于冲破了政治的束缚：七声齐全，可以十二律旋宫的编钟闪亮登场！更有甚者，为了更好地扩大音域和更方便地旋宫转调，人们将包括甬钟、纽钟和镈等多种形制的多组编钟，集合成规模更大的编钟组群——大型组合编钟。战国初期的曾侯乙大型组合编钟，是中国青铜乐钟发展的辉煌顶峰！

曾侯乙编钟的出土，是有史以来空前的音乐考古发现！中国青铜乐钟的"双音钟铸调技术"，是音乐科技方面的一项辉煌发明。"一钟二音"构想的实施不是偶然现象，其学术含量远超越于中国古代"四大发明"之上。唯有曾侯乙编钟以其明确无误的标音铭文，才使整个学术界得以确认这一科学史上的奇迹。诚如宏达65件套、总重量达4421.48千克的曾侯乙编钟，古代曾国的能工巧匠，将多达130个乐音置于这套举世无双的编钟上，实施了无比繁复、仍能旋宫自如的"辅曾体系"。其因"不平均律"造成的复杂性，足令古希腊音乐文明难忘项背、毕达哥拉斯等辈望洋兴叹，也让现代的专家学者叹为观止！

秦汉之际，青铜乐钟的发展进入强弩之末。一把秦火，烧灭六国的刀兵纷争，青铜时代终结了，一度如日中天的中国青铜乐钟，走向了它的衰落。秦乐府钟是目前唯一可确认的秦代乐钟遗存。不过，山东济南洛庄汉墓、西汉江都王刘非墓、广州南越王墓及南昌海昏侯墓编钟的出土，提出了一系列研究的新课题。它们无疑证明了，对以双音技术为核心的先秦编钟铸造技术在秦汉之际已经失传的观点，要重新加以审定。

秦汉以往，历代均有功成作乐之议。礼乐之中，仍以编钟乐悬为重。三国遗有黄龙元年纽钟；隋唐发现隋炀帝萧皇后墓编钟；北宋徽宗于崇宁年间立大晟府，以宋公成编钟为据铸大晟编钟；明季清世，仍不乏造钟之举，然而作为复古意念的产物，其与先秦编钟相比，五音不调，宫商乖错，形似而神不似，乃至形神俱失！先秦高超的造钟和调音方法已湮没在历史长河之中。

从北宋的金石学到现代的考古学，从薛尚功的《历代钟鼎彝器款识法帖》、王厚之的《钟鼎款识》，到王国维的《夜雨楚公钟跋》、郭沫若的《两周金文辞大系图录考释》，先秦编钟始终为学者们所关注。然这种关注，一直停留在与其他古代的青铜礼器、食器或酒器一样，把编钟仅仅作为一种历史文物和价值不菲的古董，而将编钟作为一种乐器——人类为音乐艺术所创制、使用的发声器械——来说，这种关注和研究却把它们的音乐主体忽略了。既为乐器，必要发声，也就必有其特定的音乐、音响性能；既为乐器，必由人来演奏，其造型、结构必与人们特定的操控姿势、演奏方式紧密相关；既为乐器，其自身的设计、制作、调试也必定在各个不同的历史时期有其特定的内涵和方式……唯有现代音乐考古学家的加入，有效地弥补了这一大块学术空间。在他们的眼中，看到了以往人们所没有注意到的大量重要的历史信息，大大丰富了编钟探索的畛域，开拓了青铜器研究的视野——如同本书各位作者的研究所示。

这是一片亟待开垦的学术园地。中国青铜乐钟这一神秘、古老的研究课题及其所蕴含的高文化、高科技和高艺术背景，将越来越受到了社会的瞩目。它如前景广阔，水草丰美的原野，将任由骏马驰骋于其间！

目录

001 | 曾侯㠱墓编钟的音乐考古 / 王子初

024 | 两周编钟音列研究 / 孔义龙

083 | 西周乐悬制度的音乐考古学研究 / 王清雷

151 | 春秋许公墓编钟研究 / 陈　艳

215 | 楚钟研究 / 邵晓洁

254 | 商周镈研究 / 冯卓慧

305 | 先秦大型组合编钟研究 / 王友华

329 | 吴越编钟研究 / 马国伟

381 | 乐钟研究的标准差分析法
　　　——两周越地青铜编钟为例 / 隋　郁

436 | 郑国祭祀遗址编钟研究 / 曲文静

曾侯犺墓编钟的音乐考古

王子初

近年湖北江汉地区多次发现西周时期的文化遗址，主要有随州叶家山墓地、宜昌万福垴遗址等，均有重要音乐文物出土，为音乐考古学者密切关注。

叶家山墓地位于湖北随州市淅河镇漂河西南一处南北走向的椭圆形岗地上，是江汉地区以至长江流域最为重要的一次西周音乐考古发现。墓地与著名的曾侯乙墓相隔20余千米，这里应是一处完整的西周早期曾国国君的家族墓地，比已知的曾侯乙墓要早500余年，其墓主应是曾侯乙的祖辈。这里出土的文物不仅数量多，而且保存好、价值高；尤其是发现青铜器铭文多达400余字，其对研究西周早期的曾国历史是一次重大突破。湖北省文物考古研究所分别于2011年、2013年进行了两次考古发掘，发掘墓葬140座和马坑7座，出土各类文物千余件。其中的M65、M28、M111号三座大墓出土的许多青铜器上，分别出现了"曾侯""曾侯谏""曾侯犺"三位曾侯的铭文，应分别为三位曾侯的墓葬。2011年1月至6月，湖北省文物考古研究所对该墓地所做的第一阶段发掘工作，出土陶、铜、瓷、玉石、漆木等各类质地的器物739件。从其器物组合看，其年代特征明确，大体在西周的成、康、昭之世（前1042—前977）。

叶家山M111号曾侯犺墓的发掘，是自1978年曾侯乙墓发掘后，又一和曾国或曾侯相关的重要考古发现。墓中出土的编钟，其重大的学术价值可体现在以下几个方面。其一，这套编钟是先秦"双音钟"的最早实证，对于探索先秦时期音乐科技的重大发明——"双音钟"奥秘意义重大。其次，此前所知明确属西周早期至穆王时期的甬钟标本，主要见于陕西、河南、山西等地，基本组合为单纯的甬钟2件或3件，均未见有镈的加入；这组编钟"乐悬"有镈的加入，为所见西周早期的"乐悬"之开山之作。其三，这套编钟也是"周乐戒商"的最早实例，为研究西周"周乐戒商"的千年疑案，带来了破解的希望之光。其四，这套乐器是迄今这一时期的编钟一次数量最多的发现，是证明西周礼乐制度的发展观之重要标本。

一、曾侯犺墓的音乐考古发现

曾侯犺墓位于叶家山墓地最南端，规模最大，为带墓道的长方形竖穴墓。墓葬保存不佳，墓室腐蚀得只剩痕迹，棺椁及人骨已朽。墓中出土的青铜器铭文有"曾侯犺"字样（一说"犺"应隶定为"狣"，读若"立"[①]）。曾侯犺当为该墓的墓主，即曾侯乙500年前的先祖。编钟出土时，被置于墓坑内西侧二层台上中间的位置，镈、甬钟皆口朝下；4件甬钟的中间两钟斡朝下，两边两钟斡朝上。镈、甬钟一字排开，自南往北依次为镈钟M111：5、甬钟M111：7、M111：8、M111：11、M111：13。甬钟的造型可分为两式，M111：7、M111：11为一

图1 曾侯犺墓编钟的出土

---

① 罗运环：《叶家山曾侯名"犺"兼及亢字考论》，叶家山西周墓地国际学术研讨会会议论文，2013年12月，第85页。

式；M111：8、M111：13 为另一式，两式甬钟为交错排列。现场未见悬钟的簨虡构件及演奏所用的工具。

墓中出土编钟5件（下称"曾侯犺墓编钟"），均以青铜铸制。包括镈1件、甬钟4件，均保存完好。编钟胎体厚重，铸造较精良，通体覆盖绿锈，锈蚀不甚重，可正常发音；4个甬钟具备了双音钟性能，每个钟能发出两个音；其中的2件右侧鼓部还铸有作为侧鼓音敲击点标志的云纹；镈也可以较好地发出正鼓音。这套编钟应是墓主曾侯犺生前使用的乐器，为音乐学考古学研究提供了珍贵的资料。

甬钟可根据其侧鼓部有无云纹标志分为二式。

Ⅰ式钟两件，分别为M111：7号钟与M111：11号钟。二钟除了形制大小有别外，其造型、纹饰几乎完全相同。二钟平舞直铣，舞面中心置甬。甬为带锥度的椭圆形管状，前后为长径，左右为短径。甬管不封衡，中空通腔；上小下大。钟甬斡旋具备。旋箍状，环绕于甬偏下部，上饰纤细云纹及4个乳钉；斡作瘦细斜环状。钟腔为标准合瓦形，于口弧曲上凹，铣棱清晰。钟腔两面纹饰相同。腔面以纤细双阳弦纹夹乳钉纹框隔出枚、篆、钲各部。枚做二节犬牙状，布钟腔两面；每面以钲部分界，分两区，区三行，行三枚，计18枚。钟腔正背两面共36枚。两排枚间为篆带，饰纤细横向S形云纹。枚篆区下部至于口间为鼓部，两团四瓣云纹对称布置于鼓部正中，云纹纤细而规整。正面右侧鼓部隐约可见作为侧鼓音敲击的类云纹标志。于口部外沿饰有一道极细的弦纹。从于口看钟内腔，十分平整；于口内沿无内唇、弦纹等构造或装饰性设施，更不见调音槽及其他因调音而产生的任何锉磨痕迹。

Ⅱ式钟两件，分别为M111：8号钟与M111：13号钟。与Ⅰ式钟相比，除了形制大小和纹饰有所差别之外，造型基本相同。如二钟平舞直铣，舞面中心置甬。甬为带锥度的椭圆形管状，前后为长径，左右为短径。甬管不封衡，中空通腔；上小下大。钟甬斡旋具备。旋箍状环绕于甬下部，上饰纤细云纹及4个乳钉；斡做瘦细斜环状等。又如二钟的钟腔为标准合瓦形，于口弧曲上凹，铣棱清晰。钟腔两面纹饰相同，每面以钲部分界，布36枚于钟腔两面。枚篆区下部至于口间为鼓部，两团纤细四瓣云纹对称布置于鼓部正中等。还有钟内腔平整，于口无内唇、弦纹等构造或装饰，更不见调音槽及调音锉磨痕迹；于口部外沿饰有一道极细的弦纹等。

Ⅱ式钟腔面以纤细双阳弦纹夹圈点纹框隔出枚、篆、钲各部，正面右侧鼓部未见作为侧鼓音敲击的类云纹标志是其最鲜明的特征。又其枚较Ⅰ式钟稍短，枚端为较圆润的乳头状，非Ⅰ式钟的二节犬牙或圆台状。两排枚间的篆带，纹饰与Ⅰ式钟有别，改纤细横向S形云纹而为勾连云纹。于口外沿内折为1厘米宽的斜面。

图 2　曾侯犺墓编钟（8）　　图 3　曾侯犺墓编钟（13）　　图 4　曾侯犺墓编钟（7）　　图 5　曾侯犺墓编钟（11）

M111：5号钟是一件"四虎镈"。镈体正面呈梯形，近于口处稍内敛。横截面为圆角长方形。平舞，舞素面，舞面中心为一较大的方形透孔，应为铸造时模范间芯撑遗痕。舞面植半方形环纽，作悬钟之用。纽两足间设一横杠，纽上以勾连云纹为饰。于口平齐。镈体两侧铣棱不显，各设宽扁扉棱，以倒虎两两相对，构成所谓"四虎"主题。虎张口卷尾，突目贴耳，口眼、四肢、躯干、斑纹及长尾一一列出，较写实。镈体两面正中各设中脊，为透雕凤鸟主

题，凤鸟透雕，取鸽首联长羽勾尾五重，丰冠利喙，不失富丽；镈腔两面纹饰相同，满饰一兽面纹，突出中心一对巨目，间以简朴云纹为地。兽面上下各以火纹乳钉带框隔，肃穆狞厉。兽面两侧仍设凤鸟主题护卫。鼓部较窄，素面无纹。从于口看，口沿毛糙，未经修磨，浇冒口痕迹可辨；根据遗存范线分析，镈纽和扉棱当与镈体为一次浑铸而成；鸟形中脊与钟体连接部可见长方形凹槽，当为铸焊而成。方法是将鸟形中脊预先铸成，然后将预制件嵌入整钟的模范，再在浇注钟体时熔焊为一体。内腔平整，于口内沿饰宽带内唇，唇沿略略勾起；不见明显的调音槽及因调音而产生的任何锉磨痕迹，也无音梁之类设施。

表 1　叶家山曾侯墓地 M111 编钟形制数据表[①]　　　　单位：毫米、千克

出土号	类别	通高	甬（钮）长（高）	甬（钮）上径（宽）	甬（钮）下径（宽）	舞修	舞广	铣长	中长	铣间	鼓间	壁厚 正鼓	壁厚 侧鼓	枚长	枚底径	质量
M111：7	甬钟	42.8	13.3	3.8–4.3	5.1–5.8	21.2	15.3	29.0	24.7	25.1	17.5	1.2	1.1	2.3	1.6	
M111：8	甬钟	46.3	14.5	3.6–4.4	5.2–6.4	22.0	17.3	32.1	28.1	27.4	20.6	1.1	1.0	1.3	1.7	
M111：11	甬钟	39.5	13.6	3.6–4.2	4.6–5.3	19.1	14.5	26.6	22.4	23.3	15.6	1.3	1.2	2.1	1.3	
M111：13	甬钟	44.3	14.8	3.4–4.3	5.0–5.7	19.6	15.3	29.4	25.4	25.3	18.0	0.9	1.0	1.5	1.7	
M111：5	镈	44.3	10.6	8.6		11.3	18.7	13.3	33.6	33.8	27.5	20.6	1.5	1.4	/	/	
备注	四件甬钟的甬为带锥度的椭圆形管状。甬管不封衡，上小下大，前后为长径，左右为短径。															

[①] 王子初 2019 年 1 月 17 日测于湖北随州博物馆。

图6　曾侯犺墓镈　　　　　　　图7　日本泉屋博古馆藏四虎镈

图8　北京故宫藏四虎镈　　　　图9　上海博物馆藏四虎镈

  曾侯犺墓编钟的出土，对曾侯乙编钟学术价值的进一步认识及探索有关曾国音乐的未解之谜，均将带来重要影响！

二、先秦"双音钟"的最早实证

曾侯犺墓出土的 5 件钟镈,特别是 4 件甬钟,已经是明白无误的双音钟。

所谓"双音钟"即"一钟二音",说的是编钟的双音性能。其完整的表述应该是"中国先秦双基频青铜乐钟及其铸调技术"。这是古代中国在音乐科技上的一项伟大发明。1977 年 3—5 月,以吕骥为首的音乐学家一行四人,去甘肃、陕西、山西、河南四省进行了专门的音乐考古调查,取得了重大收获:著名音乐学家黄翔鹏发现了先秦编钟的双音性能,这是 20 世纪中国音乐考古学上的一项重大发现。

早在 1958 年,河南信阳长台关 1 号墓出土了甾簋编钟,以其罕见的重大音乐考古发现及出土乐器的优良性能轰动一时。当时中国第一颗人造卫星即将上天,有关部门决定用甾簋编钟演奏乐曲《东方红》,完成随卫星上天播向太空的壮举。当时参加编钟演奏和检测工作的中央音乐学院中国音乐研究所的郭瑛、孟宪福、王世襄等人发现,按编钟一钟一音计,甾簋编钟只能奏出一个五正声之外带清角音的六声音阶,无法奏全《东方红》之七声音阶;无奈之中,他们不小心碰响了第二枚编钟的钟枚,意外获得了所需的变宫音 #e[①],由之一首完整的《东方红》旋律被演奏了出来。这一事件虽然已经接触到了双音钟的另一个音——侧鼓音,但只是当作一种偶然现象加以利用,并未真正认识到先秦双音技术的存在。正是 1977 年的音乐考古调查,黄翔鹏发现了先秦编钟"一钟二音"的现象。当年 9 月,他完成了相关的重要论文,以《新石器和青铜时代的已知音响资料与我国音阶发展史问题》[②] 为题正式发表。文中指出:

---

① 黄翔鹏:《曾侯乙钟磬铭辞乐律学研究十年进程——1988 年曾侯乙钟国际学术讨论会文集"曾侯乙编钟研究"代序》,载黄翔鹏《中国人的音乐和音乐学》,山东文艺出版社 1997 年版。

② 原文载人民音乐出版社《音乐论丛》1978 年版第 1 辑、1980 年版第 3 辑。

成套的西周中、晚期编钟自第三钟以上的角—羽结构每组两钟，除它们的"隧"部（原注：隧，亦称"正鼓"，下同）音响之外，在隧部与铣边之间近钟口处，一般都可以敲击出比"隧音"高一小三度的音响。此处暂且名之曰"右鼓音"（左鼓一般同音）：（以下附有编钟图形，明确标注出了"隧部""右鼓音""铣边"等位置。）

第三钟以上的"右鼓音"几乎无例外的都是小三度，而且绝大多数都是倾向于纯律的小三度（只有极少的例外比纯律小三度略小）

……这样，隧音为"角"者，其右鼓音必然就是"徵"；隧音为"羽"者，其右鼓音必然就是"宫"。表面上的角—羽结构其实就暗含着"角—徵—羽—宫"结构。

黄翔鹏这一结论，是在科学地分析了大量先秦编钟的测音资料后得出的系统性认识。他注意到西周编钟一个十分有趣的现象，即编钟的第三钟及以上各钟的右侧鼓部，均刻有一个富于想象的凤鸟图案。他在这个图案处敲击了一下，另一个不同于正鼓音高的乐音赫然跳出！他围绕这凤鸟图案周围反复试奏，发现这个点是侧鼓音发音的最佳敲击点。编钟的正、侧鼓音之间，呈规律地构成一个小三度音程关系。显然，这个凤鸟图案正是古人有意设置的侧鼓音敲击点标志。原来一钟二音这个千古之谜，古人已把"谜底"刻写在钟上；而2000多年来，人们却视而不见。他还注意到众多的西周编钟中，最大的第一、二两钟，侧鼓部均不设凤鸟图案；经多次试奏发现，这两钟的正、侧鼓音的音程也无明显的规律。由之他作出了较为合理的判断，"第一、二两钟一般无右鼓音"[①]。他不仅清晰地揭示了先秦编钟的双音奥秘，而且已经从中找到了西周编钟的音律编组设计及一钟二音音程关系的基本规律。

---

① 黄翔鹏：《新石器和青铜时代的已知音响资料与我国音阶发展史问题》，载《音乐论丛》第3辑，人民音乐出版社1980年版，第129页。

黄翔鹏关于先秦发明双音编钟的观点一经提出，受到了当时学界的多方质疑；即便是中国音乐史巨擘杨荫浏先生，也不无忧虑地对他说：黄翔鹏呀黄翔鹏，你这个说法可是于史无据啊（大意）！然而仅在他的重大发现公布的次年，曾侯乙编钟出土了！它以其65口青铜编钟正、侧鼓部明确无误的音响实证，加上每一个编钟上对应这些音响的阶名和律名的错金标音铭文，使得人们毫无悬念地确认了先秦"双音钟"这一伟大科学发明的存在。1978年7月初，曾侯乙编钟每钟的双音数据被首次测定！①

　　一个问题油然而生：曾侯乙编钟的铭文揭示的是双音钟（及其铸调技术）已被大量应用的事实；那么，古人究竟是在什么时候发明了双音钟？随州曾侯䜉墓编钟的出土，特别是其中2件甬钟侧鼓音的敲击标志，将引领人们向问题的答案靠拢：西周早期的编钟，今已有晋侯苏编钟的Ⅰ、Ⅱ式钟、两座㣈国墓编钟等标本，均未有编钟被有意识地设计和使用侧鼓音的确证；唯到1980年出土于河南平顶山的魏庄甬钟，其3号钟正面右鼓铸就的一个凤鸟纹图案赫然映入人们的眼帘，这应为其明确的侧鼓音敲击点标志。平顶山魏庄编钟的时代，已属西周的早中期。今曾侯䜉墓两件甬编钟的侧鼓音敲击标志的出现，明显将这一发明的时间提前到西周的成、康、昭之世（前1042—前977）的西周初或早期，不会晚于昭王时期而只能更早。可以确认，中国先秦音乐科技上"双音钟"铸调技术的发明，应在周初甬钟创建后不久就已经昭白无误地确立了！

---

① 参见湖北省博物馆编《曾侯乙墓》上册，《中国田野考古报告集·考古学专刊丁种第三十七号》，文物出版社1989年版，第109页。

图 10　河南平顶山魏庄甬钟

三、镈入"乐悬"的开山之作

　　早期的镈，所见皆为单件。曾侯犺墓出土的这件四虎镈在西周早期即与四件甬钟形成编列，尚属首例。从出土的情况可以看出，曾侯犺墓中的镈与 4 件甬钟放置在一起，且排列有序，说明其在当年下葬之时，已被人们看作一个整体。5 件钟镈的测音结果也表明，它们音列有序，共同构成了以 E 为宫的徵、羽、宫、角的四声音列，体现了最典型的西周编钟的音列规范！曾侯犺墓出土的 5 件钟镈，在当时无疑是作为成套的旋律乐器来看待的。即在西周早期，镈这种乐器，已经加入了西周礼乐制度的重要组成部分"乐悬"之中！

　　镈最重要的早期标本，见于 1989 年 9 月发掘的江西新干大洋洲商墓。[①] 由此，镈这种形式的青铜乐钟，早起于商代晚期已无疑问。曾侯犺墓出土的镈，是迄今所见唯一经科学考古发掘并出土于墓葬的西周标本，为镈这种乐器的最重要的西周早期标准器。这一考古发现，进一步解决了有关这种青铜乐器聚讼多年的起源、族属性质及断代问题，具有重大的学术意义。曾侯犺墓出土的镈

---

① 参见江西省文物考古研究所等《新干商代大墓》，文物出版社 1997 年版，第 80 页。

与江西新干大洋洲所出，在造型纹饰等方面已有一定的改变，特别是镈两侧的扉棱以倒悬四虎两两相对为主题，与大洋洲商镈有着明显的区别。但曾侯犹墓镈在四虎主题应用到扉棱的同时，却将大洋洲商镈的立鸟勾戟状多叠羽尾这一古老主题仍加保留，移用于镈体新加的中脊上！相比立鸟勾尾这一主题，四虎的内容应为后出。曾侯犹墓出土的这种四虎镈，还见于故宫博物院的传世品1件、湖南省博物馆藏的采集品1件、《宣和博古图录》的著录1件〔图11a、图11b〕、上海博物馆收购品2件；还有日本京都泉屋博古馆、美国华盛顿赛克勒博物馆各1件等；因都不是科学发掘所得，有关其断代历来聚讼纷纭。今幸有曾侯犹墓所出，且保存完好，音高明晰，实属难得！其与同出甬钟构成E宫徵调式四声音阶，使音域达一个八度又一个纯四度，并为镈与甬钟的乐悬组合开创了一个宝贵的先例。

图11a　湖南邵东民安镈　　　　　　图11b　湖南邵东民安镈中脊

图 12　湖南博物馆藏虎饰镈

图 13a　江西新干大洋洲商墓镈

图 13b　江西新干大洋洲商墓镈舞部

图 13c　江西新干大洋洲商墓镈于口

　　北方早期镈自铭为钟，至春秋中晚期始有自铭为"镈"者出现。随着西周礼乐制度的不断发展，其内容也逐渐丰富。镈在乐悬的发展之中，或同消共长，或独自嬗变。至西周中晚期，其由最初单件使用的特镈，于中原地区发展为多件成编的形式，如著名的克镈、逨镈，均已是成编的"编镈"了。不过，目前所见这些西周的重要文物多为窖藏所出，虽因有长篇铭文提供了珍贵的历史信息，但相较于科学发掘于墓葬的曾侯犺墓镈，价值上终究略输一筹。叶家山镈入乐悬的先例，至春秋战国时期，已发展成为大型组合编钟的重要组成钟组。河南新郑郑国祭祀遗址陆续出土的 11 套编钟、河南辉县琉璃阁战国墓编钟以及叶县许灵公墓大型组合编钟，重要例证接踵而至，屡见不鲜。

四、初见"周乐戒商"的实例

叶家山曾侯犺墓钟镈的测音结果表明，五钟的正、侧鼓音皆可发小三度或大三度音程的双音，构成为 E 宫的"徵—羽—宫—角—徵—羽—宫"音列，完全与周初乐钟"戒商"的规矩相吻合①。叶家山这 5 件钟镈，是目前所见周初乐钟戒除商声制度的最早标本。

所谓的"周乐戒商"，最早见于《周礼·大司乐》。这段文字记载了周代祭祀天、地和人鬼的用乐制度。②它用"某律为某声"的排比句法，不厌其烦地依次叙述了周乐在三大祭祀中所用音乐的律声关系："为宫""为角""为徵""为羽"，唯独不见"为商"之说。汉儒郑玄注《大司乐》，首先提出了他"此乐无商"的发现，由此开始了中国历史上长达 2000 余年的"周乐戒商"公案。将"周乐戒商"简单理解为"周代音乐中不用商音"，是这一历史疑案的纷争之源。音乐之中，宫、商、角、徵、羽五音（声）为基础，为核心。戒用商声至商声缺失，势必造成"五音不全"！周代的音乐五音不全，难以想象！由之造成了人们的困惑直至今日。

郑玄之后，唐贾公彦疏郑注，虽疏不破注，却把问题弄得愈加复杂。贾疏将这一问题，与西汉京房的"六十律"等生律法理论作无端比攀，对郑玄海阔天空的文人陋习，做了变本加厉的推演。贾疏还不是"周乐戒商"问题上混乱的最大策源地。自唐以往，后世多数文人却是一反郑注、贾疏"商声"的

---

① 参见王子初《周乐戒商考》，《中国历史文物》2008 年第 4 期。
② 《周礼注疏·大司乐》，载（清）阮元校刻《十三经注疏》，中华书局 1980 年版，第 789—790 页。

解释，把周乐戒用的商声解释为"商调"。这个论点的始作俑者，是唐代瀛洲司法参军赵慎言。《唐会要》载，开元八年（720）九月，赵慎言上表论郊庙用乐，其奏章用"商音""商调"，唯独不见了"商声"。他有意偷换概念，将历史上的"商声"，改成了"商调"。赵慎言一开"商调"论之先河，后儒奇论迭出。宋代大儒朱熹，坐实了"商调"的悖论。[①]其后清儒惠士奇、方苞的[②]、江永[③]、李光地[④]、陈澧[⑤]，乃至今日的中国音乐史学家，均接受了"商调"解释：周代的音乐不是不用商音，只是不用商调而已！于是，历代儒家竭力推崇的西周"雅乐"，终于从"五音不全"的尴尬境地中脱身出来。

然而，"商调"之说毕竟不是历史的事实！

先看文献。《乐记》载当年孔子与宾牟贾在观看周初流传下来的经典乐舞《大武》时，因《大武》乐中出现了"商声"而引发的一段对话。

宾牟贾侍坐于孔子，孔子与之言，及乐。曰……"声淫及商，何也？"对曰："非武音也。"子曰："若非武音，则何音也？"对曰："有司失其传。若非有司失其传，则武王之志荒矣。"子曰："唯，丘之闻苌弘，亦若吾子之言是也。"[⑥]

文中的"声淫及商"一语，明确指出所谓的"商"，是指"商声"。先秦

---

① （宋）黎靖德编：《朱子语类·卷八十六·礼三·周礼·论近世诸儒说·春官》。《文渊阁四库全书》电子版，上海人民出版社、香港迪志文化出版有限公司出版。
② （清）方苞：《周官集注卷五·春官·宗伯第三》。《文渊阁四库全书》电子版，上海人民出版社、香港迪志文化出版有限公司出版。
③ （清）江永：《周礼疑义举要·卷四·春官》。《文渊阁四库全书》电子版，上海人民出版社、香港迪志文化出版有限公司出版。
④ （清）李光地：《榕村集·卷五·周官笔记·春官》。《文渊阁四库全书》电子版，上海人民出版社、香港迪志文化出版有限公司出版。
⑤ （清）陈澧：《声律通考》，清咸丰八年（1858）钟山别业丛书本。
⑥ 《礼记正义·乐记》，载（清）阮元校刻《十三经注疏》，中华书局1980年版，第1541—1542页。

"声""音""乐"三个概念有着比较严格的界定。"声"一般是指单个的乐音（或说音阶中的单个音级）。即《乐记》郑注中所谓"宫商角徵羽，杂比曰音，单出曰声"①。后世"声""音"概念已有较大的变化。常见如"声""音"不分，"五声"同"五音"无别；"商声"也可以说成"商音"。这里"声淫及商"，明指"商声"无疑。文中孔子的发问，其前提为"《大武》之声不可及商"。所谓"淫"，意为"滥用"，不该用而用之。宾牟贾在回答孔子这一问题时，也完全接受了孔子的《大武》"声不及商"的潜台词，径直回答："非武音也"。从文中提到的"武音""武王之志"看，"周乐戒商"应是周初武王订立的制度。文中提到"有司失其传"语，可见这一政策的管理和实施，政府设有"有司"负责。显然，至晚在孔子（前551—前479）所处的时代，周初《大武》乐不用商声的规矩久已废弛。孔子一生致力于"克己复礼"，恢复西周的礼乐制度。不用商声正是周礼的重要内容。而《大武》是西周宗庙的经典祭祀大乐"六乐"之一，是开国之君武王之乐。其音乐出现"声淫及商"的现象，自然让孔子耿耿于怀。这段文字的记述，符合孔子的思想和身份，有其真实性。

再看实证。今《中国音乐文物大系》②各卷本中，收录了大量有关西周编钟丰富的测音资料。其中许多钟的侧鼓部，都铭有一凤鸟纹，是地地道道的双音钟的侧鼓音敲击点标志。而这些编钟正、侧鼓音的音列中均不见商声，充分证明了周乐戒商，确是西周历史上曾经存在过的事实。曾侯犺墓所出编钟与西周的编钟正相一致，其音阶但用宫、角、徵、羽四声，而不用商声！事实上，在1977年音乐学家黄翔鹏发现中国先秦青铜乐钟的"双音"奥秘的同时，有关西周编钟的音列中不用商声的现象，也已为其所关注并撰文阐发；只是他当时所做的关于编钟"骨干音"的解释，仍未脱宋朱熹及清儒们"商调"悖论的束缚；但也正如黄翔鹏所说，西周编钟的不用商声，不能说明西周音乐没有商

---

① 《礼记正义·乐记》，载（清）阮元校刻《十三经注疏》，中华书局1980年版，第1527页。
② 参见黄翔鹏、王子初总主编《中国音乐文物大系》之各卷本。

声,也不能说明西周宫廷音乐不用商声!

当前的研究表明,"周乐戒商"的"周乐",并非如人们传统的那种简单化理解为"周朝音乐"。西周初期实行戒用商声的政策,出于牧野灭商未久时的政治考虑,有其特定的范围和指向性,并不适用于当时所有形式和场合的音乐。从《周礼·大司乐》等文献中,可以窥见戒用商声的政策,仅适用于国家重大祭典所用的一些特定经典乐舞"六乐"。周朝宫廷中"三大祭"所用的大型祭祀乐舞,由黄帝的《云门》、唐尧的《咸池》、虞舜的《大韶》、夏禹的《大夏》、商汤的《大濩》和周武王的《大武》共同组成,都是歌颂各个朝代贤明圣君的古典乐舞,具有史诗的性质。至于西周时出现过的其他各种音乐如六小舞,包括帗舞、羽舞、皇舞、旄舞、干舞和人舞,虽也用于各种祭祀活动,但还没有资料表明这六小舞的用乐是否戒用商声。一些巫术或宗教性的乐舞,如求雨时用的雩,驱疫时用的傩等;还有流行于广大民间的"散乐"、周边民族的"四夷之乐"等,就更没必要戒用商声了。

研究也可表明,当时戒用商声的规矩,也并不适用于所有的宫廷乐器,而仅限于青铜编钟一种。即便是西周中期以后加入"乐悬"的编磬,也未受到戒商的约束:山西晋侯墓地的93号墓出土的编磬,其七声音的音阶齐全赫然在目!

表2 晋侯墓地 M93 石磬测音数据(10件)[①]　　　　单位:音分、赫兹

序 号	1	2	3	4	5	6	7	8	9	10
田野号	M93:83	M93:84	M93:78	M93:85	M93:81	M93:87	M93:79	M93:80	M93:86	M93:82
音 高（音乐标记法）	F^5-31 f^2-31	A^5-38 a^2-38	B^5+23 b^2+23	$^\#C^6+33$ $^\#c^3+33$	E^6+4 e^3+4	$^\#F^6+2$ $^\#f^3+2$	$^\#G^6-16$ $^\#g^3-16$	C^7+14 c^4+14	D^7-33 d^4-33	D^7+29 d^4+29
音 名	宫曾	↓宫	商	角	徵	羽	↓变宫	徵曾	↓和	和

[①] 测音数据由王子初团队于晋侯墓地现场实测所得并作音列分析。时间:2012年11月22日。

续表

序 号	1	2	3	4	5	6	7	8	9	10
频率	686.41	861.37	1001.33	1130.54	1322.20	1482.53	1646.38	2110.43	2306.22	2390.25
备注	音高明确，音色佳	音高明确，音色佳	音高明确，音色佳	音高明确，音色佳	音高明确，音色佳	音高明确，音色佳	音高明确，音色佳	音高明确，音色佳	音高明确，音色佳	音高明确，音色佳

这套编磬为保存较完好的西周编磬，墓葬未经盗扰，考古资料丰富而可靠。全套编磬不但没有缺失，而且均能正常发音，音色清脆，音律整齐，高低有序，音域跨越十三度。测音结果的分析表明，晋侯墓地93号墓编磬已可构成较为清晰的A宫七声音阶。曾侯犺墓编钟出现于西周早期，其时编磬远未成为"乐悬"重器，但其音列已显五声缺商，证明戒商政策早已推行于此时。结合上引《乐记》中宾牟贾答孔子时所言"武王之志"分析，戒商政策为周武王所定的判断，应有其明显的合理性。其时间应在武王牧野之战并建立周朝之后不久。

曾侯犺墓5钟的正、侧鼓音皆可发小三度或大三度音程的双音。据测音为E宫，按自低向高音序排列分别为：

表3　曾侯犺墓编钟音列　　　　　　单位：厘米、千克、音分

序号	标本号	正鼓音 音高	正鼓音 阶名	侧鼓音 音高	侧鼓音 阶名	音程关系	备注
1	镈	b	徵	d^1	商曾	小三度	右鼓无标记
2	甬钟 M111:8	$^\sharp c^1$	羽	f^1	羽角	大三度	右鼓无标记
3	甬钟 M111:13	e^1	宫	$^\sharp g^1$	角	大三度	右鼓无标记
4	甬钟 M111:7	$^\sharp g^1$	角	b^1	徵	小三度	右鼓有纹饰标记
5	甬钟 M111:11	$^\sharp c^2$	羽	e^2	宫	小三度	右鼓有纹饰标记[①]

---

① 方勤：《叶家山M111号墓编钟初步研究》，《黄钟（武汉音乐学院学报）》2014年第1期。

表3中，序号第4、5二钟，侧鼓部已有明确的敲击点标志，说明当时编钟的铸制者已经有目的地设计并使用了编钟上的侧鼓音。曾侯犹墓的时代，当不晚于西周昭王之世（前995—前977）。即是说，中国古代在音乐科技上的重大发明——双音钟的铸调技术，至晚在此时已经毫无疑问地确立了！西周中期前后，编（甬）钟逐渐发展为8件成套的规范。已有众多证据表明，在8件套编钟中，首二钟一般不见侧鼓部有敲击点的标志，其侧鼓音的音高也不固定；凡侧鼓部设鸟纹或云纹标志者，均从第三钟起始，其音高也已纳入宫、角、徵、羽四声规范。可证西周编钟的首二钟侧鼓音是不用的。如单从甬钟的角度分析，曾侯犹墓编钟中序号2、3号不著侧鼓音标志，已初具上述规范。其2号钟侧鼓音"羽角"，应也在不用之列。若加上四虎镈为首钟，由于镈这种乐器本身的结构特征，其侧鼓音的发音较为含混，一般也不在设计音高之列。故曾侯犹编钟中序号1、2号钟的侧鼓音"商曾"和"羽角"，均非设计音高；其后世编钟的首二钟不著侧鼓音标记及侧鼓音不在设计音列之内的规范，曾侯犹墓早露端倪。

五、西周礼乐制度的发展观

刘汉以往，每一个开国之君无不"功成作乐"，铸钟定律，建立各自的"雅乐"体系，却又无不宣称其乐效法于周之礼乐。致2000余年来的相关研究，学者文人趋之若鹜。然而，经汉儒之手留存至今的文献，特别是"三礼"——《周礼》《礼记》《仪礼》，其所描述的西周礼乐制度，西周各级贵族在使用的配享、列鼎、乐悬、乐曲、用乐场合、乐舞队列等方面烦琐的规定，果真是当年的真实面貌吗？周公制礼作乐伊始，果真实行了如"三礼"所述那样严密、周全的制度吗？今日大量西周墓葬的考古发掘所显示的历史信息，与汉儒的描述大相径庭。曾侯犹墓出土的编钟，作为西周礼乐制度重要内容之一的"乐悬"，为西周早期礼制面貌的认识链，补上了重要的一环，可以深切感受到曾侯犺墓编钟的学术魅力所在。

近年中国音乐考古学上的诸多发现多与此论题相关。

1992年8月被盗发于山西曲沃的晋侯苏编钟，全套应为两组16件。其中14件，由上海博物馆从香港购回入藏。①同年对山西曲沃的天马—曲村遗址进行的抢救性发掘，确认这里是西周早中期之际的晋侯墓地；其中的8号墓经清理出土了2件编钟，形制与上海所藏编钟73631—73640一致，铭文相接，当为这套编钟的最后二钟。②这套编钟的铸造年代可能要大大早于其刻文所示的厉王三十三年（前845）。

单从形制上分析，16钟可分三式，各式钟自有其鲜明的特征：2件晋侯苏Ⅰ式钟的时代最早。其关键特征在于有旋而无斡，与产自中国南方杨越人的有枚大铙完全一致。其当直接取自杨越，为周初创制甬钟之蓝本。钟不设斡，说明其并未按吊挂演奏的方式设计。2件Ⅱ式钟，与Ⅰ式钟的钟体结构、纹饰几乎完全一致，唯一的区别在于它增加了斡（吊纽）的设施，从而可以悬挂起来演奏，这是西周甬钟现身的标志，其年代与𢐗国编钟相当，可定在康王之世前后。统观已知与12件Ⅲ式钟形制相同或相近的西周编钟，大都已为西周中期器。如年代较早的应侯见工钟③，即被认为是西周恭王时期的作品，Ⅲ式钟的年代也当在此时前后。16件晋侯苏编钟与音乐演奏方式有关的形制结构、调音锉磨手法和其留存至今的音响所体现出来的音列音阶，均清楚地表明其并非同一个时期的产品，它们应该是在自西周初期至恭王世前后的百余年间逐步发展增扩形成的。其编列由二而四，由四而十六；其形制特征与演奏方式，又从空甬套插、植奏，进而实甬加斡、悬奏，生动地展示了西周甬钟演变成形的历

---

① 参见马承源《晋侯苏编钟》，《上海博物馆集刊》1996年第7期。
② 参见北京大学考古系、山西省考古研究所《天马—曲村遗址北赵晋侯墓地第二次发掘》，《文物》1994年第1期。
③ 参见韧松等《记陕西蓝田县新出土的应侯钟》，《文物》1975年第10期；初松《"记陕西蓝田县新出土的应侯钟"一文补正》，《文物》1977年第8期。

史轨迹。[1]

西周早期编钟的重要标本还有彊国的伯各和伯㱾墓出土的3件套编钟，时代已分别在康、昭、穆之世。河南平顶山魏庄编钟，时代亦在西周的早中期。这些标本的形制，已显现出西周甬钟成熟的特征；其时代，也当晚于晋侯苏编钟的Ⅰ、Ⅱ式钟。曾侯犺墓编钟的出现，时间上应该在彊国钟、魏庄钟与晋侯苏编钟的Ⅰ、Ⅱ式钟之间，正好弥补了缺失的一环！

在甬钟诞生之先，周初统治者以敌视的态度摒弃了商人的3件套编铙，拿来南方赣鄱流域杨越人的钟枚式大铙，以2件成组直接应用于宫廷礼仪。晋侯苏Ⅰ式钟是证，其后增加了"斡"——吊纽加以改良，由原来钟口朝上插植击奏，改为钟口朝下悬挂击奏，标志着西周甬钟的诞生！晋侯苏Ⅱ式钟是证，曾侯犺墓编钟是西周乐悬发展中的又一次重要尝试：增扩编列，以4件甬钟外加1件南方杨越人的四虎镈构成5件套编钟，并确立了"戒商"政策，在编钟上应用了四声音阶，其后一度镈钟退隐，以编甬钟回归殷商时的3件套编列传统，彊国钟、魏庄钟是证。再后才是西周中期前后8件套规范的确立。这类证据已较丰富，陕西扶风齐家村窖藏出土的柞钟、中义钟，北京保利艺术博物馆藏戎生钟、河南三门峡虢国墓地出土的虢季钟、虢仲钟等，8件套编钟比比皆是。

大量的中国考古资料，已可勾勒出中国青铜乐钟从最原始的陶铃、铜铃，历经殷商3件套的编铙、西周的编甬钟，其后编镈、编钮钟的先后加入；经过了如春秋时期的郑公大墓、新郑郑国祭祀遗址、辉县琉璃阁墓等早期编钟的组合形态；最后经由二层五组、37件套的河南叶县许灵公墓编钟，跃上曾侯乙墓的大型组合编钟的顶峰！气势恢宏的曾侯乙编钟，三层八组、65件成套的大型组合编钟，无愧中国青铜乐钟的巅峰之作，人类青铜时代最伟大的作品！它绝非"忽一日"落自九天。追根溯源，指向了周初最早的"组合编钟"——曾侯犺墓编钟。它是中国青铜乐钟史上的一座里程碑，拔地而起，熠熠生辉！曾

---

[1] 参见王子初《晋侯苏钟的音乐学研究》，《文物》1998年第5期。

侯犺墓钟镈之后，镈在西周的中晚期以成组编镈的面貌重入乐悬，进入了多钟型、多钟组的大型组合编钟行列。西周晚期的克镈、克钟、逑镈、逑钟，虽是窖藏所出资料不全，但其已为不同钟型混合编列的组合编钟，则明白无误。

大型组合编钟的发展历程，反映了西周乐悬制度由简趋繁的发展史，也正是西周礼乐制度从周公的草创，蹒跚而来的真实写照。孔子言："殷因于夏礼，所损益可知也；周因于殷礼，所损益可知也！"[①] 所谓"殷礼"，可解作"殷商礼乐制度"，周（礼）是在殷礼的基础上"损益"而来。周初统治者以南方扬越人的钟枚式大铙取代了商人的 3 件套编铙，这仅是表面形式：南方大铙只是一种单音使用的响器，并非多件编列使用的旋律乐器；而商人的 3 件套编铙已经是中国出现最早，而且是当时唯一的青铜钟类旋律乐器；西周甬钟一出马，就已经是明白无误的旋律乐器了。这正是来自殷商的编铙！周人抛弃的是殷商编铙之外形，却明显地继承了编铙 3 件套成编的旋律性能——这一高层次的内涵。无论是晋侯苏钟，还是強国的伯各和伯䣄钟、河南平顶山魏庄钟及陕西长安的长由钟，迄今所见的西周较早的甬钟标本，无一例外都是被赋予了旋律性能的编钟。这应该就是孔子所谓"周因于殷礼，所损益可知也"的实质。5 件曾侯犺墓编钟的测音数据及耳测的直观效果，明白无误构成了西周四声音阶。尽管其被人为地戒除了商声而导致"五音不全"，但其作为乐器的旋律性能的存在，毫无疑问！以往文史界提出的关于西周甬钟的来源，是南方赣鄱流域的大铙之器的说法[②]，从形制的角度说没错，但要全面、合理地评判这一乐器的科

---

① 《论语注疏·为政》，载（清）阮元校刻《十三经注疏》，中华书局 1980 年版，第 2463 页。
② "甬钟南来说"最早由高至喜在 20 世纪 80 年代提出："从目前出土资料看，陕西出土的西周早期末段的甬钟在本地区找不到它的渊源。殷人的小型铜铙，似乎没有被周人继承下来而基本上绝迹了……北方所出早期甬钟却与南方的同期的甬钟的形制、花纹完全一致，说明了它们之间必有的密切关系。而南方的甬钟是从南方的大铙直接发展演变而来，序列清楚，没有缺环。"高至喜：《中国南方出土商周铜铙概论》，载《商周青铜器与楚文化研究》，岳麓书社 1999 年 6 月版，第 23 页。

学发展历程，抛开了其作为乐器的主要内涵——音乐上的旋律性能——来说，当非确论。曾侯犺墓编钟的出土，为西周礼乐制度基本功能的研究，又一次提供了重要的证据。自远古至西周的考古学研究，表明了中国各个历史时期的社会上层，应该都有过类似的上下尊卑的礼仪规范及相应用乐制度。上述孔子所言，描述的正是这样的一种现象。只是历代礼乐在传承之间，后世并非照单全收，而是有所取舍的，周代礼乐制度的核心组件"乐悬"，正是在殷礼的基础上"损益"而成。

西周的乐悬，既有着以祭祀礼仪为主的政治功能，也有着作为音乐艺术的娱乐功能，但周初编钟上体现出的"戒商"制度，客观上证明了西周的统治者继承了殷礼所注重的政治功能。这种功能在周初得到了进一步的强化，编钟乐悬作为音乐的娱乐功能，则居于次要地位。考古发掘资料也体现了周代乐悬制度的发展与衰落的嬗变过程，并在一定程度上体现了这种嬗变与当时的政治、经济有着密切的关系。至战国时期，编钟乐悬制度的娱人功能被大大提升，甚至成为主导。不仅体现了高技术，同时更体现了高艺术的曾侯乙编钟，就是这方面的杰作！

西汉以来的文献记载，造成了人们2000余年来关于西周礼乐制度的陋识。西周礼乐制度的形成，并非如先秦典籍中所载：周公制礼作乐，于是一切都如《周礼》中记述的那样井然有序了。真正的事实是：这一制度的形成，从它的萌芽到初步形成，再到发展、成熟以至衰落，经历了漫长的动态过程。诸如曾侯犺墓编钟，这类西周早期墓葬考古发掘的礼仪乐器，始终在顽强地发出这样的信息。曾侯犺墓编钟于晋侯苏、㠱国墓等编钟之间，正好提供了又一个实证，为人们对西周乐悬初起之时的认识，提供了极宝贵的参照；曾侯犺墓编钟的音乐考古学研究，以其独特的视角和研究方法，突破了汉儒陋识的藩篱；而它所提供的这些重要的历史信息，是在周公千年之后的汉儒们无论如何都难以想象的。

西周礼乐制度，仍是众多学者关注的课题。其相关论著成果，多出汉儒旧议。近年一些知名高校不约而同设立了"国学院"，还有"礼乐馆""国乐馆"等名目。所谓"国学"者，几是"经学"的代名词，所研究的方法、论点，也无出乾嘉之学。在今日丰富的考古学成果面前，不乏不经推敲之论。中国音乐考古学从自己研究的专题出发，有意无意描绘了有关西周礼乐制度异于汉儒之论的一些侧面，呈示了一段较为真实的历史；也在当今的"国学"研究领域，拓展了一片新的学术园地，可予关注！

两周编钟音列研究

孔义龙

编钟的研究可上溯到北宋时期。宋人的金石学已经涉及一些出土的古乐器，其中主要是钟磬之属，其研究主要局限于乐器的形制、铭文和年代等方面。北宋后的青铜器著录和研究仍以铭文和文字训诂为重点。首先打破这一局面的是近代的王国维，其金文研究不再停留于单字训诂，而是注意把青铜铭文和历史结合起来，对商周历史做综合研究。之后郭沫若更是从历史学和古文字学的角度对编钟做了深入研究，其著作《两周金文辞大系图录考释》[①]是先秦历史研究的重大成果，他的研究对史学产生了深远的影响。然而，这些研究的目的均不在音乐艺术本身。真正以音乐艺术为目的的编钟研究是从20世纪30年代开始的，而且自一开始就与音列的分析联系在一起。

从编钟音列研究的历史看，"五四"以来，在文史界的启发和带动下，中国音乐史学家开始注意到音乐考古研究的重要性，这项研究工作的领路人就是20世纪30年代初的刘复（半农）。20世纪40—60年代国内音乐学研究仍在十分艰苦的条件下进行，但仍有少数音乐史学家在传世乐器、出土乐器的测试和分析方面取得了成果，杨荫浏就是其中之一。1977年3—5月间，以吕骥为首的音乐学家一行4人，去甘肃、陕西、山西、河南4省进行了音乐考古调查，他们的工作得到了国家文物事业管理局和上述4省文博部门的支持和协助，取

---

① 郭沫若：《两周金文辞大系图录考释》，科学出版社1957年版。

得了重大收获。1978年4月，举世闻名的曾侯乙编钟随着曾侯乙墓的发掘在沉埋了2400年后重见天日，是中国乃至世界音乐考古史上的一次空前大发现，被誉为"世界第八大奇迹"。通过1978—1988年十年的研究，造就了许多优秀的学者，也在很多方面取得了丰硕的成果，其中涉及编钟音列的研究成果更是不乏其例。1987年，作为中国音乐考古学的一项浩大的基础工程——《中国音乐文物大系》（以下简称《大系》）被批准为国家"七五"哲学社会科学重点项目，先后由黄翔鹏、乔建中、王子初任总主编，出版19卷，《大系》既是基础工程，又是音乐史学的问卷，为我们音乐史学学者安排了研究的任务。

　　从既往成果及其研究方法来看，探讨编钟音列的研究主要有四种类型：铭文中的音列问题、测音数据中的音列问题、文化中的音列问题及设计特性中的音列问题。追索编钟音列的研究历史，从无到有、或断或续、由浅入深，走过了一段曲折的路程，至今已涌现出一批优秀的学者，积累了一定数量的成果，摸索出一些有效可行的音乐学研究方法，这些是编钟音列整体研究的宝贵财富。前人在他们所处的时代对当时已有的材料作了力所能及的分析，现在的出土材料增多了，将它们与以往材料进行比较，有利于做出正确的判断，分析结果自然更为真实、可靠。从成编的青铜乐钟发展史来看，至少有1000年的时间，对于这一漫长发展时期而言，仅靠对一两套青铜乐钟的考察、研究是难以梳理其发展脉络的。对青铜乐钟实物资料，特别是测音资料的收集整理不足更是难以解释其音列、音阶及数理逻辑的发展规律的，因此对编钟整体研究的意义尤为突出。作为先秦宫廷礼乐最重要的乐器，编钟音列所遵循的自然规律是隐藏在乐音背后的客观存在。通过对编钟音列的清理，能在很大程度上弥补先秦文献中的失载与略载，并澄清一些由于文献略载导致的从古籍中难以解释清楚的史料。通过对编钟音列的清理，便能为我国传统音乐的发展提供一个有说服力的依据。对从晚商至战国末期1000年内所出编钟的系统整理与分析，是对编钟诸多问题的最佳解答。对先秦青铜乐钟音列的清理，也就是对先秦数理传统脉络的清理，从历史学的角度证明先秦钟乐音体系在世界的地位，具有深远的意义。

一、西周编钟音列分析

周代的礼乐制度从西周初期即已着手建立，虽然最初的"乐"适应甚至服从于"礼"，但终究还是形成了自成体系的用乐规范，即"乐悬"制度。所谓乐悬，其本意是指必须悬挂起来才能进行演奏的钟磬类大型编悬乐器。[①]《周礼·春官·小胥》中有"正乐悬之位，王宫悬，诸侯轩悬，卿大夫判悬，士特悬，辨其声"的记载，正是这种重礼制的表现。从现有资料来看，用于西周宫廷音乐演奏的钟类乐器主要有甬钟和镈钟两种，测音资料整理与分析的结果表明，甬钟的音乐性能更好，镈钟与甬钟的搭配在西周中期以后才出现，而且更多的是注重礼乐形式，不是音乐性能。所以，甬钟是这一时期音列分析的主要对象，从甬钟的音列结构能看到处于探索期的周人的数理意识，从音列的多样性到统一性的发展过程则可以较客观、较全面地了解西周甬钟音列的设置规范。

（一）甬钟音列的探索期与周人的数理意识

早期出土的实物资料呈现两个特点：一是出土成套甬钟的墓葬较少，宝鸡南郊竹园沟强伯各墓出土的强伯各编钟和宝鸡南郊茹家庄强伯䤿墓出土的强伯䤿编钟算是较有代表的两例；二是成编甬钟的件数较少，与晚商编铙相似，多为3件套结构。至西周中期，出土编钟的墓葬开始增加，且成编甬钟的件数也增加为5至8件不等。从测音数据上分析，这些件数不等的甬钟在音列上表现出不同的音高关系与音程关系特点，将这种音高关系与音程关系做进一步分析，可发现它们与弦长等分制取音法的各等份节点所获得的音高关系与音程关系有

[①] 参见王子初《中国音乐考古学》，福建教育出版社2003年版，第563页。

密切联系。进而，从各组甬钟音列中底部音程出现的分歧可发现，这种不同的音高关系与音程关系是以等分框架内做不同等份的选择为前提的。

1. 成编甬钟音列的音高与音程关系

从保存情况与音乐性能来看，眉县马家镇杨家村编钟和扶风县庄白一号窖藏所出的瘨钟算是西周中期的杰作，所以，考察西周编钟的音列特点先从此两套钟开始。通过重排一、二组甬钟的测音数据整理可发现如下特点：第一，与重排一组各钟正鼓音实测相对音高音分数对应的音位由低到高作"羽—宫—角—羽—角—羽—角—羽"排列，与重排二组各钟正鼓音实测相对音高音分数对应的音位由低到高作"宫—角—羽—角—羽—角—羽"排列。两组在不同的音高中演奏出"羽、宫、角、徵"四音。第二，"羽"音的侧鼓部总是小三度的"宫"音，"宫"音的侧鼓部总是大三度的"角"音，而"角"音的侧鼓部又总是小三度的"徵"音。第三，重排一、二组均以同一音高（♭b）为低音，两个"♭b"的音分数仅相差22音分（56—34）。这充分说明两组甬钟的定音标准是相同的。

分析表明，七式瘨钟做三种接合组成四组甬钟的认识理由是比较充分的，它更能反映七式瘨钟的本来面目。将一式与七式的接合称为一—七组，将二式与四式的接合称为二—四组，将三式各音由低到高的排列称为三式组，五式与六式的接合称为五—六组。换言之，扶风县庄白一号西周青铜器窖藏出土的瘨钟实际上是由4组甬钟组成的多型多套编钟。

从眉县马家镇杨家村甬钟重排一、二组的正鼓音列音高关系及扶风庄白瘨钟整理出的四组甬钟的正鼓音列音高关系来看，它们均有一个共同的特点，那就是音越低，相邻两钟正鼓音间的音程越小；音越高，相邻两钟正鼓音间的音程越大，呈现出一种底小上大的趋势。

眉县杨家村甬钟重排一组与瘨钟二—四组、三式组的正鼓音列相邻各音间音程结构为：

小三度（羽—宫）→大三度（宫—角）→纯四度（角—羽）→纯五度

（羽—角）→纯八度（角—角）

眉县杨家村甬钟重排二组与逨钟一－七组的正鼓音列相邻各音间音程结构为：

大三度（宫—角）→纯四度（角—羽）→纯五度（羽—角）→纯八度（角—角）

而逨钟五—六组甬钟的正鼓音列相邻各音间音程结构则为：

纯四度（角—羽）→纯五度（羽—角）→纯八度（角—角）

显然，正鼓音列相邻各音间产生的这种音程特点与现代意义上的自然谐音列的音程特点正好相反。谐音列的音程特点是音越低，相邻两音间的音程越大；音越高，相邻两音间的音程越小，呈现出一种底大上小的趋势。（见图1）

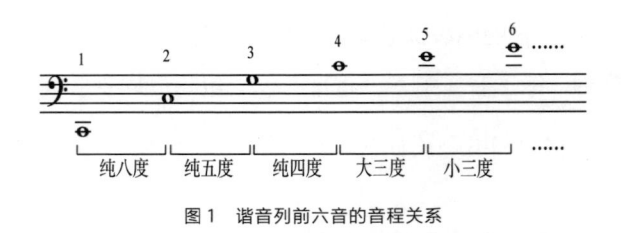

图1 谐音列前六音的音程关系

为了能与眉县杨家村甬钟与扶风县庄白逨钟的正鼓音列音程关系相适应，此处应该考虑弦长的等差关系，等差数列就是在一组数据中任何相邻的两数之差均相等的数列。这一规律正好符合等份弦长的节点比例特点。以六等份弦长为例，6个节点的弦长比例由大到小依次为 $\frac{6}{6}$、$\frac{5}{6}$、$\frac{4}{6}$、$\frac{3}{6}$、$\frac{2}{6}$、$\frac{1}{6}$，其中6相邻的弦长比例之差均为 $\frac{1}{6}$。实验早已证明，如果依据这一组等份数据所在的节点位置做弦上取音，则会产生一组音程关系由小到大的音列。在这里，掐弦段与振动段正好形成互补关系。当左边掐死 $\frac{1}{6}$ 段时，右边产生 $\frac{5}{6}$ 段的弦振动，得到距空弦散声小三度的音；当左边掐死 $\frac{2}{6}$ 段时，右边产生 $\frac{4}{6}$ 段的弦振动，得到距前一音大三度的音；当左边掐死 $\frac{3}{6}$ 段时，右边也产生 $\frac{3}{6}$ 段的弦振动，得到距前一音纯四度的音；当左边掐死 $\frac{4}{6}$ 段时，右边产生 $\frac{2}{6}$ 段的弦振动，得到距前一音纯五度的音；当左边掐死 $\frac{5}{6}$ 段的弦振动，得到距前一音纯八度的音。由此可见，甬钟正鼓音列的设置特点是弦长做等分取音的结果。

2.底部音程的分歧与等分框架内的不同等份前提

就甬钟正鼓音列的音高和音程两方面的特点而言，虽然"羽、宫、角"三音位是构成正鼓音列的基础，且正鼓音列始终呈现底小上大的音程特点，但每组甬钟中正鼓音列的底部音程不尽相同。从眉县杨家村编钟和扶风县庄白痶钟的特点来看，各组甬钟中底部两正鼓音间出现了3种音程：第一种是小三度；第二种是大三度；第三种是纯四度。既然各组甬钟的音高和音程特点取决于弦长的等差数列，那么，3种底部音程的存在理应有3种等差数列与之对应。所以，底部音程的分歧迫使我们在弦长的等分框架中还应考虑三种不同的等份前提，即在不同的等份前提下可以产生不同的音程系列。其中，弦长六等分制产生的是"小三度"的底部音程，弦长五等分制产生的是"大三度"的底部音程，弦长四等分制产生的是"纯四度"的底部音程。

（1）弦长六等分制与甬钟音列结构

当弦长做六等份节点进行取音时，各等份以 $\frac{1}{6}$ 为等差单位，正、侧鼓音与弦上节点的对应关系如下：第一，6个节点的弦长比例 $\frac{6}{6}$、$\frac{5}{6}$、$\frac{4}{6}$、$\frac{3}{6}$、$\frac{2}{6}$、$\frac{1}{6}$ 依次与音位名"羽—宫—角—羽—角—角"相对应，而这些音位名又与一组甬钟中第1、2、3、4、7件钟的正鼓音位相对应。第6件和第8件的两个正鼓"羽"音位分别对应着弦长比例 $\frac{1}{4}$ 与 $\frac{1}{8}$。第二，如果再将弦长的每 $\frac{1}{6}$ 等份作为考察对象，则第1、2、3、4、7件钟的正鼓音位在 $\frac{1}{6}$ 等份内的比例均为1，而第6件和第8件的两个正鼓"羽"音位在 $\frac{1}{6}$ 等份内的比例正好是 $\frac{1}{2}$ 与 $\frac{3}{4}$。第三，第1、2、3、4、5、6、7、8件甬钟的侧鼓音[1]依次与弦上的音位名"宫、角、徵、宫、徵、宫、徵、宫"相对应，它们的弦长比例依次为 $\frac{5}{6}$、$\frac{4}{6}$、

---

[1] 就出土的实物资料而言，西周（8件组）甬钟的第1件侧鼓音多含糊，学术界普遍认为此音不用于实际演奏。

$\frac{5}{9}$、$\frac{5}{12}$、$\frac{5}{18}$、$\frac{5}{24}$、$\frac{5}{36}$、$\frac{5}{48}$，在 $\frac{1}{6}$ 等份内的比例依次为 1、1、$\frac{1}{3}$、$\frac{1}{2}$、$\frac{2}{3}$、$\frac{1}{4}$、$\frac{5}{6}$、$\frac{5}{8}$，如图 2 所示。

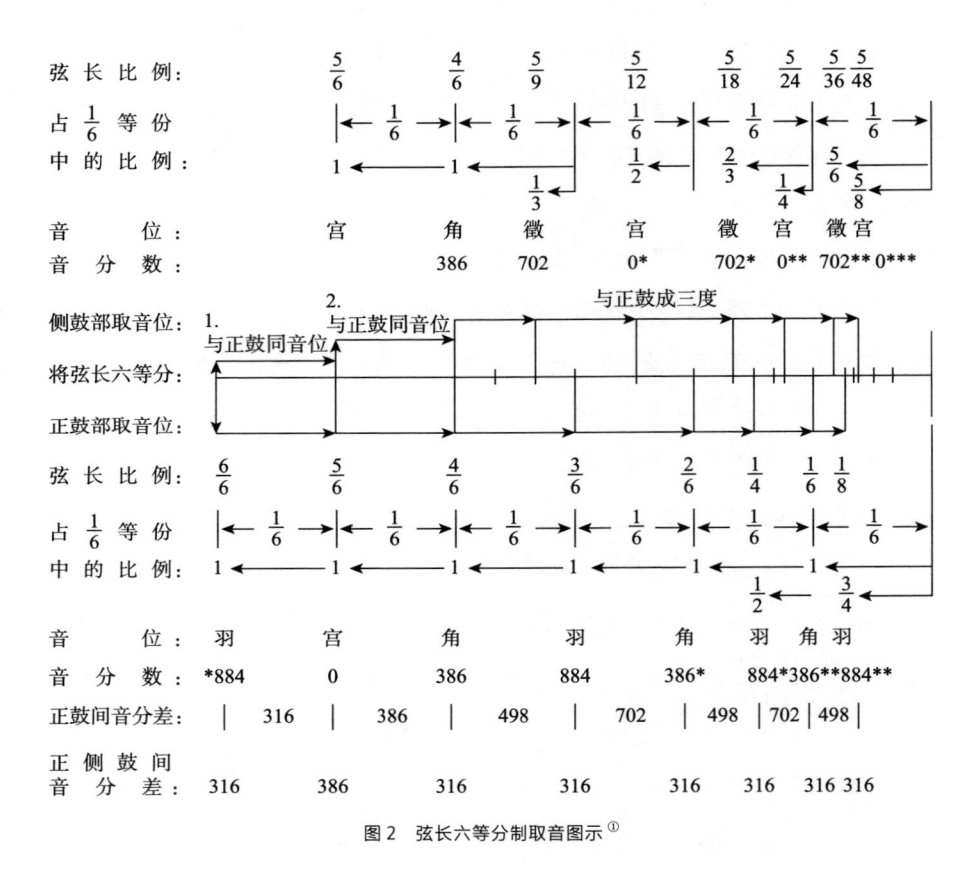

图 2　弦长六等分制取音图示[1]

这就是我们对西周甬钟作音列分析时采用的理论标准之一，这里将编钟在一弦上取音的节点、弦长比例[2]、占 $\frac{1}{6}$ 等份中的比例、音位、音分数等各项指标

---

[1] 说明：本文仅对周代编钟取音方法提出一种标准，此标准可以用来解释音乐史学研究中许多尚待解决的实际问题，但毕竟它只是一种有待论证的思路，接下来的另两种标准亦如此。

[2] 参见赵宋光《赵宋光文集》，花城出版社 2001 年版，第 291—359 页。

按正鼓和侧鼓分开列出，可以看出无论是正鼓音之间还是正鼓音与侧鼓音之间均取得纯律音程。这样，就可以对诸多问题做出解释，以下就一些解释做扼要归纳：

第一，按照一弦六等份取音法的节点规律，产生正鼓音列"羽—宫—角—羽—角—羽—角—羽"，正鼓音列各音之间依次构成"纯律小三度、纯律大三度、纯四度、纯五度、纯八度"音程。西周编钟正鼓音的这种设置，来源于他们对"弦长六等分制"的认识。

第二，按这一规律取音并设置为音列，并没有商音出现，因为要取得商音的难度相对更大一些，直至春秋早期8件套编甬钟的侧鼓音上才出现商音，如河南三门峡上岭村出土的两套虢国编甬钟即是如此。何况从钟形结构的物理属性讲，合瓦型钟最便于得到三度音程。所以，到西周中、晚期这种一弦取音的方法趋于统一的时候，仍然将西周钟缺商的原因完全归结于对商的仇恨的结论尚待讨论。

第三，取音与调音是编钟铸造过程中既各自独立又相互联系的两个重要环节——取音在弦，调音在钟，笔者在后文将对它们进行分别论述。

第四，这种一弦六等份取音法获取的正鼓音不能超过8个音，多一个便取不到音，所构成的"羽—宫—角—羽—角—羽—角—羽"正鼓音列正好达3个八度，需要正、侧鼓音相结合才体现出旋律性。笔者在后文将论述按五弦六等份取音法获取并设置成"徵—羽—宫—商—角—羽—商—角—羽"9件套编钟的正鼓音列中，最低与最高两个正鼓音之间只有两个八度加大二度，即便前面再加上"商—角"构成11或12（音列中间还插入"商颤"或"徵颤"钟）件套的正鼓音列，音域上也只有两个八度加纯五度。然而，这种设置仅在正鼓音列上就已体现出鲜明的旋律性，这恰恰反过来证明了至西周晚期编钟按一弦等份取音法取音的实际存在与运用。

第五，在一弦六等份取音法图式中，第一件"羽音"钟与第二件"宫音"钟的侧鼓音设置存在两种模式，即与正鼓音做同音位设置及与正鼓音做三度设置，其中前者出现在西周晚期，后者在西周中期就已出现。按照合瓦型钟最便于得到三度音程的特点来推断，西周中期正、侧鼓音做三度设置可能仅出于自然，而至西周晚期正、侧鼓做同音位设置才出于人为。

从眉县杨家村甬钟和扶风县庄白痰钟的音高及音程关系表明，前者的重排一组与后者的二—四组、三式组均是按照弦长六等分制取音法作为依据来设置音列的。痰钟二—四组与三式组甬钟的第一件侧鼓音均不用于实际演奏，所以不必增饰凤鸟纹。除二—四组第4件甬钟正、侧鼓"羽—宫"音间出现24音分（340—316）的偏宽及三式组第5件甬钟正、侧鼓"角—徵"音间出现29音分（345—316）的偏宽之外，两组钟的正、侧鼓音间的音准较好，但正鼓音之间出现音愈高愈偏高的现象，这是编钟音列中反映出来的一个普遍特点。按照弦上等分制取音的规律，这种现象是与弦的张力、跃迁值及调音锉磨的细腻程度均密切相关的，本文将对多套编钟做出分析后再解释其原因。此外，梁其钟[①]的音列也同样遵循着这一思路。

（2）弦长五等分制与甬钟音列结构

当弦长做五等份节点取音时，各等份以 $\frac{1}{5}$ 为等差单位，正、侧鼓音与弦上节点的对应关系如下：第一，5个节点的弦长比例 $\frac{5}{5}$、$\frac{4}{5}$、$\frac{3}{5}$、$\frac{2}{5}$、$\frac{1}{5}$ 依次与音位名"宫—角—羽—角—角"相对应，而这些音位名又与一组甬钟中第1、2、3、4、6件钟的正鼓音位相对应。第5件和第7件的两个正鼓"羽"音位分别对应着弦长比例 $\frac{1}{10}$ 与 $\frac{3}{20}$。第二，如果再将弦长的每 $\frac{1}{5}$ 等份作为考察对象，则第1、2、3、4、6件钟的正鼓音位在 $\frac{1}{5}$ 等份内的比例均为1。而第5件和第7件的两个正鼓"羽"音位在 $\frac{1}{5}$ 等份内的比例正好是 $\frac{1}{2}$ 与 $\frac{3}{4}$。第三，第1、2、3、4、5、6、

[①] 参见陈佩芬《繁卣、趞鼎及梁其钟铭文诠释》，载《上海博物馆集刊》第2期，上海古籍出版社1983年版；马承源主编《商周青铜器铭文选》（四），文物出版社1990年版，第397页；《中国音乐文物大系》总编辑部《中国音乐文物大系·上海卷、江苏卷》，大象出版社1996年版，第26页。

7件甬钟的侧鼓音依次与弦上的音位名"角、徵、宫、徵、宫、徵、宫"相对应，它们的弦长比例依次为 $\frac{4}{5}$、$\frac{2}{3}$、$\frac{1}{2}$、$\frac{1}{3}$、$\frac{1}{4}$、$\frac{1}{6}$、$\frac{1}{8}$，在 $\frac{1}{5}$ 等份内的比例依次为 1、$\frac{1}{3}$、$\frac{1}{2}$、$\frac{2}{3}$、$\frac{1}{4}$、$\frac{5}{3}$、$\frac{5}{8}$，如图3所示。

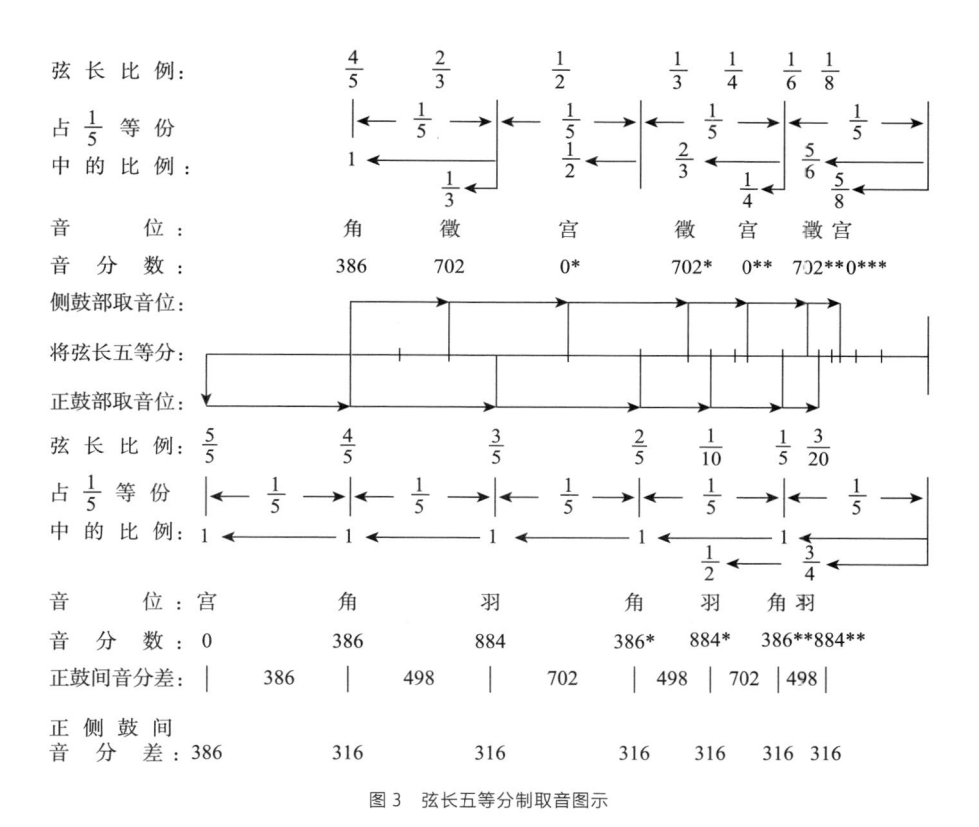

图3 弦长五等分制取音图示

这就是对西周甬钟作音列分析时采用的理论标准之二，上图将编钟在一弦上取音的节点、弦长比例、占 $\frac{1}{5}$ 等份中的比例、音位、音分数等各项指标按正鼓和侧鼓分开列出，可以看出无论是正鼓音之间还是正鼓音与侧鼓音之间均取得纯律音程。这里将要点归纳如下：

第一，依据一弦五等份取音法，产生正鼓音列"宫—角—羽—角—羽—

角—羽"，正鼓音列各音之间依次构成"纯律大三度、纯四度、纯五度、纯八度"音程。

第二，与一弦六等份取音法相似，按这一规律取音并设置为音列，也没有商音出现，因为要取得商音的难度相对更大一些。

第三，这种一弦五等份取音法获取的正鼓音不能超过7个音，多一个便取不到音，所构成的"宫—角—羽—角—羽—角—羽"正鼓音列刚好达两个八度又一个纯律小六度，需要正、侧鼓音相结合才体现出旋律性。

从眉县杨家村甬钟和扶风白庄瘐钟的音高及音程关系表明，前者的重排二组与后者的一——七组均是按照弦长五等份制取音法作为依据来设置音列的。眉县杨家村编甬钟共出15件，8件套组合按一弦六等份取音，7件套组合按一弦五等份取音，正好说明了这一点。遗憾的是，眉县杨家村窖藏出土的包括3件镈钟在内的18件乐钟上没有留下铭文，我们不知其主，只知他的宫廷乐队中供养着音乐素养极高、数理意识极强的乐师。它和瘐钟是西周中期所有出土的甬钟中数量最多、音列设置最有规律的两套，其音列结构所反映出的周人的数理意识对于早、中期所有编钟音列研究的价值是不言而喻的。虽然瘐钟一——七组仅有3件甬钟，比眉县杨家村重排第二组少了4件，但眉县杨家村重排第二组所出现的音位在瘐钟一——七组中均已出现。由于取音时仅用了弦长的一半（1—$\frac{1}{2}$），所以省略了$\frac{1}{2}$弦长以上的高八度重复音，如下图。

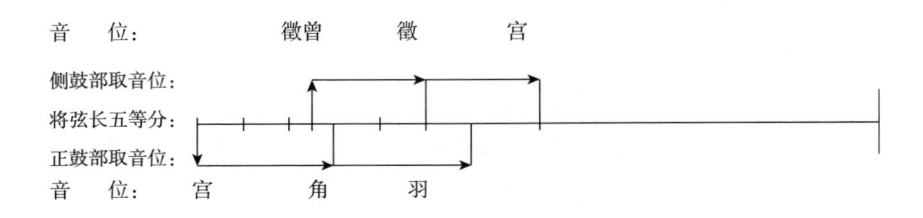

图4　瘐钟一——七式取音图示

按一弦五等份取音法，第 1 件钟的侧鼓"徵曾"音正好处在总弦长的第五等份内，并占该等份弦长的 $\frac{1}{6}$，在五等份取音法中要获取此音是相当有难度的。所以，凤鸟纹并没有出现在第 1 件钟的侧鼓部，而是从第 2 钟开始增饰，或许主要原因就在于此。

此外，曲沃曲村 9 号墓晋侯编钟[①]、虢伯各编钟[②]、虢伯矩编钟[③]、长甶编钟[④]和扶风吊庄编钟[⑤]的音列似乎同样遵循着这一思路。与眉县杨家村编钟和痶钟相比，此 5 套编钟的年代相对更早，件数更少，所以在对其测音及形制数据进行整理分析时带有更多的推测性，但矩阵的必要性在于它们与前面分析过的眉县杨家村编钟和痶钟有着数理上的联系。

[①] 孙华、张奎、张崇宁、孙庆伟：《天马——曲村遗址北赵晋侯墓地第二次发掘》，《文物》1994 年第 1 期；刘绪、罗新：《天马——曲村遗址晋侯墓地及相关问题》，载山西省考古研究所编《三晋考古·第一辑》，山西人民出版社 1994 年版，第 18 页；《中国音乐文物大系》总编辑部：《中国音乐文物大系·山西卷》，大象出版社 2000 年版，第 47 页。

[②] 卢连成、胡智生：《宝鸡虢国墓地》，文物出版社 1988 年版，上册：7 号墓，第 96—97 页；下册：图版四三（XLIII）。

《中国音乐文物大系》总编辑部：《中国音乐文物大系·陕西卷、天津卷》，大象出版社 1996 年版，第 29 页。

[③] 卢连成、胡智生：《宝鸡虢国墓地》，文物出版社 1988 年版，上册，第 281—282 页；下册：图版一五五。

《中国音乐文物大系》总编辑部：《中国音乐文物大系·陕西卷、天津卷》，大象出版社 1996 年版，第 31 页。

[④] 何汉南：《长安普渡村西周墓的发掘》，《考古学报》1957 年第 1 期。

卢连成、胡智生：《宝鸡虢国墓地》，文物出版社 1988 年版，上册，第 281—282 页；下册：图版一五五。

《中国音乐文物大系》总编辑部：《中国音乐文物大系·陕西卷、天津卷》，大象出版社 1996 年版，第 31 页。

[⑤] 《中国音乐文物大系》总编辑部：《扶风发现—铜器窖藏》，《文博》1985 年第 1 期。

《中国音乐文物大系》总编辑部：《中国音乐文物大系·陕西卷、天津卷》，大象出版社 1996 年版，第 79 页。

（3）弦长四等分制与甬钟音列结构

当弦长做四等份节点进行取音时，各等份以 $\frac{1}{4}$ 为等差单位，正、侧鼓音与弦上节点的对应关系如下：第一，4个节点的弦长比例 $\frac{4}{4}$、$\frac{3}{4}$、$\frac{2}{4}$、$\frac{1}{4}$ 依次与音位名"角—羽—角—角"相对应，而这些音位名又与一组甬钟中第1、2、4、6件钟的正鼓音位相对应。第3件和第5件的两个正鼓"羽"音位分别对应着弦长比例 $\frac{5}{8}$ 与 $\frac{3}{8}$。第二，如果再将弦长的每 $\frac{1}{4}$ 等份作为考察对象，则第1、2、4、6件钟的正鼓音位在 $\frac{1}{4}$ 等份内的比例均为1。而第3件的正鼓"宫"音和第5件的正鼓"羽"音位在 $\frac{1}{4}$ 等份内的比例均为 $\frac{1}{2}$。第三，第1、2、3、4、5件甬钟的侧鼓音依次与弦上的音位名"徵—宫—徵—宫—徵"相对应，它们的弦长比例依次为 $\frac{5}{6}$、$\frac{5}{8}$、$\frac{5}{12}$、

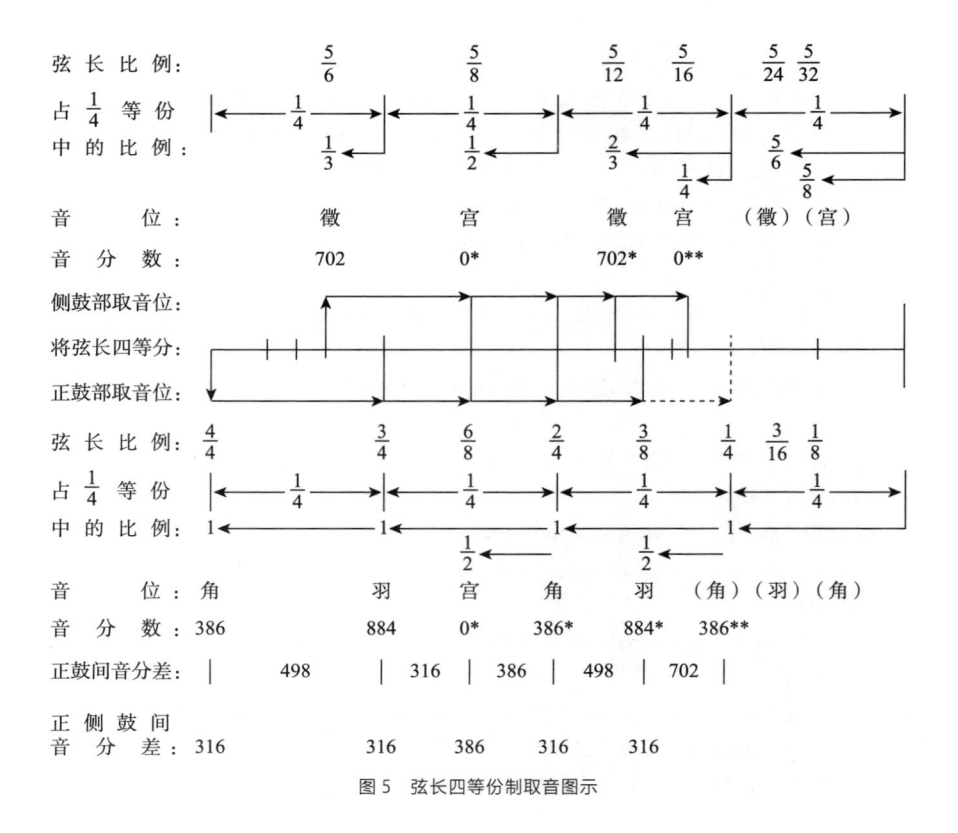

图 5　弦长四等份制取音图示

$\frac{5}{16}$、$\frac{5}{24}$，在$\frac{1}{4}$等份内的比例依次为$\frac{1}{3}$、$\frac{1}{2}$、$\frac{2}{3}$、$\frac{1}{4}$，如图5所示。

按照一弦四等份取音方法，在弦的$\frac{4}{4}$、$\frac{3}{4}$、$\frac{2}{4}$和$\frac{1}{4}$节点处可以依次取得编钟正鼓部上的"角—羽—角—角"4个音位，其中，"角"音重复出现3次，"羽"音出现1次，但没有产生"宫"音。所以还需在利用$\frac{4}{4}$、$\frac{3}{4}$与$\frac{2}{4}$ 3个节点的同时分别选择第三、第二等份的$\frac{1}{2}$处的两个节点来获取"宫"和"羽"两音。这样，正鼓音便构成了"角—羽—宫—角—羽"的结构，加上第1或4件"角"音钟侧鼓部的"徵"音在一个八度之内构成了四声音阶。前面已经整理的疾钟五—六组甬钟的音列即为弦长四等份取音的结果。此外，如将五—六组与一—七组及二—四组相比，3组甬钟虽然宫位不同，但各组第1件钟的正鼓音高均在一个偏宽的大三度范围内，而且这3个音高在排列上并未体现出某种规律。这正好符合3组甬钟取音时3个散声音高的实际，即当时的乐师在为编钟进行弦上取音时起始音基本控制在小字组的g与b之间，这也反映了人类对绝对音高认识的一致性。但具体的、准确的音高由于受张力及气候等因素影响又是不能确定的。

从以上图示还可看到，与五等份取音法和六等份取音法一样，按一弦四等份各节点来取音是非常便捷的，既依赖于数理理论的指导，又不乏实际操作的灵活性。通过对七式疾钟的纹饰和铭文的比较及音列整理、分析可以认定，疾钟的每一组音列的正鼓部音位设置都是一弦等分制取音的结果，它分别选择了四等份、五等份与六等份3种取音方法。考证疾钟所处年代与眉县杨家村编甬钟皆为西周中期（偏晚），眉县杨家村编甬钟重排一、二组音列的正鼓部音位设置也做了五等份与六等份两种取音选择，这足以说明两个问题：其一，在西周中期，编钟正鼓音列的设置是有数理依据的，而且这种数理依据是在一根弦上建立的。其中，涉及总弦长各节点和各等份内各节点的运算及准确获取这些节点的操作手段等问题，当时的乐师们为解决这些问题积累了丰富的经验，为后来的编钟音列设置提供的理论指导。其二，西周中期编钟音列的正鼓部音位设置尚未形成定式，从出土的几套有代表性的编钟如眉县杨家村编甬钟、痶钟、扶风吊庄村编甬钟等来看，均在一弦上做四等份、五等份及六等份取音的选择，直至西周晚期才按一弦六等份取音法将编钟的正鼓音列设置稳定下来。因而，本文将西周早、中期称为编甬钟音列设置的探索期。从已有的出土资料来看，早在西周早期就已出现了等份数理及节点取音等观念的萌芽了，年代更早的魏庄编钟[①]在音列设置上也表现出同样的特点。

　　通过对西周早、中期甬钟的测音数据整理与音列分析可知，西周甬钟音列结构的理论依据来自弦律的等分节点规律。已有测音资料表明，甬钟音位（特别是正鼓音列各音位）所依赖的一弦等分制取音法主要有 3 种：弦长四等份取音法、弦长五等份取音法和弦长六等份取音法。其中，由于高、低音区做节点取音时存在难易差异，四等份取音法决定了甬钟正鼓音列呈"角—羽—宫—角—羽—角—羽"系列的、不超过 7 个音位的四声结构，五等份取音法决定了甬钟正鼓音列呈"宫—角—羽—角—羽—角—羽"系列的、不超过 7 个音位的四声结构，而六等份取音法决定了甬钟正鼓音列呈"羽—宫—角—羽—角—羽—角—羽"系列的、不超过 8 个音位的四声结构。三者的相同之处在于，"徵"音位和一个正鼓"宫"音位以外的其他"宫"音位全靠等份内比例来获取，且它们总在侧鼓部，"羽""角"总在正鼓部。虽然由于节点位置不同使其律高各异，但各音位的相对音高关系完全一致，即均属于纯律体系。这 3 种取音法一直贯穿西周早、中期，而尤以五、六等份取音法为甚。特别值得一提的是眉县杨家村甬钟和痶钟，前者在同一低音标准下运用五、六等份两种取音法而生成了两组音列，后者运用四、五、六等份 3 种取音法生成了四组音列，其低音标准也在不出三度的范围内。毫无疑问，它们将西周甬钟的音乐水平推上了第一个高潮。

[①] 参见孙清远、廖佳行《河南平顶山发现西周甬钟》，《考古》1988 年第 5 期；《中国音乐文物大系》总编辑部《中国音乐文物大系·河南卷》，大象出版社 1996 年版，第 79 页。

(二）甬钟音列的定型期及其设置规范

由于有 3 种弦长等分制取音法作为甬钟音列设置的理论依据，西周早、中期的编钟音列显得形式多样而又件量不等，这是探索期的表现。至西周晚期，可能是出于对件数的追求，甬钟的音列结构逐步统一到按一弦六等分制取音法决定的 8 件组设置中。如果前面的分析还有一定的说服力，那么，有关铭文与件数、调音与取音等一些与甬钟音列密不可分的话题也必然让我们产生新的认识。

从出土资料来看，中义钟[①]、柞钟[②]、逆钟[③]、晋侯苏编钟即为这一时期的范例，它们的出现将甬钟的音乐成就推上了又一个高峰。或许正是由于音列背后数理的潜在性与隐秘性，以致人们已在习惯上将整个西周的成编甬钟均为 8 件视为一种定理，来指导整个西周编钟的分析。现在看来这是一定历史时期内一定角度的看法。

从晋侯苏钟的形制纹饰上看，16 件钟可分三式。如果说 Ⅰ、Ⅱ 式反映了对音列设置的摸索，那么 Ⅲ 式的出现才标志着晋侯苏编钟的完成，这时已到了西周晚期。它的意义在于在典型 8 件钟的甬钟音列设置历程中与西周中期陕西眉县杨家村重排一组、疾钟二—四组与三式组等许多编甬钟一样，处于领先水平，所不同的是眉县杨家村编钟和疾钟出现了按一弦六等份取音和一弦五等份取音所产生的两组音列，而晋侯苏编钟则铸造出按一弦六等份取音的两组编

[①] 陕西省博物馆、陕西省文物管理委员会编：《扶风齐家村青铜器群》，文物出版社 1963 年版；陕西省考古研究所、陕西省博物馆等编：《陕西出土商周青铜器》（二），文物出版社 1980 年版，第 174—182 页；《中国音乐文物大系》总编辑部：《中国音乐文物大系·陕西卷、天津卷》，大象出版社 1996 年版，第 53 页。

[②] 陕西省博物馆、陕西省文物管理委员会编：《扶风齐家村青铜器群》，文物出版社 1963 年版；陕西省考古研究所、陕西省博物馆等编：《陕西出土商周青铜器》（二），文物出版社 1980 年版，第 174—182 页；《中国音乐文物大系》总编辑部：《中国音乐文物大系·陕西卷、天津卷》，大象出版社 1996 年版，第 56 页。

[③] 曹发展、陈国英：《咸阳地区出土青铜器》，《考古与文物》1981 年第 1 期。

钟，说明前者还在做一弦等份制取音选择的时候，后者已做出了明确的选择，这种意义在本节的另外三套甬钟中也同样表现了出来。

对于编钟的件数而言，一度将铭文作为关系甚密的因素加以看待。然而，当我们在考察编钟音列的件数时，铭文究竟应当作决定因素还是作为参考因素来处理，是首先应该考虑的问题，由于这一选择可能会导致两种截然不同思路的出现。对于编钟音列的音位设置而言，"取"与"调"始终是两个不可或缺的环节，但明确二者的先后关系又是成功把握音位设置的关键。

铭文是乐钟上不同于纹饰的外观装饰，是一种比普通纹饰更富于礼乐内涵的文化记载。西周乐钟的铭文多数本质上无涉于音乐性能，即它与乐钟的音列结构和设置规律并无必然联系，我们在对编钟进行音列整理与分析时，可以把它们做一个比照作用，但决不能全然以它们为据来推断编钟的音列与件数的设置。这样做难以符合西周编甬钟编列的真实面目。

西周编钟在每组件数的安排上经历了一个由少到多的探索过程。在这一探索过程中对各组编钟的数量起了决定作用的是弦上节点。弦上等份节点决定着编钟三方面的指标，即音列音位、理论音高和乐钟件数。更具体地说，与每组编甬钟的音乐性能有着必然联系的是两个操作步骤，一是通过弦上等份节点获取理论音高，可谓"取音在弦"；二是通过调音获取实际音高，可谓"调音在钟"。

西周早、中期的编甬钟件数与商编铙相似，多为3件套，如虢伯各编钟、虢伯疧编钟、魏庄编钟、长由编钟等即如此。早、中期之交甚至中期的编钟也未必都是8件，呈3、4、5、6、7或8件不等的状态，这在痶钟和眉县杨家村甬钟各组及扶风吊庄编钟、曲沃县曲村北赵九号墓晋侯编钟中均体现出来了。表面上看是一种紊乱的局面，然而，从数理上讲无论多少件其内部的乐音关系都是一致的，都统一在三种等分制取音法的逻辑体系之中。早期乃至中期的一些编钟在弦上取音时习惯于弦的上一半进行，一般不超过弦长的 $\frac{1}{2}$ 节点，这是商编铙留下来的传统。即便如此，四声结构仅需3件钟便能展现完整。中期编钟多为 5 件以上、8 件以内的设置，它是做全弦长取音的结果。这种件数的增加只是为了音域的扩展，音位并无增加。晚期编钟统一设置为 8 件，音位仍然保持四声不变。

弦上取音为编钟音列的设置提供了理论依据，而钟上调音又为理论数据的成功实现提供了技术保障。无论是前者还是后者，均要经历一个由浅入深的认识过程。

朱载堉在其《律学新说》中论述道：

用纸一条，作为四折，以定四徽、七徽、十徽；作为五折，以定三徽、六徽、八徽、十一徽；作为六折，以定二徽、五徽、七徽、九徽、十二徽。首末两徽，乃四徽折半也。①

此处涉及古琴定徽采用的纸折法，即将相同长度的"纸片"（这应是他所在时代的道具，实际上泛指一种能折叠且可留下标记的器具）分别做四、五、六等份折叠，这实际上是与上述三种弦长等分制取音法同出一辙，以此便可说明在西周甚至晚商时期，宫廷乐师们早已将这种数理运用于钟乐实践了。

二、西周甬钟的数理渊源

甬钟的历史由来已久，郭沫若、唐兰、容庚、陈梦家、高至喜、马承源等学者在此方面均进行过探索。这些学者多从文化历史角度，或从形制纹饰特点来立论，很少涉及各自的音乐性能，致使论证即便有再充分的文字资料却因未涉其作为乐器的本质特征而感觉不足。目前，《中国音乐文物大系》已出版

---

① （明）朱载堉撰：《律学新说》"论准徽与琴徽不同第十"，冯文慈点注，人民音乐出版社 1986 年版，第 71 页。

16卷，全面收集了有关晚商编铙的各种资料。尤为珍贵的是，《大系》对所收集的晚商编铙不管件数多少均附有测音资料，编铙的测音资料与编甬钟、编钮钟及笛、埙、磬等乐器的测音资料一样，均由《大系》编委会组织下的中国艺术研究院音乐研究所测音小组来系统完成。相对地说，这比以往很多测音工作更规范、更专业，所得到的测音结果更具可信度，改善了以往因缺乏科学的仪器、技术甚至仅凭耳测来获取的资料所难以达到的准确性。这样就为西周编钟与晚商编铙音列的设置规律联系起来考察提供了方便，而它们之间是否在音列结构上存在有机的联系，将成为西周甬钟的数理关系来源于商编铙的最有力的依据。正因如此，对晚商编铙及新石器时代的埙、笛等乐器的测音资料整理及音列分析才显得如此必要。

（一）四声定式及其渊源

将西周甬钟的音列与晚商编铙的音列进行比较时，有三方面的问题是必须思考的。第一，现有资料表明，中原地区的晚商编铙是出土青铜乐器中最早的成编乐器，与单件青铜乐器相比已是一个飞跃。但多数编铙音列的音高关系与音程关系尚不够明确，这是铸造技术尚处于初级阶段，调音技术尚未被开发运用的结果。所以做音列分析时估计个别铜铙音准的游移性十分必要。第二，出土资料表明，甬钟与中原编铙在形制上有明显区别，在这样的前提下去考察它们之间音列的相承关系理应找到这种外异而内一的缘由。第三，以陕西为中心的中原甬钟与湖南、江西地区等南方甬钟在形制纹饰方面的一致性暗示着南北文化交融的历史事实。

1.四声定式

通过对西周时期13套共18组编甬钟音列的分析，我们能发现这一时段编钟音列存在3种音位排列方式。这3种音位排列是周人对一弦做等分时运用3种取点模式的结果。然而，由于周人对弦上数理认识的一致性，不管采取哪一种节点模式，也不管产生哪一种音位排列，如果还是觉得传统五声"宫、商、角、徵、羽"作为音位名称理由最充分而须从中选择的话，编钟音列的音位名称始终是相同的，即总是"羽、宫、角、徵"，这也是早已被前人所认识了的。① 这四个音位的运用贯穿了西周编钟音列发展的全过程，这一现象在以上分析的西周时期 13 套 18 组编甬钟的音列中无一例外。那么，这里有理由提出来 3 个问题：第一，编钟正、侧鼓部四声定式的萌芽期在哪里呢？第二，至西周中期已常用的一弦等份制取音法在商代就已萌芽并付诸实践了吗？第三，侧鼓音的运用难道非要与演奏标记如凤鸟纹、圆涡纹②、龙纹③的增饰同时出现吗？

要回答这些问题，就有必要认真考察西周以前的乐器，特别是青铜乐器的设置规律与音乐性能了。

2. 晚商编铙的音列分析及推测

将各套编铙的正鼓音列与西周中期以来按弦上等份制取音法获得的各组编钟前 3 件的正鼓音列相对照，"羽—宫—角"结构正好符合一弦六等份取音的结果，"宫—角—羽"结构正好是按一弦五等份取音的结果，而"角—羽—宫"则正好是一弦四等份取音的结果。况且，至西周中期仍存在编钟各组件数从 3 件到 8 件不等的现象。这除了说明青铜乐器各组件数出现由少到多的趋势之外，更重要的是，西周钟的正鼓音列采用哪一种设置结构，都是在"羽""宫""角"构成的 3 种三音列基础上增设"（角）—羽—角—羽（—角—羽）"等音位，件数增加了，但其音位并无明显变化。从这个意义上讲，3 件与 8 件的作用是相等的。这又一次说明西周编钟弦上等份取音法发端于殷人的

---

① 参见黄翔鹏《用乐音系列记录下来的历史阶段——先秦编钟音阶结构的断代研究》，载《溯流探源——中国传统音乐研究》，人民音乐出版社 1993 年版，第 98 页。
② 《中国音乐文物大系》总编辑部：《中国音乐文物大系·北京卷》，大象出版社 1999 年版，第 39 页。
③ 《中国音乐文物大系》总编辑部：《中国音乐文物大系·北京卷》，大象出版社 1999 年版，第 42 页。

数理意识，西周人只是将这种方法加以推广而已。

总之，尽管商编铙与西周甬钟在器形、件数、纹饰及音乐性能等诸多方面均有各自的特点，但以上编铙测音数据的分析完全可以得出这样的结论，那就是：西周编钟正、侧鼓部四声定式的数理意识承袭于商代后期的编铙音列。

（二）早期的感性选择对数理提炼的意义

作为奴隶制社会上层建筑的礼乐传播媒介，青铜乐器的音乐性能与发展状况并不能反映当时社会音乐发展的全部。从现已出土的远古笛、埙乐器的测音数据分析来看，远古的人们并非一开始就局限于四声；相反，他们对自然乐音的选择远比青铜乐器灵活，组成的音列更丰富。笛、埙乐器的这种早期音列多样化、音阶多声化为青铜钟乐音列的设置提供了选择的园地与宝贵的经验，它与青铜乐器音列的统一性、四声性所形成的反差，正好说明青铜钟乐音列是从早期感性实践中做出数理提炼的结果。

应引起注意的是，在西周编甬钟的音列中找不到"商"这个音，客观原因是在做弦上等份取音时不方便获取"商"音，而在以钟磬为标志来象征西周礼制的宫廷乐队中，"商"音通过更擅长演奏旋律的其他乐器如笙、管、篪、筝、瑟等来奏出，这是更符合音乐实践的编配原则。说西周钟磬二器缺"商"就目前来看也许是实情，但如果说代表西周宫廷乐队的钟磬乐缺"商"尚无依据。另外，如果非要体现钟、磬二器的标志性作用，以钟、磬二器来概括整个钟磬宫廷乐，那完全是受礼乐制度的影响，出于政治原因的考虑也未尝不可。但笔者以为在对它们进行分析、研究时，缺"商"问题的客观原因与主观问题是应该分清楚的。

诚然，西周甬钟的数理观念并非突现，且青铜乐器的历史也由来已久。笔者以为，西周甬钟的数理意识是对中原地区晚商编铙的继承与发展。大量出土资料表明，所有晚商编铙的音列均以"羽""宫""角""徵"为基础，且绝大多数编铙音列的音位也不出此四声，分别形成"羽—宫—角""宫—角—羽""角—羽—宫""宫—角—徵"等结构形态，这些形态恰恰是西周甬钟按

六、五、四等份取音法产生的 3 种音列的浓缩。如果再从合瓦体钟腔的设计意图上考虑，择其某一件的侧鼓音加入音列，则四声俱全，与西周甬钟并无差异。所不同的是，晚商时期由于人们还未掌握调音技术，不懂得在铙腔的适当部位进行合理的锉磨可以改变其音高，致使编铙的准确性总体上不如西周甬钟。实际上，西周甬钟就是继承了编铙的数理意识并吸收了南方编铙的形制特点后发展起来的，取音时按相同的节点规律即便将一弦取尽而设置成 7 件或 8 件甬钟也不出四声，这种现状一方面说明编钟音列受制于音列背后的数理规律；另一方面也表明等分制取音法仅运用于一条弦上的局限性。

三、钮钟的出现与正鼓音列的转制

自西周晚期至春秋早期，甬钟一直在音列设置上保持着自身的规范，即按一弦六等分制取音法来获得 8 个音进行正鼓音列设置。从现有出土材料来看，这种情形直至春秋中期才彻底改变，而这种改变与另一种钟——钮钟的出现及其音列设置是分不开的。钮钟是甬钟的钟体和铜铃的钮相结合而派生出来的新式钟，与甬钟的主要区别是舞部置一环状吊钮代替甬把[①]，并以其适应各国诸侯财力的小巧体形与优良的音乐性能出现在历史舞台上，成为推动东周钟磬乐发展和编悬体制进一步完善的主要乐器。资料表明，钮钟至迟在两周之际就已出现，它的出现不仅使编钟向旋律乐器的方向发展，也带动了镈钟、甬钟音乐性能的更新。

（一）春秋早期正鼓音列的两种形态

就春秋早期而言，编钟正鼓部出现了两种音列形态并置的现象，一种是由"羽—宫—角—羽—角—羽—角—羽"构成的 8 件组设置，另一种是"徵—

[①] 参见王子初《中国音乐考古学》，福建教育出版社 2003 年版，第 173 页。

羽—宫—商—角—羽—商—角—羽"构成的9件组设置。前者是西周一弦等份制取音法延续的结果，后者是伴随钮钟的出现并以传统正五声为正鼓音列设置基础的新模式，它暗示着为钮钟取音的五弦准[①]的出现。

1. 西周晚期甬钟音列设置规律在春秋早期的延续

从已有资料来看，春秋早期音乐性能较好的甬钟有3套，其中两套从三门峡上村岭虢国墓地中出土，即虢季编钟[②]与虢仲编钟[③]，还有宝鸡杨家沟太公庙所出的秦公钟[④]，三者的保存情况较好，且均进行了测音并形成资料。

通过对以上3组甬钟的分析，可以在春秋早期再一次见到西周编钟音列的设置规范，它们是西周数理逻辑在春秋时期的延续。另外，如果将以上3组钟与西周时期的多数成编甬钟做一个地域上考察，便不难发现，这种按一弦等分制取音来进行音列设置的编甬钟除山西地区晋侯所辖领地出土的曲沃曲村北赵9号墓的晋侯钟、曲沃曲村北赵8号墓的晋侯苏钟等为数不多的几套外，绝大多数为陕西地区的周王室所辖地所出。在以上整理的3套钟中，秦公钟出于宝鸡，本属周王室领地自不当说。前两套为虢国所用之器，两套钟的主人虢季与虢仲均为虢国的两代君主，虢国原居于陕西宝鸡、扶风一带。西周末犬戎西侵，平王东迁洛阳，虢国亦东迁到今河南三门峡一带。这一史实表明此两套编钟所在的虢国实际上也属于周王室权力所及的核心范围。这种出土的情况说明，从西周早、中期开始至两周之际，周王室的乐悬制度和作乐规范或许在尽

---

① 本文以为"准"虽是汉代才出现的称谓，但它的所指时间未必仅在汉代，本文借以用之。
② 河南省文物研究所、三门峡市文物工作队：《三门峡上村岭虢国墓地 M2001 发掘简报》，《华夏考古》1992 年第 3 期；《中国音乐文物大系》总编辑部：《中国音乐文物大系·河南卷》，大象出版社 1996 年版，第 82 页。
③ 《中国音乐文物大系》总编辑部：《中国音乐文物大系·河南卷》，大象出版社 1996 年版，第 93 页。
④ 卢连成、杨满仓：《陕西宝鸡县太公庙村发现秦公钟、秦公镈》，《文物》1978 年第 11 期；《中国音乐文物大系》总编辑部：《中国音乐文物大系·陕西卷、天津卷》，大象出版社 1996 年版，第 92 页。

力地推广，但真正响应的诸侯并非很多。晋侯领地与周王室相距最近，两地在维系王侯关系问题上是相对稳定而长久的，并由此也影响到编钟音列设置的追从。然而，也就在两周之际，由于晋、齐等诸侯国政权独立性及经济实力的加强，由于周王室在各诸侯国中的中心地位下降，一度忠实地保持着周王室编甬钟音列规范的晋国、虢国又最早打破了这一规范，率先出现了编钟音列设置的转制。

2.正鼓音列设置的转制

两周之际编钟音列设置的变化主要围绕着两个特点，一是正鼓音列设置方式的转制；二是侧鼓音设置的明确性及其获取方式的简洁性，而二者又都是围绕钮钟的出现而发生，并由此带动其他钟形音列设置的发展。本节以虢太子墓编钟、闻喜上郭 210 号墓编钟、闻喜上郭 211 号墓编钟和长清仙人台 6 号墓编钟为对象，先探讨它们的正鼓音列的设置特点。

通过对春秋早期 9 件套编钟音列特点的分析，有一个明确特征就是其正鼓音列中出现了五声，以上 4 套编钟是由第一钟至第五钟做"徵—羽—宫—商—角"排列，有 3 套钟的后 4 件形成"羽—商—角—羽"的音列，即有选择地对五声音列进行重复。前 5 钟的五声排列中除了将原用于西周甬钟音列中的侧鼓"徵"音和弃用的"商"音设置到正鼓音之外，更重要的是音位的排列方式也发生了根本性的变化。那么，正鼓音列的五声结构是怎样产生的呢？

为了对编钟音列分析时提供一个参照，与西周甬钟的分析相似，对东周编钟音列分析时也在各音位实测数据的下方标示了理论数据，而且"羽"和"角"两音位下方标出了两个数据，在侧鼓音难于肯定时也给出两个音位与音分数，并借用分数形式表示。那么，这些数据从何而来呢？标示一个数据或两个数据的理由是什么呢？

编钟音列的结构问题主要与两个因素相关联，一是预设音位；二是律高。要解决这些问题仍须从弦上取音入手，它们是音列设置规范的本质所在。

3.一弦、五弦与五声

钮钟的出现，特别是两周之际与春秋早期 9 件一组的钮钟音列设置的事实已经完全证实，钮钟自出现之时起就采用五弦取音。河南陕县上村岭东 1052 号虢太子墓编钮钟在两周之际，山西闻喜上郭村 210 号墓编钮钟和山西闻喜上郭村 211 号墓编钮钟在春秋初期，且均为 9 件一组。除虢太子墓编钮钟高音区正鼓音设置出现了两个重复音位外，三者的中低音区正鼓音均为"徵—羽—宫—商—角"，后二者高音区均为"羽—商—角—羽"。自以上 4 套钮钟后出土的绝大多数用于演奏的钮钟和甬钟，其正鼓音列均以此"五声"为基础进行设置，这就给我们一个提示：这"五声"的获得必然是通过一种无须按指或统一按某一节点后便能轻松获取的五条弦的仪器。从曾侯乙墓出土五弦器[①]的制作工艺来看，它已是一种十分成熟的取音仪器了，它付诸使用的时间上限尚未确定，其上所张的五弦弦痕正好为以上 4 套编钟正鼓五声音列的设置提供了又一个坚实的物证。可见，这时作为取音标准的弦数已不再是一弦所能统率了，取音标准的弦数已由一弦变成五弦。然而，春秋早期正鼓音列的五声音位还不够稳定，各组音列中音位间音程关系偏差较大的时候，要判断正鼓音列中五声的律制归属恐怕须从数理与实物两方面进行分析。

（1）一弦定五弦

从 4 套 9 件组的编钟来看，正鼓音列各音位间均表现出较大的游移性，其中"徵—羽"间音分差最大，出现大于 204 音分和小于 182 音分两种倾向；"羽—宫"间音分差也出现大于 316 音分和小于 294 音分两种倾向；3 套钮钟的"商—角"间音分差出现小于 182 音分的倾向。如果将这种对正鼓音列各音位间音分差值的统计推广到更多的编钟上来考察，就可整理出一个平均音分差值表。

[①] 黄翔鹏：《均钟考——曾侯乙五弦器研究》，载《中国人的音乐和音乐学》，山东文艺出版社 1997 年版，第 175 页。

各组编钟正鼓音列中五声音位间的音分差是从《中国音乐文物大系》各卷收录的测音数据中整理出来的。从平均值来看，"徵—羽"之间相差 195.44 音分，理论上属于 182 音分和 204 音分两个标准之间或左右游移的结果；"羽—宫"之间的 304.75 音分刚好处于 294 音分和 316 音分之间，而且受"羽"音游移的影响；"宫—商"之间为 202.73 音分，与 204 音分非常接近；"商—角"之间的 186.06 音分则更接近于 182 音分，而远离 204 音分。这种原始而简单的统计方法同样可以运用于后面将要分析的春秋晚期与战国时期的编钟正鼓音列中。这些数据到底说明了什么问题呢？从表面上难以找到答案，从冰冷的实物甚至从文献记载中也不可能找到直接的答案。我们唯一能做的就是寻找传承的轨迹，即从晚商和西周编钟的数理实践中找回它们的真实。

按照西周三种等分制取音法，在甬钟上将正、侧鼓部结合起来才有"羽—宫—角—徵""宫—角—徵—羽""角—徵—羽—宫" 3 种四声结构，唯独没有"徵—羽—宫—角"结构。因为以此 3 种取音法中的任何一种节点规律均不便单独来设置以"徵"为空弦散声的音列。而且，在强调"金石以动之"（《国语·周语下》）的节奏功能的西周时代，编钟音列中缺"商"音也无妨，但若要加强编钟的旋律功能，缺"商"音则影响演奏。事实上，商音在晚商编铙中早已出现，只是西周未用于编钟，仅用于其他乐器。随着编钟"礼器"功能的削弱，"乐器"功能的逐步增强，必须要求其旋律演奏能力有所提高，于是，将晚商编铙上即已出现的"五声"设置于钮钟的正鼓音列就势在必行了。

下面将西周时期 3 种等份取音法在等份内的节点比例与音位做一个综合。通过 3 种取音法的对照可以发现，"徵—羽—宫—商—角"五声中有四声的取音节点在 3 种取音法中被运用，只有"羽"音所在的、弦长比例为 $\frac{9}{10}$ 或 $\frac{8}{9}$ 的两个节点在西周时期未被选用。如图 6 所示（图中仅取一弦的 $\frac{1}{2}$，以求在一个八度内对音列进行考察；其中未被西周甬钟选用的两个节点用括号加以区分）。

六等份取音的等份内比例：	1	$\frac{2}{5}\frac{1}{3}$	1	1	$\frac{1}{3}$	1
六等份取音的音位排列：	羽	（徵颤）宫		角	徵	羽
五等份取音的等份内比例：	1	$\frac{1}{2}\frac{4}{9}$	1	$\frac{1}{3}$	1	$\frac{1}{2}$
五等份取音的音位排列：	宫	（商）	角	徵	羽	宫
四等份取音的等份内比例：	1	$\frac{3}{5}\frac{5}{9}$	$\frac{1}{3}$	1	$\frac{1}{2}$	1
四等份取音的音位排列：	角	（商颤）徵		羽	宫	角
弦上节点的弦长比例：	1	$\frac{9}{10}\frac{8}{9}$	$\frac{5}{6}\frac{4}{5}$	$\frac{3}{4}$	$\frac{2}{3}\frac{5}{8}\frac{3}{5}$	$\frac{5}{9}$ $\frac{1}{2}$
六等份取音的等份内比例：	1	$\frac{2}{5}\frac{1}{3}$	1 $\frac{4}{5}$ $\frac{1}{2}$	1	$\frac{3}{4}\frac{3}{5}$	$\frac{1}{3}$ 1
一弦取五声的音位排列：	徵	羽	宫	商	角	

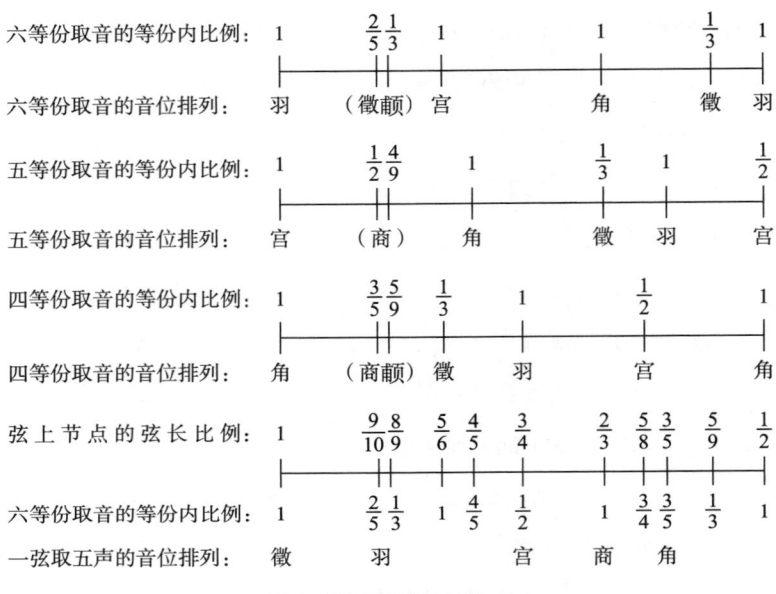

图6　3种等份取音法综合图

"徵—羽—宫—商—角"五个音位所用的节点有其各自的特征，最容易获取且音准最有保障的只有两音，即在五弦的 $\frac{3}{4}$ 和 $\frac{2}{3}$ 两节点处，二者分别为四等份取音法的第三节点和六等份取音法的第四节点，加上空弦散声形成三个最稳定的音。第四个音位是"角"，较稳定，且只能有一个选择但较难获取，处在五等份取音法的第三个节点（ $\frac{3}{5}$ ）上，在六等份取音的等份内比例也是 $\frac{3}{5}$ 。剩下一个"羽"音不太稳定，在西周甬钟音列中未被选用，唯一的实例是河南安阳大司空51号妇好墓所出的晚商编铙。它通过五等份取音法使音列作"宫—商—角—徵—羽"设置时，正好处在等份内的 $\frac{1}{2}$ 节点上，其弦长比例为 $\frac{9}{10}$ ，只是音位为"商"不为"羽"。自西周晚期统一使用六等份取音法以后，该音位出现了两个等份内都易于获取的节点，如图6所示，一个是 $\frac{2}{5}$ ，另一个是 $\frac{1}{3}$ ，二者的弦长比例分别为 $\frac{9}{10}$ 与 $\frac{8}{9}$ ，而且它们之间的音分数仅相差22音分，在实际调弦过程中有可能互用。在 3 种等份取音法所决定的音列设置中此两节点依次属于"徵颉""商"和"商颉"三个音位，转换到"徵—羽—宫—商—角"结构中则变成了"羽"音音位（见括号内的音位）。正是在一弦上确定了五声的节点位置，才使得一弦调出五弦时有了理论依据。将五声音位的弦长比例由大至小依次排列即为：$1—\frac{9}{10}$ 或 $\frac{8}{9}—\frac{3}{4}—\frac{2}{3}—\frac{3}{5}$，它们在六等份取音法的等份内节点比例依次为：$1—\frac{2}{5}$ 或 $\frac{1}{3}—\frac{1}{2}—1—\frac{3}{5}$。如设"宫"音的音分数为 0，则这种数据对应的音分数依次为：702、884/906、0、204、386（音分）。这就是在为以上各套编钟作音列分析时正鼓音列的理论音分数，它们的存在与西周甬钟音列的设置既有密切的联系，又有大胆的超越。

从对钮钟测音数据的整理分析中能清晰地看到，五弦散声与钮钟正鼓音列中的五声完全吻合，说明钮钟音列中各个音位是按五弦的弦序来取音的。五弦散声音高由一弦确定下来了，就表示 9 件套编钟正鼓音列的前 5 个音位及音高被确定下来了，并且按弦获取 5 个音位时音区上可做"1""$\frac{1}{2}$""$\frac{1}{4}$"等节点的选择（这一点将在后文"五弦取音"中详细论述）。后 4 个音位是在保留西周甬钟正鼓音列的最后 3 个音位的基础上，与中低音区相同，再一次加入"商"音构成的。如果将西周中晚期 8 件套甬钟与东周 9 件套钮钟的正鼓音列做一个音域上的比较就会发现，8 件套的音域（从第一件甬钟上的"羽"音到第八件甬钟上的"羽"音）为三个八度，即二十二度，即将一条弦上取尽获得编钟正鼓部的 8 个音位。[①] 9 件套的音域（从第一件钮钟上的"徵"音到第九件钮钟上的"羽"音）为十六度。西周甬钟件数少，音域却更宽；钮钟件数多了，音域却更窄。很明显，钮钟缩小音域的目的是旋律演奏的需要，是春秋早期钟磬乐的旋律性能加强的结果。

有两个应予以思考的问题。问题一，为什么五弦取音会伴随钮钟的出现

---

① 在前文已述及，按一弦六等份取音法，正鼓音列设置八音为极限。

而出现呢？可以从取音与铸调两方面做出解释：一、西周晚期人们早已有了丰富、改进编钟音列的想法，掌握了将一弦取音方法做出节点选择（即以弦长的 $\frac{2}{3}$ 与 $\frac{1}{3}$ 处为主），并推广到五条弦上的规律，只是甬钟、镈钟具有它们固有的取音法，不便打破这种传统；二、钮钟多有表现自身良好音乐性能的名称，皆由于钮钟的尺寸比甬钟、镈钟体小，发音清脆，中音区近人声，余音短，最适合演奏旋律。加上用材少，造价廉，又易于调试。

正鼓音列的五声设置首先出现在钮钟上，钮钟又正好出现在两周之际，而两周之际正是周王室衰萎，五霸崛起之时。可见，从文化史的角度讲，9件套钮钟的音列设置首先是在这种社会转型的大环境下受新思想、新意识影响的结果，是在一种敢于打破旧传统、突破旧格局的思想驱动下进行的大胆探索。这种探索来自实践，是对旧有规范的继承和发展。

问题二，古代黄钟律与编钟的音高标准（第一弦空弦散声）的关系问题是否能准确地保持一致呢？首先应该清楚的是，从现已出土编钟的第一钟正鼓音高来看，两周时编钟的音高标准与汉代以来的黄钟律很难说就是一回事；其次，定弦时音高是难以确定的，且以散声作为首音位，其音位名称是随音列设置的变化而变化的，如西周甬钟的取音标准与钮钟就明显不在同一音区。加上地域的差异，又没有定音的仪器，所以当时的音高标准与取音标准的质料有密切的关系，同时也一定程度地受人们听觉习惯及天生音区、音高感的影响，很大程度上符合自然的生理规律。因此，编钟的音高标准既具有自然性又带有偶然性和实践性，要在编钟音列中考察黄钟律的绝对音高是非常困难的。

（2）五弦散声与三分律五声

以上的分析使春秋早中期钮钟正鼓音列的五个音位趋向于纯律范畴，而从文献记载来看，三分损益律至迟也不晚于公元前645年。① 那么，到底是《管子》的三分损益理论指导了春秋早期钮钟的音列实践（仅从时间上讲，《管子》

---

① 参见黄翔鹏《音乐考古学在民族音乐形态研究中的作用》，《人民音乐》1983年第8期。

晚于春秋早期，是不可能指导的），还是随着春秋早期钮钟的音列实践促使了三分损益的理论总结呢？

这里，将三分损益法的实数计算方法转换为弦长比例来理解。

设弦长为 1，弦上 $\frac{3}{4}$ 节点处作为定五弦的标准，它就是黄钟律高标准。

第一步：设 $\frac{3}{4}$ 弦长比例为宫。将 $\frac{3}{4}$ 弦长一分为三，则每一份为 $\frac{1}{4}$，各份弦长比例由大到小分别为 $\frac{3}{4}$、$\frac{2}{4}$、$\frac{1}{4}$。

第二步：延长 $\frac{1}{4}$，则弦长比变为 1，取得"徵"音。再一分为三，则每一份弦长比例为 $\frac{1}{3}$，各份弦长比例由大到小分别为 $\frac{3}{3}$（1）、$\frac{2}{3}$、$\frac{1}{3}$。

第三步：缩短 $\frac{1}{3}$，则弦长比变为 $\frac{2}{3}$，取得"商"音。再一分为三，则每一份弦长比例为 $\frac{2}{9}$，各份弦长比例由大到小分别为 $\frac{6}{9}$（$\frac{2}{3}$）、$\frac{4}{9}$、$\frac{2}{9}$。

第四步：延长 $\frac{2}{9}$，则弦长比变为 $\frac{8}{9}$，取得"羽"音。再一分为三，则每一份弦长比例为 $\frac{8}{27}$，各份弦长比例由大到小分别为 $\frac{24}{27}$（$\frac{8}{9}$）、$\frac{16}{27}$、$\frac{8}{27}$。

第五步：缩短 $\frac{8}{27}$，则弦长比变为 $\frac{16}{27}$，取得"角"音。如图 7 所示：

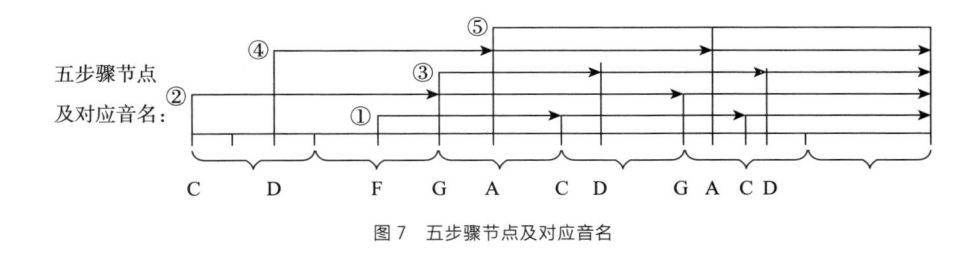

图 7　五步骤节点及对应音名

弦长比例：　1　$\frac{8}{9}$　$\frac{3}{4}$　$\frac{2}{3}$　$\frac{16}{27}$　$\frac{1}{2}$　$\frac{4}{9}$　$\frac{1}{3}$　$\frac{8}{27}$　$\frac{1}{4}$　$\frac{2}{9}$

音　　位：徵　羽　宫　商　角　徵　羽　商　角　徵　羽

占 $\frac{1}{6}$ 弦长中的比例：1　　$\frac{1}{3}$　$\frac{1}{2}$　1　$\frac{5}{9}$

《管子》实数：　　108　96　81　72　64

这正是《管子·地员篇》中关于三分损益法生五音的基本原理，不同的是

《管子》用的是实数，这里用的是弦长比例。因为换用了弦长比例来说明三分损益法的生律原理，它为将其与一弦等份理论进行比较提供了方便。如果用五个节点将一弦均分为六份，在各均等的 $\frac{1}{6}$ 弦长中取音，各等份中钟的正鼓音绝大多数在 $\frac{1}{6}$ 弦长中的 2 分或 3 分节点，侧鼓音不会超过 5 分，高音区最多也不会超过 6 分或 8 分。而图 7 第五步骤取得"角"音位，弦长比例为 $\frac{16}{27}$，它在 $\frac{1}{6}$ 弦长中占 $\frac{5}{9}$，这是难以得到的，而另一弦长比例为 $\frac{3}{5}$ 的相近的"角"音位在 $\frac{1}{6}$ 弦长中也占 $\frac{3}{5}$，按指取音就方便多了。这后一"角"音的获取更符合《史记·夏本纪》所载夏禹"声为律，身为度"的事实。

调试一弦以外的四弦的标准仍然在第一弦上，第一弦上各节点按位的准确性直接影响到另外四弦的音高。其中，第一、三、四弦对应的散声"徵""宫""商"三音位的取音节点如图 7 所示，它们的准确性容易保证。第二弦可得 $\frac{8}{9}$ 节点的"羽"，也可得 $\frac{9}{10}$ 节点的"羽"，但二者在等份内分别处于 $\frac{1}{3}$ 和 $\frac{2}{5}$ 节点上，无论从理论上还是从实践角度讲均是容易获取的。第五弦的音高也有两种按弦选择，一是三分损益法的理论弦长 $\frac{16}{27}$，另一种是六等份中的 $\frac{3}{5}$，前者处于等份内的 $\frac{5}{9}$ 节点，很难获取；后者在等份内仍处于 $\frac{3}{5}$ 节点上，获取起来就容易多了。如山东长清仙人台 6 号墓编钮钟是从铸造到调音都非常规范的一套编钟，它的正鼓音列为春秋时期"徵—羽—宫—商—角—羽—商—角—羽"的典型设置，唯独第 5 号钟即"角"音钟偏低 68 音分（107-23-16，按第一弦的 $\frac{3}{5}$ 节点定弦），或 90 音分（107-23+6，按第一弦的 $\frac{16}{27}$ 节点定弦）。音列中其他各音都非常准确，偏差不超过 16 音分。再如后面将要分析到的山西侯马上马 1004 号墓编镈（9 件）索性不从五弦上取音，将"角"音置于音列的开头，构成"角—徵—羽—宫—商—徵—羽—宫—商"的结构。再结合以上列表整理的 17 组春秋早中期 9 件组编钟正鼓"商—角"间多接近 182 音分的事实，很难说春秋早中期 9 件套编钟的正鼓音列是在三分损益法的理论指导下来设置五声音位的；相反，本文更相信三分损益律的理论总结来源于钮钟音列的早期实践。至于理论总结之后编钟的音列设置是否完全遵循它的规律则要看实际取音的难易程度了。

本文以为图7中所标示的弦长比例才是"三分损益律"的早期形态，它们由一弦取音发展而来，并在两周之际即已运用于音乐实践。至春秋中期，管子用"实数"理论将其进行了精辟的总结。这种理论总结产生了两种后果，其一是排除了五弦上按弦取音时可能出现的比例上的游移性；其二是将长度相同、音高不同的五条弦换成了音高不同、长度也不同的五条弦。可见，这种总结是有利有弊的，利在于其规范性及以文字方式做出的记录，弊在于它抹杀了音乐实践方法的多样性及西周以来弦上取音的相承性。当然，理论上的总结终归是理论，它并不妨碍弦上取音方法的灵活性运用和编钟音列设置实践的发展。

因此，本文以为编钟取音的五弦在定音问题上是音乐实践的结果，它们带有明显的灵活性和实用性，并非完全遵循三分律五音的音高。

（二）春秋中期正鼓音列设置的五声定式

自两周之际钮钟的正鼓音列做五声设置以后，这种设置在整个东周时期得到了空前的发展。特别是在春秋中期，编钟在正鼓音列的音位选择上严格地遵循着早期的五声规范，从出土实物测音资料的统计结果来看，也许个别编钟正鼓音列的排序未必完全一致，但没有一例超出了五声。这就是编钟的"礼器"功能在起作用，周代宫廷的"礼乐意识"对编钟的音列结构与对钟磬乐的编悬制度一样，有着潜在的约束力。这种约束客观上对当时社会音乐发展是保守的，然而它却为我们今天的断代史分析提供了方便。

已出土的春秋中期编钟不下20套，它们主要集中于楚、齐、晋及郑等春秋列国统治的河南、山东、山西等地区。除少数明器外，多数为音列设置完善的实用器。现选择4套保存完好、音乐性能优良的钮钟为对象来考察正鼓五声设置的稳定状态，它们分别是淅川仓房下寺 1 号墓编钟[①]、莒南县大店游钟[②]、临沂凤凰岭编钟[③]和侯马上马 13 号墓编钟[④]。

1.郑国10件组编钟正鼓音列特点

郑国编钟以其独特的 10 件组合有别于其他诸侯国编钟。然而，10 件组编钟正鼓音列的核心仍是"徵—羽—宫—商—角"五声，只是在早期 9 件组结构的前面增设一个"角"音。资料表明，1993 年以来，新郑出土的郑国编钟已有 11 套，且均为 4 件镈钟与 10 件钮钟的组合。现以新郑出土的城市信用社编钟[⑤]、李家楼编钟[⑥]、金城路编钟[⑦]和螭凤纹编钟[⑧]为对象考察其音列特点。

自从甬钟音列在春秋早中期实现了设置上的过渡后，音列的形态已难以在钟形上找到区别了，如果说金城路钮钟 A、B 两组在正、侧鼓音的音程设置上各具特色，难以看出发展倾向的话，新郑螭凤纹编钟则又一次以三度关系完成了 10 件钟的正、侧鼓音程关系的设置，它的铸就标志着春秋中期（偏晚）在

[①] 河南省文物研究所等：《淅川下寺春秋楚墓》，文物出版社 1991 年版，第 89 页；赵世纲主编：《中国音乐文物大系·河南卷》表 51，大象出版社 1996 年版，第 319 页。

[②] 吴文祺、张其海：《莒南大店春秋时期莒国殉人墓》，《考古学报》1978 年第 3 期；周昌富、温增源主编：《中国音乐文物大系·山东卷》表 27，大象出版社 2001 年版，第 339 页。

[③] 山东省兖石铁路文物考古工作队：《临沂凤凰岭东周墓》（罗鹭凌撰），齐鲁书社 1988 年版，第 15—18 页；周昌富、温增源主编：《中国音乐文物大系·山东卷》表 34，大象出版社 2001 年版，第 341 页。

[④] 山西省考古研究所：《上马墓地》，文物出版社 1994 年版，第 72—76 页；黄翔鹏：《新石器和青铜时代的已知音响资料与我国音阶发展史问题》（下），《音乐论丛》1980 年第 3 辑。

[⑤] 赵世纲主编：《中国音乐文物大系·河南卷》，大象出版社 1996 年版，第 114、318 页。

[⑥] 许敬参：《编钟编磬说》，《河南博物馆馆刊》第九集，1937 年版；靳云鹏：《新郑出土古器图志》"周蟠虺钟"（天字 1 号—天字 21 号），1923 年初版，第 1—5 页；赵世纲主编：《中国音乐文物大系·河南卷》，大象出版社 1996 年版，第 84 页。

[⑦] 蔡全法、马俊才、王蔚波：《新郑郑韩故城金城路考古取得重大成果》，《中国文物报》1994 年 1 月 2 日第 1 版；赵世纲主编：《中国音乐文物大系·河南卷》表 47，大象出版社 1996 年版，第 316 页。

[⑧] 袁荃猷主编：《中国音乐文物大系·北京卷》，大象出版社 1996 年版，第 49、283 页。

规范了编钟正鼓音列结构的同时，也最终完成了正、侧鼓音程关系的设置了。

四、定式的突破与音列的接合

春秋中期以后钟磬乐在各列国中出现了真正的繁荣局面，出土的资料比以往任何时期都丰富。地域上，无论是晋、齐、楚、吴等强势文化的代表，还是邾、虞、曾、徐等诸侯；无论是远在鄂西的巴，还是地处江南的越，均竞相享用着超规格的乐悬。所以，客观地理解"礼崩乐坏"，就是以周天子为中心的统治阶级内部等级性削弱了，用乐规范虽被逐渐打破，却使乐悬制度被推广，宫廷音乐开始泛滥，以至于音乐水平在春秋晚期及战国初期得到了前所未有的发展。

（一）定式的突破

从编钟的音乐特性上看，春秋中期以后的编钟音列在设置上逐步呈现两种思路：一是正鼓音列继续延续春秋中期的五声定式；二是开始对变声做出选择而使正鼓音列中出现六声或七声。显然，在春秋早中期即已满足五声甚至七声音阶演奏与部分旋宫的基础上，这种设置旨在实现更大范围的旋宫转调，它是编钟沿着音乐本体的道路向纵深发展的表现。随着对各种钟形音乐性能的掌握，从春秋中期开始，编镈与甬钟、钮钟之间由礼乐形式上的搭配转为音乐性能上的接合，这种接合拓宽了音域、丰富了音色，还一定程度地增强了旋律性与旋宫转调的能力。

1.五声设置的延续

由于有测音资料的编钟较多，本文仅从山东、山西、河南、湖北及江苏等地各选择保存较好、数据齐全的编钟作为代表，它们是长清仙人台5号墓编钟、郯城编钟、六合程桥1号墓编钟、曾侯乙编钟中层1组甬钟和平陆尧店夔龙编钟。另外一些如山东滕州庄里西村编钟、江苏邳州九女墩3号墓编钟、南京"湛邔"编钟、山西屯留西河北钮钟及山东诸城臧家庄公孙朝子编钟等，它们在音列的设置上与作为代表分析的编钟并没有产生明显区别，只是因锈蚀严重或数据不全或个别有破裂等原因而作为补充。

分析表明，如果说对西周时期的编钟主要限于陕西地区的话，至东周时期，则可以接触到如齐、晋、郑、楚、徐等国所在地区的编钟，它们的正鼓音列并未因地区差异而发生改变，尽管也呈现多种音位设置方式，但均以"徵—羽—宫—商—角"五正声为基础来构成8件一组、9件一组以及10件或10件以上一组的正鼓音列。那么，是什么使得它们在整个黄河流域、淮河流域和长江流域的广大地域上出现如此统一、如此规范的设置呢？我们在钦佩先人卓著的数理成就的同时，还不得不感叹西周以来礼乐制度的巨大影响力，它就像一副牢固的枷锁紧紧地锁住了上层阶级的意识。

2. 正鼓音列对变声的安排

至春秋晚期，编钟正鼓音列中开始出现变声，使正鼓音列由春秋早、中期一直保持着的五声设置变成了六声甚至七声。这种现象一直持续到战国末期，时间之长，影响地域之广，均说明了它的普遍性，它代表了这一段时间编钟正鼓音列设置的发展趋势。其原因可能出于两个方面的需要：一是音阶形态的进一步完善对编钟音列的冲击；二是旋宫技术在编钟上进一步发展。值得注意的是，变声的设置并不是随意的，如同以前编钟正鼓音列的设置一样，也有着严格的规范。实质上，变声仅仅集中在"商颤"和"徵颤"两个音位上，这是以下将要分析的、分别出土于豫、楚、齐、蜀等地编钟的共同特点。那么，变声为什么只选择了"商颤"和"徵颤"两音呢？本文以为这个问题应做三个步骤来解释：第一，接下来先作含变声的正鼓音列的整理；第二，选择"商颤"和"徵颤"两音而不选其他变声，是与取音便利与否（即取音轨迹）有密切关系的，这一点将在本章第三节"正鼓音列的律制倾向、取音轨迹与音系特点"中以图式的方式作出描述；第三，在"商颤"和"徵颤"两个音位中，是选前者还是选后者，或者两者同时选，其中存在一个严密的思维体系，体现了对于旋宫实践的认识过程，这一点将在第五章第二节"数理的传承与发展"中作出论述。

从春秋早期开始的 9 件组典型设置的编钟到春秋中期 10 件组的郑国编钟，再到 11、12 件组的曾侯乙钟甚至 14 件组的涪陵小田溪编钟和临淄商王编钟，体现了编钟正鼓音列在同一个基础（五声）上音位由少至多的发展过程，它们是东周宫廷乐师们不断探索的结果，而这种大同小异的音列现象也是设置观念受制于周代礼乐制度下仅能产生的必然结果。

（二）与钮钟、甬钟相接合的编镈音列形态

随着镈钟在编钟低音区作用的逐步提高，从所出的编镈资料可以发现，至春秋中期，椭圆形镈腔再难以见到，代之以饰枚的合瓦型镈腔。其目的在于利用合瓦型腔体对称的节线产生分区振动，从而在保留其低沉、浑厚音色的同时，一定程度上减轻其发音的含混，提高了乐音的清晰度，抑制了乐音的过度延长。正是在此基础上，才使得镈钟在音乐性能上成为钮钟和甬钟不可或缺的补充，共同完成了整套编钟在音区、音列、音色等方面的有机组合。因此，低音区镈钟与高音区甬钟和钮钟的衔接就成为一个十分讲究的问题。那么，到底这种衔接有何特点呢？本文通过对多套有代表性的编钟的测音数据整理和音列分析，认为可分为以下两种衔接方式，即 4 件镈钟与 10 件钮钟的接合、8 件镈钟与 9 件钮钟的接合。通过这两种接合方式使镈钟音列最终走向独立。

1. 4件与9、10件的接合

从现已出土的编钟来看，4 件组的编镈往往与 9 件或 10 件组的钮钟接合。其中，第二种接合方式相对为多见，也更为典型，且多出现在春秋中期的中原地带；第一种接合方式相对较少，且出现在春秋晚期的中原以外的区域，可以新郑金城路编钟、新郑城信社编钟、滕州庄里西村编钟为例。

如果将四组镈钟联系起来考察就不难发现，它们最大的特点就是正鼓音列均设置为"羽—宫—角—徵"结构。其中，由于春秋中期郑国钮钟 10 件组的正鼓音列设置特点，新郑金城路编镈和新郑城信社编镈与各自的钮钟产生两个重复音位的接合方式，而春秋晚期的滕州庄里西村编镈与 9 件组设置的钮钟产

生一个重复音位的接合方式，如图 8 所示。

```
钮钟: 角─徵─羽─宫─商─角─羽─商─角─羽
镈钟: 羽─宫─角─徵
```

图 8　4 件与 9、10 件的接合图

从以上整理出来的音列中还反映出另一个特点，那就是 4 件组编镈的音准性能多数较差，可能是腔壁减薄，调试难度加大所致。加上总体上 4 件组编镈出土并不多，且有明显的地域性，随着镈钟的旋律功能逐渐增强，各组的件数也逐渐增多，实际上，至春秋晚期出现更多的是 8 件组的编镈。不可否认，4 件组编镈在改变钟形、增加各组件数和提高音乐性能等方面均比西周和春秋早期镈钟前进了一大步。然而，它们并未脱离单纯地作为编钟低音的地位，即还不能脱离中、高音区的钮钟单独承担起旋律演奏的任务。所以，从镈钟的发展过程来看，4 件组镈钟与钮钟的接合是流行于以郑国为核心的中原地区的典型接合模式，而后来 8 件镈钟与 9 件钮钟或甬钟的接合模式即为这种模式的扩充。

2. 8 件与 9 件的接合

8 件镈钟与 9 件钮钟或甬钟的接合，是钟乐发展过程中利用不同钟形音乐性能作音区衔接的最主要的方式。以淅川下寺 M10 编钟的（齂镈、齂钟）为例，从音列上看，齂镈 8 个正鼓音由 b 至 $^\#f^2$，齂钟 9 个正鼓音由 $^\#f^2$ 至 $^\#g^4$，两者的音列接合方式如图 9 所示。

```
钮钟:             徵─羽─宫─商─角─羽─商─角─羽
镈钟: 宫─角─徵─羽─宫─商─角─徵
```

图 9　8 件与 9 件的接合图

春秋晚期为了在钟乐上组成更庞大、演奏能力更强的音列结构，曾出现将前面两种接合方式进行综合的现象，辉县琉璃阁甲墓编钟就是这种综合型的最佳例子。整套编钟中除了未能测音的 8 件甬钟外，特镈、编镈和钮钟的音列形成三个层次，中、高音区是 9 件组编镈与 9 件组编钮钟的接合，中、低音区是 4 件组特镈与 9 件组编镈的接合，如图 10 所示。

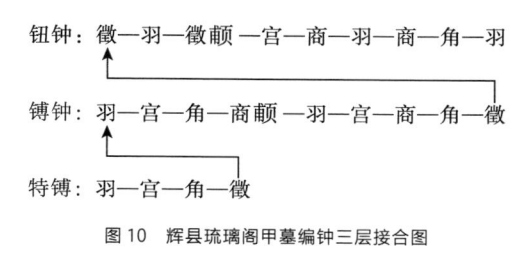

钮钟：徵—羽—徵颤—宫—商—羽—商—角—羽

镈钟：羽—宫—角—商颤—羽—宫—商—角—徵

特镈：羽—宫—角—徵

图 10　辉县琉璃阁甲墓编钟三层接合图

两次接合之后，拓宽了音域、丰富了音色、增强了演奏能力，三者构成了一个完整的音响体系。

（三）正鼓音列的律制倾向、取音轨迹与音系特点

编钟的制作非常复杂，必须通过设计、制模、翻砂、冶炼、浇铸、清砂、调音锉磨等多道工序。除纹饰与乐钟的音乐性能无必然联系外，其他工序均与音乐性能有着密切联系。其中，钟范的设计尺寸直接影响乐钟的音高、音区及音量[①]；冶炼时合金的比例直接影响乐钟的音色与使用寿命[②]；浇铸的厚度与密

---

① 制作过程中不但要对钟范上各部位的比例关系、尺寸大小进行精确的设计（包括音梁、音源的设计比例）与计算，更要注意各钟范作出排序后相互间比例的递进关系，这是保证音高、音区有序排列的前提。参见山西省考古研究所《侯马铸铜遗址》（上），文物出版社 1993 年版，第 132—150 页；项阳、陶正刚主编《中国音乐文物大系·山西卷》之 "侯马铸铜遗址陶钟甬范"，大象出版社 2000 年版，第 78 页。

② 参见《周礼·考工记·辀人》："金有六齐：六分其金而锡居一，谓之钟鼎之齐；五分其金而锡居一，谓之斧斤之齐；四分其金而锡居一，谓之戈戟之齐；三分其金而锡居一，谓之大刃之齐；五分其金而锡居二，谓之削杀之齐；金锡半，谓之鉴燧之齐。"说明古人对合金的配置比例早有研究和总结。

度直接影响着腔体振动的平衡性以及正、侧鼓间的稳定性[①]；取音决定了各组编钟音列的整体设计，而调音锉磨又是使这种整体设计在钟腔上最终得以实现的重要途径。简言之，即"铸钟在范、取音在弦、调音在钟"。就编钟的乐器意义而言，取音是关键，只有确定了各组编钟音列的整体设计，方可着手钟范的设计以及开展冶炼、浇铸工作。这是乐师们的工作，他们承担了整套编钟音列的设计任务，客观上也就承担了整套编钟的设计任务。本文以为，既然从东周以前乐钟那极富特色和规律性的音列设置背后发现了"其所以然"的弦准，就肯定还能从战国早期曾侯乙墓所出的、经黄翔鹏精心考证过的五弦准（均钟）[②]上找到了东周编钟音列得以设置的根本。发现了一弦准的存在，就等于提供了编钟音列设置的理论音高，因为东周以前的编钟音位正好符合了一弦等分制取音的节点规律，而按一弦上等分节点获取的音位，其律高即理论音高是确定无疑的。但是，从一弦准发展为五弦准之后，情况变得复杂了。五弦准中每弦的节点规律固然与一弦取音器一样，但五条弦散声由于产生律制倾向而成为难以定论的问题。

从两周之际编钮钟及其典型的 9 件组正鼓音列设置出现以后，编钟正鼓音列的设置方式也越来越多样。随着各种钟型音乐性能的不断挖掘和不同接合方式的展现，起初为编钮钟所特有的 9 件组正鼓音列典型设置在甬钟、镈钟的正鼓音列中也相继出现，并按照自身的条件赋予各自的特色；随着对编钟演奏和旋宫能力的掌握，起初完全由五声组成的正鼓音列，开始加入变声。透过这些设置特征，有三种关系始终是可以提炼出来的。

第一，五声与五弦相联系。如前所述，不管是按哪一种方式设置的正鼓音列，有两种信息始终在传递着，即五声基础及其"徵—羽—宫—商—角"五声

---

① 于书吉：《古编钟的音频特性》，《黄钟（武汉音乐学院学报）》1988 年第 4 期。
② 参见黄翔鹏《均钟考——曾侯乙五弦器研究》，载《中国人的音乐和音乐学》，山东文艺出版社 1997 年版，第 176 页。

排序。东周编钟音列上这种对五声的重视，进一步验证了《春秋左传正义·昭公二十五年》所记载的"为九歌，八风，七音，六律，以奉五声"[①]中五声的重要性，使人很自然将此两种信息与均钟五弦的排序联系起来，即正鼓音列中"徵—羽—宫—商—角"五音位的排序应该与五弦准所张的弦序是一致的。

第二，五弦与二倍音节点相联系。取五弦上弦长比例为 1 或 $\frac{1}{2}$ 或 $\frac{1}{4}$ 等节点的任何一个均获得"徵—羽—宫—商—角"五个音位，这种纯八度的比例关系应该是在古人张一弦时就已发现了的。"徵—羽—宫—商—角"是所有正鼓音列的中心，8、9、10、11 等件结构的设置都是这一中心在或左或右两方的延伸。向右延伸出现"徵—羽—宫—商—角—羽—商—角—羽"9 音结构；再向左延伸出现"角—徵—羽—宫—商—角—羽—商—角—羽"10 音结构；同时向左右延伸出现"宫—角—徵—羽—宫—商—角—徵"8 音的编镈常用结构。

对于这种按二倍音确定节点来获取五声的方式，还可以找到一个实证，那就是曾侯乙墓五弦器的图案比例。曾侯乙墓所出五弦准为一长棒状（全长 115 厘米）、首段近方、尾段近圆的木质器具。由于指板过窄（首宽 7 厘米、尾宽 5.5 厘米）以及张弦过低（0.35 厘米）而区别于琴；由于弦数过少以及弦距过小不能设柱而区别于瑟；由于器形以及演奏方式不同而区别于筑。它实际上是为编钟取音的均钟。这是黄翔鹏依据其形制特征与大量文献资料进行充分论证的结果[②]，印证了《国语》韦昭所注的"均者，均钟，木长七尺，有弦系之，以均钟者。度钟大小清浊也"的记载。五弦准两岳间距（隐间）106 厘米，带有

[①] 黄翔鹏充分肯定了王念孙关于"九歌、八风、七音"的解释，指出"八风"就是"八音之乐"，指的是音列。"八风与七音、九歌相次"，都应该是这样一个意思的数字逻辑。"九歌"也是九声音列。五音、六律、七声、八风、九歌，都是指音列。参见黄翔鹏《乐问》，中央音乐学院学报社 2000 年版，第 105 页；另见黄翔鹏《楚风苗歈和夏代"九歌"的音乐遗踪》，载《中国人的音乐和音乐学》，山东文艺出版社 1997 年版，第 110 页。
[②] 参见黄翔鹏《均钟考——曾侯乙五弦器研究》，载《中国人的音乐和音乐学》，山东文艺出版社 1997 年版，第 176 页。

音箱的"首段"表面仅涂以黑漆，未带音箱的"尾段"表面绘鳞纹。在隐间内两段各占 53 厘米，亦即黑漆面板与鳞纹面板交汇处正好为各弦的 $\frac{1}{2}$，这是五弦准明显的不值得注意的第一个关键比例。带有音箱的"首段"除面板仅以黑漆为底外，其余三面均以朱、黄两色相间并遍饰精细缛丽的彩绘。画面为一组组引颈振翅的凤鸟在致密的方格纹衬地上飞翔。其中，一侧面 12 只，另一侧面 11 只。如果取音的乐师将五弦器置于眼前，且"首段"在右，"尾段"在左，则在对着乐师的一侧面绘饰的单行凤鸟图上出现了一个清晰的小梯级，背对着乐师的另一侧面的凤鸟图连贯成行。这个小梯级所在的位置正好处于"首段" $\frac{1}{2}$ 弦长的 $\frac{1}{2}$ 处，亦即总弦长的 $\frac{1}{4}$ 处，这是另一个较为隐秘的关键比例，与"五弦上 1 或 $\frac{1}{2}$ 或 $\frac{1}{4}$ 三个节点中的任何一个均获得'徵—羽—宫—商—角'五个音位"的推断相吻合。

第三，五声与弦长 $\frac{1}{2}$ 节点相联系。

按一弦取音所设置的西周编钟音列的低音多在 g—b 之间，按五弦取音所设置的 9 件组东周编钟的低音却升高至 $^\#f^1$—$^\#d^2$ 之间。这一特征的产生有两种可能，一是弦缩短了，使音高了；二是弦未缩短，取半截。然而，从曾侯乙墓出土的均钟隐间 106 厘米的长度来看，弦并不短，在当时尚未有现代的钢丝弦或尼龙弦的条件下，用这么长的弦不可能调出 "$^\#f^1$—$^\#d^2$" 间的音高来。

东周编钟的正鼓音列是五正声的左右扩展。既然两端均需取音，理应选择弦长 $\frac{1}{2}$ 作为五正声的按取位置。

既如此，接下来就可以描绘出编钟正鼓音列的取音轨迹了，如图 11 至图 14 所示。

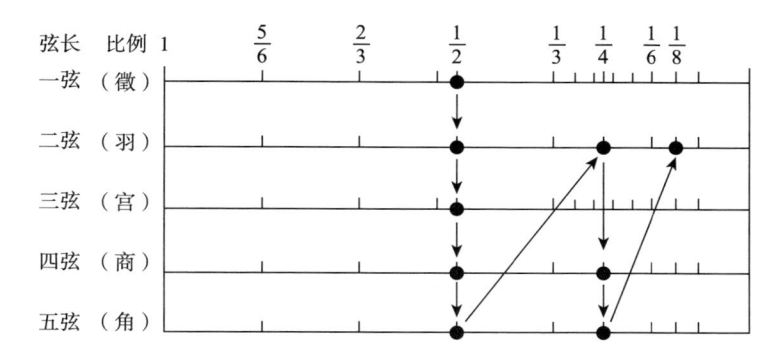

图 11　9 件组编钟正鼓音列（五正声）的取音轨迹（黑圆点表示发音节点，箭头表示取音方向）

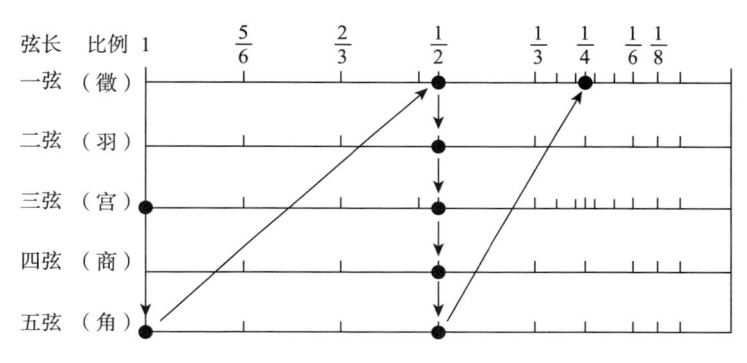

图 12　8 件组编镈正鼓音列（五正声）的取音轨迹

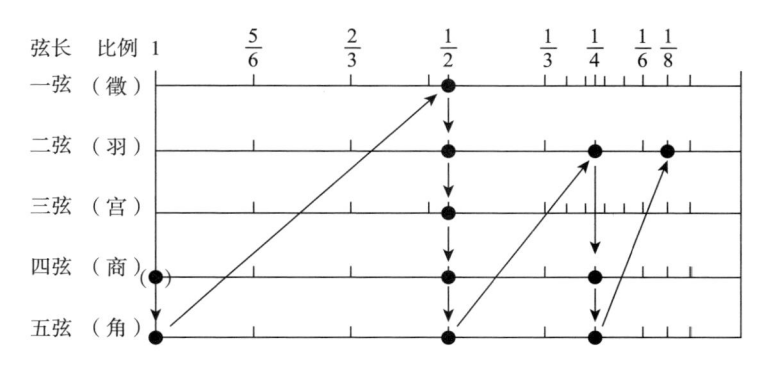

图 13　10 件或 10 件以上编钟正鼓音列（五正声）的取音轨迹

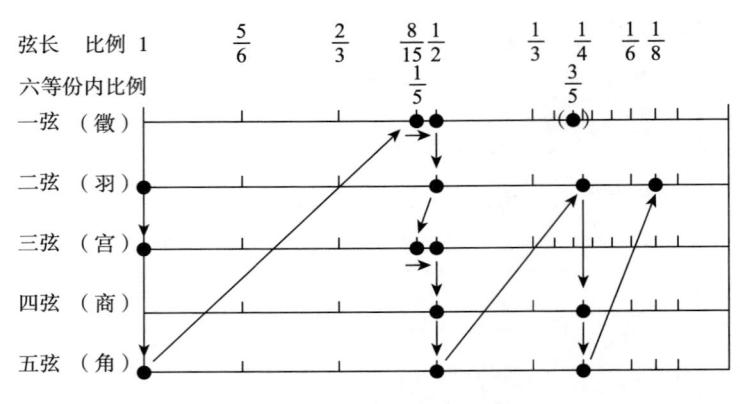

图14　14件内编钟正鼓音列（加变声）的取音轨迹

这是在五弦调准的前提下实现的一种便利简捷的取音方式，既保留了西周时期高、低音区的音位传统，又通过五弦的音阶结构增强了正鼓音列的旋律演奏能力。此外，弦长比例为 $\frac{5}{18}$ 的两个取音节点并不发生在弦长 $\frac{1}{2}$ 或 $\frac{1}{4}$ 处，它们在弦长六等份内的 $\frac{1}{5}$ 节点上，在一弦"徵"音前面得到"商颤"音，在三弦"宫"音前面得到"徵颤"音，二者的理论音高依次为 590 音分和 1088 音分。

五、侧鼓音及相关问题

如果说东周编钟正鼓音列的 9 件组典型设置是随两周之际钮钟的出现而出现，并一直贯穿着整个时代的话，那么，编钟侧鼓音的设置则难以找出一条自始即有的、溢于表层的主线来，它经历了一条由多样到统一、由潜意识到下意识的探索之路。这种现象首先是与音阶发展密切相关的，即在西周甬钟正、侧鼓部构成的四声音列基础上对音阶形态做进一步的追求与完善，进而开始对旋宫进行探索。诚然，各诸侯国的文化发展并不平衡，而且即便在同一地域乐师们对乐音结构的认识也有差异，所以，一方面音位设置与应用能力呈序进趋势，另一方面发展水平又表现出明显的地域差异。

（一）侧鼓音的设置与五弦取音

对编钟侧鼓音设置特征的考察宜分两步走：第一步是对编钟侧鼓音位由多样到统一的设置过程进行梳理；第二步是寻找出在五弦准上获取侧鼓音位及律高的规律。前者是乐学层面的认识，后者是律学层面的认识。

1.侧鼓音位设置的多样与统一

编钟侧鼓音位的设置情况在第三、四章对出土编钟的测音数据进行整理时已做过单组的分析。由于已知编钟中有乐律铭文的很少，曾侯乙钟铭文算是特例，所以，这种单组编钟侧鼓音的分析实际上是依据正、侧鼓音间的音程关系并借用曾侯乙钟乐律铭文中的"颠""曾"称谓所作的一种推测。从目前的研究手段来看，这种推测不仅是必要的，也是最重要的。然而，单组测音数据的整理与分析对寻找正鼓音列的设置规律十分有效，对灵活多变、各具特色的侧鼓音位而言则难于发现其设置意图以及这种意图在它所处时代的发展水平。为此，有必要对单组测音数据整理出来的侧鼓音位及其与正鼓音位的音分差值作全面统计，从共时和历时两个角度进行考察，方能对侧鼓音的音位设置、律制倾向、统一缘由及地域差异等特点有较好的了解。

从东周编钟侧鼓音位的设置数据统计可以看出两个明显的特征，一是正侧鼓呈大、小三度者为最多，说明各正鼓音上方的侧鼓音主要是以大、小三度音程为基础进行设置的。但各正、侧鼓音分差数据又表明，除大、小三度以外还存在许多其他音程，包括窄二度、小二度、大二度、窄小三度、宽小三度、窄四度、纯四度、增四度、纯五度、大六度和增八度等，而且编钟年代越早，音程种类越多；年代越晚，音程种类越少，这就成为第二个特征。多种音程体现出一种多样化的设置思维，但这种多样化并不等同于自由设置，它们可能是出于某些音阶用音的需要而作为一定阶段的侧鼓音选择而存在。当这种选择得以明确之后就固定了下来。然而，从西周编钟的正鼓音上方已有明确的、呈三度关系的侧鼓音位设置历史来看，它们更可能自9件组编钮钟出现时即已明确了三度关系的重要性，却苦于编钟弦准上五弦定音的难度以及调试技术的后滞而使音高产生了偏离。或许还有其他难以知晓的可能性，这有待进一步的研究。但客观存在的现象就是，东周编钟侧鼓音位多样化设置自春秋中期以后逐渐减少，绝大多数正鼓音上方的其他音程均消失在春秋晚期。从出土的战国编钟的正、侧鼓音音程关系看，除山东诸城公孙朝子编钮钟外，均统一在三度结构的模式之中。

各个侧鼓音很少有某种完全相同的结构，似乎没有规律可循。所以，应该再做更具体的统计，即将正、侧鼓音之间产生的非大、小三度音程的数据加以展开分析，作一个纵向的排序并考察其产生原因及消失年代，便有助于找出一些影响侧鼓音位设置的客观因素，自然也有助于发现它们之所以做出某种设置的主观意图。

统计表明，抽查对象越多，出现大、小三度以外的音程次数也越多，反之越少。从地域上看，统计结果中既包含了许多晋、楚、郑等地处中原的诸侯国的编钟，也包含了吴、齐、虢等周边的诸侯国编钟。这种结果表明，在春秋、战国之交编钟正、侧鼓间音程关系统一设置为大、小三度之前，其他音程的出现并不存在钟形上的差异，也不存在地域上的差异，它们主要体现出来的是一种时代特征。换言之，编钟正鼓音列与侧鼓音位在设置模式上并不是同步的，在正鼓音列采用一种基本恒定的结构贯穿于整个东周的发展过程，侧鼓音位以对正鼓音位的追随为起点，才逐渐地开始了它的探索之旅。从大、小三度以外音程所发生的位置来看，做侧鼓音位设置时音区上的差异是存在的，即正、侧鼓音之间出现除大、小三度以外其他音程的位置多在整组编钟的高音区或低音区。可能有三方面的原因：其一，《国语·周语下》有"考中声而量之以制"的记载，说的就是弦准（均钟）。均钟所张的弦有音域限制，按取低、中、高各弦段的发音效果不同，准确获取弦上节点的难度也不一。弦上的音越高，发音效果越差，取音难度越大。既然在均钟有限的音域内，高音区都容易发生偏差，那么，在需要超过均钟音域进行音列设置时，其高、低音区的偏差就会更大了。其二，音列中最高音或最低音的应用率相对较低，致使对钟腔进行锉磨调试稍欠精细，也是构成偏差的重要原因。其三，人耳对小字组至小字二组间的乐音最为敏感，超出这一音区其敏感度会逐渐减退，这种趋势在弦准上同样能表现出来，即"中声"的选择必须是与人耳的这一生理特性相适应的。

2. 五弦取音

已知弦准是编钟的取音器具之后，对弦准如何为编钟取音曾一度成为学术界极为关注的问题，并已取得了奠基性的成果。从考察编钟正鼓音列中"五正声"的排序与古琴前五弦音序的一致性出发，先在古琴正调各徽位（节点）上找到了编钟正、侧鼓音位的理论音高[1]，而后又进一步将编钟音位的理论依据从正调推广到琴五调。[2] 这是非常深入的理论认识，本文关于"五弦取音"的思考正是在这一基础上作出的进一步的探讨。本文推测，准徽与琴徽可能出现于不同时代，其作用既有相承亦有相异之处，五弦取音应与编钟正鼓音列的音位顺序及以指度律的可行性联系起来考虑，由此也有必要对"颤""曾"的乐律学含义作切合实际的理解。

（1）准徽与琴徽

如前所论，按弦长等分制取音的方法早已实实在在地运用到了西周编钟的铸造工艺上了，说明这种数理知识早就为当时的人所掌握。朱载堉在其《律学新说》中讲到古琴定徽采用纸折法[3]，已经是非常重要的文献了。但他并未说明这种做法到底起于何时。现在看来，有充分的依据证明它至迟在西周中期甚至晚商时期就出现了。西周乐师们在为编钟音列的设置做弦长等份取音时，所按取的节点的弦长比例是相当复杂的。那么，当时的乐师或者说得更具体一些是瞽盲，是怎样用一种既朴素又简洁的办法轻快地获取这些节点的呢？其实是有规律可循的，也确实是很奇妙的。这里，将三种弦长等份取音法各节点的弦长

---

[1] 参见黄翔鹏《均钟考——曾侯乙五弦器研究》，载《中国人的音乐和音乐学》，山东文艺出版社1997版，第201—207页。
[2] 参见崔宪《曾侯乙编钟钟铭校释及其律学研究》，人民音乐出版社1997年版，第168—174页。
[3] （明）朱载堉撰，冯文慈点注：《律学新说》"论准徽与琴徽不同第十"，人民音乐出版社1986年版，第71页。

比例按"羽—宫—角—徵"四音位依次排出，并与该等份制的各等份内节点比例一一对应。（见表1）

表1 四音位在三种等份取音法中的两种比例对应表

三种取音法		羽	宫	角	徵
一弦六等份	弦长比例	$1-\frac{1}{2}-\frac{1}{4}-\frac{1}{8}$	$\frac{5}{6}-\frac{5}{12}-\frac{5}{24}$	$\frac{2}{3}-\frac{1}{3}-\frac{1}{6}-\frac{1}{12}$	$\frac{5}{9}-\frac{5}{18}-\frac{5}{36}$
	等份内比例	$1-1-\frac{1}{2}-\frac{3}{4}$	$1-\frac{1}{2}-\frac{1}{4}$	$1-1-1-\frac{1}{2}$	$\frac{1}{3}-\frac{2}{3}-\frac{5}{6}$
一弦五等份	弦长比例	$\frac{3}{5}-\frac{3}{10}-\frac{3}{20}$	$1-\frac{1}{2}-\frac{1}{4}$	$\frac{4}{5}-\frac{1}{5}-\frac{1}{10}$	$\frac{2}{3}-\frac{1}{3}-\frac{1}{6}$
	等份内比例	$1-1-\frac{1}{2}-\frac{3}{4}$	$1-\frac{1}{2}-\frac{1}{4}$	$1-1-\frac{1}{2}$	$\frac{1}{3}-\frac{2}{3}-\frac{5}{6}$
一弦四等份	弦长比例	$\frac{3}{4}-\frac{3}{8}-\frac{3}{16}$	$\frac{5}{8}-\frac{5}{16}-\frac{5}{32}$	$1-\frac{1}{2}-\frac{1}{4}-\frac{1}{8}$	$\frac{5}{8}-\frac{5}{12}-\frac{5}{24}$
	等份内比例	$1-1-\frac{1}{2}-\frac{3}{4}$	$1-\frac{1}{2}-\frac{1}{4}$	$1-1-1-\frac{1}{2}$	$\frac{1}{3}-\frac{2}{3}-\frac{5}{6}$

对于上表的数据，横看时每种取音法获取的各音位的弦长比例均不相同，且越往高音区数据越复杂，但竖看时各音位的等份内比例始终不变，其均分量未超过"6"。这是乐师们通过计算后牢记在心的口诀。

然而，这种一弦等份制取音法的缺陷也是明显的，取音节点随音位的变化而频繁改变。如果仅在一弦上获取四个音位还显得较为轻松的话，要获取更多的音位就困难了。随着两周之际钮钟的出现，编钟正鼓音列由三声（"徵"不下正鼓）发展为五声，这就为侧鼓音的选择提供了更大的空间。作为为编钟取音的弦准由一弦改成五弦，一方面使取音节点固定在 1、$\frac{1}{2}$、$\frac{1}{4}$、$\frac{1}{8}$ 四个呈倍音关系的节点上，且不随音位的变化而变化；另一方面使正、侧鼓音之间便于作大、小三度的灵活处理，亦即为侧鼓音的全新设置提供了生机。这种进步可以图15作出清晰的显示。

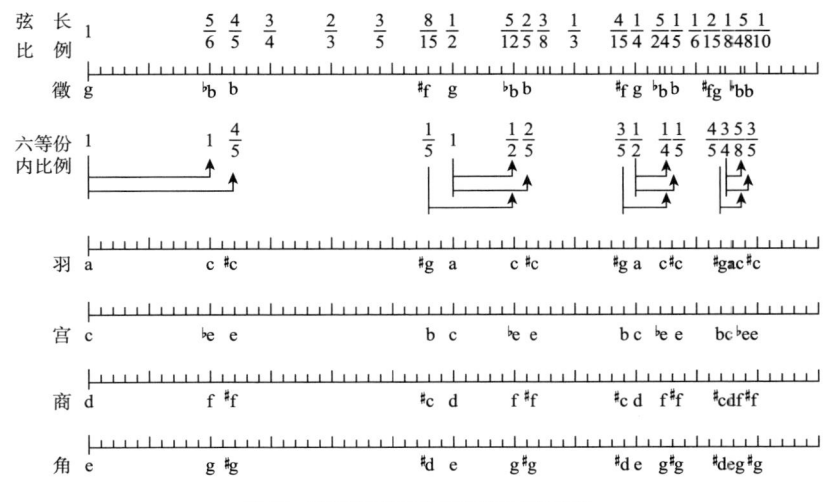

图15 五弦取音法之节点与等份内比例表

图 15 中用五条带标尺的横线分别代表弦准的五弦，并按"徵—羽—宫—商—角"顺序排出。第一弦上方所列出的弦长比例以及第一、二弦间的六等份内比例是从五弦的相同节点上获取的数据。其中，"$1—\frac{5}{6}—\frac{4}{5}$""$\frac{1}{2}—\frac{5}{12}—\frac{2}{5}$""$\frac{1}{4}—\frac{5}{24}—\frac{1}{5}$"及"$\frac{1}{8}—\frac{5}{48}—\frac{5}{10}$"4组呈二倍关系的弦长比例数据，在等份内比例中简化为"$1—1—\frac{4}{5}$""$1—\frac{1}{2}—\frac{2}{5}$""$\frac{1}{2}—\frac{1}{4}—\frac{1}{5}$"和"$\frac{3}{4}—\frac{5}{8}—\frac{3}{5}$"。"商颤"或"徵颤"所在的"$\frac{8}{15}$、$\frac{4}{15}$、$\frac{2}{15}$"三个数据也简化为"$\frac{1}{5}$、$\frac{3}{5}$、$\frac{4}{5}$"。这些弦长比例数据的简化大大降低了取音的难度，确实是一种既科学又实用的方法。朱载堉说："但以四折取中为法，盖亦下俚立成之小数（小技之意），虽于声律之应，若简切而易知，但于自然之法象，懵不知其所自来，则恐不免有未尽耳。"[①] 恐怕这就是乐师们赖以保住其工作而不外传的秘诀了。所以，我们有理由说，先秦为编钟作弦长取音的乐师们既是极富智慧的乐律家，又是杰

---

① （明）朱载堉撰，冯文慈点注：《律学新说》"密率律度相求第三"，人民音乐出版社1986年版，第18页。

出的数学家。

设 g、a、c、d、e 五音名为一至五弦的律位，则"(#f)、g、♭b、b""(#g)、a、c、#c""(b)、c、♭e、e"、"(#c)、d、f、#f"和"(#d)、e、g、#g"均可在五弦的 4 个音区上产生，其中，任何一个八度内都出齐了十二个律位。再看弦长比例"$1 \rightarrow \frac{5}{6}$"的距离为 316 音，"$1 \rightarrow \frac{4}{5}$"的距离为 386 音分，而且此两音分数据在五弦上各音区都是一致的。由此可见，如按照这种取音法为编钟作音位设置的话，编钟正鼓音位与侧鼓音位的关系恰恰就是纯律音系网中的基列与低列或者高列与基列的三度关系。

纵观两周编钟音位背后的弦长等分节点的发展过程，我们不难看到，各种取音法由单独运用变为综合运用，但彼此所运用的等分节点的功能并不相同。发展为五弦取音后，弦长四等份取音法用以确定编钟正鼓音列所需的弦上节点，弦长六等份取音法通过产生等份内节点用以确定侧鼓音的律位，而五等份取音法并未直接应用，而是将其因数"5"融入六等份内节点的比例中。这可能就是明代朱载堉所说的"准徽"①。透过这一节点发展的历史屏障，可清晰地看到，至汉代，七弦琴上徽位的出现实际上是三种弦长等份制节点的同时运用。这一将三种弦长等份制节点以"徽"的形式固定于琴面的做法，既是对历史的再一次综合，也是对历史的模糊。

客观地说，虽然准徽与琴徽的用途不同，但在数理上二者是相承发展的，由于没有文献能将乐师们口传心授的朴素节取方法记录下来，故后世难以见到他们的取音秘诀。这里有必要对蔡邕《月令章句》中"古之为钟律者，以耳齐其声"的说法提出疑问了，难道"古之为钟律者"只是"以耳齐其声"吗？显然不是，对取乐师而言，取音法则在其心里，不是写出来要求他人按其记写的

---

① 朱载堉所言之"准"乃"以琴第七徽之位为第一徽，自此之后无徽，自此之左十二律吕之位皆有徽矣"。此处只是借用他所用的"准"字，以概括如曾侯乙墓所出五弦取音器或此前的一弦取音器等准器。

方法进行获取，而是自行操作。旁观者误以为乐师们徒有听觉而无法则，而历史的记录者更以"以耳齐其声"概之，自然只言其表，未及其本矣。

（2）五弦取音与以指度律

如果将这种"十指与一指"的尺寸比例运用到曾侯乙墓出土的弦准上，则其 106 厘米长的隐间秘密就很容易揭开了。先将隐间长度分为六等份，则每等份为 17.67 厘米，此长度相当于一中等偏高男士的十指宽度。将此长度除以 2n，可求得等份内节点中 "1、$\frac{1}{2}$、$\frac{3}{4}$、$\frac{5}{8}$" 等与正鼓音呈小三度的比例；将此长度除以 5n，可求得等份内节点中 "$\frac{4}{5}$、$\frac{2}{5}$、$\frac{1}{5}$、$\frac{3}{5}$" 等与正鼓音呈大三度的比例以及 "$\frac{1}{5}$、$\frac{3}{5}$、$\frac{4}{5}$" 等变声所在的节点比例。所以，五弦器隐间的长度并非一定要按照某个时代的通用尺度来设定，而只是依据每一乐师的身体比例特别是手指的宽度来设计的，即：

$\frac{1}{6}$弦长 =1 尺 =10 寸 =10 指

总弦长 =6 尺 =6 × false10 指

由此，乐师们为编钟做五弦取音时，他们将遵循如下规律：

从弦长比例为 1 的正鼓音节点开始，往右取 10 指（可以是两手并拢的 10 指宽度，也可以是食指与中指宽度的 5 倍）获得与正鼓音成小三度的侧鼓音，再往右取 2 指获得与正鼓音成大三度的侧鼓音。

从弦长比例为 $\frac{1}{2}$ 的正鼓音节点开始，往右取 5 指（可以是五指并拢的宽度，也可以是食指宽度的 5 倍）获得与正鼓音成小三度的侧鼓音，再往右取 1 指获得与正鼓音构成大三度的侧鼓音。

从弦长比例为 $\frac{1}{4}$ 的正鼓音节点开始，往右取 2 指半获得与正鼓音成小三度的侧鼓音，往右取 3 指获得与正鼓音成大三度的侧鼓音。

从弦长比例为 $\frac{1}{8}$ 的节点开始，往右取 1 又 $\frac{1}{1}$ 指获得与正鼓音成小三度的侧鼓音，往右取 1 指半获得与正鼓音成大三度的侧鼓音。

此外，正鼓音列中两个变声的律高分别从弦长比例为 $\frac{1}{2}$、$\frac{1}{4}$、$\frac{1}{8}$ 三节点开始，依次往左取 2 指、1 指和半指来获得。

（3）"颠""曾"释义

通过以上对"颠""曾"二字有关文献的分析可知，二者均可看作"依附"一词的代名词。取两个均带有依附含义的"颠""曾"二字作为在等份内节点上获取的律位名，正好说明了等份内比例以总弦长上的等分节点为依据的事实。这实质上又是以文字方式对为先秦编钟取音的弦准上的准徽所采取的一种抽象表述。在此，古人对其中一个关键问题做了巧妙的处理，那就是，"颠""曾"既然都为依附之意，理应代表相同的音程性质。然而，以同一个等分节点为起点，往右在等份内节点中取"1、$\frac{1}{2}$、$\frac{3}{4}$、$\frac{5}{8}$"等比例获得与正鼓音呈纯律小三度的音程；往右在等份内节点中取"$\frac{4}{5}$、$\frac{2}{5}$、$\frac{1}{5}$、$\frac{3}{5}$"等比例获得与正鼓音呈纯律大三度的音程。这样"颠""曾"二字就不代表相同性质的音程了。要统一音程性质，必须借助两个相距五度关系的等分节点，以音位"徵"（$\frac{1}{2}$）和"商"（$\frac{1}{3}$）为例。从等分节点"$\frac{1}{2}$"处往右取等份内节点"$\frac{2}{5}$"处（即取 6 指）获得大三度音位"徵颠"；从"$\frac{1}{3}$"处往左取等份内节点"$\frac{1}{2}$"处（即取 5 指）亦获得大三度音位"商曾"。二者均为纯律大三度，因而，从理论上讲编钟正、侧鼓音间只存在以"颠""曾"为后缀的纯律音程。

从时间上来看，西周编甬钟由于是四声设置规范，并未有颠曾概念运用的迹象。颠曾概念可能是为音阶的完善和旋宫的发展在两周之际钮钟的出现之后才逐渐建立的。

（二）数理的传承与发展

已将东周编钟正鼓音列的音系特点分别做了五声与七声两种类型的总结。

无论是五声或是七声，均是构成编钟音列的基础，它们的律位①和律高决定了侧鼓音的选择范围。在对编钟侧鼓音实测数据作出统计，同时对五弦取音途径进行了探讨之后，就可以对编钟正、侧鼓音的音系特点做更全面的总结和分析，也可以对东周编钟在旋宫方面的应用情况作出可能性分析。

从春秋早期开始，正鼓音列的五声结构表明五声音阶正式运用于编钟了，同时，正鼓五声的出现给侧鼓部的音位设置提供了空间，仅在侧鼓部设置二或三个五正声以外的音位就可满足七声音阶演奏的需求。所以，从理论上讲，正鼓五声结构的出现实际上意味着编钟已经拥有了演奏七声音阶的能力了，而在七声音阶的演奏得以保证之后，在春秋晚期再在正鼓音列中设置变声则更大可能是为了满足旋宫的需要。然而，除曾侯乙编钟外，出土的绝大多数编钟并未留下乐律铭文，历史文献也极少涉猎于此，这种事实似乎让我们能看到整个春秋时期编钟发展的结果，却难以找出其旋宫探索历程中的清晰路标，比较可靠的做法就是根据该时段成批编钟的现有测音数据作出全面统计与合理推测。

1. 侧鼓音的三度选择与编钟音阶的完善

如图 16 所示，在编钟正、侧鼓音之间统一做三度设置的前提下，当五弦器按等分节点和等份内节点为编钟获取正、侧鼓音位时，每一等分节点均有两个等份内节点可以选择，转换为音位就更为清晰了，7 个正鼓音位分别产生 14 个侧鼓音位，如图 16 所示。

---

① "律位"一词系黄翔鹏创用，是指从律学的角度而言，借以说明秦汉以后已经失传的同位异律灵活选用不同音高的钟律结构（黄翔鹏：《中国古代律学——一种具有民族文化特点的科学遗产》，《音乐研究》1983 年第 4 期）。崔宪继而提出，是指某律所处的位置，如一个八度可分为十二个半音，一个半音相当于一个律位。音位是指从乐学的角度而言，指某音所处的相对位置，即仅以宫、商、角、徵、羽等名表示一个八度中的十二个音各自的相对音高，不表示确切的律高（崔宪：《曾侯乙编钟钟铭校释及其律学研究》，人民音乐出版社 1997 年版，第 23 页）。

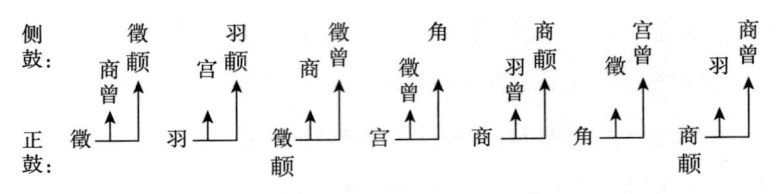

```
侧      徵        羽      徵        角      商       宫       商
鼓:    商顽      宫顽    商        徵顽    羽曾    徵曾    羽
       曾                曾                曾              曾
       ↑        ↑       ↑        ↑        ↑      ↑        ↑
正     徵       羽       徵       宫       商      角      商
鼓:                     顽                                顽
```

图 16　五弦器上的两种侧鼓音位选择

然而，乐钟的形制决定了侧鼓部只能设置一个音位，那么，有两个问题是值得探讨的。问题一：在编钟的发展过程中，哪个音位起先设置，哪个音位后来才设置，为什么？问题二：为什么在一组钟上同一正鼓音位上方常做不同侧鼓音位设置？

为了回答这两个问题，本文对整理出来的东周编钟中两个三度侧鼓音位的先后关系做了统计，结果见表 2。

表 2　东周编钟两个三度侧鼓音位先后关系统计表

侧鼓音位	商曾 ♭B	徵顽 B	宫 C	羽顽 ♯C	商 D	徵曾 ♭E	徵曾 ♭E	角 E	羽曾 F	商顽 ♯F	徵 G	宫曾 ♭A	羽 A	商曾 ♭B
先后关系	同时		先	后	后	后	先	后	先	先		后		后
正鼓音位	徵 G		羽 A			徵顽 B		宫 C		商 D		角 E		商顽 ♯F
备　注	少	多				少	多					少		多

如果将表中起先且最多运用的侧鼓音位抽出来按由低到高次序与正鼓五声加以排列，即可出现如下形态：

G A B C D ♯F（G）

显然，这是一个同均的七声音阶形态，其中宫音可做三次选择，可能构成三种不同的音阶，即以 C 为宫的正声音阶；以 G 为宫的下徵音阶；以 D 为宫的清商音阶。① 这种推测并非没有依据，如同第二章所分析的那样，新石器晚期绝大多数陶埙的音列中除了四声或五声骨干音外，大量出现"变徵""变宫""清角""清羽"等变声，这足以形成七声音阶。而且，清商音阶与下徵音阶甚至能从更遥远的贾湖骨笛的音列中得到证实。《吕氏春秋·季夏纪》中即有正声音阶生律次序的记载，同样可说明其历史地位和正统性。这种音阶形态的完善过程在编钟音列中虽然完成得较晚，但其脉络和时间都较为明显。

先看早期的三例：第一例是两周之际的河南陕县第1052号墓虢太子钮钟②，其基本音阶形态为：徵—羽—宫—商—角—（羽曾）；第二例是春秋初期的山西闻喜上郭第210号墓钮钟③，其基本音阶形态为：徵—羽—宫—商—角—（羽曾）；第三例是春秋早期偏晚的山东长清仙人台6号墓钮钟④，其基本音阶形态为：徵—羽—宫—商—角—（羽曾）—（商颤）。对于此三组钮钟音列中出现在侧鼓部的"羽曾"和"商颤"二音而言，可以看作六声音阶的变声，也可与在"徵""羽""角"三音位上设置的五声重复音位一样，看作对正鼓音演奏时的和声音。但最起码将此三组的音列作为对五声音阶的完善应是无可非议的。换言之，图表16中起先设置的侧鼓音位如"宫、角、商颤、徵"等都是正鼓音的重复音位。

---

① 黄翔鹏指出，在某一均中的七音结构，即同音名的七声，只要是相同音名组成的音阶结构，在古代理论中，就叫作"均"。每一个"均"里都可以分成三个"宫"，就是三种音阶共同用的这一均的基音，这叫作"宫"。每一"宫"里的核心五音，都可构成几种调式，可以是"宫、商、角、徵、羽"各种调式，这叫作"调"。这就是"均""宫""调"三层概念（黄翔鹏：《中国传统音调的数理逻辑关系问题》，《中国音乐学》1986年第3期）。
② 参见中国科学院考古研究所编著《上村岭虢国墓地》图版三八：2、3，科学出版社1959年版，第22页；袁荃猷主编《中国音乐文物大系·北京卷》，大象出版社1996年版，第282页。
③ 参见王子初《太原晋国赵卿墓铜编镈和石编磬研究》，载山西省考古研究所《太原晋国赵卿墓》，文物出版社1996年版，第326页。
④ 参见方辉、崔大庸《长清仙人台五号墓发掘简报》，《文物》1998年9期；周昌富、温增源主编：《中国音乐文物大系·山东卷》，大象出版社2001年版，第340页。

再看五例：第一例是春秋早期的山西闻喜上郭 211 号墓钮钟[①]，其基本音阶形态为：徵—羽—徵颉—宫—商—角—羽曾/商颉；第二例是春秋中期的新郑李家楼甬钟[②]，其基本音阶形态为：徵—羽—商曾—宫—商—角—羽曾；第三例是春秋中期的新郑金城路钮钟[③]，A 组基本音阶形态为：徵—（宫曾）—羽—徵颉—宫—（羽颉）—商—角—商颉，B 组基本音阶形态为：徵—（宫曾）—羽—徵颉—宫—商—（徵曾）—角—羽曾；第四例是春秋中期的山东临沂凤凰岭钮钟[④]，其基本音阶形态为：徵—（宫曾）—羽—徵颉—宫—商—角—羽曾；第五例是春秋中期淅川下寺 1 号墓钮钟[⑤]，其基本音阶形态为：徵—（宫曾）—羽—徵颉—宫—商—角—商颉。这五例除新郑金城路钮钟外，均为且仅为同均的七声，所以，在这种不能满足七声旋宫的水平下，它们的音列作为对七声音阶的完善乃是最好的答案。

综上，从晚商、西周乐钟的四声音阶到春秋早期钮钟的五声音阶，再到春秋中期的七声音阶，编钟音阶逐步完善的脉络清晰地体现出来了，这种结果既是取音方法与弦准不断改进的结果，也是对编钟侧鼓音位的设置认真思考的结果。

2.旋宫的应用与可能性推测

通过以上旋宫实例的分析，可以看到春秋战国时期编钟旋宫的基本发展过

[①] 参见王子初《太原晋国赵卿墓铜编镈和石编磬研究》，载山西省考古研究所《太原晋国赵卿墓》，文物出版社 1996 版，第 326 页。

[②] 参见许敬参《编钟编磬说》，《河南博物馆馆刊》第九集，1937 年版；赵世纲主编《中国音乐文物大系·河南卷》，大象出版社 1996 年版，第 84 页。

[③] 参见蔡全法、马俊才、王蔚波《新郑郑韩故城金城路考古取得重大成果》，《中国文物报》1994 年 1 月 2 日第 1 版；赵世纲主编《中国音乐文物大系·河南卷》表 47，大象出版社 1996 年版，第 316 页。

[④] 参见山东省兖石铁路文物考古工作队《临沂凤凰岭东周墓》(罗鹭凌撰)，齐鲁书社 1988 年版，第 15—18 页；周昌富、温增源《中国音乐文物大系·山东卷》表 34，大象出版社 2001 年版，第 341 页。

[⑤] 参见河南省文物研究所等《淅川下寺春秋楚墓》，文物出版社 1991 年版，第 89 页；赵世纲：《中国音乐文物大系·河南卷》表 51，大象出版社 1996 年版，第 319 页。

程，它们的前提是满足五声音阶的旋律演奏。那么，在这个实践过程中，当时的乐师们是怎样思考的呢？在早期正鼓五声上方做侧鼓音设置时，基本遵循着这样一个过程，即先以正鼓音的重复音为主来满足五声音阶的旋律演奏；发展为有意选择一个不重复音位，以满足七声音阶的旋律演奏；再发展为有意选择两个不重复音位，或使不重复音位与重复音位相结合，以在五声范围内实现三至四次旋宫。其中就有一个对音位的筛选过程。为清晰起见，这里不妨做一次理论演绎，将他们的思考过程浓缩成以下几个步骤。

第一步：在正鼓音列中出现的音位，做侧鼓音设置时至少应有一次弃用与正鼓部相同的音位，如图17所示。（说明：为了更直观，将宫商等阶名换成现代唱名来表示）

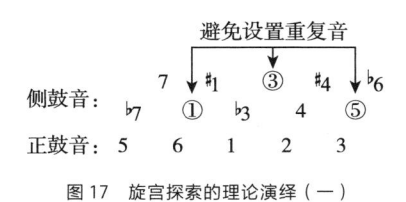

```
                    避免设置重复音
                  ↓     ↓    ↓   ↓
侧鼓音：    7    ♯1   ③   ♯4   ♭6
           ♭7    ①   ♭3   4    ⑤
正鼓音：   5    6    1    2    3
```

图17　旋宫探索的理论演绎（一）

排除了重复音位后，"羽""宫""角"三正鼓音均只剩下一个侧鼓音，而"徵"和"商"两正鼓音仍有两个侧鼓音位需要选择。

第二步：要满足十二律，正鼓音位必须要有六个音位，各自设置一个侧鼓音方可构成十二音。现正鼓音列已有五声，只要再选一个变声音位即可，选哪一个呢？显然应从"徵"和"商"两正鼓音上方进行选择，因为它们各自仍有两个侧鼓音位需要选择，且此4个侧鼓音位均不与正鼓音相同。

这样，就得考虑两个前提：一是必须满足七声以便于旋律演奏；二是被选择作为正鼓音的变声必须是能选择"徵颤""商曾""商颤""羽曾"四声中的一个作为侧鼓音的音位。那么，答案只有一个，即"商颤"。它在做大三度关系的侧鼓音位设置时应选择"商曾"，如图18所示。

```
侧鼓音:         2   ♭3    6   ♭7
              ♯1   2    ♭6   6
正鼓音:  ♭7   7    4    ♯4
```

图 18　旋宫探索的理论演绎（二）

如果将图中另外三音设置为正鼓音，则其上方的侧鼓音要么是正鼓五声的重复音位，要么是"羽""宫""角"三者侧鼓音的重复音位，不能满足十二律全部设置到编钟音列中的需要。

第三步：既然"商颤"最合适设置到正鼓音列中，那么，原来在正鼓"商"音上方的"商颤"音应避免设置，仅设置为"羽曾"即可。这可能就是曾侯乙编钟各组音列中所有正鼓"商"音的侧鼓音全部设置为"羽曾"的原因。既然正鼓"商颤"的侧鼓音设置为"商曾"才能使十二律在八度内的编钟音列中全部出齐，则正鼓"徵"音的侧鼓音就只有"徵颤"一个音位可以设置了。这可能就是曾侯乙编钟各组音列中所有正鼓"徵"音的侧鼓音全部设置为"徵颤"的原因。将"商颤"音设置到正鼓音列后，在侧鼓部出现的重复音位，如图 19 所示。

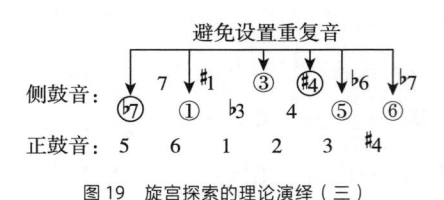

```
                    避免设置重复音
                ┌──────────────────┐
侧鼓音:    ↓   7   ♯1  ③   ④   ♭6  ♭7
         ♭⑦       ①  ♭3  4   ⑤   ⑥
正鼓音:   5   6   1   2   3   ♯4
```

图 19　旋宫探索的理论演绎（三）

在正鼓音列中设置变声及相应侧鼓音的问题上，未能作出最佳选择的例子是很多的。譬如，淅川下寺 2 号墓王孙诰钟的正鼓音列设置了"商颤"，但侧鼓部又设置了一个重复音位"羽"；辉县琉璃阁甲墓编钟的正鼓音列设置了

"徵颥"和"商颥",但二者的侧鼓部又分别设置了"商颥"和"徵颥"两个重复音位;临淄商王编钟的正鼓音列设置了"徵颥";信阳长台关1号墓编钟的正鼓音列设置了"商颥",但其侧鼓部也设置了一个重复音位。

演绎的最后结果,亦即在一个八度内实现十二律旋宫的正、侧鼓音设置标准,如图20所示。

侧鼓音: 7 #1 ♭3 4 ♭6 ♭7
正鼓音: 5 6 1 2 3 #4

图20 旋宫探索的理论演绎(四)

曾侯乙编钟中层2组和下层2组甬钟的正、侧鼓音位就是严格遵循着这一标准来设置的。这种设置结果完全是出于实践的目的,而与后来《史记·律书》及《淮南子·天文训》记载的十二律相生之法未必要有指导和被指导的关系。不然,正鼓音列五正声之后就必须先设置"徵颥"而不能是"商颥"了。

需要指出的是,先秦编钟旋宫技术的探索存在地域差异。从编钟实例分析可见,编钟旋宫的水平差异主要体现在中原地区和周边地区之间,以晋国为主的中原偏北地区、以郑国为主的中原地区和以楚国为主的中原偏南地区始终处于旋宫的领先地位,而高度发展的编钟旋宫水平即标志着总体宫廷音乐水平的存在。所以,如果说正鼓音位更多地体现了编悬礼乐的保守思想,那么侧鼓音位则更大程度上体现出乐师们对古代乐律、音阶以及旋宫探索的智慧;如果说正鼓音列的设置是显现的,则侧鼓音的设置是潜在的,这种特性是难以模仿的。

结论——从编钟音列现象看钟弦关系实质

编钟音列并非一个单一的音高排列问题,而是涉及取音、正侧鼓音位设置及其功能、调制、偏离等一系列问题的综合体。其中,音高的数理规律取决于为编钟取音的弦准，而乐音的实践规则除了取决于音高的数理规律外很大程度上还取决于古人对钟腔正、侧鼓部的认识与运用。

西周编钟的音列是以一弦等份节点为理论依据进行设置的。这一数理可追溯至晚商，而延续到春秋早期。在两周之际随钮钟出现并运用于东周编钟的9件组设置模式中，正鼓音列始终呈现着按"徵—羽—宫—商—角"排序的五音，它应是与曾侯乙墓所出"均钟"的弦序相一致的五声。

分析表明，与五声相对应的五弦音高来自西周三种一弦等份取音法主要节点的综合。这一正鼓音列设置的改变，使编钟的旋律性能进一步加强。随着正鼓音列对变声的安排，以及侧鼓音由多声趋向统一，编钟音列逐步实现着旋宫转调的理想。

通过编钟音列现象来看钟弦关系的实质，调音在钟，取音在弦，钟弦关系自编钟出现之日便密切联系着。

西周乐悬制度的音乐考古学研究

王清雷

绪论

在中国文化史上,周代文化占有着极其重要而特殊的地位,特别是西周初期开始建立的礼乐制度,对其后近 3000 年的中国社会及文化产生了非常深远的影响。西周的礼乐制度是一套十分严密的封诸侯、建国家的等级制度。根据这套制度,西周的各级贵族在使用的配享、列鼎、乐悬、乐曲、舞队规格、用乐场合等方面,皆有严格的规定。乐悬制度,是西周礼乐制度的重要组成部分,也是西周礼乐制度的具体体现。乐悬,"是指必须悬挂起来才能进行演奏的钟磬类大型编悬乐器"[1]。西周统治者赋予钟磬类大型编悬乐器以深刻的政治内涵,形成了以钟磬为代表、严格等级化的乐悬制度,就像当时的列鼎制度一样不可僭越。《周礼·春官·小胥》:"正乐悬之位,王宫悬,诸侯轩悬,卿、大夫判悬,士特悬。"[2] 说的正是这方面的具体规定。本文试图以目前中国音乐考古所见的出土实物为基础,主要运用音乐考古学的理论与方法,结合文献学、乐律学、音乐声学、文物学、文字学等诸多学科,对乐悬一词的定位、西周乐悬制度的滥觞、形成、发展以及成熟过程,作较为系统的考察与研究。

---

[1] 王子初:《中国音乐考古学》,福建教育出版社 2003 年版,第 143 页。
[2] 《周礼注疏》卷二十三,载《十三经注疏》(上),中华书局 1980 年版,第 795 页。

一、乐悬厘定

"乐悬"一词，最早出现于《周礼·春官·小胥》，即"正乐悬之位，王宫悬，诸侯轩悬，卿、大夫判悬，士特悬，辨其声"[1]。对于"乐悬"一词的理解，古今学者聚讼不已，莫衷一是，代表性的观点主要有以下四种。

（一）钟、磬类乐器说

《周礼·春官·小胥》郑玄注："乐悬，谓钟磬之属悬于簨虡者……钟磬者，编悬之，二八十六枚而在一虡谓之堵。钟一堵，磬一堵，谓之肆。半之者，谓诸侯之卿、大夫、士也。诸侯之卿、大夫，半天子之卿、大夫，西悬钟，东悬磬；士亦半天子之士，悬磬而已。"[2]那么，郑玄所言的"钟"是否包括镈呢？首先，从"诸侯之卿、大夫，半天子之卿、大夫，西悬钟，东悬磬"来看，郑玄所言的"钟"并不包括镈。因为周代诸侯之卿、大夫是无权享用镈的，汉代诸侯之卿、大夫也是如此。例如西汉的山东章丘洛庄汉墓，墓主为曾做过吕国国王的刘邦之妻侄吕台[3]，该墓只出土19件编钟和107件编磬，无镈[4]；又如西汉的广东南越王墓[5]，也仅出土有19件编钟等乐器，无镈。这两位墓主均为地位显赫的诸侯王，他们都无权享用镈，汉代诸侯之卿、大夫就更没有这个资格了。其次，从《后汉书·礼仪志·大丧》所载"钟十六，无虡；镈四，无虡；磬十六，无虡"[6]来看，钟与镈是不同的两种乐器，钟不包括镈。因

---

[1] 《周礼注疏》卷二十三，载《十三经注疏》（上），中华书局1980年版，第795页。
[2] 《周礼注疏》卷二十三，载《十三经注疏》（上），中华书局1980年版，第795页。
[3] 济南市考古研究所等：《山东章丘市洛庄汉墓陪葬坑的清理》，《考古》2004年第8期。
[4] 王清雷：《章丘洛庄编钟刍议》，《文物》2005年第1期。
[5] 第亢达：《南越王墓出土的乐器》，《西汉南越王墓文物特展图录》，台湾历史博物馆1998年版，第37页。
[6] （南朝宋）范晔：《后汉书·礼仪下·大丧》（志第六），中华书局1965年版，第3146页。

此，郑玄所谓的"乐悬"仅指编钟、编磬，没有镈。

（二）钟、磬、镈类乐器说

1.《仪礼·燕礼》唐·贾公彦疏云："天子宫悬，诸侯轩悬，面皆钟、磬、镈各一虡；大夫判悬，士特悬，不得有镈。"①由此可见，贾公彦认为《周礼》所载"乐悬"应指钟、磬、镈类乐器。

2. 王子初从音乐考古学角度考证，认为《周礼》所载之"乐悬"，"是指必须悬挂起来才能进行演奏的钟磬类大型编悬乐器"②。其中的钟包括甬钟、钮钟、镈③，磬包括编磬和特磬④。

（三）钟、磬、镈、鼓类乐器说

1.《周礼·春官·小胥》贾公彦疏："乐悬，谓钟磬之属悬于簨簴者。凡悬者，通有鼓、镈，亦悬之。"认为郑玄"直言钟、磬，不言鼓、镈者，周人悬鼓与镈之大钟，惟悬一而已，不编悬，故不言之"⑤。由此可知，贾公彦认为《周礼》所载"乐悬"不仅包括可以编悬的编钟、编磬，也包括"悬于簨簴"，"惟悬一而已"的鼓、镈。

2. 清代江藩⑥和台湾的曾永义⑦二位学者与贾公彦的观点一脉相承，同时又把特磬加入其中。二位学者又据《仪礼·大射》的记载绘制了大射乐悬图示。《仪礼·大射》载："乐人宿悬于阼阶东。笙磬西面，其南笙钟，其南镈。

---

① 《仪礼注疏》卷十四，载《十三经注疏》（上），中华书局1980年版，第1014页。
② 王子初：《中国音乐考古学》，福建教育出版社2003年版，第143页。
③ 王子初：《中国音乐考古学》，福建教育出版社2003年版，第144页。
④ 王子初：《中国音乐考古学》，福建教育出版社2003年版，第164页。
⑤ 《周礼注疏》卷二十三，载《十三经注疏》（上），中华书局1980年版，第795页。
⑥ 江藩：《乐县考》（卷下），载《粤雅堂丛书》，咸丰甲寅（1854）刻本。
⑦ 曾永义：《礼仪乐器考》，中国东亚学术研究计划委员会年报第六期油印本（中国台湾台北）1967年版，第116—117页。

皆南陈。建鼓在阼阶西，南鼓。应鼙在其东，南鼓。西阶之西。颂磬东面，其南钟，其南鑮。皆南陈。一建鼓在其南，东鼓。朔鼙在其北。一建鼓在西阶之东，南面。簜在建鼓之间，鼗倚于颂磬西纮。"① 江藩、曾永义二位学者认为《周礼》所载"乐悬"不仅包括可以编悬的编钟、编磬，也包括"悬于簨虡"，"惟悬一而已"的鼓、鑮和特磬。其中大射乐悬的鼓包括：鼙、鼗、建鼓。

（四）乐队说

王光祈指出："吾国古代所谓'乐悬'，殆与近代所谓'乐队'之意义相似。"② 肖友梅③、杨荫浏④、刘再生⑤、金文达⑥诸位学者的看法与王光祈大致相同："乐悬"近似或等同于"乐队"。

那么以上四种观点哪种比较合理呢？先看第三种观点：钟、磬、鑮、鼓类乐器说。

首先，贾公彦自己对这个概念的认识就有些矛盾。因为在第二种观点中，他认为《周礼》所载"乐悬"应指钟、磬、鑮类乐器。而在这里，他把鼓又加入其中。笔者认为，这种观点，有其合理一面，如钟、磬类乐器属于乐悬应该没有问题，把鑮纳入乐悬的范畴也是有道理的，但有些方面仍需商榷。第一，周代的鑮可以单件使用。但从音乐考古发现来看，更多鑮则是成编使用的编鑮，如眉县杨家村编鑮（西周中期，3 件）⑦、秦公鑮（春秋前期，3 件）⑧、郘子

---

① 《仪礼注疏》卷十六，载《十三经注疏》（上），中华书局 1980 年版，第 1028—1029 页。
② 王光祈：《王光祈音乐论著选集》（中册），冯文慈、俞玉滋选注，人民音乐出版社 1993 年版，第 183 页。
③ 肖友梅：《17 世纪以前中国管弦乐队的历史的研究》，《音乐艺术》1989 年第 2—4 期。
④ 杨荫浏：《中国古代音乐史稿》（上），人民音乐出版社 1981 年版，第 33 页。
⑤ 刘再生：《中国古代音乐史简述》，人民音乐出版社 1995 年版，第 55 页。
⑥ 金文达：《中国古代音乐史》，人民音乐出版社 1994 年版，第 53 页。
⑦ 刘怀君：《眉县出土一批西周窖藏青铜乐器》，《文博》1987 年第 2 期。
⑧ 卢连成、杨满仓：《陕西宝鸡县太公庙村发现秦公钟、秦公鑮》，《文物》1978 年第 11 期。

成周编镈（春秋晚期，8件）[①]、太原赵卿墓编镈（春秋晚期，19件）[②]等，而非贾公彦所言"惟悬一而已，不编悬"。第二，特磬是古代一种色彩性打击乐器，单件使用，产生于新石器时代晚期。从音乐考古发现来看，特磬在商代特别盛行，入周以后少见，逐渐为编磬所取代，东周时期已经难觅其踪。因此，笔者认为曾永义把特磬作为乡饮、乡射、燕礼等场合中"乐悬"的必备成员[③]，似乎有些绝对化。第三，把鼓作为"乐悬"之一，似乎不妥。郑玄注："乐悬，谓钟磬之属，悬于簨虡者"。有些鼓虽然是"悬于簨虡"，但并非"钟磬之属"。所以，这些鼓并非乐悬。江藩、曾永义二位学者认为《仪礼·大射》中涉及的鼓类乐器如鼙、鼗、建鼓也属于乐悬，那么我们就来看看这三种乐器。"鼙，小鼓也"[④]；"鼗，如鼓而小，持其柄摇之，旁耳还自击"[⑤]；建鼓，又称"楹鼓"，"楹，谓之柱贯中，上出也"[⑥]。可见，这三种鼓均非"悬于簨虡"。既然如此，又何来之"乐悬"？显然，鼙、鼗、建鼓等并非"悬于簨虡"的鼓类乐器和一些可以"悬于簨虡"的鼓类乐器，应该是在周代的各种礼仪场合中，与"钟磬之属"的"乐悬"配合使用的一般乐器而已，并不包含在"乐悬"之内。

综上所述，从目前的音乐考古发现并结合音乐文献来看，对于周代乐悬的含义，第二种观点，即钟、磬、镈类乐器说更为合理，其中王子初的论述更为全面。周代乐悬应该包括甬钟、钮钟、镈、磬。周代统治者赋予钟、磬类大

[①] 固始侯古堆一号墓发掘组：《河南固始侯古堆一号墓发掘简报》，《文物》1981年第1期。
[②] 山西省考古研究所、太原市文物管理委员会：《太原金胜村251号春秋大墓及车马坑发掘简报》，《文物》1989年第9期，第59—68页。
[③] 曾永义：《礼仪乐器考》，中国东亚学术研究计划委员会年报第六期油印本（中国台湾台北）1967年版，第123—130页。
[④] 《仪礼·大射》，《仪礼注疏》卷十六，载《十三经注疏》(上)，中华书局1980年版，第1029页。
[⑤] 《周礼·春官·小师》，《周礼注疏》卷二十三，载《十三经注疏》(上)，中华书局1980年版，第797页。
[⑥] 《礼记·明堂位》(郑玄注)，《礼记正义》卷三十一，载《十三经注疏》(下)，中华书局1980年版，第1491页。

型编悬乐器以深刻的政治内涵，形成了以钟、磬为代表、严格等级化的乐悬制度，就像当时的列鼎制度一样不可僭越。而乐队说则属于周代之后"乐悬"一词含义的流变问题，本文暂不探讨。

二、以往研究成果述略

孔子云："'礼云礼云'，玉帛云乎哉？'乐云乐云'，钟鼓云乎哉？"[①]的确，西周的乐悬制度并非仅仅是钟磬类礼乐器本身。它作为一种社会等级制度的重要载体，有着极其烦琐和丰富的政治内容。有关这一点，古今学者多有著述。所论涉及乐悬的用器制度、摆列制度和音列制度等几个重要方面。

（一）乐悬的用器制度

在西周乐悬制度中，不同等级的贵族在钟磬乐悬种类的配置方面享有不同的待遇。先看天子和诸侯之卿、大夫的乐悬配置。《周礼·春官·小胥》郑玄注："钟磬者，编悬之，二八十六枚而在一虡谓之堵。钟一堵，磬一堵，谓之肆。半之者，谓诸侯之卿、大夫、士也。诸侯之卿、大夫，半天子之卿、大夫，西悬钟，东悬磬。"[②]《仪礼·燕礼》贾公彦疏云："天子宫悬，诸侯轩悬，面皆钟、磬，镈各一虡；大夫判悬，士特悬，不得有镈。"[③]可见，郑玄、贾公彦均认为天子之卿、大夫的乐悬有钟有磬，诸侯之卿、大夫亦有钟有磬。近代王国维的意见则与其向左。其《释乐次》认为，只有天子、诸侯可以享用编钟，大夫有鼓无钟。根据是《仪礼·乡射礼》郑玄注"陔夏者，天子诸侯以钟鼓，大夫士鼓而已。"以及《仪礼·乡饮酒礼》郑玄注："钟鼓者，天子、诸侯

[①] 《论语·阳货》，《论语注疏》卷十七，载《十三经注疏》（下），中华书局1980年版，第2525页。
[②] 《周礼注疏》卷二十三，载《十三经注疏》（上），中华书局1980年版，第795页。
[③] 《仪礼注疏》卷十四，载《十三经注疏》（上），中华书局1980年版，第1014页。

备用之，大夫士鼓而已。"① 今人杨华也认为："'金石之乐'是一种高规格等级标志，大夫以下一般不配享有。"他的根据也是《乡射礼》和《乡饮酒礼》注'钟鼓者，天子、诸侯备用之，大夫士鼓而已'"②。今人曾永义的观点与以上诸家之说均有不同。他根据《仪礼·大射》的记载，认为天子和诸侯之卿、大夫的乐悬配置均为钟、磬、镈俱全，他们之间的等级区别只在于规模大小而已。③

有关士的乐悬配置，《周礼·春官·小胥》郑玄注："士亦半天子之士，悬磬而已。"贾公彦疏解释说："天子之士只有东方一肆二堵，诸侯之士半之谓取一堵或于阶间或于东方也。"④ 按此说，天子之士的乐悬配置有钟有磬，而诸侯之士则只有磬一堵。历代学者多从郑、贾之说。近代王国维⑤、今人杨华⑥ 则有不同看法。他们认为天子和诸侯之士均不能享用编钟，根据均为《仪礼·乡射礼》和《仪礼·乡饮酒礼》郑玄注。今人曾永义根据《仪礼·大射》的记载，认为天子和诸侯之士的乐悬配置为钟、磬、镈俱全，他们之间的等级区别仅是规模的不同。⑦

天子和诸侯的乐悬配置如何呢？《周礼·春官·小胥》贾公彦疏："天子、诸侯悬皆有镈。今以诸侯之卿、大夫、士，半天子之卿、大夫、士言之，则卿、大夫直有钟、磬，无镈也；若有镈，不得半之耳。"⑧《仪礼·燕礼》贾公彦疏："天子宫悬，诸侯轩悬，面皆钟、磬、镈各一虡；大夫判悬，士特悬，不

---

① 王国维：《释乐次》，《观堂集林》（别集卷二），中华书局1959年版，第101页。
② 杨华：《先秦礼乐文化》，湖北教育出版社1997年版，第113页。
③ 曾永义：《礼仪乐器考》，中国东亚学术研究计划委员会年报第六期油印本（中国台湾台北）1967年版，第128—129页。
④ 《周礼注疏》卷二十三，载《十三经注疏》（上），中华书局1980年版，第795页。
⑤ 王国维：《释乐次》，《观堂集林》（卷二），中华书局1959年版，第101页。
⑥ 杨华：《先秦礼乐文化》，湖北教育出版社1997年版，第113页。
⑦ 曾永义：《礼仪乐器考》，中国东亚学术研究计划委员会年报第六期油印本（中国台湾台北）1967年版，第128—129页。
⑧ 《周礼注疏》卷二十三，载《十三经注疏》（上），中华书局1980年版，第795页。

得有镈。"① 可见，贾氏认为天子、诸侯的乐悬配置为编钟、编磬、镈俱全。历代学者，均从其说。除此之外，周天子所用之磬也非一般石料制成。《礼记·郊特牲》载："诸侯之宫悬而祭以白牡，击玉磬，朱干设锡，冕而舞大武，乘大路，诸侯之僭礼也。"② 郑玄注："玉磬，天子乐器。"以此观之，周天子所用的乃为玉磬，而非一般的石磬。

关于钟磬乐悬的使用场合，主要见于各种祭祀仪式中。"国之大事，在祀与戎。"③《周礼·春官·大司乐》载："凡乐事，大祭祀，宿悬，遂以声展之。"贾公彦疏："直言大祭祀者，举大祭祀而言，其实中祭祀亦宿悬也，但大祭祀中有天神、地祇、人、鬼。中、小祭祀亦宿悬，至于飨食燕宾客有乐事，亦兼之矣。言宿悬者，皆于前宿豫悬之。"④ 可见，钟磬乐悬除了用于大、小祭祀活动，"飨食燕宾客有乐事亦兼之"。在这些仪式中，钟磬乐悬均属于常悬之乐。正如《礼记·曲礼下》所载："君无故玉不去身，大夫无故不撤悬，士无故不撤琴瑟。"⑤ 在周代乐悬制度中，对于钟磬乐悬的使用还有一些禁忌。在一些特殊情况下，钟磬只是悬而不击，如"凡日、月食，四镇五岳崩，大傀异灾，诸侯薨，令去乐"⑥。《礼记·曲礼下》也载："岁凶……祭事不悬。"孔颖达疏："乐有悬钟、磬，因曰悬也。凶年虽祭，而不作乐也。"⑦《礼记·檀弓上》又载："孟献子禫，悬而不乐，比御而不入。"⑧ 还有一些情况下，不仅不能演奏

---

① 《仪礼·燕礼》，《仪礼注疏》卷十四，载《十三经注疏》（上），中华书局 1980 年版，第 1014 页。
② 《礼记正义》卷二十五，载《十三经注疏》（下），中华书局 1980 年版，第 1448 页。
③ 《左传·成公十三年》，《春秋左传正义》，载《十三经注疏》（下），中华书局 1980 年版，第 1911 页。
④ 《周礼注疏》卷二十二，载《十三经注疏》（上），中华书局 1980 年版，第 790—791 页。
⑤ 《礼记正义》卷四，载《十三经注疏》（上），中华书局 1980 年版，第 1259 页。
⑥ 《周礼·春官·大司乐》，《周礼注疏》卷二十二，载《十三经注疏》（上），中华书局 1980 年版，第 791 页。
⑦ 《礼记正义》卷四，载《十三经注疏》（上），中华书局 1980 年版，第 1259 页。
⑧ 《礼记正义》卷六，载《十三经注疏》（上），中华书局 1980 年版，第 1278 页。

钟磬乐悬，而且还要撤掉。如"大札、大凶、大栽、大臣死，凡国之大忧，令弛悬"①，"疾病，外、内皆扫。君、大夫撤悬，士去琴瑟"②等。

（二）乐悬的摆列制度

《周礼·春官·小胥》载："正乐悬之位，王宫悬，诸侯轩悬，卿、大夫判悬，士特悬，辨其声。"③这是先秦典籍中关于周代乐悬摆列制度唯一较为系统的记载。郑玄注："郑司农云：'宫悬四面悬，轩悬去其一面，判悬又去其一面，特悬又去其一面。四面象宫室四面有墙，故谓之宫悬；轩悬三面其形曲，故《春秋传》曰：'请曲悬，繁缨以朝，'诸侯礼也。……玄谓轩悬，去南面辟王也；判悬左右之合，又空北面；特悬悬于东方或于阶间而已。"④由此，人们对周代乐悬的摆列方式比较清楚了。根据等级的不同，周代乐悬的摆列方式分为四种：周天子为宫悬，摆列于四面；诸侯为轩悬，摆列于东、西、北三面，空南面；卿、大夫判悬，摆列于东、西两面，空南、北两面；士特悬，摆列于东面或阶间。至于每一面的规格，《周礼·春官·小胥》郑玄注："钟磬者，编悬之，二八十六枚而在一虡谓之堵。钟一堵，磬一堵，谓之肆。半之者，谓诸侯之卿、大夫、士也。诸侯之卿、大夫，半天子之卿、大夫，西悬钟，东悬磬。士亦半天子之士，悬磬而已。"⑤按此说，能确定的只有诸侯之卿、大夫的乐悬为西面一架编钟、东面一架编磬，诸侯之士只有一架编磬；而天子、诸侯以及天子之卿、大夫、士的乐悬，其每面的规格则不甚明了。对此，贾公彦在

---

① 《周礼·春官·大司乐》，《周礼注疏》卷二十二，载《十三经注疏》（上），中华书局1980年版，第791页。
② 《礼记·丧大记》，《礼记正义》卷四十四，载《十三经注疏》（下），中华书局1980年版，第1571页。
③ 《周礼注疏》卷二十三，载《十三经注疏》（上），中华书局1980年版，第795页。
④ 《周礼注疏》卷二十三，载《十三经注疏》（上），中华书局1980年版，第795页。
⑤ 《周礼注疏》卷二十三，载《十三经注疏》（上），中华书局1980年版，第795页。

《仪礼·燕礼》中解释得比较明白："天子宫悬，诸侯轩悬，面皆钟、磬、镈各一虡；大夫判悬，士特悬，不得有镈。"①贾公彦此处所言的"大夫""士"应为天子之大夫、士。按照贾氏所言，天子、诸侯之乐悬每面都由编钟、编磬、编镈各一架组成，天子之大夫和士的乐悬没有镈，每面由编钟、编磬各一架组成。按照贾说：诸侯之卿、大夫半天子之卿、大夫，士半天子之士，则诸侯之卿、大夫、士乐悬的规格与郑说吻合，即诸侯之卿、大夫的乐悬为西面一架编钟，东面一架编磬；诸侯之士只有一架编磬。对于以上观点，曾永义根据《仪礼·乡饮酒礼》中的记载不认同郑玄、贾公彦所谓的诸侯之士为特悬，有磬无钟之说，而认为是钟磬俱全的判悬之制。②

堵与肆也是乐悬摆列制度中的重要内容。《周礼·春官·小胥》载："凡悬钟磬，半为堵，全为肆。"③但是到底何谓"堵"，何谓"肆"，语焉不详，历代学者见解不一。《周礼·春官·小胥》郑玄注："钟磬者，编悬之，二八十六枚而在一虡谓之堵。钟一堵，磬一堵，谓之肆。"④郑氏认为16件编钟或者编磬悬挂于一虡为一堵，一虡编钟和一虡编磬合称一肆。唐·孔颖达比较认同郑氏之说，不同之处在于他把郑玄的堵钟、堵磬合悬于一虡，这样的一虡即为一肆，单有编钟或者编磬均为半。⑤杜预则与郑、孔之说有别。《左传·襄公十一年》载："郑人赂晋侯以师悝、师触、师蠲……歌钟二肆，及其镈磬，女乐二八。"杜预注："肆，列也。悬钟十六为一肆，二肆三十二枚。"⑥杜预认为，肆为列，每肆16件，不包括编磬。也就是说，编钟可以单独称肆，与磬无涉。其后陈

---

① 《仪礼注疏》卷十四，载《十三经注疏》（上），中华书局1980年版，第1014页。
② 曾永义：《礼仪乐器考》，中国东亚学术研究计划委员会年报第六期油印本（中国台湾台北）1967年版，第126—127页。
③ 《周礼注疏》卷二十三，载《十三经注疏》（上），中华书局1980年版，第795页。
④ 《周礼注疏》卷二十三，载《十三经注疏》（上），中华书局1980年版，第795页。
⑤ 《春秋左传正义》卷三十一，载《十三经注疏》（下），中华书局1980年版，第1951页。
⑥ 《春秋左传正义》卷三十一，载《十三经注疏》（下），中华书局1980年版，第1951页。

旸[①]、孙诒让[②]、徐元诰[③]、杨伯峻[④]、陈双新[⑤]均支持杜预的观点。所谓"堵",《周礼·春官·小胥》贾公彦疏:"云堵者,若墙之一堵"[⑥],王国维与贾氏观点接近,"案堵之名出于垣墙,墙制高广各一丈谓之堵,钟磬虡之高,以击者为度,高广亦不能逾丈。"[⑦]今人黄锡全、于柄文则云:"所谓'钟一肆',可能是指大小相次的编钟一组,多少不等。……所谓'堵',可能就是一虡(一排,似一堵墙),由上下三层或两层,邵钟'大钟八肆,其鎛四堵',可能就是八组大钟,分四虡(排)悬挂,每虡二层。郑玄所谓'二八在一虡为一堵',可能是指一虡两层,一层8件。"[⑧]李纯一的观点与以上诸家均不相同,"其实先秦时期的堵肆并无严格区别,一套大小相次的编钟既可称之为堵,又可称之为肆"[⑨]。

古今诸家对堵、肆分组标准以及组成件数,也是聚讼不清。对于堵、肆的分组,考古界原来多以铭文作为分组的标准。容庚曾指出:"克钟、刑人钟都合两钟而成全文,则合两钟为一肆。虢叔编钟、者尸编钟合四钟而成全文,则四钟为一肆;尸编钟第一组合七钟而成全文,则七钟为一肆。"[⑩]杨伯峻对此有不同看法,他认为:"容庚……以铭文之长短为肆,亦似可商。……以实物证明,似可论断,音调音阶完备能演奏而成乐曲者始得为一肆。"[⑪]对于容庚之说,陈双新也予以否定:"从出土实物看,堵、肆与编钟全铭的组合形式无多大关系,如子犯钟两组十六件,每组八件合为全铭;晋侯苏钟两组十六件,合为一

[①] 陈旸:《周礼·小胥》训义,载《乐书》卷四十五,光绪丙子(1876)刊本。
[②] 孙诒让:《周礼正义》,中华书局1987年版,1831页。
[③] 徐元诰撰、王树民、沈长云点校:《国语集解》,中华书局2002年版,第413—414页。
[④] 杨伯峻:《春秋左传注》,中华书局1990年版,第991—992页。
[⑤] 陈双新:《两周青铜乐器铭辞研究》,河北大学出版社2002年版,第24页。
[⑥] 《周礼注疏》卷二十三,载《十三经注疏》(上),中华书局1980年版,第795页。
[⑦] 王国维:《汉南吕编磬跋》,载《观堂集林》(别集卷二),中华书局1959年版,第1217页。
[⑧] 黄锡全、于柄文:《山西晋侯墓地所出楚公逆钟铭文初释》,《考古》1995年第2期。
[⑨] 李纯一:《中国上古出土乐器综论》,文物出版社1996年版,第288页。
[⑩] 容庚、张维持:《殷周青铜器通论》,科学出版社1958年版,第74页。
[⑪] 杨伯峻:《春秋左传注》,中华书局1990年版,第991—993页。

篇全铭；新出楚公逆钟一组八件，每钟全铭"①。

关于堵、肆的组成件数，《周礼·春官·小胥》郑玄注："钟磬者，编悬之，二八十六枚而在一虡谓之堵。"②《左传·襄公十一年》杜预注："悬钟十六为一肆。"③近人唐兰通过对一些编钟铭文的考释，认同郑、杜之说。"一组之编钟，当有两虡，虡各二列，列各八钟，正与十六枚为一堵之说合也。""周人尚八，古天子用八佾，八八凡六十四人；然则其乐钟亦当为八肆六十四钟也。"④对于郑、杜之说，虽有唐兰等少数学者表示认同，但多数学者如王国维、杨伯峻、李纯一、黄翔鹏等诸多学者还是提出质疑。王国维从簨虡的容量出发，指出"钟磬虡之高，以击者为度，高广亦不能逾丈。一丈之广，不能容钟磬十六枚或十九枚，此亦事理也"⑤。杨认为"郑玄等所注，以出土实物证之，皆不甚切合"⑥。李指出"迄今考古发现先秦实物无一例与之相合，足见郑、杜这些解释都不足为据"⑦。黄也认为"这些说法对于西周从三件一套到八件一套，春秋的九件一套、十三件一套，竟然到了无一数字相合的程度。说明它们并无多少实际根据，既非西周制度，也不是春秋制度"⑧。

（三）乐悬的音列制度

关于编钟的音列，目前已有多名学者进行过深入考察，如《新石器和青铜

---

① 陈双新：《两周青铜乐器铭辞研究》，河北大学出版社 2002 年版，第 27 页。
② 《周礼注疏》卷二十三，载《十三经注疏》（上），中华书局 1980 年版，第 795 页。
③ 《春秋左传正义》卷三十一，载《十三经注疏》（下），中华书局 1980 年版，第 1951 页。
④ 唐兰：《古乐器小记》，《燕京学报》第 14 期，第 77 页。
⑤ 王国维：《汉南吕编磬跋》，载《观堂集林》（别集卷二），中华书局 1959 年版，第 1217 页。
⑥ 杨伯峻：《春秋左传注》，中华书局 1990 年版，第 993 页。
⑦ 李纯一：《中国上古出土乐器综论》，文物出版社 1996 年版，第 288 页。
⑧ 黄翔鹏：《新石器和青铜时代的已知音响资料与我国音阶发展史问题》，载《溯流探源——中国传统音乐研究》，人民音乐出版社 1992 年版，第 57 页。

时代的已知音响资料与我国音阶发展史问题》①、《用乐音系列记录下来的历史阶段——先秦编钟音阶结构的断代研究》②、《西周乐钟的编列探讨》③、《两周编钟音列研究》④等。他们一致认为,西周编钟的音列均不出宫、角、徵、羽四声,不用商音。

对于西周编钟音列五声缺商的原因,历代方家多有论述,至今仍聚讼不已,莫衷一是。目前主要有四种观点:其一,《周礼·春官·大司乐》载:"凡乐,圜钟为宫,黄钟为角,太簇为徵,姑洗为羽……凡乐,函钟为宫,太簇为角,姑洗为徵,南吕为羽……凡乐,黄钟为宫,大吕为角,太簇为徵,应钟为羽……"⑤郑玄注:"此乐无商者,祭尚柔,商坚刚也。"贾公彦疏:"云此乐无商者,祭尚柔,商坚刚也者。此经三者皆不言商,以商是西方金,故云祭尚柔,商坚刚不用。若然,上文云:'此六乐者皆文之以五声。'并据祭祀而立五声者,凡音之起由人心生,单出曰声,杂比曰音,泛论乐法以五声言之,其实祭无商声。"⑥可见,贾公彦认为周乐五声齐全,并非没有商音,只是因为"商坚刚"而不能用于祭祀音乐。《周礼·春官·大司乐》陈旸训义云:"三宫不用商声者,商为金声而周以木王,其不用则避其所剋而已。"并进一步指出"周之作乐非不备五声,其无商声,文去实不去故也"⑦。也就是说,陈旸认为商与周是相克的关系,所以不用商音,但这仅仅是书面的规定,而在实际的演奏中商音是使用的,即所谓"文去实不去"。王光祈研究发现,《诗经》"三百篇之中罕有商调,惟《商颂》五篇始用商调。故特系在三百篇后,仿佛是一种附录

---

① 黄翔鹏:《溯流探源——中国传统音乐研究》,人民音乐出版社1992年版,第1—58页。
② 黄翔鹏:《溯流探源——中国传统音乐研究》,人民音乐出版社1992年版,第98—108页。
③ 陈荃有:《西周乐钟的编列探讨》,《中国音乐学》2001年第3期。
④ 孔义龙:《两周编钟音列研究》,博士学位论文,中国艺术研究院,第11—49页。
⑤ 《周礼注疏》卷二十二,载《十三经注疏》(上),中华书局1980年版,第789—790页。
⑥ 《周礼注疏》卷二十二,载《十三经注疏》(上),中华书局1980年版,第789—790页。
⑦ 陈旸:《周礼·春官·大司乐》训义,载《乐书》,光绪丙子(1876)刊本。

之意。据说，周朝之所以不用商调，系因商调有一种杀声之故"①。王子初则认为周钟禁用商音，应是西周初期周公"制礼作乐"时订立的规矩。周灭商而王天下，商为周之大敌。作为宫廷礼乐重器的编钟，在国家祭祀的重大场合，自然绝不允许出现"商"音。② 以上诸家虽角度不同，但均站在政治的高度，认为商音或者商调不利于周的统治，所以不用商音。其二，黄翔鹏认为周乐用商音而不用商调，对周钟不用商音作如是解："宫廷中至少已用全五声；不过，商声却不在骨干音之列。也就是说，西周宫廷音乐，无论其为五声或七声音阶，其可用于不同调式作为主音的音节骨干音却是：'宫—角—徵—羽'的结构。"③ 也就是说，黄先生认为编钟只是用于演奏骨干音，而"骨干音却是：'宫—角—徵—羽'的结构"，所以西周编钟上才没有商音。其三，今人孔义龙对此提出新的看法。他认为对于西周编钟没有商音的问题出于政治上的考虑是可以的，但是"缺'商'问题的客观原因与主观问题是应该分清楚的"。"在西周编甬钟的音列中找不到'商'这个音，客观原因是在做弦上等份取音时不方便获取'商'音"④。并指出"到西周中、晚期这种一弦取音的方法趋于统一的时候，仍然将西周钟缺商的原因完全归结于对商的仇恨的结论尚待讨论。"⑤ 其四，刘再生认为，西周编钟五声缺商的原因，在于周民族与商民族音乐习俗和审美观念的不同。⑥

此外，关于钟乐的宫调和旋宫转调问题，《国语·周语下》载："钟尚羽，

---

① 王光祈（冯文慈、俞玉滋选注）：《王光祈音乐论著选集》（下册），人民音乐出版社1993年版，84页。
② 王子初：《晋侯苏钟的音乐学研究》，《文物》1998年第5期。
③ 黄翔鹏：《溯流探源——中国传统音乐研究》，人民音乐出版社1992年版，第24页。
④ 孔义龙：《两周编钟音列研究》，博士学位论文，中国艺术研究院，第78页。
⑤ 孔义龙：《两周编钟音列研究》，博士学位论文，中国艺术研究院，第21页。
⑥ 刘再生：《中国古代音乐史简述》（修订版），人民音乐出版社2006年版，第92—94页。

石尚角,匏竹利制,大不逾宫,细不过羽。"① 黄翔鹏通过对出土实物的测音分析认为,"钟尚羽"还是有些道理。② 而"'大不逾宫,细不过羽'未必完全是西周钟乐制度。'大不逾宫'可能是东周人对西周人的片面看法"③。关于钟乐的旋宫转调,黄翔鹏认为在西周时期"并不存在在同一套编钟内完成旋宫的可能性"④。

三、以往研究方法述评以及本文研究的意义

古今学者对西周乐悬制度的研究,主要还是沿用传统的"从文献到文献"的研究方法。文献的重要性自不待言。郑玄的"乐悬,谓钟磬之属,悬于簨虡者"⑤《周礼》的"正乐悬之位,王宫悬,诸侯轩悬,卿、大夫判悬,士特悬"⑥等文献记载,给我们提供了关于周代乐悬制度的重要信息。

但文献的局限性也是学界共知的。如关于西周乐悬制度中不同等级的乐悬配置问题,史学大师王国维在《释乐次》一文中,根据《仪礼·乡射礼》郑玄注"陔夏者,天子诸侯以钟鼓,大夫士鼓而已"以及《仪礼·乡饮酒礼》郑玄注"钟鼓者,天子诸侯备用之,大夫士鼓而已"⑦两段文献记载,认为只有周天子和诸侯才可以享用编钟,大夫的乐悬是没有编钟的。但是从今天的音乐考古

---

① 徐元诰(王树民、沈长云点校):《国语·周语下》第三,载《国语集解》,中华书局2002年版,第110页。
② 黄翔鹏:《新石器和青铜时代的已知音响资料与我国音阶发展史问题》,载《溯流探源——中国传统音乐研究》,人民音乐出版社1992年版,第25页。
③ 黄翔鹏:《新石器和青铜时代的已知音响资料与我国音阶发展史问题》,载《溯流探源——中国传统音乐研究》,人民音乐出版社1992年版,第41页。
④ 黄翔鹏:《新石器和青铜时代的已知音响资料与我国音阶发展史问题》,载《溯流探源——中国传统音乐研究》,人民音乐出版社1992年版,第52页。
⑤ 《周礼注疏》卷二十三,载《十三经注疏》(上),中华书局1980年版,第795页。
⑥ 《周礼注疏》卷二十三,载《十三经注疏》(上),中华书局1980年版,第795页。
⑦ 王国维:《释乐次》,载《观堂集林》卷二,中华书局1959年版,第101页。

发现来看，不仅西周的天子和诸侯可以享用编钟，而且周天子的卿、大夫、士也是可以享用编钟的，只不过此非普遍现象或有僭越而已。再如对于编钟的堵肆问题，王国维从簨虡的容量出发，对郑、杜之说提出质疑。"钟磬虡之高，以击者为度，高广亦不能逾丈。一丈之广，不能容钟磬十六枚或十九枚，此亦事理也。"① 也就是说，王国维认为一副簨虡无法悬挂 16 或 19 件编钟或编磬。今从音乐考古发现观之，王说值得商榷。如春秋晚期的王孙诰编钟，一副簨虡悬挂编钟 26 件②；曾侯乙墓编磬，一副簨虡悬挂编磬 32 件③；而曾侯乙编钟，一副簨虡悬挂编钟多达 65 件。④ 从"文献到文献"的研究方法之局限性可见一斑。

"夏礼吾能言之，杞不足征也；殷礼吾能言之，宋不足征也，文献不足故也，足则吾能徵之矣。"⑤ 可知早在孔子的时代，仅仅依靠文献来研究三代礼乐制度已经是困难重重。更何况我们今天所看到的先秦文献，仅是秦火之后的断简残编，又历经多次的传抄转载以及战火硝烟的洗礼。靠这样的文献史料来系统的研究西周礼乐制度，其难度可想而知。

"音乐考古学所依据的实物史料，比起古代的文字记载来，更为直接、更为可靠"⑥。那些出土的礼乐器就是当时礼乐制度的物化。"惟器与名，不可以假人，君之所司也。名以出信，信以守器，器以藏礼"⑦。因此，今人多改用音乐考古学与文献学相结合的研究方法，并取得了较为丰硕的研究成果。如曾永义的《礼仪乐器考》、王世民的《关于西周春秋高级贵族礼器制度的一些想法》《春秋战国葬制中乐器和礼器的组合状况》、冯光生的《曾侯乙编钟若干问题浅

---

① 王国维：《汉南吕编磬跋》，载《观堂集林》（别集卷二），中华书局 1959 年版，第 1217 页。
② 赵世纲：《中国音乐文物大系·河南卷》，大象出版社 1996 年版，第 87 页。
③ 王子初：《中国音乐文物大系·湖北卷》，大象出版社 1996 年版，第 250 页。
④ 王子初：《中国音乐文物大系·湖北卷》，大象出版社 1996 年版，第 202 页。
⑤ 《论语·八佾》，《论语注疏》卷三，载《十三经注疏》（下），中华书局 1980 年版，第 2466 页。
⑥ 王子初：《音乐考古学的研究对象和相关学科》，《中国音乐学》2001 年第 1 期。
⑦ 《左传·成公二年》，《春秋左传正义》卷二十五，载《十三经注疏》，中华书局 1980 年版，第 1894 页。

论》等论著，对西周乐悬制度的研究均不乏创见。

当然，这些研究还停留于编钟的器型学研究层面，尚未进一步关注到钟磬乐悬的音乐内涵，而这则是乐器研究的核心内容。如对痰钟编列的研究，考古界一般根据其形制纹饰的不同，将 21 件痰钟分为七式①，这并不符合作为一种旋律乐器编列的原貌。陈双新通过对其中 13 件有铭编钟的研究，认为是 8 件一肆，但是对无铭痰钟的编列问题则没有涉及。随着曾侯乙编钟的发掘和研究，许多音乐史学家把出土的钟磬开始纳入音乐考古学的研究范畴，打破了仅仅停留在钟磬器型学研究的旧有模式，在西周乐悬制度和钟乐研究方面取得了许多突破性进展。如李纯一的《曾侯乙墓编钟的编次和乐悬》②、黄翔鹏的《新石器和青铜时代的已知音响资料与我国音阶发展史问题》③和《用乐音系列记录下来的历史阶段——先秦编钟音阶结构的断代研究》④、陈荃有的《西周乐钟的编列探讨》⑤、孔义龙的《两周编钟音列研究》⑥等。其中《曾侯乙墓编钟的编次和乐悬》一文指出，"这个战国早期曲悬实例，不但它本身相当完整，编次清楚，而且它的主人身份、国别和年代也都很明确，这就使得我们对于当时的乐悬制度，以及'礼崩乐坏'情况，能够有一些确实而具体的了解"⑦。从曾侯乙墓乐悬来看，乐悬摆列方式与文献记载相符，为"三面其形曲"的轩悬。它以无可辩驳的事实证明周代乐悬制度的真实存在，为本文的撰写提供了有力的支持。笔者的《从山东音乐考古发现看周代乐悬制度的演变》一文，曾以山东地区的音乐考古发现所见的钟磬乐悬为基础，从音乐考古学角度对周代乐悬制度

---

① 方建军：《中国音乐文物大系·陕西卷》，大象出版社 1996 年版，第 37—50 页。
② 李纯一：《曾侯乙墓编钟的编次和乐悬》，《音乐研究》1985 年第 2 期。
③ 黄翔鹏：《溯流探源——中国传统音乐研究》，人民音乐出版社 1992 年版，第 1—58 页。
④ 黄翔鹏：《溯流探源——中国传统音乐研究》，人民音乐出版社 1992 年版，第 98—108 页。
⑤ 陈荃有：《西周乐钟的编列探讨》，《中国音乐学》2001 年第 3 期，第 29—42 页。
⑥ 孔义龙：《两周编钟音列研究》，博士学位论文，中国艺术研究院，第 11—49 页。
⑦ 李纯一：《曾侯乙墓编钟的编次和乐悬》，《音乐研究》1985 年第 2 期。

的内容、功能及演变，做了一点初步的探索。

乐悬制度是西周礼乐制度的重要组成部分，在西周礼乐制度和墓葬制度等课题研究中，占有着举足轻重的地位。有的学者甚至认为，"青铜乐器在两周统治阶级使用等级的限制上比礼器更为严格"[1]。其中的"青铜乐器"，就是指乐悬的重要成员编钟。目前，史学界和考古界对周代列鼎制度的研究已经非常深入和全面。但是与之地位同等重要的乐悬制度的研究，无论在深度上，还是在广度上，都还远远不够。因此，对西周乐悬制度做较为全面、系统的音乐考古学研究，是目前学术发展的迫切需要。它与文献学相辅相成，犹如车之双轮、鸟之双翼，缺一不可，可以在更大的程度上充实和弥补文献记载的局限。

从前文第二部分关于西周乐悬制度研究述略一段可知，有关西周乐悬制度的探讨由来已久，至今方兴未艾。但由于缺乏可靠的考古材料为依据，其中的很多问题一直聚讼未决。因此，占有全面的钟磬实物资料，尤其是占有新的音乐考古资料，是本文研究的前提和基础。如关于乐悬制度中摆列制度的探讨，即《周礼·春官·小胥》所载："正乐悬之位，王宫悬，诸侯轩悬，卿、大夫判悬，士特悬。"[2]李纯一认为这"当是已经发展到定制的东周后期的情况"[3]，具体说来应是春秋时期[4]，并非西周时期。他的证据是西周早期至西周末期的5座墓葬出土的乐悬，即陕西𢎛伯墓（BZM13）、𢎛伯各墓（BZM7）、𢎛伯𢽯墓（BRM1）、井叔墓（M157）、河南虢太子墓，与《周礼》所载不符。当时所见西周钟磬实物的数量虽然至少也在200件以上，但是出土于墓葬的寥寥无几；墓主身份、等级确定的就更少得可怜，对于全面认识西周的乐悬制度确实还存在着相当大的距离。李先生得出以上的结论也是就当时的材料而言。

---

[1] 陈双新：《两周青铜乐器铭辞研究》，河北大学出版社2002年版，第156页。
[2] 《周礼·春官·小胥》，《周礼注疏》卷二十三，载《十三经注疏》（上），中华书局1980年版，第795页。
[3] 李纯一：《先秦音乐史研究的两种基本史料》，《音乐研究》1994年第3期。
[4] 李纯一：《先秦音乐史》，人民音乐出版社1994年版，第90页。

1992年开始发掘的天马——曲村遗址，也就是晋侯墓地，对西周乐悬制度的研究掀开了崭新的一页，给笔者打开了研究西周乐悬制度的一扇大门。目前，晋侯墓地总共清理晋侯及其夫人的墓葬9组19座①，大多未被盗掘，许多墓葬均出土钟磬乐悬，弥足珍贵。9代晋侯，从西周一直到春秋初年一直在此，代代相传，具有连续性，全国仅此一处。晋侯墓地是目前为止同时期、同规格的墓地中保存最完整、排列最清楚而且也是随葬品最丰富的一处，是研究西周乐悬制度最为可靠、重要和翔实的考古资料。此外，2003年陕西眉县杨家村逨器（如逨盘、逨鼎等）的面世，使1985年同地出土的编甬钟和编镈的器主和级别均得以确认。器主为单逨，其官职从管理四方虞林再到官司历人，应该属于大夫级别。②这为西周乐悬制度的研究又提供了一例非常珍贵的实物资料。笔者通过对这些钟磬乐悬的研究发现，《周礼》等文献中有关乐悬制度的记载与考古发现有不少相合之处，并非妄言。也有一些误载和失载。如《周礼》中"正乐悬之位，王宫悬，诸侯轩悬，卿、大夫判悬，士特悬"这段关于乐悬制度的记载，并非如一些学者所言"当是已经发展到定制的东周后期的情况"乐悬制度在西周晚期已经发展成熟。

一、史前时期的礼乐制度

　　《史记·五帝本纪》载："禹践天子位，尧子丹朱、舜子商均皆有疆土，以奉先祀，服其服，礼乐如之，以客见天子。"③《世本·作篇》云："伏羲制以俪皮嫁娶之礼。"④《礼记·乐记》又载："五帝殊时，不相沿乐；三代异世，不相

---

① 刘绪：《晋侯邦父墓与楚公逆编钟》，载《长江流域青铜文化研究》，科学出版社2002年版，第56页。
② 刘怀君：《眉县杨家村西周窖藏青铜器的初步认识》，《考古与文物》2003年第3期。
③ 司马迁：《史记·五帝本纪》卷一，中华书局1959年版。
④ 秦嘉谟辑：《世本八种》，商务印书馆1957年版。

袭礼。"在《管子·封禅》《史记·封禅书》中还记载了虞夏之前的无怀氏、伏羲、神农、炎帝、黄帝、颛顼、帝喾、尧、舜的封禅之礼。《尚书》中虞、夏书也将礼的起源追溯到五帝时代的虞礼。陈戍国的研究更是把礼的起源追溯到虞夏之前。[1] 如此说来，礼乐制度在夏代之前的五帝时期就已产生。对此，过去很多学者均持怀疑态度。严文明指出，"过去中国治古史传说的学者往往碰到许多时代颠倒、方位错置以及张冠李戴的情况无法作出正确的判断。于是对于所谓三皇五帝的说法产生怀疑，称之为传疑时代，或者干脆把它说成是伪古史。在史前考古学已经得到相当发展的今天，如果把传说资料同考古学文化结合起来进行比较研究，至少可以找到一个辨别真伪的立脚点。现在看来，司马迁《史记》从《五帝本纪》开篇，《尚书》从《尧典》编起并不是没有道理的，这一段历史应该很好的进行研究"。[2] 严老所说极是。"越来越多的考古发现和研究成果正在充分证明，依据古史记载的五帝时代事迹而传承数千年的中华五千年文明古国，并非只是一种传说，而是有真实的历史事实作为根据的。"[3] 邹衡在考察二里头文化礼器的来源时指出：犹如周礼承继商礼、商礼承继夏礼一样，夏文化的礼制"可能是继承虞礼而来的"。也就是说，礼制在夏代之前应该已经产生。高炜则大胆提出，"礼乐制度形成于龙山时代"[4]。近年越来越多的学者认同高炜之说。但也有不同意见，印群认为龙山时代只是出现礼乐制度的萌芽而已。[5] 哪种观点更为合理呢？

在金文中，"礼"为鼓与玉之会意，表明玉与鼓均为行礼之器，也就是礼

---

[1] 陈戍国：《先秦礼制研究》，湖南教育出版社1991年版。
[2] 严文明：《我与考古学》，载《走向21世纪的考古学》，三秦出版社1997年版，第167页。
[3] 郭大顺：《红山文化》，文物出版社2005年版，第378页。
[4] 高炜：《龙山时代的礼制》，载《庆祝苏秉琦考古五十五年论文集》，文物出版社1989年版，第242页。
[5] 印群：《黄河中下游地区的东周墓葬制度》，社会科学文献出版社2001年版，第184页。

器。① 史前时期大量玉器和鼓类乐器的考古发现证明确实如此。上述目前发现的 207 件土鼓中，有 5 件属于新石器时代早期北辛文化遗物，162 件属于新石器时代中期的大汶口文化和仰韶文化遗物。其中，不少土鼓出土于大型祭祀遗址。在 15 座仅见土鼓的墓葬中，只有 1 座属于小型墓葬（野店 M36），其余 14 座均属于大、中型墓葬。可知在新石器时代早中期，土鼓不仅是祭祀活动中比较流行的法器，还是氏族部落中少数高级贵族等特权阶层权力和地位象征的礼乐器。到了新石器时代中期偏晚阶段，蒙着鳄鱼皮的鼍鼓以其"声闻五百里"的巨大声威逐渐被当时的部落首领所认识。3 例仅见鼍鼓的墓葬均属于大型墓葬，而且随葬品十分丰富，非一般大型墓葬可比，墓主都是地位高贵的部落或方国首领。"国之大事，在祀与戎。"② 在先秦时期，祭祀和军事活动是国家的头等大事。在这些活动中，鼍鼓以其"声闻五百里"的显赫声威恰与部落或方国首领的地位相得益彰，从而成为部落或方国首领专用的礼乐重器。而土鼓业已不仅是重大祭祀活动中使用的一种普通的法器或祭器，而且逐渐成为一种氏族部落中少数高级贵族权力和地位象征的礼乐重器。

此外，"在大汶口文化早期墓的随葬器物中，陶器已有较稳定的组合——鼎、豆、壶、杯等器类。在 A 组墓地的中、大型墓葬中，同类器的数量多，往往成组出现，并有配套随葬，如 M2005，三足盆中盛牛头、三足钵内盛猪头，一般豆、鼎类内各盛猪蹄或肢骨等。这应是礼仪性葬制的出现。又如大墓随葬成组的觚形杯、高足杯等器，几乎不见于遗迹单位。这应是祭祀的死者专用的供器或礼器，而这种礼仪制度一直为中国后世所沿用。礼仪制度的出现，当与大汶口人意识形态发展密切相关，值得我们重视"③。高广仁、栾丰实指出："大

---

① 张辛：《玉器礼义论要》，《中国历史文物》2003 年第 6 期。
② 《左传·成公十三年》，《春秋左传正义》，载《十三经注疏》（下），中华书局 1980 年版，第 1911 页。
③ 山东省文物考古研究所：《大汶口续集——大汶口遗址第二、三次发掘报告》，科学出版社 1997 年版，第 205 页。

汶口文化丰富的文化内涵，随着对外交流规模的日益扩大，不断传播到中原地区和其他文化区；特别是在礼仪制度的精神文化方面，有许多被夏商文化所继承和吸收，如棺椁厚葬，鼎、豆、壶随葬礼器的组合，龟灵与犬牲，鼍鼓和鸡彝等。"[1] "至野店第四期时，石制工具非但作为私有财产被埋入墓葬，而且有的还代表一种权势的象征。……也可以说是死者身旁带有宗教意义的礼器。"[2] 唐兰也认为"三代礼器，大体上是从大汶口文化这类陶器流传下来的"[3]。从以上诸家观点来看，礼乐制度在大汶口文化时期产生的说法[4]虽尚难定论，但礼乐制度在新石器时代早中期已经开始孕育萌芽，应该是没有问题的。

陶寺遗址乐器群是研究新石器时代晚期礼乐制度最重要、最完整的考古资料。在一个龙山文化遗址出土如此种类众多的乐器，迄今绝无仅有。陶寺遗址已发掘墓葬1300余座，大型墓只有6座，其中地位最高的甲种大墓仅有5座。而鼍鼓、特磬与土鼓正是出于这五座大墓中。这一时期的礼乐器已经形成一定的组合，不同等级享有不同的配置。其中，陶寺M3016、M3015、M3002三墓礼乐器的配置均为鼍鼓2件、土鼓1件、特磬1件；M3072礼乐器的配置为鼍鼓1件、土鼓1件、特磬1件；M3073礼乐器的配置为鼍鼓1件、土鼓1件。需要指出的是，M3072、M3073均破坏过甚，出土礼乐器的种类与数量应非原始配置。这两座大墓与M3016、M3015、M3002同为大型墓葬，同属于陶寺仅有的5座甲种大型墓葬，其墓主为陶寺文化早期的方国首领。据此推测，这5座墓葬礼乐器的配置应该相同，也就是说M3072、M3073礼乐器的配置，应该同为鼍鼓2件、土鼓1件、特磬1件。其中，鼍鼓、土鼓与特磬的配置等级最高，应为方国国君专用的礼乐重器。这与新石器时代鼍鼓的配置等级相似，具有一脉相承的关系。仅配置土鼓的等级应低一些。石磬，是西周乐悬制度中的

---

[1] 高广仁、栾丰实：《大汶口文化》，文物出版社2004年版，第170页。
[2] 山东省博物馆、山东省考古研究所：《邹县野店》，文物出版社1985年版，第136页。
[3] 唐兰：《论大汶口文化中的陶温器》，《故宫博物院刊》1979年第2期。
[4] 费玲伢：《淮河流域史前陶鼓的研究》，《江汉考古》2005年第2期。

一位重要成员。虽然这一时期的磬都是特磬，形制尚未定型，制作粗糙，但它的诞生仍是值得一提的大事。从青海柳湾1103号小型墓葬也出土有特磬，表明一些低级贵族可以使用特磬。此时的特磬应该还是一种祭器和礼器兼有的功能，其地位尚不如土鼓，更无法与鼍鼓相提并论。

高炜认为："从陶寺的材料来看，龙山时代中原地区的礼器种类较多，组合比较完备，规则比较清晰，礼器制度、用牲制度与商周礼制接近的成分不少。"[①] 据王震中研究，"从陶寺早期开始，亦即从公元前2500年前开始，这里即已形成金字塔式的等级结构和阶级关系。……处于金字塔顶端的是甲种大墓的墓主人。这类大墓使用木棺，棺内撒朱砂。随葬品数量多而精美，可达一二百件。其中龙盘、鼍鼓、特磬、土鼓、玉钺等象征特权的一套重要礼器的存在，说明这类大墓主人执掌着当时最重要的社会职能——祭祀与征伐。陶寺早期大墓中，使用成套礼器不是个别现象，而已经形成制度，即礼制"[②]。"龙山时期陶制礼器、玉礼器和部分铜礼器的出现，已宣告礼制的诞生。"[③] 费玲伢认为："我国礼乐制度的完善在西周时期……龙山时代至夏、商时代应为礼乐制度的形成与发展时期。"[④]

因此，在龙山文化时期中原地区的礼乐制度已经初步形成，应该是没有疑问的。特别是陶寺铜铃，作为目前所见中国音乐历史上第一件金属乐器，从形制方面把史前陶铃同商代铜铃、镈乃至周代钮钟之间的发展序列连接起来。它的音响效果虽然没有后世编钟那么恢宏，但这种合瓦形结构的铜铃却是中国青铜钟类乐器的滥觞。陶寺铜铃和特磬，昭示了千年以后，以钟磬乐悬为代表的"金石之乐"时代的到来，西周的乐悬制度早在新石器时代已经孕育萌芽。

---

① 高炜：《龙山时代的礼制》，载《庆祝苏秉琦考古五十五年论文集》，文物出版社1989年版，第241页。
② 王震中：《中国文明起源的比较研究》，陕西人民出版社1998年版，第237页。
③ 王震中：《中国文明起源的比较研究》，陕西人民出版社1998年版，第225页。
④ 费玲伢：《淮河流域史前陶鼓的研究》，《江汉考古》2005年第2期。

二、"殷礼"

孔子认为，"殷礼"因于"夏礼"并有所"损益"。那么，"殷礼"是如何"因于夏礼"再"损益"而成的呢？到目前为止，出土的商代礼乐器如编铙、石磬、鼍鼓、大铙、镈已达 200 余件。这些礼乐器就是商代礼乐制度的物化形式①，从诸多方面折射出殷礼的可靠信息。笔者拟从礼乐器的配置和编列两方面来加以探讨。

（一）礼乐器的配置

在礼乐器的配置方面，"殷礼"既有对史前礼乐制度的继承，又有重大发展。从第一节史前时期礼乐制度的音乐考古学分析可知，当时礼乐器的种类只有土鼓、鼍鼓和特磬三种；礼乐器的配置方式也只有三种，即单用土鼓、单用特磬及土鼓、鼍鼓与特磬组合使用。到了商代，史前时期的特磬、鼍鼓仍然沿用，同时又增加了编磬、大铙、编铙和镈 4 种礼乐器。配置由原来的三种增加到七种，即单用特磬、编铙、鼍鼓，以及四种组合使用：鼍鼓与特磬、编铙与特磬、编铙与编磬、大铙与镈。礼乐器配置形式的多样化，说明商代礼乐制度得到进一步的发展与细化，比起史前时期，内容和形式更为完善。

在这七种配置中，单用特磬的配置等级最低，主要为小奴隶主贵族所享用；其次是单用编铙的配置，主要为中高级贵族、军事首脑等级所用，比单用特磬的等级要高得多；鼍鼓是"殷礼"中的礼乐重器，单用鼍鼓应为方国国君级别的礼制。鼍鼓与特磬、编铙与特磬、编铙与编磬、大铙与镈这四种礼乐器的组合配置等级，显然高于特磬、编铙、鼍鼓的单独配置。在这四种配置中，大铙与镈的组合配置非属中原"殷礼"范畴，带有浓郁的吴城地域文化特色，

---

① 徐良高：《文化因素定性分析与"青铜礼器文化圈"研究》，载《中国商文化国际学术讨论会论文集》，中国大百科全书出版社 1998 年版，第 232 页。

至少也是方国国君方可享用的礼制。那么鼍鼓与特磬、编铙与特磬、编铙与编磬的组合配置呢？下面分别论述。

从上述商代礼乐器及其考古资料分析可知，配置编铙与特磬的墓葬有 4 例：分别为安阳花园庄 54 号墓、安阳郭家庄 160 号墓，这两位墓主应为商王身边一位身份很高，并立有赫赫军功的诸侯级别的军事首长；青州苏埠屯 8 号墓，墓主为实力雄厚的薄姑国高级贵族；鹿邑微子启墓，墓主则是一位非常有权势的殷王之后宋国国君。可见，编铙与特磬的配置，应为当时的朝廷重臣所享用的礼制。配置编铙与编磬的墓葬只有 1 例，即妇好墓，墓主为商王武丁的宠妃妇好。在以上 5 座配置编铙与石磬的墓葬中，妇好的地位最高。在殷墟出土的十余万片甲骨中，有关她的卜辞就有一百七八十条，条目众多，涉及内容范围广阔。如征战方面，她曾参与征伐羌、土方等方国的一系列战争，立下赫赫战功；祭祀方面，她经常代替殷王主持诸多祭祀活动。武丁对妇好也非常关心，有不少卜辞反映武丁为她举行各种祭祀，禳灾祈福，可见武丁对她的宠爱。① 由此可见，编铙与编磬的配置应为仅次于商王的礼制，只有妇好等极少数特殊权臣方可享用。以上这 5 位墓主，尤其是妇好，他们的地位不可谓不高，权势不可谓不重，但是其礼乐器的配置均为编铙和石磬，而没有鼍鼓。虽然鼍鼓未必能经历 3000 余年的漫长岁月保存至今，但鳄鱼的骨板、鳞片以及鼓腔留存至今的可能性还是比较大的。何况这 5 座墓葬均保存完好，没有任何盗扰情况，地域均在殷商的主要统治范围之内。因此，他们在礼乐器配置方面所体现出来的一致性应该不是偶然现象，而是当时"殷礼"的真实写照。也就是说，妇好等极少数特殊权臣也是无权享用鼍鼓与特磬的组合配置。那么这种配置属于何种等级呢？

目前，配置特磬与鼍鼓的墓葬只有 1 例，即侯家庄 1217 号墓。遗憾的是，该墓曾被严重盗扰，对判断墓主的身份带来一定的困难。1217 号墓位于安阳殷

---

① 王宇信、张永山、杨升南：《试论殷墟五号墓的"妇好"》，《考古学报》1977 年第 2 期。

墟侯家庄西北冈王陵区，为亚字形大墓。商代的墓葬，按照平面形状可分为三种：亚字形、中字形和甲字形。其中亚字形为四墓道大墓，级别最高。墓室和墓道的面积大部分是400—800平方米，深度都在10米以上。商代亚字形大墓仅发现10座，其中规模最大的是1217号墓，总面积竟然达到了1200多平方米。① 杨锡璋认为，王陵区只有亚字形大墓为商王之墓。② 如此看来，1217号墓非商王之墓莫属，鼍鼓和特磬的配置应该是商王才能享有的礼乐。这与方国（或古国）时期的陶寺遗址所反映出来的史前礼乐制度有一脉相承的关系，鼍鼓和特磬的配置只有处在权力金字塔塔尖上的大国之君方可享用。从总体来说，殷礼还不如西周的礼乐制度那么细致、严格，但是从位高权重的妇好也无权享用鼍鼓和特磬的配置来看，当时的"殷礼"在某些规矩方面之等级森严，丝毫不逊色于西周的礼乐制度。

较之史前，殷礼中礼乐器配置的最大变化就是青铜乐钟，即编铙、大铙以及镈的诞生与兴起。这三种青铜乐器，均是最早的青铜乐钟之一。关于乐钟，文献多有记载，如《吕氏春秋·古乐》载："黄帝又命伶伦与荣将，铸十二钟，以和五音"③，帝尧命共工垂作钟④以及炎帝之孙伯歧生鼓延，"鼓延是始为钟"⑤等。从出土实物观之，这些记载均不足为信。因为最早的青铜乐钟见于商代。至于编钟的数量达到12件，在音乐性能方面能够"以和五音"，已经是西周中晚期的事情，绝非黄帝时期的伶伦与荣将所能为之。在目前所见的商代礼乐器中，编铙有76件、大铙51件、镈4件、石磬63件、鼍鼓2件，青铜礼乐器

---

① 魏建震（中国社会科学院研究生院）：《商代墓道初探》（2004会议论文），www.xianqin.org（2005-06-16）。

② 杨锡璋：《商代的墓地制度》，《考古》1983年第10期。

③ 中央音乐学院中国音乐研究所等：《中国古代乐论选辑》，中央音乐学院中国音乐研究所1961年印，第100页。

④ 《礼记·明堂位》，《礼记正义》卷三十一，载《十三经注疏》（下），中华书局1980年版，第1491页。

⑤ 袁珂校译：《山海经·海内经》，上海古籍出版社1985年版，第300页。

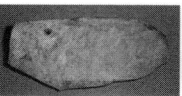

图1 殷墟西区93号墓编磬

图2 于省吾旧藏编磬

的总数是石磬和鼍鼓总数的两倍还多。其中，编铙在"殷礼"中使用最为广泛，是"殷礼"标志性的礼乐重器。

特别值得一提的是，编磬于商代晚期已经出现。如妇好墓编磬[①]、安阳殷墟西区93号墓编磬[②]和于省吾旧藏编磬[③]等。妇好墓出土5件石磬，其中3件石料相同，形制亦相近，可能是一套编磬。[④]安阳殷墟西区93号墓出土编磬共计5件（图1），李纯一虽把其视为编磬，但还是有些疑问。[⑤]现藏故宫博物院的于省吾旧藏编磬（图2），1935年出土于河南安阳殷墟。3件磬均鼓股分明，各磬铭文分别为"永启""夭余""永余"。杨荫浏在50年代对磬进行了测音，结果为：永啟↑$^{b}b^2$、夭余c^3、永余↑$^{b}e^3$。刘再生据此结果认为，此组编

---

① 中国社会科学院考古研究所安阳工作队：《安阳殷墟五号墓的发掘》，《考古学报》1977年第2期；刘东升、袁荃猷：《中国音乐史图鉴》，中国艺术研究院音乐研究所、人民音乐出版社1988年版，第14页。

② 中国社会科学院考古研究所安阳工作队：《1969—1977年殷墟西区墓葬发掘报告》，《考古学报》1979年第1期；赵世纲：《中国音乐文物大系·河南卷》，大象出版社1996年版，第58页。

③ 于省吾：《双剑誃古器物图录》（卷下），1940年（影印本），图17—19；杨荫浏：《中国古代音乐史稿》（上册），人民音乐出版社1981年版，第23—24页；袁荃猷：《中国音乐文物大系·北京卷》，大象出版社1996年版，第20页。

④ 刘新红：《殷墟出土编铙的考察与研究》，硕士学位论文，中央音乐学院，第12页。

⑤ 李纯一：《中国上古出土乐器综论》，文物出版社1996年版，第45页。

磬的发音若视为 ♭E 调音阶，则为 sol、la、do 三个音，里面包含大二度、小三度和纯四度的音程关系，因此这组磬为旋律乐器毋庸置疑，应为名副其实的编磬。[①] 李纯一对这套石磬的形制和音准也给予很高的评价，它"表明商代末期编磬的制造较前有很大的、可以说是飞跃性的进步，初步做到以因声计材取代以往的因声就材"[②]。对此，高蕾有不同看法，提出一些疑问：一方面，从其形制上来看，除"永余"石磬各边平直、较规整外，其余两件均不同与此，3 件石磬排列在一起，显得错落不齐，与后世编磬规范的形制、大小渐次及整齐有序的排列有一定差异；另一方面，就目前的考古资料来说，3 件一组的编制方式，在我国出土的编磬中仅此一例。因此，"这两组石磬的形制不规范，与春秋战国时期编磬的统一形制、大小渐次不同，尚不能确定其编磬的身份"[③]。对此，笔者有不同看法。何谓编磬？编磬是指成一组自成编列的石磬。所谓"自成编列"，可从两个方面理解。一为其形制方面，如大小有序，造型基本一致；二为音乐性能方面，如音高有序，可演奏音阶和旋律。但是，初期的编磬，其形制未必如西周以后的编磬那么有序，其音乐性能也未必如西周以后的编磬那样成熟。其中，初期编磬形制的不统一，是"由于制磬者对石料的掌握能力有限，较多地依靠因声就材这种比较原始的技术所致"[④]。另外，殷商编磬处于由节奏乐器向旋律乐器的过渡阶段，所以其不一定构成严格的音列和音阶，仅在当时歌、舞、乐不分的表演中，起到音高变化和音色丰富的作用，使表演的气氛更为热烈。故安阳殷墟西区 93 号墓磬和妇好墓编磬可看作编磬发展过程中因声就材初始阶段的产物。到了西周以及春秋战国时期，制磬技术迅猛发展，因声计材的技术走向成熟，编磬器型统一，大小规范有序，可以演奏复杂的曲调，这一时期的编磬已是成熟时期的作品。因此，应该用历史和发展的眼光看

[①] 刘再生：《中国古代音乐史简述》，人民音乐出版社 1995 年版，第 33 页。
[②] 李纯一：《中国上古出土乐器综论》，文物出版社 1996 年版，第 46 页。
[③] 高蕾：《中国早期石磬述论》，硕士学位论文，中国艺术研究院，第 26 页。
[④] 李纯一：《中国上古出土乐器综论》，文物出版社 1996 年版，第 44 页。

待殷商编磬这一问题。

与史前礼乐制度相比，殷礼中最值得注意的现象是土鼓退出了礼乐器的行列。前述所见的史前礼乐器中，特磬有 16 件，鼍鼓有 12 件，土鼓则达 207 件。可见，土鼓应为史前祭祀活动中使用最为广泛的一种祭祀法器。同时还是史前氏族部落中少数地位较高的贵族或高级贵族等特权阶层方可享用的礼乐重器，非为中小贵族所有。但在商墓的发掘资料中，能确定为土鼓的仅发现 2 例，即湖北杨家湾土鼓[①]、闽侯黄土仑 17 号墓土鼓[②]。原因何在？以下的现象是值得注意的，即商代青铜乐钟的兴起和鼓类乐器的变迁。

商代青铜乐钟的兴起，可能是造成土鼓退出礼乐器行列的主要原因。商代，特别是殷商时期，中国进入青铜时代的繁荣时期。青铜乐钟（如编铙、大铙、镈）均为青铜铸制。铜在商周时称为"金"，非常珍贵。"在黄河中、下游亦即华夏族的发祥地区，一旦冶铜技术水平已达到能铸造复杂的容器时，立即将这一技术用在制造铜礼器上了。这说明礼器在人们的生活中占据着十分重要的位置。冶铜技术的发展使礼乐之邦的礼器获得了拓展，使礼制和祭祀获得了升华和独占。"[③] 自此以后，掌握和控制冶铜业，已不仅仅是掌握一项先进的技术，它实际上已掌握了一项重要的政治权力工具，掌握和控制了更高级的宴饮和祭祀之权。[④] 相比而言，土鼓是以瓦为框，材质低廉；与编铙、大铙、镈等青铜礼乐器相比，无论是在价值上还是在性能上，根本无法相提并论。《墨子·三辩》载："昔诸侯倦于听治，息于钟鼓之乐；士大夫倦于听治，息于竽瑟之乐；农夫春耕夏耘，秋敛冬藏，息于瓴缶之乐。"其中瓦质的"瓴缶之乐"不过是农夫所用的音乐。由此推测商代瓦质乐器的地位应该也是很低的。这种材

[①] 武汉市博物馆、湖北省文物考古研究所、黄陂县文物管理所：《1997—1998 年盘龙城发掘简报》，《江汉考古》1998 年第 3 期。
[②] 福建省博物馆：《福建闽侯黄土仑遗址发掘简报》，《文物》1984 年第 4 期。
[③] 王震中：《中国文明起源的比较研究》，陕西人民出版社 1998 年版，第 223 页。
[④] 张光直：《中国青铜时代》（二集），生活·读书·新知三联书店 1990 年版，第 123 页。

质上的巨大差异，使土鼓不再是贵族身份地位的象征，从而退出了礼乐器的行列。出土的 2 例土鼓也恰恰反映了这种现实。湖北杨家湾土鼓，1997 至 1998 年出土于湖北盘龙城地区的杨家湾遗址一水井中，而非出自墓葬[①]；闽侯黄土仑 17 号墓土鼓，20 世纪 70 年代出土于福建闽侯县鸿尾公社石佛头村黄土仑 17 号墓，属商代晚期器物。黄土仑遗址共清理墓葬 19 座，随葬品最多者 21 件，少的 4 件，个别没有。17 号墓随葬器物只有 5 件，墓主应该只是一位比较富裕的平民而已，而非奴隶主贵族。[②] 土鼓已不见于贵族墓葬，而是成为一种普通的祭器。《周礼·春官·龠章》："中春昼，击土鼓，吹幽诗，以逆暑。中秋夜迎寒，亦如之。凡国祈年于田祖，吹幽雅，击土鼓，以乐田畯。国祭蜡，则吹幽颂，击土鼓，以息老物。"[③] 可见，一直到周代，土鼓仍在祭祀活动中使用着。

其次，土鼓在贵族墓葬中的消失，应与不同时代鼓类乐器的变迁有密切关系。有关土鼓的文献记载主要为史前时期，而非商代。如《礼记·礼运》载："夫礼之初，始诸饮食，其燔黍捭豚，汙尊而抔饮，蕢桴而土鼓，犹若可以致其鬼神。"[④]《吕氏春秋·古乐》载："帝尧立，乃命质为乐。质乃效山林、谿谷之音以歌，乃以麋鞈冒缶而鼓之。"[⑤]《礼记·明堂位》载："土鼓、蒉桴、苇籥，伊耆氏之乐也。"[⑥] 从出土实物来看，也是如此。到了商代，鼓类乐器仍是一种十分重要的打击乐器，甲骨文中多有涉及，如：

"惟五鼓……上帝，若，王……有佑。"[⑦]

[①] 武汉市博物馆、湖北省文物考古研究所、黄陂县文物管理所：《1997—1998 年盘龙城发掘简报》，《江汉考古》1998 年第 3 期。

[②] 福建省博物馆：《福建闽侯黄土仑遗址发掘简报》，《文物》1984 年第 4 期。

[③]《周礼注疏》卷二十四，载《十三经注疏》（上），中华书局 1980 年版，第 801 页。

[④]《礼记正义》卷二十一，载《十三经注疏》（下），中华书局 1980 年版，第 1415 页。

[⑤] 中央音乐学院中国音乐研究所等：《中国古代乐论选辑》，中央音乐学院中国音乐研究所 1961 年印，第 100 页。

[⑥]《礼记·明堂位》,《礼记正义》卷三十一，载《十三经注疏》（下），中华书局 1980 年版，第 1491 页。

[⑦] 郭沫若：《甲骨文合集》30388，中华书局 1979 年版。

"其将祀，鼓，其……佑。"①

"辛亥卜，出贞，其鼓彡告于唐，九牛，一月。"②

"丁酉卜，大贞，三告其鼓于唐，衣。"③

"执周鼓。"④

"令鼓归。"⑤

"戊辰，贞其征鼓，又若"⑥等等。

不过，商代的鼓已与史前的鼓有较大的不同。《礼记·明堂位》载："夏后氏之足鼓，殷楹鼓，周悬鼓。"郑玄注："足，谓四足也；楹，谓之柱贯户，上出也；悬，悬之簨虡也。"⑦按此说，商代流行的鼓应是楹鼓，也就是建鼓。目前，有关建鼓最早的、也是唯一的实物标本是曾侯乙墓建鼓，为战国初期的制品。⑧在两汉的画像石中，建鼓更是比比皆是，不胜枚举。以此观之，商代流行的鼓类乐器应该不是建鼓。目前所见商鼓实物仅有6例，分别为：侯家庄1217号墓鼍鼓⑨、灵石旌介1号墓鼍鼓⑩、崇阳饕餮纹铜鼓⑪、双鸟饕餮纹铜鼓（商代晚期，藏于日

---

① 郭沫若：《甲骨文合集》30763，中华书局1979年版。
② 罗振玉：《铁云藏龟之余》6·2，1915年。
③ 罗振玉：《殷墟书契后编》下39·4，1916年。
④ 罗振玉：《殷墟书契前编》5·36·5，1912年。
⑤ 罗振玉：《殷墟书契前编》5·2·7，1912年。
⑥ 商承祚：《殷契佚存》75，金陵大学中国文化研究所丛刊甲种，1933年版。
⑦ 《礼记·明堂位》，《礼记正义》卷三十一，载《十三经注疏》（下），中华书局1980年版，第1491页。
⑧ 王子初：《中国音乐文物大系·湖北卷》，大象出版社1996年版，第262—263页。
⑨ 梁思永、高去寻：《侯家庄第六本1217号大墓》，中国考古报告集之三，台湾"中央"研究院历史语言研究所，1968年，第31页；方建军：《侯家庄——1217号大墓的磬和鼓》，《交响（西安音乐学院学报）》1988年第2期。
⑩ 山西省考古研究所、灵石县文化局：《山西灵石旌介村商墓》，《文物》1986年第11期。
⑪ 崇文：《湖北崇阳出土一件铜鼓》，《文物》1978年第4期；王子初：《中国音乐文物大系·湖北卷》，大象出版社1996年版，第100页。

本京都泉屋博古馆，通高 81.6 厘米[①])、湖北杨家湾土鼓[②]、闽侯黄土仑 17 号墓土鼓[③]。从出土的资料分析，鼍鼓显然不是悬于簨虡的悬鼓。侯家庄 1217 号墓出土有鼓架，所以鼍鼓应是像今天的大鼓一样置于架上后立于地上演奏，可能属足鼓比较合适。崇阳饕餮纹铜鼓和双鸟饕餮纹铜鼓，通体分为冠、身、足三部分，正为足鼓。湖北杨家湾土鼓和闽侯黄土仑 17 号墓土鼓从质地来看虽为土鼓，但其结构与前 2 件铜鼓一样，也是分为冠、身、足三部分。从其形制结构来看，也属于足鼓之列。由此分析，足鼓应非夏后氏之鼓，而是殷代流行之器。至于悬鼓，西周时期未见有实物出土，春秋战国时期楚国倒是出土有大量的虎座鸟架鼓、悬鼓、扁鼓等可悬之鼓。因此，所谓的"周悬鼓"可能带有一定的时代与地域特征。总之，商代的土鼓已经成为一种边缘性的鼓类乐器。与鼍鼓和铜鼓相比，其地位低微，这是其不见于商代贵族墓葬的另一个原因。

（二）礼乐器的编列

在史前礼乐制度中，只有陶寺出土的礼乐器构成了一定的编列和规模。其中，陶寺 M3016、M3015、M3002 均为甲种大型墓葬，墓主为陶寺文化早期的方国国君。这三墓礼乐器的配置为鼍鼓 2 件、土鼓 1 件、特磬 1 件，只有鼍鼓 2 件成组，礼乐器的规模为 4 件。较之史前，殷商时期礼乐器的编列及规模都有显著发展与扩充。在殷礼中，礼乐器的种类有特磬、编磬、大铙、编铙、鼍鼓、镈六种。其中编磬、大铙、编铙三种礼乐器均已构成编列[④]，成为殷礼的重

[①] 秦孝仪：《海外遗珍》(铜器续)，台北故宫博物院 1988 年版，第 79 页；朝日新闻社 大田信男：《东洋美术》(第五卷·铜器)，朝日新闻社昭和四十三年 (1968) 版，第 32 页。
[②] 武汉市博物馆、湖北省文物考古研究所、黄陂县文物管理所：《1997—1998 年盘龙城发掘简报》，《江汉考古》1998 年第 3 期。
[③] 福建省博物馆：《福建闽侯黄土仑遗址发掘简报》，《文物》1984 年第 4 期。
[④] 这里说的编列，并非像西周的编钟、编磬那样在音列上成编，而是指像列鼎一样数件成组而已。

要内容之一。以编铙为例,仅配置编铙的商代墓葬有 12 例。其中有 11 例墓葬配置的编铙均 3 件一组。另外,河南鹿邑县微子启墓是目前出土编铙最多的一次,数量达到 6 件之多[①],为目前所仅见。但 6 件编铙非为一组,应为二组,每组仍为 3 件。以上这些编铙在编列方面的一致性,应该不是偶然现象,而是殷礼的规定之一。远在江西的新干大墓大铙,也为 3 件一组,正是此种规定的生动体现。特别值得注意的是,商代晚期产生的编磬,如于省吾旧藏的一套编磬,也是 3 件成编。[②] 它与编铙在编列方面的一致性,应该不是巧合。编铙除了 3 件一组的编列以外,还有 4 件(如侯家庄 1083 号墓编铙)、5 件(如妇好墓编铙)的组合。侯家庄 1083 号墓被盗严重,编铙是否有缺失不能确定,因此这种 4 件成编的组合尚待新的考古材料来证明。妇好墓编铙是目前唯一一套 5 件一组的编铙。[③] 那么这种编列是偶然为之,还是当时的一种规定呢?所谓"孤证不立",有人认为其偶然性的可能更大。现在看来,值得商榷。因为有两个很重要的材料被有些学者忽略了:一是该墓的编磬也是 5 件一组,与编铙的编列正好相合;二是安阳殷墟西区 93 号墓配置的编磬也是 5 件。[④] 由此可见,此种编列应该也是殷礼的一种规定。下面对 5 座配置编铙与石磬的墓葬的相关资料进行比较。(参见表 1)

---

① 河南省文物考古研究所、周口市文化局:《鹿邑太清宫长子口墓》,中州古籍出版社 2000 年版,第 121—126 页。
② 于省吾:《双剑誃古器物图录》(卷下),1940 年(影印本),图 17—19;杨荫浏:《中国古代音乐史稿》(上册),人民音乐出版社 1981 年版,第 23—24 页;袁荃猷:《中国音乐文物大系·北京卷》,大象出版社 1996 年版,第 20 页。
③ 中国社会科学院考古研究所安阳工作队:《安阳殷墟五号墓的发掘》,《考古学报》1977 年第 2 期。
④ 中国社会科学院考古研究所安阳工作队:《1969—1977 年殷墟西区墓葬发掘报告》,《考古学报》1979 年第 1 期;赵世纲:《中国音乐文物大系·河南卷》,大象出版社 1996 年版,第 58 页。

表 1　仅配置编铙与石磬的墓葬资料比较表

墓葬	墓主身份	墓葬规格	随葬器物
安阳小屯 5 号墓	商王的王妃妇好	土坑竖穴墓，属中型墓葬	没有盗扰，随葬品近 2000 件，其中大型青铜器有 468 件，玉器 755 件
鹿邑微子启墓	宋国国君	"中"字形大墓，"亚"字形椁室	没有盗扰，随葬品近 2000 件，其中青铜礼、乐器 85 件，且方形铜器的数量和种类方面是商代墓葬中最多的一座
安阳花园庄 54 号墓	诸侯级别的高级军事首脑	土坑竖穴墓，属中型墓葬	没有盗扰，随葬品 570 余件，殉人 15 个，殉狗 15 只
安阳郭家庄 160 号墓	诸侯级别的高级军事首长	长方竖穴形，属中型墓葬	没有盗扰，随葬品 349 件，其中青铜器 228 件
青州苏埠屯 8 号墓	薄姑国高级贵族	"甲"字形大墓	没有盗扰，随葬品近百件

表 1 中，青州苏埠屯 8 号墓的主人为薄姑国高级贵族，地位最低，其配置的礼乐器就是一般配置，即编铙 3 件和特磬 1 件。其次是安阳花园庄 54 号墓和安阳郭家庄 160 号墓，墓主同为诸侯级别的高级军事首长，墓葬规格相同，比前者高一级别，其享用的礼乐器也是一般配置，即编铙 3 件和特磬 1 件，于前者并无区别。但是从随葬器物来看，却比薄姑国高级贵族多出数百件，这反映出他们等级的差别。再次是鹿邑微子启墓，墓主是一位非常有权势的殷王之后——宋国国君，周王允许其保留殷商的祭祀礼乐，其等级应该比安阳花园庄 54 号墓、安阳郭家庄 160 号墓墓主高一个档次，其配置的礼乐器也说明了这一点，编铙增至 2 组 6 件，比一般配置多一倍。而且其墓葬规格和随葬品也明显高于前两位墓主。这说明同为诸侯，大国诸侯与中小诸侯之间还是差别很大。在以上 5 座墓葬中，等级最高的是商王武丁的王妃妇好。她虽然在礼乐器的种类配置方面与前四者相同，均为编铙和石磬，但在编列方面迥异。所配编铙是一组 5 件，为目前一组编铙件数之最；编磬也是配置一组 5 件，做工精美，从编列数量和工艺两方面来看都是空前的。其礼乐器的总数为 10 件，也是以上 5 座仅配置编铙和石磬的墓葬中最多的。上文已述，在殷礼中，首先通过礼乐

器种类的不同配置体现不同的等级，例如小奴隶主贵族主要配置特磬，中高级贵族主要配置编铙，高级贵族、方君主要是配置编铙和石磬等。同一级别内，在礼乐器种类配置相同的情况下，再通过所配礼乐器编列以及数目的不同，把虽属同一级别但是身份地位仍有差别的贵族进一步细化，这应该也是殷礼的重要内容之一。可见，商代的礼乐制度在一定程度上，已经出现了比较完备的规范。需要特别指出的是，这5座墓葬均没有盗扰，它所反映出来有关礼乐制度方面的信息应该是殷礼的真实体现。

综上所述，青铜乐钟的勃兴以及编磬的诞生，是殷礼的最大特征，其对西周乐悬制度产生了深远的影响。首先，西周乐悬制度继承了殷礼青铜乐钟和石磬的组合形式。殷礼礼乐器的配置之一为编铙和特磬或者编磬，而西周乐悬制度的基本配置为编甬钟和编磬，二者同为典型的"金石之乐"。其次，西周乐悬制度的标志性礼乐器——甬钟的形成，主要是以南方古越族的青铜乐钟——大铙为基础，又吸收殷商编铙的某些因素而成。而起源于南方古越族的青铜乐钟——镈，更是成为西周时期周天子、三公以及个别上卿方可享有的礼乐重器。此外，关于编铙的演奏方式，李纯一认为有持鸣、植鸣、悬鸣三种，而且"悬鸣方法和植鸣方法一直并行"[①]。也就是说，殷商时期已经出现了可以悬奏的编铙。同时，石磬、镈和一些大铙（有旋的）也都是可以悬奏的。郑玄云："乐悬，谓钟磬之属悬于簨虡者。"[②] 按照郑说，它们也都是可以称为"乐悬"的。可见，西周建立的乐悬制度有着殷商晚期已成雏形的深刻社会背景。正如严文明所言："夏、商、周都吸收了周邻各个文化的因素，形成各自的文明。"[③]

---

① 李纯一：《中国上古出土乐器综论》，文物出版社1996年版，第117页。
② 《周礼·春官·小胥》，《周礼注疏》卷二十三，载《十三经注疏》（上），中华书局1980年版，第795页。
③ 严文明：《我与考古学》，载《走向21世纪的考古学》，三秦出版社1997年版，第217页。

三、西周乐悬制度的完善与成熟

关于西周乐悬制度何时得以完善与成熟，学术界探讨由来已久。但由于缺乏可靠的考古材料为依据，对这一问题一直聚讼未决。天马——曲村遗址，即晋侯墓地的发掘，对西周乐悬制度的研究掀开了崭新的一页。目前，总共清理晋侯及其夫人的墓葬 9 组 19 座[①]，大多未被盗掘，许多墓葬均出土钟磬乐悬，弥足珍贵。从西周到春秋初年代代相传的 9 代诸侯墓葬，全国仅此一例。晋侯墓地在目前同时期、同规格的墓地中保存最完整、排列最清楚、随葬品最丰富，是研究西周乐悬制度最为重要、最为可靠的考古资料。

（一）乐悬的用器制度

我国的礼乐制度在龙山文化时期已经形成。如陶寺 5 座甲种大墓的墓主均为陶寺文化早期的方国首领，其礼乐器的配置为鼓（鼍鼓、土鼓）与特磬。[②] 到了商代，这种鼓与特磬的配置又分化成鼍鼓与特磬、编铙与特磬、编铙与编磬三种配置模式，史前礼乐制度中常见的土鼓已退出礼乐器的行列。

西周初年，对于如何"损""益"殷礼，建立属于周人自己的礼乐制度，当时的统治者确实煞费苦心。周公兴正礼乐，当务之急首先就是要建立一个不同于殷礼的新的礼乐制度。那就是，采用殷人没有使用过的新型礼乐器——编甬钟，用来取代殷礼的标志性礼乐器——编铙，西周乐悬制度得以初步确立。在西周早期的成、康之世（前 1042—前 996），商铙还见于強伯墓（BZM13）。至康、昭时（前 1020—前 977）的強伯各墓（BZM7），编铙被编甬钟彻底取代，

[①] 刘绪：《晋侯邦父墓与楚公逆编钟》，载《长江流域青铜文化研究》，科学出版社 2002 年版，第 56 页。

[②] 中国社会科学院考古研究所山西工作队等：《山西襄汾县陶寺遗址发掘简报》，《考古》1980 年第 1 期；中国社会科学院考古研究所山西工作队、临汾地区文化局：《1978—1980 年山西襄汾陶寺墓地发掘简报》，《考古》1983 年第 1 期。

这正是"兴正礼乐，度制于是改"的生动体现。而殷礼中使用的另外几种礼乐器：鼍鼓、编磬和特磬，均不见于西周早期的墓葬，更说明周公"制礼作乐"时改造殷礼态度的坚决，以至于到了西周中期的穆王之世，晋武侯仍然只配置4件编甬钟。但是西周早期的编甬钟均为3件一组，与殷商编铙的编列完全一致，至穆王时的长囟墓仍是如此。这说明西周乐悬制度还是继承了殷礼的某些因素，只不过已是细枝末节罢了。

一直到西周中期，当时的统治者才把编磬和镈纳入乐悬的编制之中。镈是源于南方百越之地的一种青铜乐器，殷礼中并无使用，周人似用它取代了殷礼中的礼乐重器鼍鼓，成为周王、三公以及上卿等高级权贵专用的礼乐器。编磬出现于殷商时期，在殷礼中使用极少。西周中期的编磬与殷商时期已有较大差别。周人把这两种礼乐器纳入乐悬制度的编制，从而使西周乐悬的用器制度得到进一步的发展与完善。可见，西周统治者对乐悬制度中的三种礼乐器：编甬钟、编磬、镈的使用，经历了深刻的社会实践和观念上的变革。"殷人尊神，率民以事神，先鬼而后礼。周人尊礼尚施，事鬼敬神而远之。"[①]殷礼中礼乐器的配置与西周乐悬制度礼乐器的配置之间存在的巨大差别，也与商、周两代统治者这种思想观念的不同有着密切的关系。从恭、懿之世开始，编甬钟与编磬的乐悬配置模式开始确立，至西周晚期已经成为定制。乐悬的三种配置，即单用编甬钟、编甬钟与编磬的合用或编甬钟、编磬和镈的组合使用，层次清楚，等级分明。西周晚期的乐悬制度已经完全成熟。

先谈西周时期诸侯的乐悬配置。从文献记载来看，《周礼·春官·小胥》贾公彦疏："天子、诸侯悬皆有镈。今以诸侯之卿、大夫、士半天子之卿、大夫、士言之，则卿、大夫直有钟、磬，无镈也；若有镈，不得半之耳。"[②]《仪礼·

---

① 《礼记·表记》，《礼记正义》卷五十四，载《十三经注疏》(下)，中华书局1980年版，第1642页。
② 《周礼注疏》卷二十三，载《十三经注疏》(上)，中华书局1980年版，第795页。

燕礼》贾疏："天子宫悬，诸侯轩悬，面皆钟、磬、镈各一虡；大夫判悬，士特悬，不得有镈。"[①]可见，贾氏认为天子、诸侯的乐悬配置为编钟、编磬、镈俱全。史实是否如此呢？笔者把目前所见西周时期诸侯级别所有随葬钟磬乐悬的墓葬作了统计（表2）。

表2　西周时期诸侯级别墓葬乐悬配置一览表

墓葬号	墓主	时代	乐悬配置及墓葬保存情况	礼器	夫人墓及礼器、乐悬
宝鸡竹园沟7号墓[②]	彊伯各	康、昭之世	保存完好，编甬钟3件	3鼎2簋	不清
宝鸡茹家庄1号墓[③]	彊伯𦙐	昭、穆之世	保存完好，编甬钟3件	8鼎5簋	BRM2，6鼎5簋
晋侯9号墓[④]	武侯（宁族）	穆王之世	保存完好，编甬钟4件	不清	M13，5鼎4簋[⑤]
晋侯7号墓[⑥]	成侯（服人）	恭、懿之世	被盗严重	被盗，不清	M6，被盗严重，不清

---

① 《仪礼·燕礼》,《仪礼注疏》卷十四，载《十三经注疏》(上)，中华书局1980年版，第1014页。
② 卢连成、胡智生：《宝鸡彊国墓地》，文物出版社1988年版，第96页；方建军：《中国音乐文物大系·陕西卷》，大象出版社1996年版，第29页。
③ 卢连成、胡智生：《宝鸡彊国墓地》，文物出版社1988年版，第281页；方建军：《中国音乐文物大系·陕西卷》，大象出版社1996年版，第31页。
④ 北京大学考古学系、山西省考古研究所：《天马——曲村遗址北赵晋侯墓地第二次发掘》，《文物》1994年第1期；刘绪：《天马——曲村遗址晋侯墓地及相关问题》，《三晋考古》第一辑，山西人民出版社1994年版；项阳、陶正刚：《中国音乐文物大系·山西卷》，大象出版社2000年版，第47页。
⑤ 北京大学考古学系、山西省考古研究所：《天马——曲村遗址北赵晋侯墓地第二次发掘》，《文物》1994年第1期。
⑥ 北京大学考古学系、山西省考古研究所：《天马——曲村遗址北赵晋侯墓地第二次发掘》，《文物》1994年第1期。

续表

墓葬号	墓主	时代	乐悬配置及墓葬保存情况	礼器	夫人墓及礼器、乐悬
晋侯33号墓[①]	厉侯（福）	孝夷之世	被盗，仅编磬10余件	被盗，不清	M32，不清
晋侯91号墓[②]	（喜父）靖侯（宜臼）	厉王之世	编甬钟7件，编磬近20件	7鼎5簋	M92，不清
晋侯1号墓[③]	釐侯（司徒）	厉王之世	被盗严重，仅编磬1件	被盗，不清	M2，被盗，不清
晋侯8号墓[④]	献侯（苏）	宣王之世	被盗，编甬钟16件，编磬18件	5鼎4簋	M31，3鼎2簋
晋侯64号墓[⑤]	穆侯（费王）（晋侯邦父）	西周末期	保存完好，编甬钟8件，编磬18	5鼎4簋	M62：3鼎4簋；M63：不清
晋侯93号墓[⑥]	晋文侯（仇）	春秋初年	保存完好，编甬钟16、编磬10件	5鼎6簋	M102：3鼎4簋

[①] 北京大学考古学系、山西省考古研究所：《天马——曲村遗址北赵晋侯墓地第五次发掘》，《文物》1995年第7期；王世民、蒋定穗：《最近十多年来编钟的发现与研究》，《黄钟》1999年第3期。

[②] 北京大学考古学系、山西省考古研究所：《天马——曲村遗址北赵晋侯墓地第五次发掘》，《文物》1995年第7期；王世民、蒋定穗：《最近十多年来编钟的发现与研究》，《黄钟》1999年第3期。

[③] 北京大学考古系、山西省考古研究所：《1992年春天马——曲村遗址墓葬发掘报告》，《文物》1993年第3期；王世民、蒋定穗：《最近十多年来编钟的发现与研究》，《黄钟》1999年第3期。

[④] 北京大学考古学系、山西省考古研究所：《天马——曲村遗址北赵晋侯墓地第二次发掘》，《文物》1994年第1期；孙华：《晋侯组墓的几个问题》，《文物》1997年第8期。

[⑤] 山西省考古研究所、北京大学考古系：《天马——曲村遗址北赵晋侯墓地第四次发掘》，《文物》1994年第8期；项阳、陶正刚：《中国音乐文物大系·山西卷》，大象出版社2000年版，第27、48页。

[⑥] 北京大学考古学系、山西省考古研究所：《天马——曲村遗址北赵晋侯墓地第五次发掘》，《文物》1995年第7期，第22—28页。

续表

墓葬号	墓主	时代	乐悬配置及墓葬保存情况	礼器	夫人墓及礼器、乐悬
平顶山滍阳95号墓[①]	应侯	厉王之世	保存完好，编甬钟7、编磬4件	5鼎6簋	不清

从表2来看，从西周早期的弭伯各墓（BZM7）[②]、弭伯疑墓（BRM1）[③]，到西周中期穆王之世的晋武侯墓，同为诸侯，所享用的乐悬也相同，只有一肆编钟，既无磬又无镈。从西周晚期的厉王开始，一直到东周初年，历代晋侯（如靖侯、献侯、穆侯、文侯）的乐悬配置均为编甬钟和编磬各一堵。孝、夷之世的晋厉侯墓和厉王之世的晋釐侯墓均被盗严重，仅存编磬。根据同期其他几座晋侯墓钟磬俱全来看，这两位晋侯的乐悬配置也应该有钟有磬。恭、懿之世的晋成侯墓被盗严重，不见钟磬出土，根据同为懿王之世的井叔夫人墓（M163）钟磬俱全来看[④]，晋成侯的乐悬配置应该与之相同。再看厉王之世的平顶山滍阳95号墓，墓主为应侯[⑤]，尽管其封国不在王畿附近，但其乐悬也是编甬钟和编磬。可见，从西周中期后段一直到春秋早期，编钟和编磬已经成为诸侯级别乐悬用器制度的定规，但始终未见镈。可见，西周时期的诸侯并非如贾公彦诸人所言，编甬钟、编磬和镈俱全。从考古发现来看，诸侯的乐悬钟、磬、镈俱

[①] 河南省文物考古研究所等：《平顶山应国墓地九十五号墓的发掘》，《华夏考古》1992年3期；赵世纲：《中国音乐文物大系·河南卷》，大象出版社1996年版，第81页。

[②] 卢连成、胡智生：《宝鸡弭国墓地》，文物出版社1988年版，第96页；方建军：《中国音乐文物大系·陕西卷》，大象出版社1996年版，第29页。

[③] 卢连成、胡智生：《宝鸡弭国墓地》，文物出版社1988年版，第281页；方建军：《中国音乐文物大系·陕西卷》，大象出版社1996年版，第31页。

[④] 中国社会科学院考古研究所沣西发掘队：《长安张家坡西周井叔墓发掘简报》，《考古》1986年第1期；中国社会科学院考古研究所：《张家坡西周墓地》，中国大百科全书出版社1999年版。

[⑤] 王龙正：《平顶山应国墓地九十五号墓年代、墓主及相关问题》，《华夏考古》1995年第4期。

备，应是春秋初期以后的乐悬制度了。王世民指出，在东周时期只有国君及个别上卿（此间或有僭越）方能配置起和声作用的大型低音钟镈，而其他有资格享用金石之乐的贵族（主要是大夫），则仅备中高音编钟和编磬。[①] 所言甚是。

西周时期诸侯的乐悬配置既是如此，那么卿、大夫的乐悬配置如何呢？《周礼·春官·小胥》郑玄注[②]、贾公彦疏[③]认为天子、诸侯之卿、大夫的乐悬有钟有磬。王国维《释乐次》的意见则与其相左，认为只有天子、诸侯可以享用编钟，大夫有鼓无钟。根据是《仪礼·乡射礼》郑玄注"陔夏者，天子、诸侯以钟、鼓，大夫士鼓而已。"以及《仪礼·乡饮酒礼》郑玄注"钟、鼓者，天子、诸侯备用之，大夫士鼓而已"[④]。今人杨华也认为："'金石之乐'是一种高规格等级标志，大夫以下一般不配享有。"他的根据也是"《乡射礼》和《乡饮酒礼》注'钟鼓者，天子、诸侯备用之，大夫士鼓而已'"[⑤]。如果对一些相关文献仔细分析，并加以比较就会发现，郑玄自己就是前后矛盾。如《周礼·春官·小胥》郑玄注："诸侯之卿、大夫，半天子之卿、大夫，西悬钟，东悬磬"[⑥]，而非自己所言"大夫士鼓而已"。显然，郑玄之注不足为证。到底事实如何？是如王国维所言编钟是西周天子和诸侯的专利，还是卿、大夫也可享用编钟乐悬？

先看两例金文材料。第一，据周厉王时期师毁簋铭文记载，伯龢父赐师毁"钟一，磬五"[⑦]。既然伯龢父在等级森严的西周时期可以赐师毁钟磬，也就是说伯龢父和师毁均有权享用钟磬乐悬。郭沫若考证：伯龢父即共伯和，曾任司马

[①] 王世民：《春秋战国葬制中乐器和礼器的组合状况》，载《曾侯乙编钟研究》，湖北人民出版社1992年版，第105页。
[②] 《周礼注疏》卷二十三，载《十三经注疏》（上），中华书局1980年版，第795页。
[③] 《周礼注疏》卷二十三，载《十三经注疏》（上），中华书局1980年版，第795页。
[④] 王国维：《释乐次》，载《观堂集林》（卷二），中华书局1959年版，第101页。
[⑤] 杨华：《先秦礼乐文化》，湖北教育出版社1997年版，第113页。
[⑥] 《周礼注疏》卷二十三，载《十三经注疏》（上），中华书局1980年版，第795页。
[⑦] 郭沫若：《两周金文辞大系图录考释》（七），科学出版社1957年版，第114页。

之职，后为三公（太师、太保、太史），"本铭当是入为三公以前事"[①]。即伯龢父赐师毁钟磬时应任司马，属于天子之卿级别。[②]师毁的级别显然低于伯龢父，应该是天子之大夫或士一级。此为西周天子之卿、大夫或士有权享用编钟乐悬之一证。第二，据 1975 年出土于陕西岐山县董家村一号窖藏的西周公臣簋铭文："虢中令公臣：'司朕百工。赐女（汝）马乘、钟五、金，用事。'公臣拜稽首，敢扬天尹丕显休。用作尊簋，公臣其万年用宝兹休。"其意为：虢仲命令公臣管理百工，并赏其四匹马、五件钟和铜。虢仲是周厉王时的大臣，他的官职是天尹，为天子之卿。[③]公臣的级别应该是天子之大夫或士一级。此为西周天子之大夫或士有权享用编钟乐悬之二证。

再看看西周时期的几例考古资料。第一，张家坡井叔夫人墓（M163）[④]，其时代为懿王之世[⑤]，该墓被盗掘，但是仍出土了 3 件编甬钟和数件编磬，可见井叔夫人有权享用钟磬乐悬。前文已有论述，其相当于大夫级别。这是西周时期天子之大夫有权享用编钟乐悬之三证。第二，扶风法门寺任村窖藏所出克钟、克镈。关于其时代，马承源认为是孝王时期。[⑥]目前，学术界多赞同此说。器主克的身份应为上卿。克钟与克镈共出，说明西周中期卿级高官的乐悬不仅有编甬钟，个别高官还可以享用镈。这是西周时期天子之卿有权享用编钟乐悬之四证。第三，眉县杨家村窖藏所出编甬钟和编镈，均为西周晚期宣王之器，器主逨的官职从管理四方虞林再到官司历人，为西周王室重臣，相当于卿、大夫

---

① 郭沫若：《两周金文辞大系图录考释》（七），科学出版社 1957 年版，第 114 页。
② 杨宽：《西周史·前言》，上海人民出版社 1999 年版，第 2 页。
③ 唐兰：《陕西省岐山县董家村新出西周重要铜器铭辞的译文和注释》，《文物》1976 年第 5 期。
④ 中国社会科学院考古研究所沣西发掘队：《长安张家坡西周井叔墓发掘简报》，《考古》1986 年第 1 期；中国社会科学院考古研究所：《张家坡西周墓地》，中国大百科全书出版社 1999 年版，第 164—167 页。
⑤ 张长寿：《论井叔铜器——1983—1986 年沣西发掘资料之二》，《文物》1990 年第 7 期。
⑥ 马承源：《中国音乐文物大系·上海卷》，大象出版社 1996 年版，第 42 页。

级别。①从金文和文献来看，其等级显然不是六卿之一，最高是下卿而已。他的乐悬配置有两肆16件编甬钟，还有一肆镈3件。这是西周时期天子之卿有权享用编钟乐悬之五证。而逨身为下卿或大夫之级别却享用3件镈却是僭越礼制的。可见，西周时期的天子之卿、大夫乐悬均有钟有磬，并非如王国维等人所言编钟为天子、诸侯的专利，"大夫士鼓而已"。

关于天子或诸侯之士的乐悬配置，《周礼·春官·小胥》郑玄注②、贾公彦疏③认为天子之士的乐悬有钟有磬，而诸侯之士有磬无钟。王国维则有不同看法，认为天子或诸侯之士不能享用编钟，根据是《仪礼·乡射礼》郑玄注"陔夏者，天子、诸侯以钟、鼓，大夫士鼓而已"。以及《仪礼·乡饮酒礼》郑玄注"钟、鼓者，天子、诸侯备用之，大夫士鼓而已"④。今人杨华也认为："'金石之乐'是一种高规格等级标志，大夫以下一般不配享有。"他的根据也是《乡射礼》和《乡饮酒礼》郑玄注。⑤前文已述，郑玄自己就前后矛盾，他的注释不足为证。今从出土实物观之，诸说均值得商榷。目前士一级的考古资料仅有2例：临沂花园村西周墓（编甬钟9件）⑥和长安马王村西周青铜器窖藏（编甬钟10件）⑦，二者均出土列鼎3件，器主应为士一级。而他们配置的乐悬均为编钟一肆。从这两例考古资料的地域来看，前者应为诸侯之士，后者应为周王之士。如果推测无误，那么西周时期天子和诸侯之士的乐悬均应只有一肆编钟，并非如郑、贾二氏所言天子之士的乐悬有钟有磬，诸侯之士有磬无钟，也

---

① 刘怀君：《眉县杨家村西周窖藏青铜器的初步认识》，《考古与文物》2003年第3期，第35—38页。
② 《周礼注疏》卷二十三，载《十三经注疏》（上），中华书局1980年版，第795页。
③ 《周礼注疏》卷二十三，载《十三经注疏》（上），中华书局1980年版，第795页。
④ 王国维：《释乐次》，载《观堂集林》（卷二），中华书局1959年版，第101页。
⑤ 杨华：《先秦礼乐文化》，湖北教育出版社1997年版，第113页。
⑥ 周昌福、温增源：《中国音乐文物大系·山东卷》，大象出版社2001年版，第60页。
⑦ 西安市文物管理处：《陕西长安新旺村、马王村出土的西周铜器》，《考古》1974年第1期；方建军：《中国音乐文物大系·陕西卷》，大象出版社1996年版，第80—83页。

非王国维等人所言钟磬均无。

最后谈谈西周天子乐悬的配置。《周礼·春官·小胥》贾公彦疏:"天子、诸侯悬,皆有镈。"①《仪礼·燕礼》贾疏:"天子宫悬,诸侯轩悬,面皆钟、磬、镈各一虡。"②可见,贾氏认为周王的乐悬配置为编钟、编磬、镈俱全。除此之外,周天子所用之磬也非一般石料制成。《礼记·郊特牲》载:"诸侯之宫悬而祭以白牡,击玉磬,朱干设锡,冕而舞大武,乘大路,诸侯之僭礼也。"③郑玄注:"玉磬,天子乐器。"以此观之,周天子所用的乃为玉磬。目前,周王墓一直没有发现,事实如何难以确定。但从三公的乐悬配置为编钟、编磬、镈俱全来看,周王的乐悬配置为编钟、编磬、镈俱备是没有问题。关于玉磬,即墨古城琉璃磬是目前周代唯一一件有关玉磬的实物标本,已是战国时期的产物。④虽然周代玉磬出土极少,但是从考古发现可知,玉器一直颇受历代统治者重视,周代也不例外。所以《礼记》所载,玉磬是一种只有周天子方可享用的礼乐重器,应该是有其可信性的。目前出土实物极少是否与此有关,还有待于周王墓发现之后再作探讨。

综上所述,从音乐考古发现来看,西周乐悬的用器制度等级分明,层次清楚,但与郑注、贾疏出入很大。如西周诸侯的乐悬配置只有编甬钟和编磬,并非如郑、贾二氏所言钟、磬、镈俱全;卿、大夫的乐悬配置一般是编钟和编磬,个别上卿可以享用特镈,与郑、贾二氏所言只有钟、磬不完全相符;天子和诸侯之士的乐悬只有一肆编钟,并非如郑、贾二氏所言天子之士的乐悬有钟有磬,而诸侯之士有磬无钟;至于周王的乐悬,目前尚没有发现周王墓,暂时存疑。需要指出的是,西周时期卿、大夫与诸侯的乐悬配置相同,一般看来似有矛盾,因为按照文献记载诸侯应在卿、大夫之上。实际非也。杨宽云:"成

---

① 《周礼注疏》卷二十三,载《十三经注疏》(上),中华书局1980年版,第795页。
② 《仪礼注疏》卷十四,载《十三经注疏》(上),中华书局1980年版,第1014页。
③ 《礼记正义》卷二十五,载《十三经注疏》(下),中华书局1980年版,第1448页。
④ 周昌福、温增源:《中国音乐文物大系·山东卷》,大象出版社2001年版,第168页。

康之际，公卿的官爵制度当以确立。太保、太师、太史等执政大臣称'公'，其他朝廷大臣，由四方诸侯进入为卿的称为'侯'，由畿内诸侯进入为卿的称'伯'，很是分明。"① 也就是说，西周时期的侯、伯、卿应属同一级别。孙华通过对晋侯"樌/斱"组铜礼器组合的复原，认为晋侯墓地的用鼎制度属于少牢五鼎之制。其规格为卿、大夫或下大夫的等级，因为晋之始封仅为"爵卑而贡重"②的甸服偏侯。由此可知，西周诸侯属于卿或大夫级别，当然所用乐悬配置只有编钟和编磬。而钟、磬、镈俱全应是西周时期三公以及上卿的乐悬配置。杨宽通过对西周金文的研究指出："《周礼》所载周朝官制则大不相同，……没有高于六卿的公一级。"③ 既然《周礼》官制没有三公一级，郑、贾二氏也就不会涉及三公的乐悬配置，从而弥补了历代文献有关西周三公乐悬用器制度的失载。至于诸侯可以享用钟、磬、镈俱全的乐悬配置，应是春秋时期的事情了。因为春秋时期，诸侯都升级为公，如晋文公，齐桓公等。同为诸侯，级别升为公爵，所以乐悬的规格也要相应提高，这与西周乐悬制度仍然相符。

（二）乐悬的摆列制度

在西周的乐悬制度中，有关摆列制度的问题探讨最多。《周礼·春官·小胥》载，"正乐悬之位，王宫悬，诸侯轩悬，卿、大夫判悬，士特悬，辨其声"④，这是先秦典籍中关于周代乐悬摆列制度的唯一记载，但语焉不详。郑玄注云："乐悬，谓钟磬之属悬于簨虡者。郑司农云：'宫悬四面悬，轩悬去其一面，判悬又去其一面，特悬又去其一面。四面象宫室四面有墙，故谓之宫悬。轩悬三面其形曲，故《春秋传》曰：'请曲悬，繁缨以朝，'诸侯礼也。故曰：'惟器与名不可以假人。'玄谓轩悬，去南面辟王也。判悬左右之合，又空

---

① 杨宽：《西周史》，上海人民出版社1999年版，第341页。
② 孙华：《关于晋侯樌/斱组墓的几个问题》，《文物》1995年第9期。
③ 杨宽：《西周史》（前言），上海人民出版社1999年版，第2页。
④ 《周礼注疏》卷二十三，载《十三经注疏》（上），中华书局1980年版，第795页。

北面，特悬悬于东方或于阶间而已。"① 经过郑玄的注解，我们对周代乐悬的摆列方式比较清楚了。根据等级的不同，周代乐悬的摆列方式分为四种：周天子为宫悬，摆列于四面；诸侯为轩悬，摆列于东、西、北三面，空南面；卿、大夫判悬，摆列于东、西两面，空南、北两面；士特悬，摆列于东面或阶间。对于乐悬每面的规格，不同等级又有不同。《周礼·春官·小胥》郑玄注："钟磬者，编悬之，二八十六枚而在一虡谓之堵。钟一堵，磬一堵，谓之肆。半之者，谓诸侯之卿、大夫、士也。诸侯之卿、大夫，半天子之卿、大夫，西悬钟，东悬磬。士亦半天子之士，悬磬而已。"② 按照郑说，我们能确定的只有诸侯之卿、大夫的乐悬为西面一虡编钟，东面一虡编磬，诸侯之士只有一虡编磬，而天子、诸侯以及天子之卿、大夫、士之乐悬每面的规格则不甚明了。对此，贾公彦在《仪礼·燕礼》中有详细阐述："天子宫悬，诸侯轩悬，面皆钟、磬、镈各一虡；大夫判悬，士特悬，不得有镈。"③ 贾公彦此处所言的"大夫""士"应为天子之大夫、士。按照贾氏所言，天子、诸侯之乐悬每面都由编钟、编磬、编镈各一虡组成，天子之大夫和士的乐悬没有镈，每面由编钟、编磬各一虡组成。按照贾说：诸侯之卿、大夫半天子之卿、大夫，士半天子之士，则诸侯之卿、大夫、士的乐悬规格恰与郑说吻合：诸侯之卿、大夫的乐悬为西面一虡编钟，东面一虡编磬，诸侯之士只有一虡编磬。

从以上这些文献记载和分析来看，关于西周乐悬的摆列制度似乎已经明了。但从出土实物来看，事实并非如此。西周早期的弢伯各墓（BZM7）④ 和弢

---

① 《周礼注疏》卷二十三，载《十三经注疏》（上），中华书局1980年版，第795页。
② 《周礼注疏》卷二十三，载《十三经注疏》（上），中华书局1980年版，第795页。
③ 《仪礼注疏》卷十四，载《十三经注疏》（上），中华书局1980年版，第1014页。
④ 卢连成、胡智生：《宝鸡弢国墓地》，文物出版社1988年版，第96页；方建军：《中国音乐文物大系·陕西卷》，大象出版社1996年版，第29页。

伯㽅墓（BRM1）[①]的墓主均为㢴国国君，属诸侯级别，所用乐悬只有编甬钟3件；西周中期穆王之世的晋武侯墓[②]和长由墓[③]，前者出土编钟4件，后者出土编钟3件。如果摆放的话，以上四位墓主的乐悬只能摆放一面，属特悬而已，远没有达到"诸侯轩悬，卿、大夫判悬"的规模。

再看西周中期的恭、懿王之世，井叔夫人墓出土编甬钟3件和编磬数件[④]，应该是编钟、编磬各一虡，分两面摆放，应属判悬之制。关于井叔夫人的等级，前文已有论述，其相当于大夫级别。可见，懿王之世的大夫已可享用判悬之制。

到了西周中期孝、夷之世，乐悬制度获得重大发展。这一时期的上卿膳夫克、位列三公的微伯瘨和第一代井叔都已享用编钟、编磬、镈俱全的乐悬配置。但是他们的摆列方式却有不同。因为第一代井叔（M157）乐悬的具体数量还不清楚，其摆列方式不便妄谈。这里仅探讨其他两例。第一例是孝王时的膳夫克，其乐悬只出土编甬钟5件，特镈1件。陈双新认为克钟原来应该一肆8件。[⑤]虽然没有编磬出土，但是这一时期编磬已经成为乐悬中的必备成员。估计是因为克钟、克镈出自青铜器窖藏，所以没有石质乐器编磬而已。根据膳夫克仅有编甬钟一肆8件来看，与之相配的编磬也应是一肆8件。如是这样，8件克钟和1件克镈应悬一虡，摆列一面，8件编磬应悬一虡，摆列另一面。可

---

① 卢连成、胡智生：《宝鸡㢴国墓地》，文物出版社1988年版，第281页；方建军：《中国音乐文物大系·陕西卷》，大象出版社1996年版，第31页。
② 北京大学考古学系、山西省考古研究所：《天马——曲村遗址北赵晋侯墓地第二次发掘》，《文物》1994年第1期；刘绪：《天马——曲村遗址晋侯墓地及相关问题》，《三晋考古》（第一辑），山西人民出版社1994年版；项阳、陶正刚：《中国音乐文物大系·山西卷》，大象出版社2000年版，第47页。
③ 陕西省文物管理委员会：《长安普渡村西周墓的发掘》，《考古学报》1957年第1期。
④ 中国社会科学院考古研究所沣西发掘队：《长安张家坡西周井叔墓发掘简报》，《考古》1986年第1期；中国社会科学院考古研究所：《张家坡西周墓地》，中国大百科全书出版社1999年版，第164—167页。
⑤ 陈双新：《两周青铜乐器铭辞研究》，河北大学出版社2002年版，第93—94页。

见，上卿级别的膳夫克之乐悬应该是判悬之制。第二例是微伯瘨，活动于孝、夷之时。其所用的编甬钟应该是 3 肆，每肆 8 件，共计 24 件；编磬虽然没有出土，但根据所出编甬钟的数量来看，其数量至少为 2 肆 16 件；镈虽然也没有出土，根据膳夫克享用镈 1 件来看，位列三公的微伯瘨之乐悬也应配有镈，很可能为 3 件。如果此种推测属实的话，这 24 件编钟、3 件编镈和 16 件编磬应该如何悬挂摆放呢？前文已经论述，笔者认为曲尺形多簨式比较合理，也就是把曾侯乙编钟的第三层钮钟去掉之后的摆列形式。把三肆编甬钟当中体量接近的两肆大钟，分两层悬挂在正面簨虡之上：左侧为第一组，上层 5 件小钟，下面 3 件大钟；右侧为第二组，也是上层 5 件小钟，下层 3 件大钟。把体量较小的第三肆悬挂在左面簨虡的上层，下层则是 3 件编镈。而右面，应该是一堵编磬，分上下两层悬挂，每层 8 件。如此而成"轩悬"之制。但此种"轩悬"每面的规格并非如贾公彦所言"面皆钟、磬、镈各一虡"，而是每面只有一虡。

最后看看西周晚期的乐悬摆列制度。从西周晚期的厉王开始，一直到春秋初年，历代晋侯（如靖侯、献侯、穆侯、文侯）的乐悬配置均为编甬钟和编磬各一虡（一肆或两肆），只不过是数量不同而已。孝夷之世的晋厉侯墓和厉王之世的晋鳌侯墓均被盗严重，仅存编磬。根据同期其他几座晋侯墓均随葬钟磬来看，这两位晋侯的乐悬配置也应该有钟有磬。恭懿之世的晋成侯墓被盗严重，不见钟磬出土。根据同为懿王之世的井叔夫人墓（M163）钟磬俱全来看[1]，晋成侯的乐悬配置应该与之相同。以此观之，当时诸侯的乐悬摆列方式应为：一虡编甬钟摆列一面，一虡编磬摆列另一面，如此而成"判悬"之制。此外，厉王之世的平顶山应侯 95 号墓，尽管其封国不在王畿附近，但其乐悬也是编甬钟和编磬各一堵，亦为"判悬"之制。由此可见，从西周中期后段一直

---

[1] 中国社会科学院考古研究所沣西发掘队：《长安张家坡西周井叔墓发掘简报》，《考古》1986 年第 1 期；中国社会科学院考古研究所：《张家坡西周墓地》，中国大百科全书出版社 1999 年版，第 164—167 页。

到春秋早期，"判悬"乃是诸侯的乐悬定制，而非"轩悬"。而且，每面乐悬的规格也非贾公彦所言"面皆钟、磬、镈各一虞"，而是每面只有一虞。至于"特悬"，西周中期和晚期各有一例，临沂花园村西周墓（编甬钟9件）[①]和长安马王村西周青铜器窖藏（编甬钟10件）[②]，二者均出土列鼎3件，墓主应为士一级。他们配置的乐悬均为编钟一虞，为"特悬"，确与《周礼》相合。从这两例考古资料的地域来看，前者应为诸侯之士，后者应为周王之士。如果推测无误，那么西周时期天子和诸侯之士的"特悬"均应为编钟一虞，并非如郑、贾二氏所言天子之士的"特悬"编钟、编磬各一虞，而诸侯之士只有编磬一虞。西周晚期还有一例"轩悬"之制，那就是单氏家族逨的乐悬。单逨所出乐悬有编甬钟15件（其中5件已丢失）[③]、编镈3件[④]，均为西周晚期宣王之器。逨的官职从管理四方虞林再到官司历人，为西周王室重臣，相当于卿、大夫级别。[⑤]前文已经论述，其乐悬配置应为编甬钟两肆16件（或三肆24件），镈一肆3件。编磬虽然没有出土，但是编磬已是当时各级贵族乐悬的必备之器。根据其编钟有两肆16件（或三肆24件）来看，其所用编磬至少有两肆16件。由此观之，其乐悬应为"轩悬"之制。如果编甬钟为三肆24件，那么其乐悬则与微伯痶完全相同；如果编甬钟为两肆16件，那么其乐悬的左面就只有一肆编镈了（见图3）。不过，微伯痶之"轩悬"合于礼制，而单逨则是僭礼而为。

---

① 周昌福、温增源：《中国音乐文物大系·山东卷》，大象出版社2001年版，第60页。
② 西安市文物管理处：《陕西长安新旺村、马王村出土的西周铜器》，《考古》1974年第1期；方建军：《中国音乐文物大系·陕西卷》，大象出版社1996年版，第80—83页。
③ 刘怀君：《眉县出土一批西周窖藏青铜乐器》，《文博》1987年第2期；方建军：《中国音乐文物大系·陕西卷》，大象出版社1996年版，第60—67页。
④ 刘怀君：《眉县出土一批西周窖藏青铜乐器》，《文博》1987年第2期；方建军：《中国音乐文物大系·陕西卷》，大象出版社1996年版，第101页。
⑤ 刘怀君：《眉县杨家村西周窖藏青铜器的初步认识》，《考古与文物》2003年第3期。

图 3　单逨乐悬图

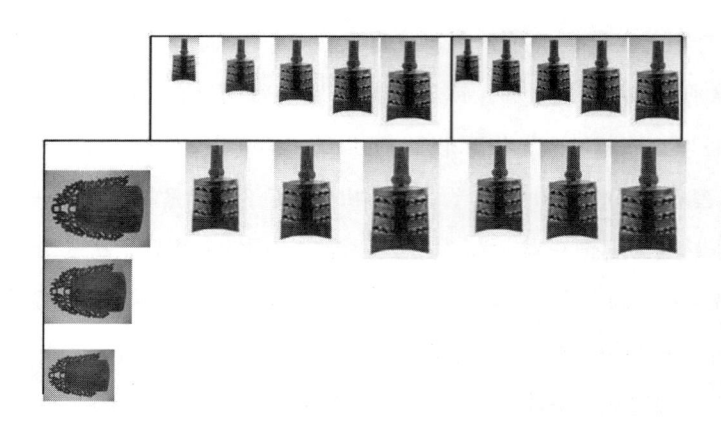

目前，周王之墓尚没有发现，不知其乐悬是否如文献所载为摆列四面的"宫悬"。不过从微伯瘨和单逨的乐悬之制来看，周天子之乐悬数量构成"宫悬"是完全没有问题的。此外，晋侯邦父 64 号墓[①]随葬的楚公逆编钟铭文载："楚公逆用自作和□锡钟百□"。李学勤指出"'百'下面的字，左半从'食'，是钟的单位。"[②]黄锡全、于柄文认为其中的"食"即"肆"，"百食"就是"百肆"。此句的意思就是"楚公逆用四方首领所献之铜做了和谐美好的编钟一百组"[③]。如果按照晋侯墓地的常数一肆 8 件来看，数量就达 800 件，非常可观。当然"'百肆'不一定就是一百组。'百'也可能泛指多数"。不过，从战国初期的曾侯乙编钟来推测，一个小小的曾国国君都可以随葬编钟 65 件、编磬 32 件，乐悬总数达 97 件。那么一个堂堂大国之君楚公逆所用乐悬比曾侯乙多数倍，也就是数百件应该没有问题。一位楚王尚且如此，周天子的乐悬数量就可

---

① 山西省考古研究所、北京大学考古系：《天马——曲村遗址北赵晋侯墓地第四次发掘》，《文物》1994 年第 8 期；项阳、陶正刚：《中国音乐文物大系·山西卷》，大象出版社 2000 年版，第 27、48 页。

② 李学勤：《试论楚公逆编钟》，《文物》1995 年第 2 期。

③ 黄锡全、于柄文：《山西晋侯墓地所出楚公逆钟铭文初释》，《考古》1995 年第 2 期。

想而知了。

  综上所述，从音乐考古发现来看，西周乐悬的摆列制度与文献记载有其相合之处。如所谓的"轩悬""判悬""特悬"等乐悬之制在西周时期确已存在，卿、大夫、士的乐悬之制也与《周礼》相合。但也有的等级并不能完全对应。如卿、大夫与诸侯同为"判悬"，三公应为"轩悬"。杨宽通过对西周金文的研究指出，"《周礼》所载周朝官制则大不相同……没有高于六卿的公一级"[①]。既然《周礼》官制没有三公一级，当然就不会有关于三公一级乐悬制度的记载。因此三公应为"轩悬"之制，弥补了先秦文献有关乐悬制度的失载。对于另一个不能相合之处，即卿、大夫与诸侯同为"判悬"一般看来确有矛盾，因为根据文献记载诸侯应在卿、大夫之上。实际非也。前文已经论述，西周时期的侯、伯、卿、大夫应属同一级别。既然如此，西周诸侯当然该用"判悬"之制，这与《周礼》所载"卿、大夫判悬"是相符的。所以，笔者认为西周的乐悬摆列制度应为：王宫悬，三公轩悬，诸侯、卿、大夫判悬，士特悬。至于诸侯享用"轩悬"之制应是春秋时期的事情了。但这与《周礼》记载也不矛盾。因为西周时期的诸侯为卿，当用"判悬"之制；到了春秋时期，诸侯都升级为公，如晋文公，齐桓公等。同为诸侯，级别升为公爵，所以其乐悬规格也应该由"判悬"升为"轩悬"，这与《周礼》所载的乐悬制度仍然相符。正如杨宽所言："《周礼》一书编辑之际，确有不少真实的史料为其素材，并非全出'向壁虚造'。"[②] 李纯一认为《周礼·春官·小胥》所载的"正乐悬之位……"云云，"当是已经发展到定制的东周后期的情况"[③]的观点，需要重新审视。至少在时间的判断上显得晚了些。

[①] 杨宽：《西周史》（前言），上海人民出版社1999年版。
[②] 杨宽：《西周史》，上海人民出版社1999年版，第362页。
[③] 李纯一：《先秦音乐史研究的两种基本史料》，《音乐研究》1994年第3期。

有关周代乐悬堵与肆的问题，笔者在第二章中已有论及。编钟、编磬应该均可以单独称肆；一肆编钟或编磬，应该是指一组编钟或编磬。所谓一"堵"，应指一虡编钟或者一虡编磬，一堵可悬钟、磬一或数层，每层可悬一或两肆。关于堵、肆的分组标准以及组成件数，历代学者虽多有考证，但至今聚讼纷纭。

对于编钟堵、肆的分组，考古界原来多以铭文作为分组的标准。容庚《彝器通考·乐器章》认为，克钟、刑人钟、子璋钟皆合两钟而成全文，则两钟即为一肆；虢叔编钟合四钟而成全文，则四钟为一肆；尸编钟第一组合七钟而成全文，则七钟为一肆。杨伯峻对此说提出异议，指出容庚以铭文之长短为肆的说法值得商榷。根据出土实物，"似可论断音调音阶完备能演奏而成乐曲者始得为一肆"[①]。陈双新对于容庚之说也予以否定，"从出土实物看，堵、肆与编钟全铭的组合形式无多大关系，如子犯钟两组十六件，每组八件合为全铭；晋侯苏钟两组十六件，合为一篇全铭；新出楚公逆钟一组八件，每钟全铭"[②]。笔者以为，杨伯峻虽然认识到单纯依靠编钟的铭文以及形制纹饰来作为编钟分组标准的不足，但"音调音阶完备能演奏而成乐曲者始得为一肆"[③]的说法还不够全面。从出土实物来看，西周早期的一些编甬钟均为3件一组，如𢐗伯各墓编钟[④]、𢐗伯㭬墓编钟[⑤]、平顶山魏庄编甬钟[⑥]等，音律尚不完备，均未达到杨氏所言"音调音阶完备能演奏而成乐曲者"的标准，但似也应作为一肆看待。因此，对于编钟的分组标准，除了要考虑其器形特征和铭文之

---

① 杨伯峻：《春秋左传注》，中华书局1990年版，第991—993页。
② 陈双新：《两周青铜乐器铭辞研究》，河北大学出版社2002年版，第27页。
③ 杨伯峻：《春秋左传注》，中华书局1990年版，第991—993页。
④ 卢连成、胡智生：《宝鸡𢐗国墓地》，文物出版社1988年版，第96页；方建军：《中国音乐文物大系·陕西卷》，大象出版社1996年版，第29页。
⑤ 卢连成、胡智生：《宝鸡𢐗国墓地》，文物出版社1988年版，第281页；方建军：《中国音乐文物大系·陕西卷》，大象出版社1996年版，第31页。
⑥ 平顶山市文管会、孙清远、廖佳行：《河南平顶山发现西周甬钟》，《考古》1988年第5期。

外，还应注意它们的音列特点，更要全面考察编钟音列在其发展过程中各个阶段的特征。

关于钟磬乐悬堵、肆的组成件数，《周礼·春官·小胥》郑玄注："钟磬者，编悬之，二八十六枚而在一簨谓之堵。"① 《左传·襄公十一年》杜预注："悬钟十六为一肆。"② 对此，历代学者多有异议。王国维从簨虡的容量出发，对郑、杜之说提出质疑。以为"钟磬虡之高，以击者为度，高广亦不能逾丈。一丈之广，不能容钟磬十六枚或十九枚，此亦事理也"③。也就是说，王国维认为一堵不会有 16 或 19 件之多。那么一架簨虡是否能够悬挂钟磬 16 件或 19 件呢？今从考古发现观之，王说值得商榷。如春秋晚期的王孙诰编钟，一副簨虡悬挂编钟 26 件④；曾侯乙墓编磬，一副簨虡悬挂编磬 32 件⑤；而曾侯乙编钟，一副簨虡悬挂编钟多达 65 件。⑥ 可见王说不足为凭。

今人杨伯峻、李纯一、黄翔鹏也不同意郑、杜悬钟十六为一堵之说。杨伯峻认为"郑玄等所注，以出土实物证之，皆不甚切合"⑦。李纯一指出"迄今考古发现先秦实物无一例与之相合，足见郑、杜这些解释都不足为据"⑧。黄翔鹏也认为"这些说法对于西周从三件一套到八件一套，春秋的九件一套、十三件一套，竟然到了无一数字相合的程度。说明它们并无多少实际根据，既非西周制度，也不是春秋制度"⑨。笔者对于以上诸说有不同见解。从今天的出土实物

---

① 《周礼注疏》卷二十三，载《十三经注疏》（上），中华书局 1980 年版，第 795 页。
② 《春秋左传正义》卷三十一，载《十三经注疏》（下），中华书局 1980 年版，第 1951 页；此"肆"应改为堵。
③ 王国维：《汉南吕编磬跋》，载《观堂集林》别集卷二，中华书局 1959 年版，第 1217 页。
④ 赵世纲：《中国音乐文物大系·河南卷》，大象出版社 1996 年版，第 87 页。
⑤ 王子初：《中国音乐文物大系·湖北卷》，大象出版社 1996 年版，第 250 页。
⑥ 王子初：《中国音乐文物大系·湖北卷》，大象出版社 1996 年版，第 202 页。
⑦ 杨伯峻：《春秋左传注》，中华书局 1990 年版，第 993 页。
⑧ 李纯一：《中国上古出土乐器综论》，文物出版社 1996 年版，第 288 页。
⑨ 黄翔鹏：《新石器和青铜时代的已知音响资料与我国音阶发展史问题》，《溯流探源——中国传统音乐研究》，人民音乐出版社 1992 年版，第 57 页。

来看，郑玄、杜预之说是有一定根据的。目前所见周代编钟以 16 件为一堵的非止一套。如西周早中期的晋侯苏编甬钟，16 件一堵，每肆 8 件①；两周之际的闻喜晋国子范编甬钟为 16 件一堵，每肆 8 件②；春秋早期的虢仲编甬钟为 16 件一堵，其中编甬钟 8 件 1 肆、编钮钟 8 件 1 肆③；其他还有春秋早期的曲村晋侯 93 号墓编甬钟④、战国初期的潞城潞河 7 号墓编甬钟⑤、战国早期的易县燕下都 16 号墓陶甬钟⑥、战国中期或稍晚的洛阳西工 131 号墓编钮钟⑦等，皆为 2 肆 16 件一堵。以此观之，郑、杜之说在一定程度上反映了周代乐悬堵、肆组合的真实情况，但此绝非周代乐悬堵、肆的定制。因为至春秋战国时期，9 件一肆的编钟也不少见。从《后汉书·礼仪志·大丧》所载："钟十六，无虡；镈四，无虡；磬十六，无虡"⑧来看，郑玄之说更可能为局部传承于先秦的汉代乐悬堵、肆之制。

此外，陈双新认为"前人提出过诸如'乐生于风'，故乐悬之法取数于八音八风；一悬十九钟，十二钟当一月，十二月十二辰，辰加七律之钟则十九钟；钟磬参悬之，正声十二倍声十二而悬二十四钟等许多牵强附会的说法，皆

---

① 北京大学考古学系、山西省考古研究所：《天马——曲村遗址北赵晋侯墓地第二次发掘》，《文物》1994 年第 1 期；王子初：《晋侯苏编钟的音乐学研究》，《文物》1998 年第 5 期。
② 张光远：《故宫新藏春秋晋文称霸"子范和钟"初释》，台湾《故宫文物月刊》第 145 期（1995 年 4 月）；李学勤：《补论子范编钟》，《中国文物报》1995 年 5 月 28 日第三版。
③ 姜涛：《虢国墓地的再发掘与认识》，《中国文物报》1991 年 12 月 8 日；《虢国墓地发掘又获重大发现》，《中国文物报》1992 年 2 月 2 日。
④ 北京大学考古学系、山西省考古研究所：《天马——曲村遗址北赵晋侯墓地第五次发掘》，《文物》1995 年第 7 期，第 22—28 页。
⑤ 山西省考古研究所、山西省晋东南地区文化局：《山西潞城县潞河战国墓》，《文物》1986 年第 6 期。
⑥ 河北省文化局文物工作队：《河北易县燕下都第十六号墓发掘》，《考古学报》1965 年第 2 期。
⑦ 蔡运章、梁晓景、张长森：《洛阳西工 131 号战国墓》，《文物》1994 年第 7 期。
⑧ （南朝宋）范晔：《后汉书·礼仪下·大丧》志第六，中华书局 1965 年版，第 3146 页。

不可取"①。笔者认为，此观点尚可探讨。从出土实物来看，河南新郑郑韩故城遗址曾出土编钟 206 件，其时代均为春秋中期。编钟共 9 套，其中 8 套均为一堵 24 件（编镈 4 件，编钮钟 20 件）。②一堵 19 件的周代乐悬例子有太原赵卿墓编镈（春秋晚期，19 件）③、新郑李家楼编甬钟（春秋中期，19 件）④，而西汉初期的山东章丘洛庄编钟⑤和广州南越王墓编钟⑥也均为一堵 19 件。以此观之，前人所言悬钟一堵 19 件或 24 件之说，应该也是有其所本的。堵、肆之数很可能带有一定的时代性和地域性。但是一堵 19 件或 24 钟是否真的源于"十二钟当一月，十二月十二辰，辰加七律之钟则十九钟；钟磬参悬之，正声十二倍声十二而悬二十四钟"则难以深究了。

　　对于如何看待堵、肆的编组问题，李纯一指出："先秦堵肆的件数并不是一开始出现就固定下来而永久不变，而是经历过一个形成和发展的过程。"⑦先看周代编钟的一肆之数：西周早期的编钟为一肆 3 件（如弭伯各墓编钟⑧、弭伯𰯼墓编钟⑨等）或 2 件（如晋侯苏编钟Ⅰ式），到西周中期发展为一肆 4 件（如

---

① 陈双新：《两周青铜乐器铭辞研究》，河北大学出版社 2002 年版，第 24 页。
② 河南省文物考古研究所：《河南新郑市郑韩故城郑国祭祀遗址发掘简报》，《考古》2000 年第 2 期。
③ 山西省考古研究所、太原市文物管理委员会：《太原金胜村 251 号春秋大墓及车马坑发掘简报》，《文物》1989 年第 9 期。
④ 许敬参：《编钟编磬说》，载《河南省博物馆馆刊》第九集，1937 年；河南博物院、台湾历史博物馆：《新郑郑公大墓青铜器》，大象出版社 2001 年版。
⑤ 济南市考古研究所等：《山东章丘市洛庄汉墓陪葬坑的清理》，《考古》2004 年第 8 期；王清雷：《章丘洛庄编钟刍议》，《文物》2005 年第 1 期。
⑥ 箫亢达：《南越王墓出土的乐器》，载《西汉南越王墓文物特展图录》，台湾历史博物馆 1998 年版，第 37 页。
⑦ 李纯一：《中国上古出土乐器综论》，文物出版社 1996 年版，第 289 页。
⑧ 卢连成、胡智生：《宝鸡弭国墓地》，文物出版社 1988 年版，第 96 页；方建军：《中国音乐文物大系·陕西卷》，大象出版社 1996 年版，第 29 页。
⑨ 卢连成、胡智生：《宝鸡弭国墓地》，文物出版社 1988 年版，第 281 页；方建军：《中国音乐文物大系·陕西卷》，大象出版社 1996 年版，第 31 页。

曲村晋侯9号墓编甬钟[1]）、5件（如扶风吊庄甬钟[2]）、8件（如痶钟三肆24件[3]）、10件（如长安马王村甬钟[4]），到西周晚期一肆8件几乎成为这一时期的定制。但是也有一肆7件（如平顶山滍阳95号墓编甬钟[5]、晋侯91号墓编甬钟[6]、大悟雷家山编甬钟[7]）、9件（如临沂花园村编钟[8]）、13件（如临潼零口甬钟[9]）等。到春秋战国时期，9件一肆的编钟大量出现，几乎成为春秋时期的定制；后来一肆又由8件、9件增扩为11件、13件、14件。再看周代编钟的一堵之数：西周早期的编钟均为一堵一肆2或3件，到西周中期迅速扩展到3肆24件，一直发展到战国初期曾侯乙编钟的一堵8肆65件。可见，在不同时代、不同地域，乐悬的堵、肆编组均不相同。因此，在做相关研究时更应从相应的考古发现中获取第一手资料。此外，对于乐悬的堵、肆编组问题，不应局限于音列上是否成编。因为它们在商周礼乐制度中，其身份首先是礼器，其次才是乐器。陈梦家说："或是大小相次的一类铜器，或是大小相等的

---

[1] 北京大学考古学系、山西省考古研究所：《天马——曲村遗址北赵晋侯墓地第二次发掘》，《文物》1994年第1期。

[2] 高西省：《扶风发现一铜器窖藏》，《文博》1985年第1期；方建军：《中国音乐文物大系·陕西卷》，大象出版社1996年版，第78—79页。

[3] 方建军：《中国音乐文物大系·陕西卷》，大象出版社1996年版，第37—50页。

[4] 西安市文物管理处：《陕西长安新旺村、马王村出土的西周铜器》，《考古》1974年第1期；方建军：《中国音乐文物大系·陕西卷》，大象出版社1996年版，第80—83页。

[5] 河南省文物考古研究所等：《平顶山应国墓地九十五号墓的发掘》，《华夏考古》1992年第3期。

[6] 北京大学考古学系、山西省考古研究所：《天马——曲村遗址北赵晋侯墓地第五次发掘》，《文物》1995年第7期；王世民、蒋定穗：《最近十多年来编钟的发现与研究》，《黄钟》1999年第3期。

[7] 熊卜发、刘志升：《大悟发现编钟等铜器》，《江汉考古》1980年第2期；王子初：《中国音乐文物大系·湖北卷》，大象出版社1996年版，第21页。

[8] 周昌福、温增源：《中国音乐文物大系·山东卷》，大象出版社2001年版，第60页。

[9] 临潼县文化馆：《陕西临潼发现武王征商簋》，《文物》1977年第8期；方建军：《中国音乐文物大系·陕西卷》，大象出版社1996年版，第89—91页。

一类铜器,或是数类相关铜器的组合"都可称"肆"。[1] 因此,器型上成编就可以构成一肆或一堵。否则春秋战国时期出现的大量钟磬明器的堵、肆,将如何划分?

(三)乐悬的音列制度

西周晚期,乐悬制度得到进一步的发展完善。西周中期编甬钟有 48 例 121 件,到了西周晚期增至 71 例 192 件。其编列和规模与西周中期相比,并无多大提高。这一时期,编列完整的编钟大多为一肆 8 件,几乎成为西周晚期乐悬编列的定制,这是西周乐悬制度发展成熟的标志之一。下面笔者就对其中几组保存较好、编列比较完整、音列比较齐全的编甬钟的测音数据进行分析,以探究西周乐悬音列制度的原貌。

1.晋侯苏编钟

1992 年,出土于山西晋侯墓地 8 号墓[2],共计 16 件,分为 2 肆。有关专家指出,墓主晋献侯苏在位的时间为周宣王 6 年到 16 年。[3] 前文已述,两肆编钟的正鼓音音列均为:羽—宫—角—羽—角—羽—角—羽,加上侧鼓音,可以构成完整的四声音阶:羽—宫—角—徵—羽—宫—角—徵—羽—宫—角—徵—羽—宫,音域达三个八度又一个小三度。只不过两肆编钟的调高不同,第一肆为 A 羽,第二肆为 #G 羽。

---

[1] 陈梦家:《西周铜器断代》(三),《考古学报》1956 年第 1 期。
[2] 北京大学考古学系、山西省考古研究所:《天马——曲村遗址北赵晋侯墓地第二次发掘》,《文物》1994 年第 1 期。
[3] 北京大学考古学系、山西省考古研究所:《天马——曲村遗址北赵晋侯墓地第五次发掘》,《文物》1995 年第 7 期。

2.眉县杨家村编甬钟

1985 年,出土于陕西眉县杨家村窖藏,共计 15 件(其中 5 件已丢失)[①],同出编镈 3 件[②],属西周晚期宣王时器,器主为西周王室重臣单氏家族的逑。[③] 前文已述,现存的 10 件编甬钟分为甲、乙、丙三式。根据其形制、纹饰、铭文和音列来看,每式原来均应为 8 件一肆,共计 16 件。乙组甬钟仅出 4 件,加上所缺的 4 件编钟,其正鼓音音列应为:羽—宫—角—羽—角—羽—角—羽,正、侧鼓音音列应为 G 羽调四声音阶:羽—宫—角—徵—羽—宫—角—徵—羽—宫—角—徵—羽—宫,音域达三个八度又一个小三度;丙组(4 件)与甲组甬钟(2 件)应为一肆,加上所缺编钟后其正、侧鼓音音列应为 B 羽四声音阶:羽—宫—角—徵—羽—宫—角—徵—羽—宫—角—徵—羽—宫,音域也是三个八度又一个小三度。

3.中义钟、柞钟[④]

1960 年,出土于扶风齐家村西周铜器窖藏,共计 16 件。根据铭文可分为 2 组:中义钟(图 4)和柞钟(图 5),其时代为西周晚期。现将这 2 肆 16 件编钟的测音结果进行分析并列表(参见表 3、表 4)。从测音数据分析表来看,这两肆编钟的音列均为四声音阶:羽—宫—角—徵—羽—宫—角—徵—羽—宫—角—徵—羽—宫,音域同为三个八度又一个小三度。只有调高不同,中义钟为 #G 羽,柞钟为 A 羽。

---

① 刘怀君:《眉县出土一批西周窖藏青铜乐器》,《文博》1987 年第 2 期;方建军:《中国音乐文物大系·陕西卷》,大象出版社 1996 年版,第 60—67 页。
② 刘怀君:《眉县出土一批西周窖藏青铜乐器》,《文博》1987 年第 2 期;方建军:《中国音乐文物大系·陕西卷》,大象出版社 1996 年版,第 101 页。
③ 刘怀君:《眉县杨家村西周窖藏青铜器的初步认识》,《考古与文物》2003 年第 3 期。
④ 陕西省博物馆等:《扶风齐家村青铜器群》,文物出版社 1963 年版;陕西省考古研究所等:《陕西出土商周青铜器(二)》,文物出版社 1980 年版;方建军:《中国音乐文物大系·陕西卷》,大象出版社 1996 年版,第 52—57 页。

图4 中义钟之一　　　　　　　　　　图5 柞钟之一

表3　中义钟测音数据分析表 [1]　　　　　　　　　单位：音分

序号	标本号	正鼓音		侧鼓音	
		音高	阶名	音高	阶名
1	60·0·187	#g-23	羽	同正鼓音	羽
2	60·0·182	b±0	宫	同正鼓音	宫
3	60·0·188	#d^1-48	角	#f^1-15	徵
4	60·0·189	#g^1-41	羽↓	b^1+14	宫
5	60·0·183	#d^2-1	角	#f^2+16	徵
6	60·0·184	#g^2-4	羽	b^2+31	宫
7	60·0·185	#d^3-2	角	#f^3+6	徵
8	60·0·186	#g^3-45	羽↓	b^3-20	宫

---

[1] 方建军：《中国音乐文物大系·陕西卷》，大象出版社1996年版，第53页。

表 4　柞钟测音数据分析表[①]　　　　　　　　单位：音分

序号	标本号	正鼓音 音高	正鼓音 阶名	侧鼓音 音高	侧鼓音 阶名
1	60·0·175	$a-26$	羽	同正鼓音	羽
2	60·0·176	c^1-30	宫	同正鼓音	宫
3	60·0·177	a^1-23	角	c^2-15	徵
4	60·0·178	e^1-25	羽	g^1+2	宫
5	60·0·179	e^2-21	角	g^2+24	徵↑
6	60·0·180	a^2+34	羽↑	c^3+22	宫↑
7	60·0·190	e^3+64	角↑	g^3-16	徵
8	60·0·181	a^3+74↑	羽	c^4+94	宫

有关整个西周时期编钟的音列问题，已有诸多学者进行专文研究，如黄翔鹏的《新石器和青铜时代的已知音响资料与我国音阶发展史问题》[②]和《用乐音系列记录下来的历史阶段——先秦编钟音阶结构的断代研究》[③]、陈荃有的《西周乐钟的编列探讨》[④]、孔义龙的《两周编钟音列研究》[⑤]等。他们一致认为，西周时期的编钟音列只有宫、角、徵、羽四声，并无商音。但从西周中期的长安马王村编甬钟的音列来看，是否还存在例外的情形？马王村编甬钟的正、侧鼓音音列，仅差变宫、徵曾、徵3个音就可以在一个八度内构成完整的半音阶，其不仅可以演奏四声音阶，还可以构成五声、六声和七声音阶。似西周编钟的音列并非只有宫、角、徵、羽四声，原来认为只有春秋战国时期才有的可以演奏七声音阶的编钟是否在西周中期即已出现？不过迄今所见绝大多数西周编钟，例如强伯各墓编钟、强伯㽙墓编钟、痖钟（3肆24件）、晋侯苏编钟（2肆

[①] 方建军：《中国音乐文物大系·陕西卷》，大象出版社1996年版，第56页。
[②] 黄翔鹏：《溯流探源——中国传统音乐研究》，人民音乐出版社1992年版，第1—58页。
[③] 黄翔鹏：《溯流探源——中国传统音乐研究》，人民音乐出版社1992年版，第98—108页。
[④] 陈荃有：《西周乐钟的编列探讨》，《中国音乐学》2001年第3期。
[⑤] 孔义龙：《两周编钟音列研究》，博士学位论文，中国艺术研究院，第11—49页。

16件)、眉县杨家村编钟（2肆16件）、中义钟（参见表三）、柞钟（参见表4）等，其音列诚如诸家所言，只用宫、角、徵、羽四声，并无商音。西周乐悬确实存在着禁用商音的规定。目前可以演奏七声音阶的西周编钟仅马王村编甬钟一例，值得进一步研究。

西周编钟禁用商音的问题，古今学者多有阐发。《周礼·春官·大司乐》载："凡乐，圜钟为宫，黄钟为角，太簇为徵，姑洗为羽……凡乐，函钟为宫，太簇为角，姑洗为徵，南吕为羽……凡乐，黄钟为宫，大吕为角，太簇为徵，应钟为羽……"①《周礼·春官·大司乐》郑玄注："此乐无商者，祭尚柔，商坚刚也。"贾公彦疏："云此乐无商者，祭尚柔，商坚刚也者。此经三者皆不言商，以商是西方金，故云祭尚柔，商坚刚不用。若然，上文云：'此六乐者皆文之以五声。'并据祭祀而立五声者，凡音之起由人心生，单出曰声，杂比曰音，泛论乐法以五声言之，其实祭无商声。"②可见，贾公彦认为周乐五声齐全，并非没有商音，只是因为"商坚刚"而不能用于祭祀音乐，所以上段文献没有涉及商音。《周礼·春官·大司乐》陈旸训义云："三宫不用商声者，商为金声而周以木王，其不用则避其所剋而已。"并进一步指出"周之作乐非不备五声，其无商声，文去实不去故也"③。也就是说，陈旸认为商与周是相克的关系，所以不用商音。但这仅仅是书面的规定，而在实际的演奏中商音是使用的，即所谓"文去实不去"。王光祈研究发现，《诗经》"三百篇之中罕有商调，惟《商颂》五篇始用商调。故特系在三百篇后，仿佛是一种附录之意。据说，周朝之所以不用商调，系因商调有一种杀声之故"④。以上诸家虽角度不同，但均站在政治的高度，认为商音或者商调不利于周的统治，所以不用商音。黄翔鹏对周

---

① 《周礼注疏》卷二十二，载《十三经注疏》（上），中华书局1980年版，第789—790页。
② 《周礼注疏》卷二十二，载《十三经注疏》（上），中华书局1980年版，第789—790页。
③ 陈旸：《周礼·春官·大司乐》训义，载《乐书》，光绪丙子（1876）刊本。
④ 王光祈（冯文慈、俞玉滋选注）：《王光祈音乐论著选集》（下册），人民音乐出版社1993年版，第84页。

钟不用商音，则作如是解："宫廷中至少已用全五声；不过，商声却不在骨干音之列。也就是说，西周宫廷音乐，无论其为五声或七声音阶，其可用于不同调式作为主音的音节骨干音却是：'宫—角—徵—羽'的结构。"① 也就是说，黄先生认为编钟只是用于演奏骨干音，而"骨干音却是：'宫—角—徵—羽'的结构"，所以西周编钟上才没有商音。刘再生则认为，西周编钟五声缺商的原因，在于周民族与商民族音乐习俗和审美观念的不同，属于一种民族文化差异；同时，这与民族之间的政治对立也有一定关系。②

今人孔义龙对此也有新的看法。他认为：对于西周编钟没有商音的问题出于政治上的考虑是可以的，但是"缺'商'问题的客观原因与主观问题是应该分清楚的"。"在西周编甬钟的音列中找不到'商'这个音，客观原因是在作弦上等份取音时不方便获取'商'音。"③ 孔氏认为，西周时期编钟的音列是按照一弦取音制，有三种取音方法：弦长六等份取音法、弦长五等份取音法、弦长四等份取音法。④ 这三种取音法均没有商音。他指出："到西周中、晚期这种一弦取音的方法趋于统一的时候，仍然将西周钟缺商的原因完全归结于对商的仇恨的结论尚待讨论。"⑤ 但是孔氏又指出，殷商时期的妇好墓编铙的音列已经出现商音，"它是按一弦五等分制取音时按第五等份的二分之一节点处产生"。而且"按一弦五等分制取音法，每一等份中的 1/2 节点是最容易按取的，这是无须试验仅凭常识就可以证实的。按取第五等份中的 1/2 节点获取的音位正是'商'音"⑥。既然在殷商时期的编铙上"商"音已经如此容易取得，到了西周仍然使用一弦五等分制，为何在编钟上再来取得"商"音难度却更大了呢？孔氏

---

① 黄翔鹏：《溯流探源——中国传统音乐研究》，人民音乐出版社 1992 年版，第 24 页。
② 刘再生：《中国古代音乐史简述》（修订版），人民音乐出版社 2006 年版，第 92—94 页。
③ 孔义龙：《两周编钟音列研究》，博士学位论文，中国艺术研究院音乐学，2005 届，第 78 页。
④ 孔义龙：《两周编钟音列研究》，博士学位论文，中国艺术研究院音乐学，2005 届，第 33 页。
⑤ 孔义龙：《两周编钟音列研究》，博士学位论文，中国艺术研究院音乐学，2005 届，第 21 页。
⑥ 孔义龙：《两周编钟音列研究》，博士学位论文，中国艺术研究院，第 61 页。

的自相矛盾显而易见。西周编钟禁用商音另有原因。

　　《礼记·乐记》载："宾牟贾侍坐于孔子，孔子与之言，及乐。曰……'声淫及商，何也？'对曰：'非武音也。'子曰：'若非武音，则何音也？'对曰：'有司失其传。若非有司失其传，则武王之志荒矣。'子曰：'唯，丘之闻诸苌弘，亦若吾子之言是也。'"① 可见，禁用商音，应是西周初期周公"制礼作乐"时订立的规矩，所以说是"武王之志"。王子初指出，周灭商而王天下，商为周之大敌。作为宫廷礼乐重器的编钟，自然绝不允许出现"商"音。② 通观中国历朝历代的统治者，都对前朝某些问题异常敏感，因为前朝与他们直接相关。孔子云："'礼云礼云'，玉帛云乎哉？'乐云乐云'，钟鼓云乎哉？"③ 在西周时期，钟磬乐悬绝对不仅仅是一种演奏音乐的乐器，它承载的更多是其深刻的政治内涵。"乐者，非谓黄钟、大吕、弦歌、干扬也，乐之末节也……铺筵席，陈尊俎，列笾豆，以升降为礼者，礼之末节也。"④ 可见，编钟乐悬的音乐性能是"乐之末节"，关键是要秉承"武王之志"的政治用意。编钟乐悬禁用商音就是其中一项非常重要的规定。西周时期，中国还处于"礼乐征伐自天子出"⑤的时代。所谓"溥天之下，莫非王土；率土之滨，莫非王臣"⑥，周天子对各国诸侯握有生杀予夺的大权。如周夷王时期，齐哀公得罪了纪侯，"纪侯谮之周，周烹哀公，而立其弟静，是为胡公"⑦。就因为纪侯在周夷王面前说了齐哀公的

---

① 《礼记正义》卷三十八，载《十三经注疏》（下），中华书局1980年版，第1541—1542页。
② 王子初：《晋侯苏钟的音乐学研究》，载《文物》1998年第5期。
③ 《论语·阳货》，《论语注疏》卷十七，载《十三经注疏》（下），中华书局1980年，第2525页。
④ 《礼记·乐记》，《礼记正义》卷三十八，载《十三经注疏》（下），中华书局1980年版，第1538页。
⑤ 《论语·季氏》，《论语注疏》卷十六，载《十三经注疏》（下），中华书局1980年版，第2521页。
⑥ 《诗·小雅·四月》，《毛诗正义》卷十三——一，载《十三经注疏》（上），中华书局1980年版，第463页。
⑦ 司马迁：《史记·齐太公世家》（卷三十二），中华书局1959年版，第1481页。

坏话，齐哀公就被周夷王烹杀，还直接安排胡公继位，齐国却不敢反抗，当时周天子权力之强大可见一斑。作为西周乐悬制度中的一项重要的政治规定，在西周长达数百年的时间里，在中国广袤的土地上，出土众多的编钟音列绝大多数均没有商音，只有在西周强大的王权下才可以做到。同时，商音在春秋早期编钟音列上的频繁出现更能说明这一问题。西周灭亡，中国进入了"礼乐征伐自诸侯出"[①]的时代，周天子的威严一落千丈。如公元前708年，周桓公带领军队讨伐桀骜不驯的郑国，郑伯不仅敢于领兵反抗，而且大败王师，还在周王的肩膀上射了一箭。这与西周中后期周夷王烹杀齐哀公时期的强大王权相比，此时周王的地位已是天壤之别。随着周王一统天下强权的丧失，周钟禁用商音的"武王之志"也在一夜间崩溃。春秋早期编钟音列中商音的频繁出现，正是这种时代特征的生动体现。随着时代的发展，"礼崩乐坏"不断加剧，五声齐全的编钟、编磬数量大增，有些编钟还可以演奏完整的六声、七声音阶。如长清仙人台5号墓编钮钟的音列可构成完整的六声旧音阶[②]；长清仙人台6号墓编钮钟（1—5号钟）的音列可在一个八度内构成完整的俗乐（清商）七声音阶。[③]特别是临沂凤凰岭编镈，其第一组前3件残破失音，最后一件（编号21）与第二组（5件）的音列就差两音（徵曾、宫曾）即构成完整的半音阶。[④]

综上所述，对于西周编钟音列禁用商音这一问题，应该站在政治的高度看待它，而不应囿于音乐本体的范畴。西周乐悬制度是一种等级森严的政治制度，其中涉及的任何问题都与政治息息相关。如果不能站在政治的高度对待这

---

① 《论语·季氏》，《论语注疏》卷十六，载《十三经注疏》（下），中华书局1980年版，第2521页。

② 周昌福、温增源：《中国音乐文物大系·山东卷》，大象出版社2001年版，第87页；王清雷：《山东地区两周编钟的初步研究》，《文物》2006年第12期。

③ 周昌福、温增源：《中国音乐文物大系·山东卷》，大象出版社2001年版，第89页；王清雷：《山东地区两周编钟的初步研究》，《文物》2006年第12期。

④ 周昌福、温增源：《中国音乐文物大系·山东卷》，大象出版社2001年版，第334页（表6）；王清雷：《山东地区两周编钟的初步研究》，《文物》2006年第12期。

一问题，我们看到和研究的只是所谓的"乐之末节"和"礼之末节"，将很难探究到其本质内涵。

《国语·周语下》载："钟尚羽，石尚角，匏竹利制，大不逾宫，细不过羽。"[①] 这也是西周乐悬音列制度的内容之一。黄翔鹏认为，"钟尚羽"还是有些道理。[②] 而"'大不逾宫，细不过羽'未必完全是西周钟乐制度。'大不逾宫'可能是东周人对西周人的片面看法"[③]。前文笔者已对西周时期 12 肆编钟的音列做了分析，现对其宫调等资料进行统计。其中马王村编甬钟作为例外，暂不列入。现把其余 11 肆编钟的有关宫调等内容制表（表 5）。

表 5　西周编钟音列的宫调等数据统计表

序号	名称	宫音	调式	音列的最低音	音列的最高音	出处
1	强伯各墓编钟	B	B宫	宫	宫	《西周乐悬制度的音乐考古学研究》表一〇，文物出版社 2007 年版，第 87 页
2	强伯指墓编甬钟	♭D	♭B羽	羽	羽	《西周乐悬制度的音乐考古学研究》表一一，文物出版社 2007 年版，第 87 页
3	痶钟·一肆	♭B	G羽	羽	宫	《西周乐悬制度的音乐考古学研究》表二一，文物出版社 2007 年版，第 130 页
4	痶钟·二肆	F	A角	角	宫	《西周乐悬制度的音乐考古学研究》表二一，文物出版社 2007 年版，第 130 页

---

① 徐元诰撰，王树民、沈长云点校：《国语·周语下》第三，载《国语集解》，中华书局 2002 年版，第 110 页。
② 黄翔鹏：《新石器和青铜时代的已知音响资料与我国音阶发展史问题》，载《溯流探源——中国传统音乐研究》，人民音乐出版社 1992 年版，第 25 页。
③ 黄翔鹏：《新石器和青铜时代的已知音响资料与我国音阶发展史问题》，载《溯流探源——中国传统音乐研究》，人民音乐出版社 1992 年版，第 41 页。

续表

序号	名称	宫音	调式	音列的最低音	音列的最高音	出处
5	痶钟·三肆	B	♯G 羽	羽	宫	《西周乐悬制度的音乐考古学研究》表二一，文物出版社 2007 年版，第 130 页
6	晋侯苏编钟·一肆	C	A 羽	羽	宫	—
7	晋侯苏编钟·二肆	B	♯G 羽	羽	宫	—
8	杨家村编钟·乙组	♭B	G 羽	羽	宫	—
9	杨家村编钟·丙组、甲组	D	B 羽	羽	宫	—
10	中义钟	B	♯G 羽	羽	宫	表三
11	柞钟	C	A 羽	羽	宫	表四

从表 5 的统计结果来看，在 11 肆编钟中，有 9 组为羽调，百分比为 82%，表明"钟尚羽"所言不虚。关于 11 肆编钟音列的最低音，有 9 组为羽，百分比为 82%，最高音有 10 组为宫，百分比为 90%，并非如文献所载"大不逾宫，细不过羽"。从统计结果来看，是否有可能为文献误载，而实际上是"大不逾羽，细不过宫"呢？可做进一步研究。

（四）关于"礼崩乐坏"

随着西周乐悬制度的逐步完善、成熟，"礼崩乐坏"也悄然出现。一般认为，这种现象开始于西周晚期或春秋早期。今从西周时期出土的编钟乐悬来看，其出现的时间还要早一些。马王村编甬钟即是例证之一。陕西马王村编甬钟为西周中期器物，其音列就差 3 个音就可以构成完整的半音阶，可以演奏♭B 宫六声俗乐音阶、♭B 宫六声正声音阶（或下徵音阶）、C 徵六声俗乐音阶（或下徵音阶），甚至可以演奏完整的 C 宫七声下徵音阶。也就是说，马王村编甬钟不仅在多个宫调上出现了商音，而且还可以演奏不同的商调。可见，器主已经违反了周钟禁用商音（或商调）的"武王之志"。马王村编甬钟出自长安马王村西周铜器窖藏，同出列鼎 3 件。^① 也就是说墓主应为一位士级的小贵族。出土编钟一肆，应为特悬之制。可见，他在表面上还是遵守着当时的礼制；只是在禁用商音的规矩上逾礼，这种违规是不易觉察的。因为虽然有了商音，只要不在规定的祭祀和朝会等场合使用，再加上他只是一个小小的士，不会引起别人的注意。这样在一些私下的场合，他就可以尽情地使用编钟演奏当时的"郑卫之音"，使自己获得身心感官上的娱乐与享受。可见，西周中期已经出现"礼未崩乐已坏"的现象。当然这在西周中期还是极个别的现象。到了西周晚期，有的贵族已经敢于公然僭越西周的乐悬制度，如西周晚期的单逨，官职相当于卿、大夫级别。但是他的乐悬规格却是"轩悬"之制，已经僭用了三公的礼制。同时，单逨仅四十三年鼎就有 10 件，也是对西周列鼎制度的明显僭越。^② 除此之外，西周晚期还有 3 例享用大牢九鼎的考古资料：膳夫此（宣王时期，官职为膳夫）、函皇父（幽王时期，身份为卿士，三公之一）和虢仲（厉王时期，三公之一）。^③ 俞伟超认为这 3 例均为僭越周王之制。笔者有不同看法。先看第一例，按照西周礼制，膳夫应用七鼎之制，而膳夫此却用大牢九鼎之制，确为僭越行为。至于后两例，器主均为三公之一。笔者文中已有论述，三公应该享用九鼎之制，因此函皇父和虢仲并非僭礼越规。王国维认为"虢仲以畿内诸侯为天子三公，正宜用上公及侯、伯之礼"^④。所言极是。由此观之，孔子所谓的"礼崩乐坏"在西周中期已经萌芽，到西周晚期才刚刚开始。个别卿、大夫只是僭用三公之礼，从僭越程度上来看，尚属轻微逾礼。至于"礼崩乐坏"局面的形成，当是春秋中晚期的事情了。

---

① 西安市文物管理处：《陕西长安新旺村、马王村出土的西周铜器》，《考古》1974 年第 1 期；方建军：《中国音乐文物大系·陕西卷》，大象出版社 1996 年版，第 80—83 页。
② 刘怀君：《眉县杨家村西周窖藏青铜器的初步认识》，《考古与文物》2003 年第 3 期。
③ 俞伟超、高明：《周代用鼎制度研究》（中），《北京大学学报》1978 年第 2 期。
④ 王国维：《虢仲簋跋》，载《观堂集林》（别集卷二），中华书局 1961 年版，第 1200、1201 页。

需要说明的是，笔者主要以目前所见的西周钟磬乐悬资料为基础，从音乐考古学角度对西周乐悬制度的形成、发展以及成熟的过程做一些初步的考察研究。考古发现必然带有一定的偶然性。随着音乐考古学学科的不断发展，新的考古资料的不断出现，这一课题将得到进一步深化，笔者的认识也将日臻完善。

春秋许公墓编钟研究

陈　艳

在中国历史发展长河中，春秋时期周王室逐渐衰微，诸侯间战乱连绵争霸不断。史载周公"制礼作乐"，周初的统治者在其统治范围内实施了全面的"礼乐制度"，其中，编钟等礼乐器是礼乐制度中最重要的组成部分，西周乐悬制度到春秋时期发生了重要的嬗变现象。本文所研究的许公墓出土编钟，即是这一历史时期遗留下来的重要标本之一，为研究许国历史、楚文化与中原文化的融合进程，乃至中华民族礼乐文化的形成发展与青铜编钟发展进程的历史脉络，提供了重要的实物材料。

许公墓发现于2002年春，位于河南省平顶山市叶县旧县乡许南公路西侧的澧河南岸。考古勘察发现，该墓是一座没有封土的古墓，墓葬被盗严重，多数随葬物品已丢失。经有关部门对古墓发掘，在墓中清理出遗留文物约638件，其中礼乐器73件，包括编钟、编磬以及磬架饰件、撞钟杖首、建鼓座等。特别是一套完整的37件多元组合青铜编钟，价值非凡。全套编钟由甬钟、钮钟和镈钟组合而成，形制组合独具特色，在已知先秦青铜编钟史料及文物中极为罕见。该套编钟规模仅次于曾侯乙编钟[①]，但其所显示的年代则要比曾侯乙编

[①] 曾侯乙编钟为战国早期文物，1978年发掘于湖北随县（今随州市），65件青铜编钟音域跨越五个半八度，十二个半音齐备，编钟上整部的错金铭文改写了我国先秦音乐史，被中外学者誉为稀世珍宝。

钟还早出百余年。这批乐器的出土堪称是中国音乐考古史上又一重大发现，对勾勒我国春秋时代多元化组合青铜编钟的演变发展脉络具有重要价值，对认识先秦礼乐文化演进与科技发展具有不可估量的重要意义。

一、许国始封与迁徙

许国是周王室在淮河流域分封的一个重要诸侯国，在春秋时期政治、军事和社会生活中扮演着重要角色。许国在春秋时期备受欺凌，其与南方楚国的联系尤为密切，古文献记载甚少，但由于其周宗世族身份与所处的地理位置，以及其频繁迁都的历程都彰显着它在春秋时期不寻常的政治地位。

1.始封地望

许属姜姓，是炎帝、四岳的后代，属于中原古族之一。据《世本》记载："许、州、向、申，姜姓也，炎帝后。"[①]《国语·周语》记载："齐、许、申、吕由大姜。"《汉书·地理志》记载："许，故国，姜姓，四岳后，文叔所封，二十四世为楚所灭。"《通鉴外纪》记载："武王封文叔于许，以奉太岳之祀。"公元前11世纪（西周初年），周武王在灭殷商之后，出于巩固周王朝政权的需要，先后"封建亲戚""以藩屏周"，把姜姓后人文叔及其率领的氏族部落分封到许地。从此，文叔在许地圈土建国，设吏授官，形成统治一方的"诸侯邦国"。

关于许国的始封地望与频繁的迁徙历程，曾引起许多学者的关注与探究。例如，郭沫若、徐少华、陈昌远、何光岳、许同莘等，都曾对许国的始封地望、迁徙历程、青铜器、历史地理等诸多问题进行过研究。有关古许国的地理位置据《括地志》记载："许故城，在许州许昌县南三十里，本汉许县，故许国也。"可见古许国的始封地即是汉代的许县。郭沫若认为："今河南许昌县附

---

① 见《水经·阴沟水注》引。

近，即许旧地。"① 杨伯峻："许，旧在许昌市。"② 胡悦谦认为："许初封于今许昌市。"③ 陈昌远在《许国始封地望及其迁徙的历史地理问题》中提道：以地望推测，在今天许昌市城东20公里的张潘乡古城村一带，即是古许国的始封地。④ 研究表明，今天的许昌市为西汉颍阴侯的治所，并非古许国的始封地。周初古许国的始封地应在今河南省许昌市城东20千米处的张潘乡古城村，即汉代的许县即是古许国的始封地。（如图1所示）

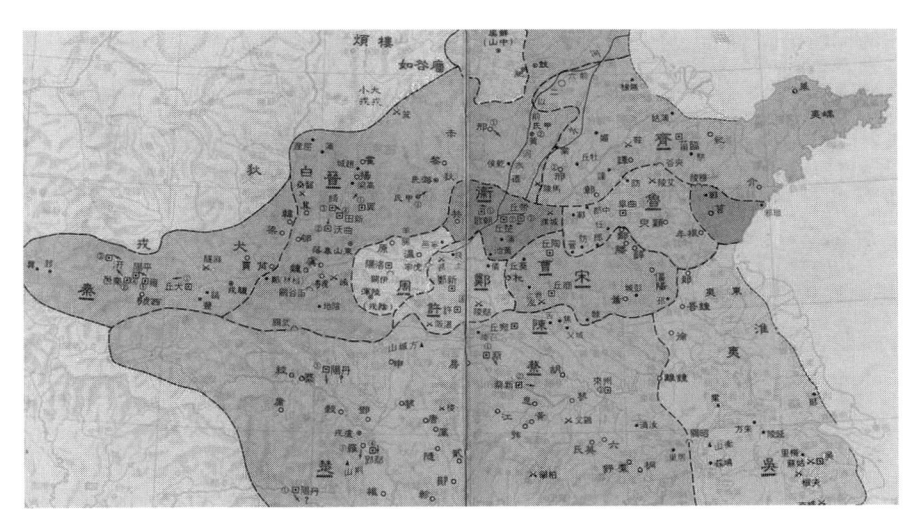

图1　春秋列国图⑤

河南省位于中原腹地，历史悠久，是夏、商、周三代文明发祥地，也是历朝历代统治者逐鹿中原的必争之地。位于河南省平顶山叶县旧县乡的澧河与烧

---

① 郭沫若：《两周金文辞大系图录考释》，科学出版社1958年版，第56页。
② 杨伯峻：《春秋左传注》，中华书局1981年版，第123页。
③ 胡悦谦：《安徽省宿县出土两件铜乐器》，《文物》1964年第7期。
④ 参见陈昌远《许国始封地望及其迁徙的历史地理问题》，《中国历史地理论丛》1993年第4期。
⑤ 谭其骧：《中国历史地图集》第一册（原始社会·夏·商·西周·春秋·战国时期），中国地图出版社1982年版。

车河汇合点的叶城,是春秋时代楚国北方屏障的县邑,属于楚国重臣令尹兼司马叶公沈诸梁的封地,故称叶城。叶城的具体地理位置,在现今的澧河以南烧车河以东、叶县南部旧县东侧几十平方公里的范围内,这一区域散布着大量春秋战国至两汉时期的墓葬。自1986年后陆续在此地发掘出土10余座春秋战国时期的贵族墓葬,据出土的文物印证,其中绝大多数属于楚国与许国的贵族墓葬。①

许国是春秋时代一个备受欺凌的弱小诸侯国,古文献对其记载只言片语,但其周宗始封的世族身份与其国都所处的地理位置,注定了他在春秋时期不同寻常的政治地位。关于许国的始封地望与频繁的迁徙历程,曾引起许多专家学者的关注与探究。例如,郭沫若《两周金文辞大系图录考释》②、徐少华《许国铜器及其历史地理研究》③、陈昌远《许国始封地望及其迁徙的历史地理问题》④、何光岳《许国的形成和迁徙》⑤、许同莘《许国史地考证》⑥等,都曾对许国的始封地望、迁徙历程、青铜器、历史地理等诸多问题进行过探讨研究。

2.迁徙历程

许国历史极为特殊,从封国到亡国先后频繁迁徙跋涉。首次迁徙地域为叶,即今天叶县南十五公里的旧县⑦,隶属楚国,战略位置险要,是楚国北部屏障要地。鲁襄公三年(前570),晋国借口许国听从楚国,不参加鸡泽会盟,以此名出师讨伐许国,攻至楚国的叶地。襄公十六年(前557),许国迫于严峻形

---

① 平顶山市文物管理局,叶县文化局:《河南叶县旧县四号春秋墓发掘简报》,《文物》2007年第9期。
② 郭沫若:《两周金文辞大系图录考释》,上海书店出版社1999年版,第45页。
③ 徐少华:《许国铜器及其历史地理研究》,《江汉考古》1994年第3期。
④ 陈昌远:《许国始封地望及其迁徙的历史地理问题》,《中国历史地理论丛》1993年第4期。
⑤ 何光岳:《许国的形成和迁徙》,《许昌学院学报》1984年第1期。
⑥ 许同莘:《许国史地考证》,《东方杂志》1943年第41卷第18号。
⑦ 和珅:《大清一统志》第211卷,南阳府古迹"叶县故城"条。

势转投晋国，请求迁徙至晋国境地，杜预注："许欲叛楚。"由于许大夫对此举极力反对，最终未能成行却反遭晋国不满，于是，晋、郑之师再度伐许。鲁襄公二十六年（前547），"许灵公如楚，请伐郑，曰：'师不兴，孤不归矣！'八月，卒于楚"[①]。楚为之伐郑，而后葬许灵公。

鲁昭公四年（前538），楚灵王预迁许国至淮河流域上游北岸赖国故地，以强化方城内外区域的控制和防御能力，缓解许国遭受晋国与郑国欺凌。但由于"东国水，不可以城，彭生罢赖之师"等诸多因素计划落空。鲁昭公九年（前533）"楚公子弃疾迁许于夷，实城父"，夷即陈邑，其故城在今安徽亳州东南三十五公里的城父镇，地理位置处于楚宋之间。鲁昭公十三年（前529），"楚之灭蔡也，灵王迁许、胡、沈、道、房、申于荆焉，平王即位，既封陈、蔡，皆复之"。 鲁昭公十一年（前531），许国从叶地迁往夷地不到两年时间又被楚灵王将其与弱小诸侯国强行一起迁往荆地。鲁昭公十八年（前524），"楚子使王子胜迁许于析，实白羽"。杜预注："析，楚邑，一名白羽，今南乡析县。"在今河南省西峡县东北一公里的莲花寺岗[②]，地理位置处于楚国与秦国交通枢纽地位。许国接二连三往返迁徙，历经磨难，造成国力大衰，又因附属于楚，其政治、经济、科技文化受制于楚而不断被楚化。

许国迁徙的原因相当复杂，从周初文叔受封至春秋中晚期回迁叶地，其迁徙活动时间长达五个半世纪，辗转迁徙六次，直到战国初期。《汉书·地理志》记载："二十四世为楚所灭。"（见图2）。

[①] 《左传·伯州梨问囚（襄公二十六年）》，中华书局1979年版。
[②] 徐少华：《〈水经注·丹水篇〉错简考订——兼论古析县、丹水县的地望》，《中国历史地理论丛》1988年第4期。

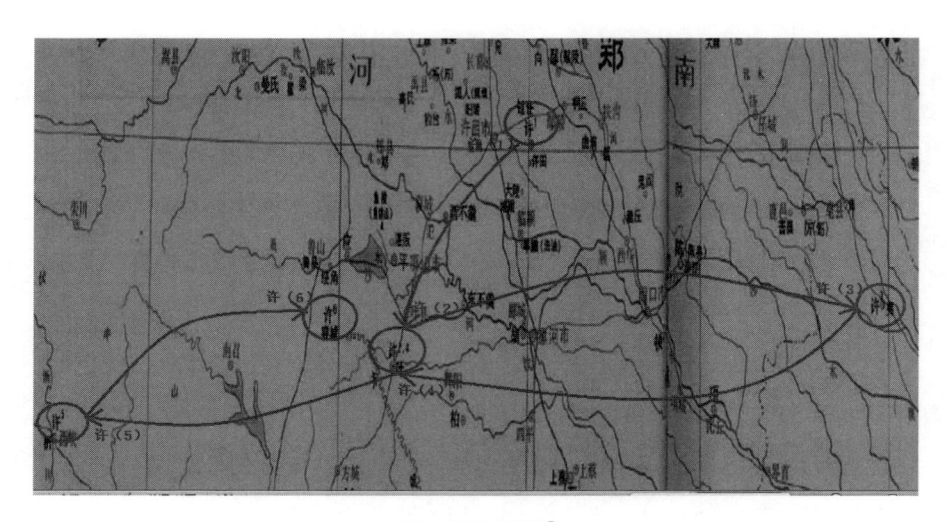

图 2　许国迁徙图[1]

　　鲁昭公四年（前538），楚灵王消灭诸侯小国赖国，迫使"迁赖于鄢，楚子欲迁许于赖，使斗韦龟与公子弃疾城之而还"。赖国又称厉国，春秋战国时期的一个诸侯国，前581年亡国，地理位置应在今河南省息县东北区域[2]，楚灵王打算把许国迁移到淮河流域上游北岸赖国故地，其目的在于收回叶及附近要地，以强化方城内外区域的控制和防御能力，在一定程度上缓解许国遭受晋国与郑国欺凌。但是，由于"东国水，不可以城，彭生罢赖之师"诸多因素，许国迁徙至赖国计划落空。鲁昭公九年（前533），"楚公子弃疾迁许于夷，实城父"。夷即陈邑，故城在今安徽亳州东南35千米的城父镇，处于楚宋之间。楚国把许国迁移至夷后，一则"取州来淮北之田以益之"，也就是把淮北区域即今天凤台至城父的土地划归给许国，以养其民；二则加强对许国的监管，防止许国叛逃。

---

[1] 谭其骧：《中国历史地图集》第一册（原始社会·夏·商·西周·春秋·战国时期），中国地图出版社1982年版。
[2] 徐少华：《古厉国历史地理及其相关问题》，《江汉论坛》1987年3期。

许国迁入楚境后又曾连年不断迁徙。据《左传》中记载：昭公十三年（前529），"楚之灭蔡也，灵王迁许、胡、沈、道、房、申于荆焉，平王即位，既封陈、蔡，皆复之"。许国从叶地迁往夷地不到两年又被楚灵王将其与弱小诸侯国强行一起迁往荆地，"荆"，杜预注："荆，楚本号，后改为楚。"杜预注"荆山也"。楚灵王所迁六国均为附庸国，楚国把这些诸侯国迁于荆地的目的在于强化淮河流域上游区域的楚化进程和战略防御。许国停留楚国内地不出两年的时间，又回迁至楚国方城之外的叶邑旧地。好景不长，由于叶地战略位置重要，楚国时刻担心许国与郑国多年结下的宿怨被激化，招致郑国联合其他诸侯国如晋国，侵扰许国，殃及楚国的战略安全，于是，综合各种因素，鲁昭公十八年（前524），"楚子使王子胜迁许于析，实白羽"。《左传》鲁僖公二十五年（前635）"秦人过析隈"，杜预注："析，楚邑，一名白羽，今南乡析县。"即在今天河南省西峡县东北一公里的莲花寺岗[①]，地理位置处于楚国与秦国交通枢纽地位。由此可见，在较短的时间内，许国历经磨难，接二连三、反反复复地往返迁移，势必造成许国综合国力大幅度下降，又由于属于楚国附属国，其政治、经济、科技文化受制于楚国并不断被楚化。鲁定公四年（前506），"许迁于容城"。杨伯峻《春秋左传注》以"容城在今河南鲁山县南稍东约三十里"，并考察鲁定公六年（前504）郑国消灭许国的史实，推测应该是河南省叶县西、鲁山东南的地区。许国在析地滞留了十八年，然后又被强迁回叶邑，获取较长时间的居留权。但是，容城北距郑国城邑的"旧许"较近，为此，郑国存在更多机会趁"楚败"之机，南下灭许国以除隐患。鲁定公六年（前504），《经》《传》并载许国被郑国所灭，然而鲁哀公元年（前494）《经》中记载许男参与楚师围蔡国，鲁哀公十三年（前482）载："夏，许男成卒"，随后"葬许元公"，杜预注："定六年（前504），郑灭许，此复见者，盖楚封之。"许国的

---

① 徐少华：《〈水经注·丹水篇〉错简考订——兼论古析县、丹水县的地望》，《中国历史地理论丛》1988 年第 4 期。

最终灭亡，时间难以确定。《韩非子·饰邪》中记载："许恃荆而不听魏，荆攻宋而魏灭许。"认为许国被魏国所灭。清朝周寿昌、王先谦以及近代许国萃等都同意该说[①]，而《汉书·地理志》颍川郡"许"县班固原注"二十四世为楚所灭"，《左传》隐公十一年（前712）孔颖达《疏》引杜预《世族谱》载："自文叔至庄公十一世始见《春秋》，元公子结元年，获麟之岁，当战国初，楚灭之。"因许国极其微弱，于史不载，其最后灭国时间已不可考。

由此可见，许国迁徙的原因相当复杂，从周初文叔受封至春秋中晚时期许灵公回迁叶地，其迁徙活动时间长达五个半世纪；从许灵公迁叶寄身于楚境，辗转迁徙六次，直到战国时期许国反复延续近百年，最终逃脱不了为楚国所灭的命运。[②]

许国的年代世袭，根据《汉书·地理志》记载"二十四世为楚所灭"。然而在文献当中能查到的仅有19位。按杜预《世族谱》所列世序，文叔至许庄公为十一世，春秋初至许元公为九世，则公元前482年元公卒之后，许国君统又延续了四世，超过百年。据此，许之灭亡应当在战国中期前段的楚肃王期间。从此，绵延七百余年的许国彻底退出了历史舞台。（见表1所示）

表1 许国君主世系年代表

序号	谥号	名	夫人	出身、关系	在位时间	资料来源
1	许信公	文叔	韩氏	伯夷后裔	公元前1046—前？	《春秋左传注》
2	许霍公	德男	纶嘉、熊氏（继）			
3	许兴公	伯封	肇兴、舒氏（继）			

---

① 《汉书·补注·地理志》颍川郡"许"县；许同莘《许国史地考证》。
② 徐少华：《许国铜器及其历史地理研究》，《江汉考古》1994年第3期。

续表

序号	谥号	名	夫人	出身、关系	在位时间	资料来源
4	许义公	孝男	衡氏			
5	许慎公	靖男		许德公子		《增订春秋世族源流图考》《春秋世族辑略》
6	许简公	康男		许伯封子		《增订春秋世族源流图考》《春秋世族辑略》
7	许武公	雄	姜氏	许武公子		《增订春秋世族源流图考》《春秋世族辑略》
8	许文公	惠男				《古本竹书纪年》
9	许隐公	襄				
10	许宣公	郑				《春秋人谱》《春秋左传注》
11	许庄公		张氏		前？—前698年	《春秋左传注》《新译左传读本》隐公十一年（前712）许庄公奔卫
12	许穆公	叔字新臣	何氏、卫氏（继）	许庄公之弟	前697年—前656年	《春秋左传注》僖公四年（前656）葬许穆公
13	许僖公	业	吕氏	许穆公子	前655年—前621年	《春秋左传注》僖公六年（前654）蔡穆侯将许僖公以见楚子于武城（左传）
14	许昭公	锡我	徐氏	许僖公子	前620年—前592年	《春秋左传注》宣公十七年（前592）葬许昭公
15	许灵公	宁	叶氏	许昭公子	前591年—前547年	《春秋左传注》成公二年（前589）许灵公为右成公十五年（前576）许灵公愬郑伯于楚，许灵公畏逼于郑，请迁于楚。辛丑，楚公子申迁许于叶。（左传）襄公二十六年许灵公如楚请伐郑，既而卒于楚，楚为之伐郑，而后葬许灵公（春秋大事表）
16	许悼公	买	鲁氏	许灵公子	前546年—前523年	《春秋左传注》昭公十九年（前523）葬许悼公

续表

序号	谥号	名	夫人	出身、关系	在位时间	资料来源
17	许哀公	斯	朱氏	许悼公子	前522年—前504年	《春秋左传注》定公六年（前504年）郑游速帅师灭许，以许男斯归。六年春，郑灭许，因楚败也
18	许元公	成	李氏	许悼公孙	前503年—前482	《春秋左传注》哀公十三年（前482）葬许元公
19	许男公	结		许元公子	前481—？	《增订春秋世族源流图考》《春秋世族辑略》

注：此表根据杨伯峻《春秋左传注》，程发轫《春秋人谱》，《增订春秋世族源流图考》，《古本竹书纪年》，《春秋世族辑略》等文献注释本，参考王道生、李立新《许国世系》一文而整理许国世系表。《汉书·地理志》载："许国二十四世为楚所灭。"公元前481年楚灭许后，许可能曾又复国，最终灭国的具体时间已不可考。

综上所述，许姓与其他姜姓嫡系世族得以分封庇护周王室周围，是周初分封的诸侯国之一。许国初始封于中原，由于郑国与其他邻国的威逼走上了迁徙征途，最终依附强盛的楚国，成为楚国的附庸国。许国在整个六次迁徙历程中，大多数围绕楚国的周边境地流离奔波，均在方城之外，而楚国目的在于利用许国开发边疆，在战略上起到巩固楚国边防的重要作用。

二、许公墓与许灵公

今河南省平顶山市东南方向20千米处的叶县，正是春秋时期的叶城，故城周长10千米，与陈、蔡、不羹并称为楚国北方四国。叶地战略位置十分重要，为楚国长期精心经营的军事重地，进入春秋时期后，楚国为北进中原在叶地建立了地方政权。在今叶县城西南15千米处，称为旧县，是一座商周时期的古城，此处为当时南北交通要道和长期都会驻地，古城周围分布着大量春秋战国时期楚、许等国的贵族墓葬，有大型封土古墓冢20余座。许公墓的地理位置正是春秋古许国的首次迁徙地——叶城。

1.许公墓

许公墓，位于今叶县旧县常庄村北地许南公路西侧 200 米处，距春秋时期叶邑故城东北角约 500 米左右。发掘编号为：叶县旧县四号春秋墓。

该墓位于今河南省叶县城西南 15 千米处，现称为旧县。距离澧河南岸边旧县 1 号楚墓的西侧约 200 米左右。[①] 距春秋时期叶邑故城东北角大约 500 米处。叶县故城周长近 10 千米，与陈、蔡、不羹并称为楚国的北方四国。叶地的战略位置十分重要。其南有楚国的方城故城，为楚国进入中原地域的必经之路。其东侧为卷城、舞阳、陈、蔡，北侧有昆阳、襄城、犨邑、不羹，为楚国长期精心经营的军事重地。据《史记》等记载，叶地应为楚国的地方行政区域之一，即"方城之外"。从出土文物显示，旧县是一座商周时期的古城，进入春秋后楚国为北进中原，在叶地建立了地方政权。由于此地处当时的南北交通要道，又是长期的都会驻地，在古城周围，分布着大量的春秋战国时期楚、许等国的贵族墓葬，据目前探察，此地具有大型封土的古墓冢尚有 20 余座。（如图 3 所示）

图 3　M4 位置示意图 [②]

[①] 河南省文物研究所、平顶山市文物管理委员会、叶县文化馆：《河南省叶县旧县 1 号墓的清理》，《华夏考古》1988 年第 3 期。
[②] 平顶山市文物管理局、叶县文化局：《河南叶县旧县四号春秋墓发掘简报》，《文物》2007 年第 9 期。

古墓的南、西、北三个方向 3/4 面积已被盗，绝大部分随葬器物被盗空，仅在墓葬东部边缘处幸存一批未被盗及的青铜编钟、编磬、跽坐铜俑、青铜鼎等，共清理出土残留青铜器物 304 件，其中青铜礼器有 27 件，青铜乐器有 56 件。在总计 638 件遗物中有 62 件为国家一级文物。[①]（如图 4 墓底图所示）

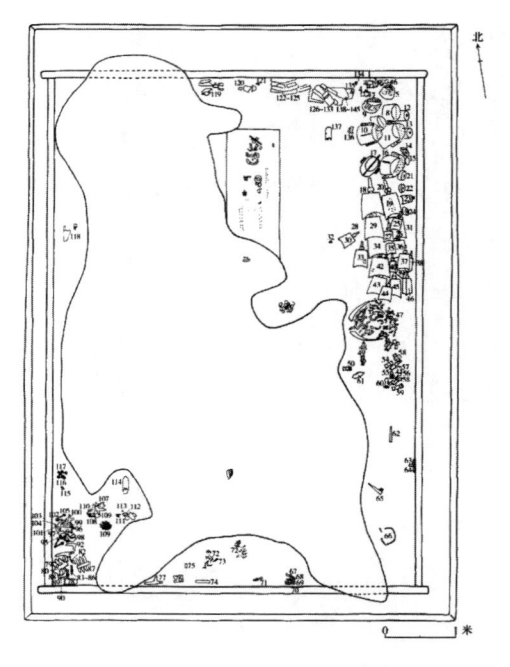

图 4　M4 底部随葬器物图[②]

注：1—4、49—60，铜跽坐人俑；5、7—11、16、17，镈；6、136，铜兽形磬架饰；12—15、21—24、31，铜钮钟；18、20、25—27、29、30、33—40、42—46，铜甬钟；19、119—120、122—133，石磬；28、41，铜连座纽；32、48、112、113、115、134、135、138—145，铜铃；47，铜建鼓座；61，薄残片；62、65，铜镈；63、64，铜勺；66，铜鼎；67—71、80—86，铜矛；72，铜升鼎饰件；73、75，铜凿；74，铜饭匕；76，铜镐；77、88—92、97—101、109、110，铜戈；78、114，铜柱状帽；137，铜钟撞；

---

① 平顶山市文物管理局、叶县文化局：《河南叶县旧县四号春秋墓发掘简报》，《文物》2007 年第 9 期。

② 平顶山市文物管理局、叶县文化局：《河南叶县旧县四号春秋墓发掘简报》，《文物》2007 年第 9 期。

79，钺形铜戟；87，六戈形铜戟；93、95、102、105、116、117，铜马衔；94、96、103、104，铜马镳；106，铜人面带扣；107、108，铜辖；111，铜方壶盖饰；118，铜簠；121，骨棒（其中31压在26器物之下；83—86压在80器物之下；104、105分别压在101、102器物之下）。

根据M4底部随葬器物图的标示，可见墓葬随葬器物的分布与随葬品的摆放的基本情况。木棺置于椁室北半部，便于椁室南半部预期留出宽阔的空间，估计是为了方便放置不同用途的各种器物，特意分成多个隔厢。据出土现场来看，在棺椁之间与棺内放置着随葬器物置。在棺椁之间以放置铜器为主，其中，椁室东侧放置乐器，有铜编钟、铜编镈、石编磬、磬架、铜饰件、铜跽坐人俑与鼓座等。在西侧放置有铜礼器，有鼎、簋、簠、方壶、方甗、浴缶、鉴等。在南侧放置有铜兵器与铜车马器，有戈、矛、镞、镈、钺形戟、六戈戟等。另外，在椁室西侧还出土有多层相叠压较厚的红色与黑色漆皮，在残片上绘有形状不明的图案，这说明在铜礼器的附近还放置有较多的漆木器，由于木胎已经腐朽，仅剩漆皮存在。

该墓葬呈长方形土坑竖穴墓，其墓口南半部开口，距离地表约0.4米。墓葬北壁由于常年遭受澧河冲刷，上部填土口暴露无遗，出现在河岸内的斜坡面上。由于山体滑坡造成其墓室西壁南段豁口，墓口明显大于墓底，壁坡呈现垂直状，墓底呈现北高南低的斜坡状。发掘报告中载："墓口南北长8.7米，墓底长8.5米，东西宽6.2米，墓底宽6米，距地表深4.5米。墓底一周的熟土二层台，稍加夯打，但不见夯窝。二层台高0.6米，台面宽度不一，其中北侧0.7米，南侧0.4米，东侧0.5米，西侧0.3米，由褐色黏土与黄色沙土混合而成的墓内填土，软硬适中，但大多数被盗扰。"[①] 墓葬棺椁属于木质单棺单椁，由于年代久远，早已腐朽，仅遗留褐色痕迹。再加墓葬被盗扰，墓内棺椁大部分被毁，墓底大部分已被扰乱，损坏严重，仅依稀可辨。木椁板因腐朽而塌陷，测

---

① 平顶山市文物管理局、叶县文化局：《河南叶县旧县四号春秋墓发掘报告》，《文物》2007年第9期。

得木椁室与椁板的数据为:"木椁室南北长 7.4 米,残高 0.6 米,东西宽 5.2 米,木椁壁板厚 0.1 米,椁底板的宽度为 0.2 米。"① 从墓葬的整体情况考察,棺椁放置于椁室内的北部,棺底部分衬着厚实的朱砂,木棺呈现长方形,但木棺的南端仅存残缺。测得数据为:"残长 1.86 米,残高 0.02 米,宽 0.78 米。棺内人骨架已腐朽不存,但是,从玉玦、玛瑙珠和玉佩组合项饰的陈放位置,可以断定,墓主人头朝北方向。"②(如图 5、图 6 所示)

图 5　河南叶县旧县四号春秋墓③　　　图 6　棺内器物出土情况

该墓葬式为贵族墓葬,葬具为木质单棺单椁,由于椁室内年代久远和被盗扰严重已塌陷,棺椁与尸体均已腐烂,呈黑褐色痕迹。根据褐色痕迹以及玛瑙珠、玉玦和玉佩搭配组合项饰的陈放位置考察,足以断定墓主人头北脚南的朝向。

棺内主要放置玉器。在墓主人头顶部放置一组玉佩联珠组合发饰与玉柄形器玉笄,面部放置一件缀玉幎目,耳部置两对玉玦,口内置多件片状琀玉,颈部置两组玉佩玛瑙珠组合项饰。胸部放置一组由多件云纹玉璜组成的四璜联珠

---

① 平顶山市文物管理局、叶县文化局:《河南叶县旧县四号春秋墓发掘简报》,《文物》2007年第 9 期。
② 平顶山市文物管理局、叶县文化局:《河南叶县旧县四号春秋墓发掘简报》,《文物》2007年第 9 期。
③ 平顶山市文物管理局、叶县文化局:《河南叶县旧县四号春秋墓发掘简报》,《文物》2007年第 9 期。

组合玉佩，下腹部放置有玉璧与玉璜。双手部位各置一组料珠、玛瑙珠组合腕饰与一件作为手握玉的玉璜或玉珩，脚端放置有一组玉璜联珠组合型踏玉（右侧被盗）。另外，在头部及其下方还放置有兽面纹佩、璗、戈形饰、镞形饰、鱼形饰、刀形饰等小型或微型玉饰，推测可能是发饰或者是肩部与胸部缀在衣服上的小件佩饰。（如图7、图8所示）

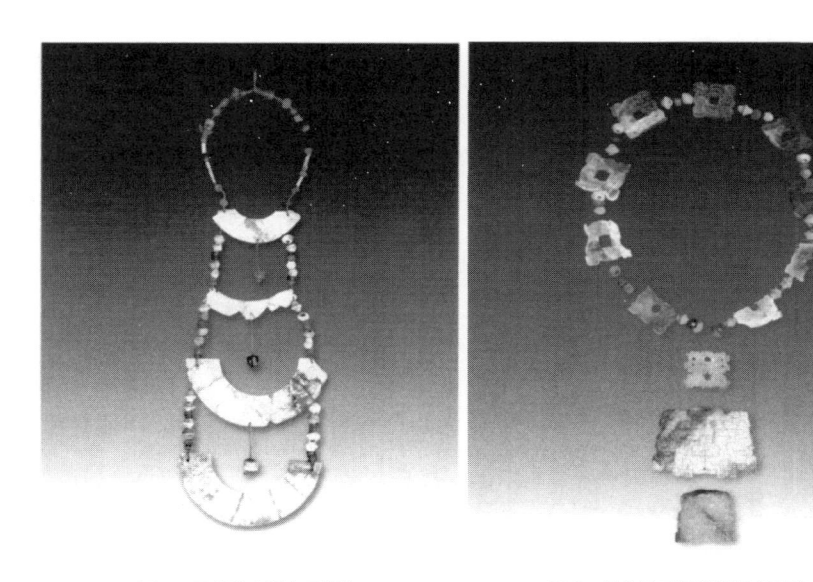

图7　四璜联珠组合玉佩饰　　　图8　夔龙纹玉佩联珠组合项饰

　　该墓仅存的638件随葬物品以质地不同分为铜、铁、金、玉、石、玛瑙、料、玻璃、骨、木器十大类。依用途不同分为礼器、殓玉、马器、工具、乐器、兵器、用具、佩玉、车器、棺饰等。其中铜器占多数，玉器数量居于第二，铁器、石器不多见，骨器只有一件。

　　在304件青铜器物中，依其用途的不同分为礼器、乐器、兵器、仪仗器、工具、车器、马器、棺饰、其他等九类。墓中礼器大多已被盗，乐器侥幸保存下来，兵器次之，车器、马器、棺饰、工具相对较少。其中青铜乐器56件，包括编钟、石编磬、建鼓座、兽形磬架饰件、跽坐人俑、钟撞帽首等。青铜礼器

图 9　透雕式器耳饰件

图 10　立鸟形方壶盖饰

图 11　许公墓建鼓座

27件，有鼎、簠、簋、方壶、方甗、浴缶、鉴、勺、匕等九种，用于祭祀与生活器物。另外还有透雕式器耳饰件、附龙形升鼎饰件、鸟形方壶盖饰件、卧鸟形器盖饰件、方壶耳部衔环等铜礼器残件等。依其用途分为：炊食器（鼎、方甗）、盛食器具（簠、簋、饭匕）、酒器（方壶、勺）、盛水器（浴缶、鉴）等四类。（如图9、图10所示）

该墓中共出土乐器73件，有编钟、石编磬、建鼓座、兽形磬架饰件、跽坐人俑、钟撞帽首等七种。其中青铜乐器56件。

建鼓座，1件。出土于墓室东侧中部。残损较为严重，现已复原。建鼓底座呈圆形，表面布满相互缠绕的呈盘曲状的圆雕长龙。精致、豪华、繁复，彰显贵族风范。底座直径80厘米，坐高约20厘米。建鼓，是先秦时期的一种鼓类打击乐器，其形状是将一木制杆置于座底，上部穿鼓而过，鼓面位于两侧，木杆穿透鼓帮向上。建鼓的出土量甚少，应是在先秦高规格墓葬中才有。目前，在全国范围内仅有几例，许公墓建鼓座即属其一。（如图11）

兽形磬架饰件，2件，成对。与石磬等一并放置，器腔内还残留朽木屑，推测应是插置于木质磬架两端的铜质装饰物。就其与木磬架相接处的情况来看，恰如两兽相向而卧、口衔磬架横木向上抬起之形。此兽张口，口部接近圆形，凸目圆睁，口旁出现一对獠牙，双角呈现卷曲，身躯缩短并且向下弯曲，前腿犹如浮雕状紧紧粘贴在其脖颈的后面，后腿呈现螺旋形缠绕于向下叉开的双管表面。此双管为椭圆形，可能套在栽置于地下的上端具有并列双榫的木桩式立柱上，这两根立柱与上述的横木共同构成悬挂石编磬的乐器架。兽的背部有一立式圆环形钮，由尾巴上卷成一圆环形成，推测此双钮可能是为捆缚线绳以固定拉紧磬架于此处。兽身、腿与尾部均饰以卷云纹。兽的前额部位有一个线形镂孔，应是铸造时放置垫片所遗留。兽首两侧各有一个相称的小圆形孔，应是固定铜饰件于木质磬架上的销钉预留孔。兽首后腿所在的管形銎孔后面各有一个近方形或不规则形穿孔，无疑也是起固定作用的。

跽坐人俑，16 件。发现其与诸多乐器并存一起，估计安装在磬架上面用于悬挂每件石磬时使用。形制相同，大小相次，均呈现一跽坐男人双手相扣合，用力紧拉一圆形铜环的姿态。俑腹中空，用以插置悬挂石磬的木榫头。此俑人裸体，体魄健壮，有菌状双角平贴于头部，双耳外张，面部宽阔且微上仰，二目圆睁，粗眉，颧骨较高，张嘴露齿，细平行线阴纹以为头发，额顶横向范线明显。经古代冶金研究专家华觉明、谭德睿先生鉴定为失蜡法工艺铸造。（如图 12、图 13 所示）

图 12　铜跽坐人俑　　　　图 13　兽形磬架饰[①]

---

①　图片由叶县县衙博物馆提供。

据考古发现，在墓中出土的638件随葬器物中，带有铭文的器物唯有铜戈一种，共16件，其中有6件带有"许公"字样的铭文。依其铭文内容大致可分为许公车戈、许公走（徒）戈、许公宁用戈、许公残戈等4种。

"戈"是一种用于战场和搏杀时的利器，根据不同的兵种可分为"车戈""走戈"等。所谓"车戈"，即指古代车战所用之戈。古代作战，三人一车，一名御者，一名射手，一名持戈的武士。所谓"走戈"，指战场上的步兵之用戈，作战之初往往跟在车兵之后向前进攻。

铜戈铭文如下：

1. 标本M4：77"许公之车戈"。
2. 标本M4：92"许公之车戈"。
3. 标本M4：110"许公之车戈"。
4. 标本M4：97"许公之造走戈"。
5. 标本M4：98残存铭文"许公"。
6. 标本M4：109"许公宁之用戈"。

车戈，即古代车战所用之戈。走戈，即战场上的步兵用戈。又因走、徒二字读意相近，可相通，所以铭文"走戈"应读为"徒戈"。徒，为战场上的步兵。许公宁之用戈，在标本M4：109的"许公宁之用戈"，直书许公之名"宁"，自然应是许公宁本人所用之戈。这与前面所言"车戈""走（徒）戈"显然不同。据文献记载，许公宁乃许国国君，在其即位后的公元前591年—前547年间，率领其国人南征北战，左右逢源，该戈应是许公宁的专用之器。（如图14所示）

许公墓出土铜戈中有10件无铭铜戈，依其援部长短的不同，可分为许公残戈、长援戈、中援戈、短援戈等七种。铜戈形制大体相同，皆为长援上扬，上下边缘皆有锐刃；柳叶形锋端下抑，锋刃锐利；援部正背面有弧线棱形脊；垂胡三穿；直内中部有一长条形穿孔。（如图15所示）

图 14　许公墓铜戈铭文拓片[1]

（左）许公车戈（M4：92）；（中）许公车戈（M4：109）；（右）许公徒戈（M4：100）

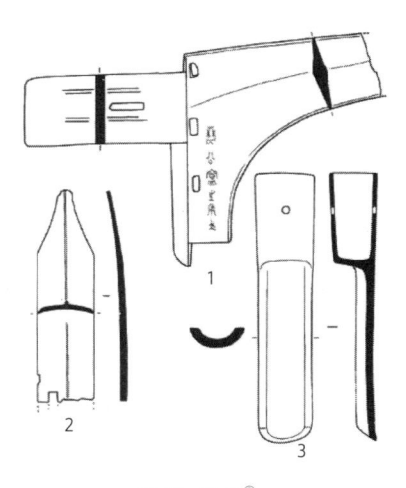

图 15　铜戈[2]

1.许公宁戈（M4：109）；2.书刀（M4：0198）；3.凿（M4：73）(1/2)

---

[1]　平顶山市文物管理局、叶县文化局：《河南叶县旧县四号春秋墓发掘简报》，《文物》2007年第9期。

[2]　平顶山市文物管理局、叶县文化局：《河南叶县旧县四号春秋墓发掘简报》，《文物》2007年第9期。

许公车戈 3 件，依其形制均属于长援戈，因其所铸铭文故名。其中援本上的穿孔为半圆形，其余均为长条形。直内较长，中部有一长条形穿孔；正背面均饰一组顾首勾喙、尾部上卷且向前伸展的、巨爪前伸上卷的凤鸟纹。其一面的胡部自上而下有铭文五字："盨（许）公止（之）車（车）戈。"

许公走（徒）戈 1 件，断为三截，栏下端已残。依其形制均属于长援戈，因胡部有铭文，故名。标本 M4：110，胡部自上而下有一行铭文："盨（许）公之告（造）走戈。"通长 22.8 厘米、栏残长 8.5 厘米、内长 7.8 厘米、宽 3 厘米、厚 0.3 厘米。

许公宁戈 1 件，援部末段残断。依其形制均属于长援戈，因胡部有铭文，故名。标本 M4：109，胡部自上而下有铭文六字："盨（许）公宁之用戈。"残长 15.8 厘米、栏长 9.3 厘米、内长 7.5 厘米、宽 3.3 厘米、厚 0.4 厘米。

许公残戈 1 件。器身与内部共断裂为三截，内端与胡部皆残。依其形制均属于长援戈，因胡部残留有铭文，故名。标本 M4：98，由于胡部残断，其上铭文仅余"盨（许）公"二字，残长 20 厘米。如图 16 所示。

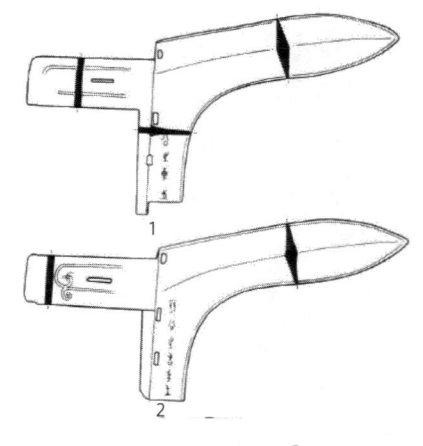

图 16　许公墓铜戈[①]

[①] 平顶山市文物管理局、叶县文化局：《河南叶县旧县四号春秋墓发掘简报》，《文物》2007 年 9 期。

在许公墓中出土的16件戈中，可分为车兵所用、步兵所用与国君所用三种，其中仅有一件是带有主人名字铭文"许公宁之用戈"，这无疑表明许公宁是多兵种联合作战部队的总统帅。由于两周时期诸侯国的统治机构大都为军政合一体制，许公宁不仅是许国的行政首脑——国君，同时也兼任许国的最高军事首领之职。由此，一能证明该墓的年代与墓主人的身份，二能确定其即为国君又是军中统帅。所以，他这种具有统帅士兵的资格与他作为许国国君的身份正相吻合。

除此之外，在该墓中残留的其他重要随葬器物即是升鼎和品种齐全的青铜礼乐器编钟，尤其是青铜编钟的规模与形制组合是春秋时代较为典型的器物类型。另外，从该墓中出土规模庞大的青铜礼器，鼎、簋、簠、方壶等和戈、矛、戟等兵器、车马器以及许多玉礼器来看，充分体现出该墓葬极高的等级规格，其墓主的身份地位应为诸侯。

两周时期诸侯国的统治机构大都为军政合一体制，许公宁身为许国行政首脑——国君，同时也兼任最高军事首领之职。据中国社会科学院考古学专家李学勤先生认定：该墓为春秋时期许国第十五世国君——许灵公宁的墓地。

2.许灵公

许灵公（前？—前547），名宁，春秋时期许国第十五世国君，在位时间为前591年—前547年，执政44年。其前任为许昭公，名锡我，在位时间为前621年—前592年，执政30年。其后任为许悼公，或许禅公，名买，在位时间为前546年—前523年，执政24年。据史籍记载，许灵公姜宁是许昭公姜锡我之子，许昭公于鲁宣公十七年（前592）卒，许灵公继位。于公元前547年逝世，谥号为"灵公"。在许国历史长河中，许灵公宁既是国君又是最高军事首领，他是许国最有作为的国君。

据史籍载，许公宁为许昭公之长子，许昭公于鲁宣公十七年（前592）去世后由许公宁继位。《左传·成公二年》（前589）中记载：晋伐宋，楚令尹子重救齐,"五卒尽行,名御戎,蔡景公为左,许灵公为右,二君,皆强冠之"①。可见,许公宁在即位时年纪尚小。许公宁即位后,因与郑国关系紧张,几乎连年遭受郑国侵扰,至成公十八年(前573),迫于郑国的压力为寻谋出路举国迁往楚国的叶,寄人篱下充当楚国附庸国。许迁叶之后,由于楚国和晋国互争霸主,造成战争不断,相互讨伐,而许国所在叶地是楚国的北方屏障,诸侯国在征伐楚国未能取得战果时,总是讨伐许国以泄私愤。许国则面临两难境地,襄公十六年(前557),许公宁曾经打算依附晋国,把国民迁徙至晋国,遭到诸多大臣的强烈反对,方案未能实施。但许国却因此遭到包括郑国在内的盟国的进攻,许国多次要求楚国兴师征伐郑国而未果。襄公二十六年(前547),许公宁亲自到楚国请求讨伐郑国,并对楚康王说:"师不兴,孤不归矣。"8月,最终病逝于楚国。楚康王深为感动地说:"不伐郑,何以求诸侯?"于10月出兵伐郑,而后厚葬灵公。至此,许灵公在艰难、流离、迁徙的困惑与挣扎中,结束了由他执政的44年历程,以客死他乡的结局结束了他南北征战的戎马一生。

许国的都城先后被迁徙至河南叶县、安徽亳州、湖北随州、河南西峡、河南鲁山等地区。经过频繁折腾,许国国力消耗殆尽,人穷志短,依仗他国寻求生存空间。尤其是许国宿敌郑国,仍恐许国东山再起,于是在公元前504年,郑国大将游速率军再一次讨伐许国,此时的许国已经无力抵抗,国君许斯被俘,许国遭遇灭国之祸。据《左传》记载"郑灭许"。此后不久,许国后裔曾在楚国的帮助下重新立国,并且持续了100余年,直至公元前375年,据《汉书·地理志》记载:"许,二十四世被楚所灭。"②

---

① 《左传·成公二年》,载《十三经注疏》,中华书局1979年版,第1915页。
② 《诗·鄘风·载驰》,载《十三经注疏》,中华书局1979年版,第320页。

三、许公墓编钟

许公墓全套编钟37件，分为钮钟、甬钟、镈钟三种类型。（如图17所示）

图17 许公墓全套编钟图[1]

1.许公墓钮钟

许公墓钮钟，共9件，出土于墓葬椁室东北侧，紧靠北壁一字形摆开，个别钮钟散落在镈钟与甬钟之间。[2]9件钮钟形制一致，纹样风格相同大小依次递减，根据形制分为一组。

（1）钮钟形制

钮钟保存完整、钟体厚实，通体略锈，间有蓝色斑块，铜胎优良，9件钮钟应是一次性铸造的实用器。（如图18所示）

---

[1] 笔者2011年11月拍摄于叶县县衙博物馆。
[2] 平顶山市文物管理局、叶县文化局：《河南叶县旧县四号春秋墓发掘简报》，《文物》2007年第9期。

图 18　许公墓 9 件钮钟图[1]

钮钟位于全套编钟组合的最上层，钮钟钟腔呈合瓦形，钟体两铣斜直下阔，于口正鼓部上凹呈弧状，平舞，中心置小方环纽。两铣斜直下阔，中部微凸，于部上拱如弧。钮钟的舞部与正鼓部均饰蟠螭纹，篆部饰斜角夔龙纹，圆梗线上饰绹索纹。舞、篆、鼓纹饰风格相同。钮钟正、背两面均设 4 组 36 个螺旋形枚，枚的周边界饰以绹索纹的凸线形边框，钲间素面，正、背两面以细雷纹纹饰为主。小方环纽上饰夔龙纹或三角雷纹两种，舞部与正鼓部均饰蟠螭纹，篆部饰斜角夔龙纹，钟体两面纹饰相同。（如图 19 所示）

图 19　许公墓钮钟图[2]

许公墓钮钟的形制设置具有其自身的特殊性与时代的烙印，钮钟的形制对其断代具有重要的标志性作用。从许公墓钮钟的形制外观以及钟腔内部音梁的

---

[1]　《中国音乐文物大系 2：江西·续河南卷》，大象出版社 2009 年版，第 130 页。
[2]　笔者 2011 年 11 月拍摄于叶县县衙博物馆。

设置与调音锉磨遗痕观察，9件钮钟应当是一次性铸造的实用器。按照出土编号由大到小分别为：M4：12（n1），M4：13（n2），M4：14（n3），M4：15（n4），M4：21（n5），M4：22（n6），M4：24（n7），M4：23（n8），M4：31（n9）。

具体形制数据见表2所示。

表2 许公墓编钮钟形制数据表① 单位：厘米、千克

序号	n1	n2	n3	n4	n5	n6	n7	n8	n9
编号	M4：12	M4：13	M4：14	M4：15	M4：21	M4：22	M4：24	M4：23	M4：31
通高	26.9	25.0	24.1	22.0	20.7	20.1	18.9	17.5	16.3
纽高	4.4	4.2	4.0	3.9	3.7	3.6	3.4	3.2	3.2
纽上宽	3.6	3.8	3.1	3.2	2.8	2.9	2.9	2.7	2.5
纽下宽	4.1	4.1	3.6	3.6	3.4	3.3	3.4	3.2	2.9
鼓间	13.0	11.3	11.3	10.4	10.1	9.6	8.6	8.2	7.5
铣间	17.9	17.3	15.8	15.4	13.8	12.8	12.1	11.3	10.3
舞修	14.7	14.0	13.2	12.4	11.4	10.5	10.2	9.5	8.5
舞广	10.8	10.2	9.6	9.0	8.5	7.7	7.4	7.1	6.4
铣长	22.8	21.2	20.3	18.7	17.3	16.5	15.6	14.1	13.1
中长	18.4	17.7	16.6	15.6	14.4	13.8	12.9	11.9	11.3
上周长	40	38	37.5	36	33	31	30	28.5	24
下周长	46	43	40.3	38.5	36	33	31	30	27
正鼓厚	0.9	0.8	0.8	0.6	0.6	0.7	1.0	1.1	0.9
侧鼓厚	0.9	0.9	0.9	0.9	0.9	0.8	1.4	1.1	1.2—1.4
质量	3.3	2.95	2.75	2.25	2.05	2.4	2.0	1.9	1.8
枚形	螺形枚	螺形枚	螺形枚	螺形枚	螺形枚	螺形枚	螺形枚	螺形枚	螺形枚

9件钮钟基本保存完整、钟体厚实，铜胎优良。钟口内有三棱状内唇，内唇上多有调音锉磨遗痕。钮钟内腔设置有形状不太规则的较短小音梁，音梁均

---

① 数据由笔者实地实物测量数据，测量地点为叶县县衙博物馆。部分数据参考《中国音乐文物大系2：江西·续河南卷》，大象出版社2009年版，第131页。

很明显。腔内两面钲中均可见铸模芯撑遗孔，个别钮钟上芯撑遗孔锈透。

具体形制分述如下：

① M4：12（n1）号：钮钟保存完好。纹饰大体相同，铜锈较厚，纹饰不清。钮钟小方环钮饰夔龙纹，钟腔两面的正中各有一铸模芯撑遗孔，一透一不透。音质尚好。

② M4：13（n2）号：钮钟表面纹饰清晰，铜锈不重，钟腔一面于口正中有裂纹，长约7厘米，于口内唇锉去一半。小方环钮饰夔龙纹，铸模芯撑遗孔情况一透一不透。音哑。

③ M4：14（n3）号：保存完好。钮钟钟体纹饰清晰，于口内唇保留基本完整，钮部纹饰为三角雷纹。钟腔两面的正中各有一铸模芯撑遗孔。音质尚好。

④ M4：15（n4）号：钮钟于口内唇基本保留，一面正鼓中心有分叉裂纹。小方环钮饰夔龙纹。内腔可见音梁，音哑。

⑤ M4：21（n5）号：保存完好。钮钟于口内唇基本保留完整，小方环钮饰夔龙纹，音质好。

⑥ M4：22（n6）号：保存完好。钮钟钟纽上饰夔龙纹，音质很好。

⑦ M4：24（n7）号：保存完好。钮钟一面绿锈较重，内唇基本保留，小方环钮饰夔龙纹。音质尚好，余音短促。

⑧ M4：23（n8）号：保存完好。钮钟两鼓面各一个芯撑遗孔，一透一不透。小方环钮饰夔龙纹，音质尚好。

⑨ M4：31（n9）号：钮钟内唇边均有锉痕，但大部分还保留，浇冒口位于于口上，铸疣尚存。两鼓面芯撑遗孔各一个，均透，小方环钮饰夔龙纹。音质尚好。

从以上分析发现，在第7号与第8号两件钮钟的钟体大小顺序与质量上有误，M4：24（n7）号钮钟的质量为1.9千克，M4：23（n8）号钮钟的质量为2.0千克，钮钟n7号轻于钮钟n8号的质量，钟体大小与质量相反。因误差不大，应与铸钟时钟体的厚薄有关，属正常范围。

（2）音梁结构

9件钮钟均设置有形状大小不同的音梁，其整齐划一的程度足以说明当时青铜乐钟铸造技术之先进。在钮钟于口三棱状内唇上大部分都有调音锉磨遗留的痕迹，锉磨部位各不同，其中除两件钮钟音哑以外，其余音质均尚好。分述如下。

① M4：12（n1）钮钟：于口内有三棱形内唇，内唇被普遍磨平，内唇上锉磨均匀，于口4侧鼓部有4处明显磨槽。音梁明显，大小不一，于口普遍被锉磨。耳测正、侧鼓音音程关系为小三度，音质尚好。

音梁：长、宽约为3厘米×3厘米。（近圆形）

② M4：13（n2）钮钟：于口内有方棱形内唇，普遍被磨平，在内唇的正鼓部与4侧鼓部有6处锉磨豁口，豁口较小。内设4个音梁，音梁短小呈椭圆形。音哑。

音梁：长、宽约为3.5厘米×3厘米。（椭圆形）

③ M4：14（n3）钮钟：于口处有方棱形内唇，内唇上沿普遍被锉磨，锉磨较轻。于口未见有锉磨豁口，内设音梁，但音梁短小。耳测正、侧鼓音音程关系为大三度，音质较好。

音梁：长、宽约为3.5厘米×3厘米。（椭圆形，如图20所示）

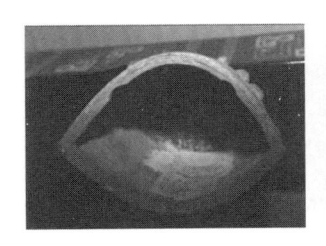

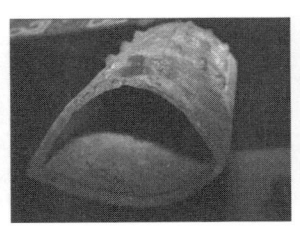

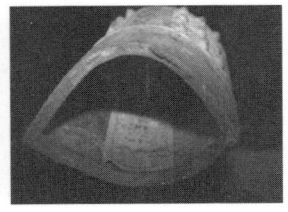

图20 第1、2、3号钮钟于口局部图[1]（从左向右）[2]

---

[1] 笔者2011年11月拍摄于叶县县衙博物馆。
[2] 笔者2011年11月拍摄于叶县县衙博物馆。

④ M4：15（n4）钮钟：钟体保存较完整，于口内唇明显，于口一面似有磨痕。四侧鼓部设有音梁，呈长条形状。于口一面正鼓中心有分叉裂纹。音哑，钟体锈蚀较重。

音梁：长、宽约为 4 厘米 ×2.4 厘米。（条状形）

⑤ M4：21（n5）钮钟：于口内唇明显，呈棱角形。于口内唇锉磨豁口较小，在两正鼓部、两铣角及 4 侧鼓部均有轻微锉磨痕迹及磨槽。内侧鼓部有音梁，音梁呈长条状。耳测正、侧鼓音音程关系为小三度，音质较好。

音梁：长、宽约为 4 厘米 ×2 厘米。（条形剑锋状）

⑥ M4：22（n6）钮钟：于口内唇呈方棱形，已被普遍锉磨平。侧鼓部设有长条剑锋状音梁，音梁上有明显一条较深的细槽沟，沟长 4 厘米，呈条状。此种锉磨痕迹较为少见，也不见于同墓其他钟上。耳测正、侧鼓音音程关系为小三度，音质好。

音梁：长、宽约为 4 厘米 ×2 厘米。（剑锋状，如图 21 所示）

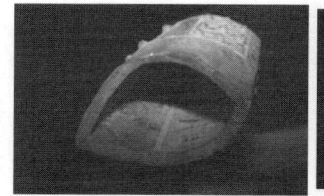

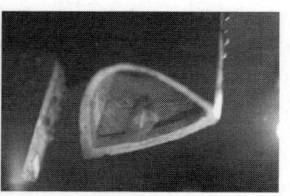

图 21　第 4、5、6 号钮钟于口部图（从左向右）[①]

⑦ M4：24（n7）钮钟：于口内有棱形内唇，内唇未见有锉磨。内侧鼓部有音梁。音梁呈剑锋状。一面正鼓部中与一侧面有很小的缺口，浇冒口铸疵，似属于一步到位的铸造。耳测正、侧鼓音音程关系为偏宽的小三度，音质尚好，余音短促。

---

① 笔者 2011 年 11 月拍摄于叶县衙博物馆。

音梁：长、宽约为 4 厘米 ×2 厘米。（条状形）

⑧ M4：23（n8）钮钟：内唇已被磨平，两正鼓、两铣角及四侧鼓各有锉磨缺口。浇冒口铸疣尚存，于口弧面粗糙。芯撑遗孔两鼓面各一个，一透一不透。钟壁较厚，内侧鼓部设有音梁，音梁呈剑锋状。耳测正、侧鼓音音程关系为大三度，音质尚好。

音梁：长、宽约为 4 厘米 ×2 厘米。（条形剑锋状）

⑨ M4：31（n9）钮钟：内唇棱角均有锉痕，两正鼓、两铣角及 4 侧鼓部均有轻微磨槽。于口不太平齐，边缘有棱，浇冒口铸疣尚存。芯撑遗孔两鼓面各一，均为透。设有 4 个音梁，音梁较小，呈剑锋状。耳测正、侧鼓音音程关系为大三度，音质较好。

音梁：长、宽约为 3.5 厘米 ×2 厘米。（半椭圆形，见图 22 所示）

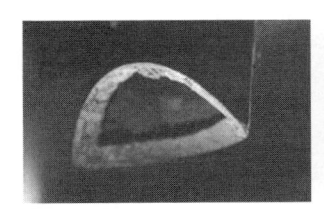

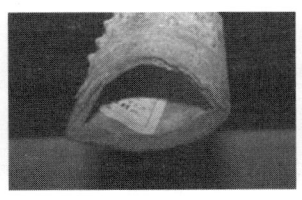

图 22　第 7、8、9 号钮钟于口部图（从左向右）[①]

在 9 件钮钟前 3 件钟的于口部锉磨现象明显，第 5—9 件钮钟的音梁突出且形状较长，基本上呈剑锋状，7—9 件钮钟的浇冒口铸疣尚存，4 个位置明确，于口粗糙。

综合以上分析，9 件钮钟的形制外观、音梁设置与调音锉磨情况具有以下特征。

其一，钮钟的外观形制一致，工艺优良，造型美观。9 件钮钟大小相次递

---

① 笔者 2011 年 11 月拍摄于叶县县衙博物馆。

减，整齐划一，具有青铜乐钟铸造的成熟水平。

其二，除 M4：15（n4）号钮钟和 M4：24（n7）号钮钟于口未见明显调音痕迹以外，其余钮钟的于口和音梁均有明显的调音锉磨痕迹，说明该组钮钟在铸造和调音锉磨技术方面具有较为成熟的水平。

其三，在 M4：22（n6）号钮钟的侧鼓部的剑锋状音梁上，有明显一条锉磨较深的细槽沟，沟长 4 厘米。呈细条状。此种锉磨痕迹较为少见，且不见于同墓的其他钟上。并且该钮钟音质较好，经测音正、侧鼓音音程关系为较准确的小三度。说明此种调音手法非随意而为，表现出调音技术的灵活性运用与对音准要求规范性。

其四，虽然在大多数钮钟上均有音梁设置与调音锉磨的痕迹，但其音梁的大小结构、形状和调音手法的统一性均有所不同，表现出编钟音梁锉磨技术过渡性发展的初期阶段。

（3）钮钟音列

许公墓钮钟 9 件成编，出土时 9 件钮钟紧靠椁室的东北侧一字形码放，与同墓甬钟并排，均未悬挂。

根据测音，许公墓钮钟保存状况不太完好，有 2 件钟已破哑，发音不清。从测音数据显示，为实用器。具体测音数据见表 3 所示。

表 3 许公墓钮钟测音数据[①] 表 （单位：音分）

序号	n1	n2	n3	n4	n5	n6	n7	n8	n9
编号	M：12	M：13	M4：14	M4：15	M4：21	M4：22	M4：24	M4：23	M4：31
正鼓音高	#g^1-13	g^1-20	#c^2+17	未测	e^2-23	#a^2+39	#d^3+19	#f^3-45 #e^3+56	b^3+1 #a^3+101
正鼓音阶名	徵	（羽）	宫	商	（角）	羽	商	角	羽

[①] 实地测音数据，并与《中国音乐文物大系 2：江西·续河南卷》，大象出版社 2009 年版，第 322 页，对比并更正。

续表

序号	n1	n2	n3	n4	n5	n6	n7	n8	n9
侧鼓音高	b^1-6	哑	f^2+3 $^\#e^2$+4	未测	g^2+13	d^3-41 $^\#c^3$+60	$^\#f^3$+42 g^3-57	a^3+16 $^\#g^3$+117	$^\#d^4$-31 $^\#c^4$+170
侧鼓音阶名	商曾	—	角	羽曾	—	宫	羽曾	徵	宫

注：在上表中，测音数据的音位名称运用有不当之处。如钮钟的第 8 号钟（M4：23），第 9 号钟（M4：31）的正鼓音与实际音位的音名排列有误。钮钟 M4：24（n7）的测音数据为 $^\#d^3$+19，钮钟 M4：23（n8）的测音数据为 $^\#f^3$-45，钮钟 M4：31（n9）的测音数据为 b^3+1。按照钮钟正鼓音的音位音名排列应为："徵—（羽）—宫—商—（角）—羽—商—角—羽"的结构。那么，第 7、8、9 号钮钟的正鼓音音名分别应为"商—角—羽"的结构，"商"到"角"为大二度关系，"角"到"羽"为纯四度关系，既然 M4：24（n7）的测音数据为 $^\#d^3$，那么 M4：23（n8）的测音数据应记为 $^\#e^3$ 而不是 $^\#f^3$，同样 M4：31（n9）的测音数据应记为 a^3 而不是 b^3。当然，尽管 e^3+56 和 $^\#a^3$+101 误差很大，特别是 $^\#a^3$ 误差达到 100 音分，但对于音位的音名来讲，严格地按照音位顺序记名理当如此。同样的问题出现在侧鼓音的第 3、6、7、8、9 件钮钟上。①

从测音数据显示，该套钮钟的第 2 号钟正鼓音高不明确，侧鼓音残哑、第 5 号钟因破损未测，其余 7 件钮钟之间的相对音高关系明确。虽然第 2 件钮钟与第 5 件钮钟的音高受损，但其按照 9 件钮钟音列排列常制则可推测出该两件钮钟的音高关系，第 2 件钟应为"羽"，第 5 件钟应为"角"，钮钟正鼓音列为："徵—（羽）—宫—商—（角）—羽—商—角—羽"的结构，完全符合春秋时期钮钟音列之常制。并构成正鼓音："宫—商—角—徵—羽"的五声音列，正、侧鼓音除去两个已哑的钟仍可构成"宫—商—角—羽曾—徵—羽—商曾"的七声音列。

综合以上分析，9 件钮钟具有以下特征：其一，钮钟的外观形制一致，工艺优良，造型美观。9 件钮钟大小相次递减，整齐划一，具有青铜乐钟铸造的成熟水平。其二，除 M4：15（n4）号钮钟和 M4：24（n7）号钮钟于口未见明显调音痕迹以外，其余钮钟的于口和音梁均有明显的调音锉磨痕迹。说明

---

① 表 3 中多处的音阶名是修订正确的书写名称。

该组钮钟在铸造和调音锉磨技术方面具有较为成熟的水平。其三，在 M4：22（n6）号钮钟的侧鼓部的剑锋状音梁上，有明显一条锉磨较深的细槽沟，沟长4厘米，呈细条状。此种锉磨痕迹体现出其早期性。该钟音质较好，正、侧鼓音音程关系为较准确的小三度，此种调音手法非随意而为，表现出调音技术的灵活性运用。其四，虽然在大多数钮钟上均有音梁设置与调音锉磨的痕迹，但其音梁的大小结构、形状和调音手法的统一性均有差异，表现出发展初期的过渡性。

总之，许公墓钮钟形制美观、铸造精良、纹饰繁缛，显示出青铜钮钟铸造工艺较为成熟的水平，但在音梁设置与调音锉磨技术方面尚存在一定发展阶段中过渡性因素。因此，许公墓编钮钟是一套经过精心铸造和细心调试过的实用乐器，从其形制、编列、音列与音梁结构上的表征反映，其产生铸造年代应在青铜编钟音梁铸造技术初期向成熟发展过渡性阶段——春秋中期早段。

2.许公墓甬钟

许公墓甬钟，共20件，出土时位于墓葬椁室东北侧，分为两组并排码放在椁室北端东壁边，与钮钟和镈钟并行。[①]20件甬钟外部形制大致相同，结构基本一致。根据形制分为甲、乙两组，每组10件。（如图23所示）

图23 许公墓（乙组）甬钟[②]

---

① 见本文图2—6M4底部随葬器物图。
② 甬钟图片来源于《中国音乐文物大系2：江西·续河南卷》，大象出版社2009年版。

（1）甬钟形制

甬钟钟腔呈合瓦形，两铣向下渐阔，于口上凹如弧形。甬部呈圆柱状甬，甬上有旋，旋上附幹，未见封衡。平舞，于口有凸起的三角状内唇，内腔平整。圆柱状甬上饰蝉纹，旋饰重环纹，舞部饰夔龙纹，篆部饰 S 形斜角云纹，正鼓部饰两组相背对称的顾首龙纹。正背两面中部饰 4 组 36 颗螺旋形枚，枚的周边与篆带之间界饰以凸线纹，钲中素面，钟体两面纹饰相同。但在个别甬钟纹饰间存在有线条纹饰简化、图案不规则现象，与制作工艺粗糙疏忽有关。（如图 24 所示）

图 24　许公墓甬钟局部图[①]

两组 20 件甬钟形制相同，大小相次递减。位于编钟组合的中间部分。甬钟钟体厚实，保存完好。圆柱状甬，甬上有旋，旋上附幹，平舞，钟腔呈合瓦形，两铣向下渐阔，于部上拱如弧形。于口有三角状内唇，内腔平整。甬钟甬部饰蝉纹，旋部饰重环纹，舞部饰夔龙纹，篆部饰 S 形斜角云纹，正鼓部饰两组相背对称的 C 形夔龙纹。正背两面中部分饰 4 组 36 颗螺旋形枚，枚的周边与篆带之间界以凸线纹。

在个别甬钟上纹饰不完全一致，如有出现线条单双不一、图案方向不同的不规则现象。如 M4：30 号甬钟枚篆细部与 M4：27 号枚篆细部的纹饰线条将双线简略为单线；在 M4：26 号甬钟篆间夔龙头部的朝向与其他钟上的朝向相

---

① 甬钟图片均于 2011 年 11 月赴叶县考察，郑东摄影提供。

反。这些纹饰的差异应与钟体的大小有关，在较小的钟体上则纹饰简化，但也不能排除制作时的粗糙与疏忽。

甲组甬钟形制：

甲组甬钟，10件。形制一致，大小递减，形态优雅，纹饰美观，铸造精良。按照出土编号由大到小分别为：M4：36（甲1），M4：26（甲2），M4：42（甲3），M4：20（甲4），M4：39（甲5），M4：37（甲6），M4：33（甲7），M4：30（甲8），M4：25（甲9），M4：27（甲10）。

具体形制分述如下：

① M4：36（甲1）号：保存基本完好，通体绿锈覆盖，钟体厚实，造型优美。在甬钟篆间的S形纹饰与其他甬钟相同纹饰相比少一条线，但这一现象应与钟体的大小无关，因该件甬钟是甲组最大的一件。此种现象的解释应与工匠有关，属于明显的疏忽。在该钟内腔，未见明显铸模芯撑遗孔。

② M4：26（甲2）号：保存基本完好，通体绿锈覆盖，间有蓝色斑块。在甬钟篆间夔龙头部的方向与其他甬钟上夔龙纹饰头部方向相反。在钟腔内上部有两个对称的铸孔，呈长方形，内大外小，舞底中心有圆形内凹。

③ M4：42（甲3）号：保存基本完好。两正鼓、两铣角及两侧鼓内有调音锉磨缺口，留存有大部分三棱状内唇，音质较好。

④ M4：20（甲4）号：甬钟保存基本完好，于口内唇有8个典型位置的锉磨缺口，位于两正鼓、两铣角和四侧鼓8个部位。音质好。

⑤ M4：39（甲5）号：保存基本完好，于口的三棱状内唇完整，其上未做任何调音修磨。内腔也无音梁设置。耳测正、侧鼓音音程关系为大二度，音质尚好。

⑥ M4：37（甲6）号：保存基本完好。篆带纹饰清晰，上下两层均饰有双线三角龙纹，舞部饰有4条相背的夔龙纹。锉磨部位明显，锉磨幅度较大。

⑦ M4：33（甲7）号：保存基本完好，舞面一端有砂眼。钲部篆带纹饰有

简化，在篆带的上层饰单线三角龙纹，下层饰双线三角龙纹。内腔未设音梁，音质好。

⑧ M4：30（甲8）号：保存基本完好。篆间的纹饰线条出现简化现象，正鼓部的顾龙纹较粗糙。钲部锉磨严重，正鼓部隧长达10厘米。音质较好。

⑨ M4：25（甲9）号：保存基本完好。一铣角有磕缺，偶有砂眼，间有铁红锈。腔面纹饰简化，粗糙，音质尚好。

⑩ M4：27（甲10）号：保存完好。腔面纹饰简化，粗糙，音质尚好。

甲组甬钟具体形制数据见表4所示。

表4　许公墓甬钟（甲组）形制数据[①]表　　　　单位：千克、厘米

序号	甲1	甲2	甲3	甲4	甲5	甲6	甲7	甲8	甲9	甲10
编号	M4:36	M4:26	M4:42	M4:20	M4:39	M4:37	M4:33	M4:30	M4:25	M4:27
通高	55.7	52.5	48.4	46.1	42.0	39.3	35.4	32.0	30.1	26.4
甬长	18.8	17.6	16.7	15.5	14.1	14.4	13.0	11.3	11.2	9.1
甬上径	4.9	5.0	4.6	4.5	4.0	4.1	3.4	3.3	3.4	2.7
甬下径	6.7	6.8	6.5	5.9	5.7	5.7	4.9	4.2	4.2	3.5
舞广	17.7	16.8	15.1	13.7	12.8	11.8	10.55	9.3	9.1	8.5
舞修	23.6	23.1	21.8	20.0	18.8	16.9	15.0	13.2	12.5	11.4
铣长	37.2	34.7	31.7	30.3	27.9	25.1	22.6	20.9	18.7	17.3
中长	29.8	28.3	26.7	25.2	23.5	21.4	19.2	16.8	15.7	15.1
上周长	67	61	57	52.5	49	44	40	35.5	36	31.5
下周长	81	78	68	62.5	57.5	52	46	41	40	35
鼓间	22.9	21.4	19.0	16.5	15.3	13.8	12.1	11.0	10.1	9.1
铣间	29.6	28.6	26.0	24.5	23.1	20.0	18.1	15.8	14.4	13.8

---

① 数据由笔者实地实物测量数据，测量地点为叶县县衙博物馆。部分数据参考《中国音乐文物大系2：江西·续河南卷》，大象出版社2009年版，第232页。

续表

序号	甲1	甲2	甲3	甲4	甲5	甲6	甲7	甲8	甲9	甲10
正鼓厚	0.8	0.85	0.7	1.35	2.1	1.25	1.3	0.9	1.3	1.7
侧鼓厚	2.5	1.9	2.0	1.85	2.3	1.65	1.9	1.0	1.9	2.0
质量	22.3	19.1	16.8	15.2	12.35	11.35	7.9	6.35	5.9	4.9
枚形	螺形枚	螺形枚	螺形枚	螺形枚	螺形枚	螺形枚	螺形枚	螺形枚	螺形枚	螺形枚

乙组甬钟形制

乙组甬钟，10件。形制一致，形态优雅，纹饰优美，铸造精良，乙组甬钟按照出土编号由大到小分别为：M4:18（乙1），M4:29（乙2），M4:34（乙3），M4:44（乙4），M4:45（乙5），M4:46（乙6），M4:43（乙7），M4:38（乙8），M4:40（乙9），M4:35（乙10）。

具体形制分述如下：

① M4:18（乙1）号：腔面有绿锈，胎质保存较好。钟斡上饰重环纹，内腔平整。

② M4:29（乙2）号：保存基本完好。于部微有锉磨。音质不佳。

③ M4:34（乙3）号：保存基本完好，在8个典型位置上形成深度弧缺，音质尚好。

④ M4:44（乙4）号：保存基本完好。钟斡上饰有重环纹。音质好。

⑤ M4:45（乙5）号：保存基本完好，音质较好。

⑥ M4:46（乙6）号：保存完好。钟斡上饰有重环纹。耳测正、侧鼓音音程关系为小三度，音质很好。

⑦ M4:43（乙7）号：保存基本完好。内唇留存部分呈"犬牙"状。有音梁，音质很好。

⑧ M4:38（乙8）号：保存基本完好。编钟腔面纹饰略粗糙。耳测正、侧

鼓音音程关系为纯四度，音质尚好。

⑨ M4：40（乙9）号：保存完好。内唇上可见较浅的缺口，其余内唇大部留存。音质好。

⑩ M4：35（乙10）号：保存基本完好。甬钟的舞部一侧有磕缺，可见砂眼。篆间纹饰有简化倾向。内唇完好，未见调音锉磨。音质一般。

乙组甬钟具体形制数据见表 5 所示。

表 5：许公墓甬钟（乙组）形制数据[①]表（单位：千克、厘米）

序号	乙1	乙2	乙3	乙4	乙5	乙6	乙7	乙8	乙9	乙10
编号	M4:18	M4:29	M4:34	M4:44	M4:45	M4:46	M4:43	M4:38	M4:40	M4:35
通高	55.6	52.5	48.1	42.0	46.2	39.2	35.6	32.0	30.3	26.0
甬长	18.9	17.9	6.5	14.4	15.7	13.9	13.0	11.2	11.4	9.1
甬上径	5.0	4.9	4.7	4.0	4.5	4.2	3.8	3.3	3.3	2.7
甬下径	6.8	6.9	6.5	5.55	6.0	5.1	4.6	4.3	4.2	3.5
舞广	17.5	16.2	15.1	12.9	13.9	11.8	10.8	9.2	9.1	8.6
舞修	24.0	23.0	21.6	18.6	20.2	17.0	14.9	13.2	12.4	11.4
中长	29.75	28.4	27.0	23.3	25.0	21.4	19.1	17.1	15.7	14.7
上周长	67	63	59	55	51	47	42	37	36	33.5
下周长	82	77	70.5	64.5	60	54	48	43	40	37.5
铣长	37.1	35.1	31.7	27.8	30.7	25.2	22.7	20.9	18.6	17.2
鼓间	22.8	21.1	18.7	15.2	16.2	14.0	12.0	11.0	10.1	9.2
铣间	29.7	28.5	26.0	22.7	24.6	20.2	18.1	15.9	14.3	13.8
正鼓厚	1.1	0.9	0.9	0.7	1.55	0.85	1.5	1.4	1.5	2.1
侧鼓厚	1.5	2.1	1.4	1.15	1.5	1.2	1.5	2.1	1.8	2.0
质量	20.9	19.6	16.7	12.7	14.7	11.55	9.05	7.15	6.0	4.75
枚形	螺形枚	螺形枚	螺形枚	螺形枚	螺形枚	螺形枚	螺形枚	螺形枚	螺形枚	螺形枚

---

① 数据由笔者实地实物测量数据，测量地点为叶县县衙博物馆。部分数据参考《中国音乐文物大系 2：江西·续河南卷》，大象出版社 2009 年版，第 232 页。

从甲乙两组甬钟形制观察，无论是合瓦形钟体，还是偏短的圆柱状甬，以及甬上的蝉纹、旋上的重环纹，舞部、篆部的纹饰和腔体两面鼓部所饰的两组对称顾首龙纹等，均透显出强烈的西周中晚期甬钟纹饰的典型特征与风格。

（2）甬钟音梁

许公墓 20 件甬钟保存较为完好，钟体厚实、铜料精良。在甬钟的于口处有凸起的三棱状内唇，钟内腔上部基本平整，在下部四侧鼓部的多数钟上铸有明显的块状音梁，音梁微鼓，长宽不一。在两铣及正、侧鼓的于口处有锉磨调音凹槽，部分凹槽深入腔体。

但是，也有个别甬钟上没有音梁，且无调音痕迹。很明显，这几件甬钟在铸造时就没有音梁。

音梁结构分述如下。

甲组甬钟音梁结构：

① M4：36（甲 1）甬钟：保存基本完好，于口内置有音梁，低平，但较明显，于口内唇普遍被锉磨，正鼓部、两铣角均有锉磨痕迹。正面侧鼓部微有锉磨，于口正鼓部与一侧鼓部豁口明显。内唇余部大多留存，内腔未见明显铸模芯撑遗孔。内部 4 侧鼓部均设置有音梁，音梁呈椭圆形，半圆状音梁。耳测正、侧鼓音音程关系为纯四度，侧鼓音较弱。

音梁：长、宽约为 2 厘米 ×4 厘米。

② M4：26（甲 2）甬钟：保存基本完好，通体绿锈覆盖，间有蓝色斑块。于口内唇基本完整，于口内有突出的菱形唇线，正鼓部与两铣角有明显调音锉磨弧缺，一面两侧鼓内微有锉磨痕迹。内腔平整，下部四侧鼓处未见音梁。腔内上部有对称的两个铸孔，长方形，内大外小，舞底中心也有圆形内凹。耳测正、侧鼓音音程关系为小三度，音质较好，未见音梁。

③ M4：42（甲 3）甬钟：保存基本完好，于口内唇线普遍被锉磨，正面侧

鼓部与两铣角有 4 处对称的磨槽痕迹。一面侧鼓部有一磨槽，一侧不明显。音梁呈椭圆形。耳测正、侧鼓音音程关系为小三度，音质好。

音梁：长、宽约为 6.5 厘米 ×3.5 厘米。长、宽约为 6 厘米 ×4 厘米。（如图 25 所示）

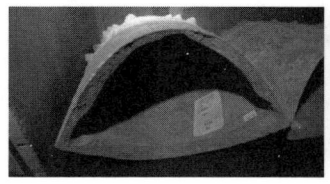

图 25　甬钟（甲 1、甲 2、甲 3 局部图）[①]

④ M4：20（甲 4）甬钟：保存基本完好。于口内侧内唇均被锉磨，在两正鼓、两铣角和四侧鼓内 8 个典型位置上有 4 个对称的磨槽，锉磨深及音梁，音梁磋至内唇连及钟壁，音梁呈与钟腔弧度相应的凹弧状。一侧磨隧长 9 厘米。两铣角有对称的磨槽。音梁仅 3 条，一处侧鼓部内的音梁似被忽略。耳测正、侧鼓音音程关系为小三度，音质好。

音梁：长、宽约为 5 厘米 ×3 厘米。（条状）

⑤ M4：39（甲 5）甬钟：于口三棱内唇完整，没有任何调音锉磨的痕迹，像是一次铸造成型。内侧 4 侧鼓部未见有音梁设置，音准与相邻的两个钟呈大二度音程。耳测正、侧鼓部音高也呈大二度音程。音质较好。未见音梁。

⑥ M4：37（甲 6）甬钟：于口内唇有 8 处对称的锉磨弧缺痕迹，分别在正鼓部、侧鼓部、两铣角处。有 8 个磨槽，音梁的锉磨从于口深至音梁，音梁被锉平。于口内唇有 8 个调音锉磨弧缺，位置典型。耳测正、侧鼓音音程关系为小三度，音质尚好。

---

① 　笔者 2011 年 11 月拍摄于叶县县衙博物馆。

音梁：长、宽约为 5 厘米 ×3 厘米。（如图 26 所示）

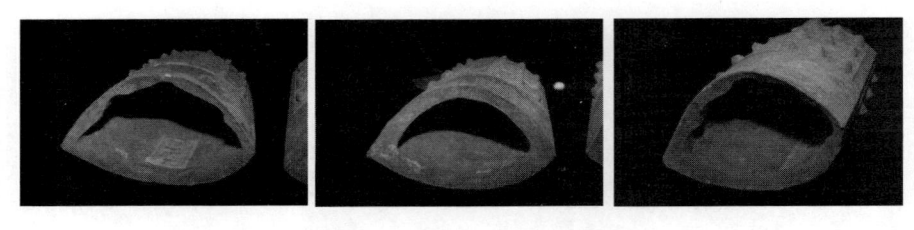

图 26　甬钟（甲 4、甲 5、甲 6 局部图）[①]

⑦ M4：33（甲 7）甬钟：于口部有明显内唇。正鼓部内唇有磨槽，两铣角和一面侧鼓部有磨槽，有磨槽缺口。隧长 7 厘米，从钟壁延至于口。未设音梁。耳测正、侧鼓音音程关系为偏窄的小三度，音质好。

⑧ M4：30（甲 8）甬钟：于口内唇全部锉平，口壁较薄，并锉入钟壁形成多道较宽的弧凹，宽 7 厘米，长 9 厘米。两铣角与一面正鼓部锉槽较深。在一侧鼓部只设置有一个音梁。耳测正、侧鼓音音程为较窄的小三度。音质较好。钲部锉磨严重，正鼓部隧长达 10 厘米。

音梁：一个音梁，形状不明显。

⑨ M4：25（甲 9）甬钟：于口内唇完整，较厚。正鼓部与两铣角有对称的磨槽，一边侧鼓部有磨槽，侧鼓部设有条状的音梁。耳测正、侧鼓音音程关系为偏窄的小三度。音质尚好。

音梁：长、宽约为 4 厘米 ×3 厘米。

⑩ M4：27（甲 10）甬钟：内唇完整，未见有锉磨痕迹。内侧设有 4 个较小的音梁，形状较圆，稍高。耳测正、侧鼓音音程关系为大二度，音质较好。一侧有锉磨。

音梁：长、宽约为 3.5 厘米 ×2 厘米（圆形）。（如图 27 所示）

---

① 　笔者 2011 年 11 月拍摄于叶县县衙博物馆。

图 27　甬钟（甲 7、甲 8、甲 9、甲 10 局部图）[①]

乙组甬钟音梁结构：

① M4：18（乙 1）甬钟：内唇大部保留，于口内唇普遍被锉磨、一侧鼓部和两铣部均有明显锉磨弧缺，两铣向正鼓部拱起呈弧形状。耳测正、侧鼓音音程关系为小三度，发音含混，音质隔离度差。未见音梁。

② M4：29（乙 2）甬钟：内唇大部保留，于口锉磨较轻，一面内侧鼓部有略微锉磨。两铣角、正鼓部均有明显锉磨弧缺，在 4 个对称位置上，两铣向正鼓部方向拱起呈弧状。内侧鼓部有音梁，大小不一，均呈椭圆状。耳测正、侧鼓音音程关系呈稍窄的纯四度，音质不佳。

音梁：一音梁长宽约为 6.9 厘米 ×3.8 厘米。另一音梁长宽约为 5.5 厘米 ×3.5 厘米。

③ M4：34（乙 3）甬钟：于口内唇有明显锉磨，正鼓部锉磨音隧深入钟壁 3.8 厘米。两铣部音隧锉磨较深，共有 10 处锉磨。内侧鼓部一音梁呈半椭圆状，另一音梁呈剑锋状。耳测正、侧鼓音音程关系呈稍宽的小三度，音质较好。

音梁：长宽约为 6.5 厘米 ×4.8 厘米（半椭圆状）。长、宽约为 6 厘米 ×1 厘米（剑锋状）。（如图 28 所示）

---

① 笔者 2011 年 11 月拍摄于叶县县衙博物馆。

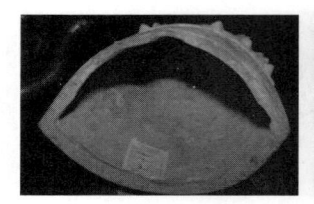

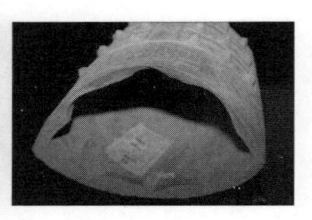

图 28　甬钟（乙1、乙2、乙3 局部图）[①]

④ M4：44（乙 4）甬钟：保存完好，于口呈三角状，在 8 个典型位置上有 9 处锉磨的深度弧缺，内唇厚实，内唇峰尖尚存。内侧鼓部有明显的音梁，音梁大小不一，均呈半椭圆状。耳测正、侧鼓音音程关系为小三度，音质好。

音梁：长、宽约为 6 厘米 ×4 厘米。长、宽约为 7 厘米 ×4.5 厘米。

⑤ M4：45（乙 5）甬钟：于口无内唇，或内唇均被锉平。于口四周壁厚薄不一，整体偏薄。内侧有轻微锉磨，内正鼓部锉磨深入钟壁，隧长 6 厘米。两正鼓、两铣角锉磨过度。耳测正、侧鼓音音程关系为大三度，音质好。未见音梁。

⑥ M4：46（乙 6）甬钟：于口内唇被基本锉磨平，留有少部分残迹，正鼓部、两铣部、侧鼓部锉磨明显，有不规则锉磨 9 处，音隧均深入钟体。内侧鼓部有音梁，音梁较长，大小不一，均呈剑锋状。钟背面两个音梁均被锉磨削平。耳测正、侧鼓音音程关系为小三度，音质非常好。

音梁：长、宽约 6 厘米 ×3.5 厘米。长、宽约 7 厘米 ×3 厘米。（如图 29 所示）

⑦ M4：43（乙 7）甬钟：于口内唇呈三角状，内唇较厚，在 8 个典型位置上有深度的锉磨弧缺，内侧鼓部均锉磨及音梁，音梁大小形状不一，一呈半椭圆状，一呈条状。耳测正、侧鼓音音程关系为偏窄的小三度，音质非常好。

音梁：长、宽约为 4 厘米 ×3.3 厘米。（半椭圆状）。长、宽约 4 厘米 ×1.5 厘米。（条状）。

---

① 　笔者 2011 年 11 月拍摄于叶县县衙博物馆。

图 29　甬钟（乙 4、乙 5、乙 6 局部图）[①]

⑧ M4：38（乙 8）甬钟：于口呈三角状。内唇较厚，音梁与内唇齐高，两正鼓部、两铣部有 4 处明显对称的深度锉磨弧缺。两侧鼓部略微锉磨，内侧鼓部有音梁。音梁大小、形状不规则，一音梁呈长椭圆状，另一音梁呈半椭圆状。耳测正、侧鼓音音程关系为纯四度，音质较好。

音梁：长、宽约为 3.9 厘米 ×2.9 厘米。（半椭圆状）。长、宽约为 4 厘米 ×2.5 厘米。（长椭圆状）

⑨ M4：40（乙 9）甬钟：于口呈三角状，厚实。内唇上两正鼓部略有锉磨，可见较浅的痕迹，两铣部有明显锉磨，侧鼓部无锉磨痕迹。内侧鼓部均有音梁，音梁较小，一呈圆状，一呈半椭圆状。耳测正、侧鼓音音程关系为小三度，音质好。

音梁：直径 1.2 厘米。（圆形）长、宽约为 4 厘米 ×2.5 厘米。（半椭圆状）

⑩ M4：35（乙 10）甬钟：于口内唇呈三角状，内唇完好，无锉磨。在正鼓部、内侧鼓部均有音梁设置，音梁较高，形状大小不一，呈椭圆状和剑锋状。耳测正侧鼓音音程关系为偏窄的的小三度，音质尚可。

音梁：长、宽约为 3 厘米 ×1.7 厘米。（椭圆状）长、宽约为 3.6 厘米

[①] 说明：音梁与数据为笔者实地考察测量拍摄，并更正在《中国音乐文物大系 2：江西·续河南卷》中的第 157 页，将乙组的第 4 号钟 M4：44（乙 4）甬钟和乙组的第 5 号钟 M4：45（乙 5）甬钟的文字叙述部分搞颠倒了。文中的乙组 4 号钟的文字叙述部分应是乙组 5 号钟的文字叙述内容。乙组 5 号钟的文字叙述部分应是乙组 4 号钟的文字叙述内容。在本文中已更正。

×1.6厘米（剑锋状）。（如图30所示）

图30 甬钟（乙7、乙8、乙9、乙10局部图）①

在20件甬钟上有5件未见音梁，包括有甲组M4：26（甲2）、M4：39（甲5）、M4：33（甲7），乙组M4：18（乙1）、M4：45（乙5），该5件甬钟上很明显是铸造时就未设音梁②，另有一件钟上只有一个音梁，编号为：M4：30（甲8）甬钟。但在每件钟上都留有不同程度的锉磨调音痕迹。通过测试发现它们所具有的共同特点是：音准、音质较佳，说明这些甬钟无音梁的情况不属于遗漏，而恰恰反映了此时青铜铸造工艺的高超水平。

（3）甬钟音列

20件甬钟以10+10的编列方式出现，经测音表明，正、侧鼓三度音程关系明确，且较为均衡，为实用器。

两组甬钟音域宽广，均从小字组到小字4组，跨越5个八度，五、六、七声音阶齐备。具体测音数据见表6、表7所示。

表6　许公墓甲组（10件）甬钟测音数据表③　　　单位：音分

编号	M4:36	M4:26	M4:42	M4:20	M4:39	M4:37	M4:33	M4:30	M4:25	M4:27
序号	甲1	甲2	甲3	甲4	甲5	甲6	甲7	甲8	甲9	甲10

① 笔者2011年11月拍摄于叶县县衙博物馆。
② 具体分析见本人博士学位论文《许公墓编钟研究》，第54—58页。
③ 测音数据由笔者实地测量，测量地点为叶县县衙。与《中国音乐文物大系2：江西·续河南卷》第322页测音数据相对照并更正。

续表

正鼓音	音高	b − 42	d¹ − 60 (♯c¹+40)	♯f¹−19	b¹ + 11	e² + 41	♯f² − 6	a² + 29	b² − 27	g³ − 48	b³ + 98 (c⁴−2)
	频率	240.91	283.78	366.08	497.23	675.37	737.53	895.20	972.61	1612.40	2091.23
	音位	羽	↓宫	角	羽	商	角	徵	羽	羽曾	↑羽
侧鼓音	音高	e¹ + 28	♯f¹−106	a¹ + 5	d² + 48	♯f²+21	a² + 39	♯c³ − 7	d³ − 9	b³ − 9	d⁴ + 29
	频率	335.12	348.13	441.45	604.14	749.39	900.50	1104.38	1168.81	1965.57	2390.35
	音位	商	↓角	徵	宫	角	徵	徵角	宫	羽	宫
	备注			声音较杂	音质极好	有杂音	声音略含混				

表7 许公墓乙组（10件）甬钟测音数据表① 　　单位：音分

编号		M4:48	M4:29	M4:34	M4:45	M4:44	M4:46	M4:43	M4:38	M4:40	M4:35
序号		乙1	乙2	乙3	乙4	乙5	乙6	乙7	乙8	乙9	乙10
正鼓音	音高	b − 42	d¹ − 48	♯f¹ − 50 (f¹+50)	a¹ − 13	b¹ − 17	♯f² − 19	b² + 9	♯f − 136 (f³−36)	g³ − 25	b³ + 68 (c⁴−32)
	频率	241.01	285.73	359.61	436.95	489.31	732.15	992.95	1368.70	1545.69	2055.03
	音位	羽	宫	↓角	徵	羽	角	羽	↓角	羽曾	↑羽
侧鼓音	音高	d¹−59	g¹ + 32	a¹ − 13	♯c − 14	d² + 23	a² + 22	d³ + 9	a³ + 33	b³ − 101	d⁴ + 3
	频率	283.98	399.36	436.83	550.01	595.41	891.52	1180.79	1794.51	1847.27	2354.55
	音位	↓宫	羽曾	徵	徵角	宫	徵	宫	徵	↓羽	宫
	备注	有破裂	音高不明确	音高明确	音高明确	音高明确	音高明确	音高明确	音高明确	音高明确	音高明确

两组甬钟音列排列。

甲组甬钟正鼓音音列："羽·宫·角·羽·商·角·徵·羽·羽曾·羽"。

甲组甬钟侧鼓音音列："商·角·徵·宫·角·徵·徵角·宫·羽·宫"。

---

① 测音数据由笔者实地测量，测量地点为叶县衙。与《中国音乐文物大系2：江西·续河南卷》第322页测音数据相对照并更正。

乙组甬钟正鼓音音列："羽·宫·角·徵·羽·角·羽·角·羽曾·羽"。

乙组甬钟侧鼓音音列："宫·羽曾·徵·徵角·宫·徵·宫·徵·羽·宫"。

两组甬钟音列具有以下特征。

其一，甲、乙两组甬钟在音列设置具有互补性。两组甬钟单独在各组的八度组内仅能奏出五声音阶，但若在同一八度组内将两组甬钟的音列相结合，则均能形成六声音列。其二，下徵音阶较为典型。将甲乙两组八度组打破，其音阶可构成为：宫—商—角—羽曾—徵—羽—变宫，此种音阶形式是典型的下徵音阶形式。其三，"钟尚羽"观念的体现。"羽"音频繁出现在许公墓甬钟的正鼓音列中，并且在两组甬钟的正鼓首、末二钟音均为"羽"。文献史载"钟尚羽"[①]观念生动地体现在两组甬钟上。其四，"商"音的突破。在许公墓甬钟音列中，"商"音的出现是一个标志性的信息，首先说明周乐戒用"商"音的戒律在许公墓甬钟的音列中已被打破；其次说明许公墓甬钟的产生年代一定在甬钟音列发生变化后的时期。但是，从音列分析可见，尽管在甲乙两组甬钟中出现了"商"音，但"商"音的位置并未成为两组甬钟音列的主干音，其仍然体现出一种早期的尝试性运用，彰显出音列早期的演变历程。

3.许公墓镈钟

许公墓编镈，共 8 件，分为两种形制（有脊镈钟与无脊镈钟）。出土时位于墓葬椁室的东北角，分为两排并列摆放在椁室的北侧。

（1）编镈形制

8 件镈钟分为两组，4 件成编，一组为有脊镈钟（即带扉棱和中脊的椭圆体有脊无枚编镈），另一组为无脊镈钟（即不带扉棱和中脊的合瓦体无脊有枚编镈），两组镈钟形制不同，具有完全不同的风格与特征。（如图 31 所示）

[①] （三国吴）韦昭注：《国语》卷三，中华书局 1985 年版，第 43 页。

图 31　许公墓镈钟[①]

1）有脊镈钟：有脊镈钟体两铣微鼓，近于口处稍敛，腔体长椭圆形，正视略呈梯形，于口平齐。镈钟两侧铣部上扉棱与舞上对称的繁纽相连，舞部平面，略下凹，在镈体腔面正中设置中脊扉棱，与两侧扉棱形成"四翼"形态。扉棱和中脊的长度约占腔体的 2/3，腔体下半部素面。

有脊镈体纹饰为浮雕龙纹，舞部纹饰与腔面纹饰相一致，浮雕龙纹内凹，边缘起棱。腔体上下缘饰有带状凹槽，四周置四棱锥状乳钉 8 个。镈体两侧扉棱与中脊扉棱均为透雕夔凤合体文饰，透雕夔凤纹以细致的三角雷纹为底。舞上置蟠龙形扁体繁纽，舞部饰两组相背的盘龙纹。

腔体正背两面均饰浮雕式蟠龙纹，蟠龙纹上下边缘各有一周菱形椎体相间隔的纹样带。在这些纹样中龙体纹饰皆呈凹槽状，造型风格统一，在铸造上体现出一种由繁而简的抽象审美思想。（如图 32 所示）

---

① 图片来源：由平顶山叶县县衙博物馆提供。

图 32　有脊镈钟局部图[①]

4件有脊编镈按照出土编号由大到小分别为：M4：10（b1），M4：11（b2），M4：16（b3），M4：17（b4）。

具体形制分述如下。

① M4：10号（b1）：镈钟保存基本完整，镈体外部锈蚀较轻，纽部有多处断裂，已修复。内腔上部平整，内有芯撑遗孔两周，呈内大外小圆形，上周为11个，下周为12个。

② M4：11号（b2）：在镈钟的于口一侧有磕缺，另一面有裂痕长约4厘米。双音性能不佳，侧鼓音高不明显。

③ M4：16号（b3）：镈钟纽部断裂，基本不能负重。于口内两正鼓、两铣角挫磨较多，四侧鼓部的内唇残留较多。耳测正、侧鼓音音程关系近纯五度。

④ M4：17号（b4）：是最小的件，也是最完整的一件。外部保存较好，形态完好，锈蚀较轻。

具体形制数据见表8所示。

---

① 许公墓有脊镈钟局部图片由平顶山叶县县衙博物馆提供。

表 8　许公墓有脊编镈形制数据统计表[①]　　　　单位：厘米、千克

序号	b1	b2	b3	b4
编号	M4：10	M4：11	M4：16	M4：17
通高	58.2	54.3	52.9	48.8
纽高	18.2	17.0	17.1	15.2
扉棱宽	6.5	6.0	6.0	5.3
扉棱厚	1.0	1.1	1.1	1.1
中脊长	29.8	27.0	26.7	25.0
中脊宽	6.5	6.0	6.0	6.0
脊厚	1.0	1.3	1.1	0.9
舞修	24.4	23.1	22.0	20.7
舞广	20.4	19.5	18.5	17.5
中长	40.0	37.3	35.8	33.6
铣长	40.0	37.3	35.8	33.6
上周长	72	68	66	58
下周长	102	93	91	88
鼓间	29.5	26.1	26.3	25.8
铣间	34.1	31.2	30.3	29.2
正鼓厚	0.8	0.8	1.0	1.1
侧鼓厚	1.2	1.2	1.4	2.0
质量	28.7	24.7	26.6	23.7

从表 8 数据中发现，其中有一个特殊的现象，第 2 件镈钟与第 3 件镈钟的质量与大小不相符，3 号钟重于 2 号钟。4 件顺序为：最大的（b1）M4：10 号钟为 28.7 千克，（b2）M4：11 号钟为 24.7 千克，（b3）M4：16 号钟为 26.6 千克，最小的（b4）M4：17 号钟为 23.7 千克，（b3）重于（b2）。此现象可能由于铸造时钟体的厚度不匀和锉磨技术等因素，造成镈体的重量与大小不一致。

---

① 数据由笔者实地测量，并参见王子初《河南叶县旧县四号春秋墓出土的两组编镈》，《文物》2007 年第 12 期。

有脊编镈纹饰优美，制作精良，镈体通身覆盖绿锈，锈蚀不重。镈钟腔体厚重，形态匀称，铜胎保持较好，较完美地展示出"四翼"镈钟的庄重威严与豪华形态。

②无脊镈钟：无脊镈钟体呈典型的合瓦形，正视略呈梯形，断面呈椭圆形。平舞，舞面置复式繁纽，顶端置一小方形环。弧铣，铣部向下渐阔，于口平齐。

无脊镈钟正、背两面纹饰相同，正鼓部饰两对 4 条相对的夔龙纹饰，凹槽、线条清晰。舞面纵向设置复式繁纽，为透雕，由 8 条龙蟠错纠结而成，繁纽的龙身上刻有细致的雷纹。镈体正背两面置 4 组 36 颗螺形枚，枚间篆部饰蟠螭纹，钲部素面。（如图 33 所示）

图 33　有脊镈钟局部图[①]

无脊编镈造型优美，铸造工艺精良，镈体铜胎保存较好，镈胎较为轻薄，通体覆锈，锈蚀较轻，较完美地展示出无脊镈钟的独特风采。

按照出土编号由大到小分别为：M4：5（b5），M4：8（b6），M4：9（b7），M4：7（b8）。具体形制分析如下：

① M4：5（b5）号：镈钟于口有裂痕，钲中的遗孔已透。一面钲部和舞底部中心各有一长方形芯撑遗孔，内大外小，音已哑。

② M4：8（b6）号：腔内上部一周有芯撑遗孔 6 个，一面钲中的遗孔已透。在于口的一面有三条裂纹，长 6—7 厘米，另一面有一条裂纹，长约 4.5 厘

---

① 图片由平顶山叶县县衙博物馆提供。

米。据测音，音色不佳，音质含混。

③ M4：9（b7）号：该镈保存完好，无破损。于口内一周均有调音锉磨遗痕，音梁较短小，具有一定的原始性。经测音，音质含混，音色不佳。

④ M4：7（b8）号：该镈保存完好，无破损。于口内唇保留较多，锉磨较均匀。钲面有芯撑遗孔，螺形枚较为清晰，锈蚀较轻，呈铜锈绿色。经测音，音质含混，音色较差。

具体形制数据见表9所示。

表9 公墓无脊编镈形制数据统计表[①]　　　　单位：厘米、千克

序号	b5	b6	b7	b8
出土号	M4：5	M4：8	M4：9	M4：7
通高	42.3	40.0	37.8	34.8
纽高	10.9	10.7	10.2	9.8
纽上宽	4.4	3.4	3.3	3.0
纽下宽	21.8	21.1	19.7	19.0
舞修	23.7	22.2	21.0	19.5
舞广	17.9	17.0	14.6	14.5
中长	30.4	28.3	26.7	24.5
铣长	31.4-31.8	29.2-29.5	27.6-27.7	25.2-25.3
上周长	68	61	56	53
下周长	79	72	69	60
鼓间	21.9	20.7	18.8	16.9
铣间	27.8	26.5	24.5	22.1
正鼓厚	0.5	0.4	0.7	0.7
侧鼓厚	1.1	1.0	1.2	1.0
质量	8.0	6.8	5.8	4.6
枚形	螺形枚	螺形枚	螺形枚	螺形枚

---

① 由笔者实地测量，地点为叶县县衙博物馆。参考王子初《河南叶县旧县四号春秋墓出土的两组编镈》，《文物》2007年第12期。

4件无脊编镈胎体轻薄,初看似明器,但在于口内三棱状内唇上有多处调音锉磨遗痕,编镈四侧鼓内却有明显的音梁设置。钟腔内遗有4个芯撑遗孔,于口四侧鼓部口沿留有浇冒口,铸成后未经修磨,铸疵尚存。从其音梁结构的设置与调音锉磨技术推断,应为实用器。从无脊镈的形制与造型观察,其产生的年代要比同出的有脊镈晚。

(2)镈钟音梁

一般来讲,无脊镈的产生时代应该晚于有脊镈,但在许公墓中两种形制的编镈却同出一墓,极为少见。不但如此,两组编镈音梁结构设置与调音锉磨手法也处于同一水平,锉磨部位都也都位于两铣角、两正鼓四个典型位置上。

1)无脊镈钟音梁结构:

4件无脊镈钟的4侧鼓内有着明显的音梁设置,特别是在于口的正鼓部与两铣角处留有非常明显的调音锉磨缺口,于口内部有三棱状内唇。这充分说明,4件无脊镈钟在铸造使用时不是明器。(如图34所示)

| M4:5 无脊镈 | M4:7 无脊镈 | M4:8 无脊镈 | M4:9 无脊镈 |

图34 无脊镈钟于口图[①]

具体音梁结构分述如下:

① M4:5(b5)号:保存基本完好,于口有裂痕,两侧鼓部均有音梁设置,音梁呈半椭圆形,内唇在调音时大部分已被锉平,于口内音梁形状不一。钲中

---

① 图片来源:由笔者拍摄于平顶山叶县县衙博物馆。

遗孔已透，一面钲部及舞底中心各有一长方形芯撑遗孔，内大外小的。音已哑。

音梁：一侧音梁长、宽约为6厘米×5厘米，一侧音梁长、宽约为6.5厘米×5.8厘米。

② M4:8（b6）号：保存尚好，侧鼓部有半椭圆形音梁，于口内唇凸起，内唇呈方棱形，于口有明显锉磨痕迹，调音锉磨较均匀。于口一面有3条裂纹，长6—7厘米，另一面有1条裂纹，长约4.5厘米。在腔内上部有芯撑遗孔一周环6个，一面钲中的遗孔已透。音质含混，音色不佳。经测音，正侧鼓音程呈略偏窄大三度关系。

音梁：一侧音梁长、宽约为5厘米×4厘米，另一侧音梁长、宽约为5厘米×4.5厘米。

③ M4:9（b7）号：两正鼓与两铣角有对称的调音锉磨槽，锉磨较深，可见明显缺口。于口内唇隆起，于口内均有调音锉磨遗痕。有音梁设置，音梁较短，呈半圆形，带有一定的原始性。镈钟音质含混，音色较差。经测音，正侧鼓音音程关系呈稍偏窄大二度，侧鼓音低于正鼓音。

音梁：长、宽约为4厘米×4厘米。

④ M4:7号（b8）：锉磨严重，正鼓部与两铣角锉磨痕迹明显，可见明显的缺口。于口内唇有明显锉磨槽，锉磨深入及钟壁。侧鼓内设有音梁，音梁为半椭圆形，音质含混，音色较差。经测音，正侧鼓音音程关系呈稍偏窄大二度。

音梁：长、宽约为5厘米×4厘米。

2）有脊镈钟音梁结构：

许公墓4件有脊镈钟的内部，可清晰的见到四侧鼓部的音梁设置，在于口至侧鼓部内大多都有略微凸起的椭圆形或不规则形的圆状音梁，音梁的一端与内唇相接，另一端呈圆形，钟腔正鼓部和两铣部均有明显的锉磨痕迹。在正鼓部的中心部位和于口内侧与音梁上有大量的调音锉磨凹槽，但在侧鼓部则未见有太明显的痕迹，钟腔内上部平整，残留有铸造时所用的芯撑遗孔。在4件有

脊镈钟的其中两件上，调音锉磨遗痕较为明显。（如图35所示）

M4：10 有脊镈　　M4：11 有脊镈　　M4：16 有脊镈　　M4：17 有脊镈

图35　无脊镈钟于口图[①]

具体音梁结构分述如下。

① M4：10号（b1）：保存基本完整，于口大部分被锉磨，音梁锉去较多，留有半圆下凹形痕迹。内腔上部平整，内壁光滑。镈钟发音洪亮，侧鼓音极弱，双音性能不佳。耳测正侧鼓音高基本相同。

音梁：长、宽约为8厘米×5.5厘米。（半圆形）

② M4：11号（b2）：保存不太完好，于口一侧有磕缺，一面有裂痕，长约4厘米。钟壁内腔上部平整，内壁光滑，音梁结构和调音锉磨情况与1号镈钟相似。据测音，双音性能不佳，侧鼓音不明显。

音梁：长宽约为8厘米×5.5厘米。

③ M4：16号（b3）：保存基本完好，于口一周有明显的菱形内唇，内侧鼓部有明显的锉磨痕迹，中间有锉槽，四侧鼓部的内唇残留较多。于口内两正鼓、两铣角多被挫磨。耳测正侧鼓音音程关系呈偏窄的纯五度。

音梁：长宽约为5厘米×3.5厘米。

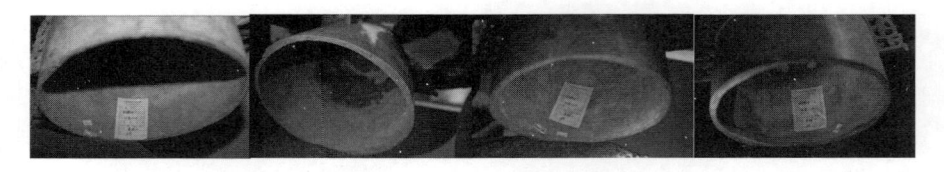

④ M4：17号（b4）：保存完好，侧鼓部有明显音梁，呈椭圆形。耳测正侧鼓音音程关系呈略偏窄小三度。两侧音梁大小不同。

音梁：一侧音梁长、宽约为7.8厘米×5.5厘米。另一侧音梁长、宽约为

[①] 图片来源：由笔者拍摄于平顶山叶县县衙博物馆。

7.2厘米×5厘米。

4件有脊镈上呈现出的音梁形状与调音锉磨痕迹不尽相同，在1号镈钟的于口锉磨严重，音梁被锉去较多，仅留下半圆下凹形痕迹。2号镈钟于口有磕缺和裂痕，双音性能不佳，其音梁结构与调音情况近似1号镈钟。3号镈钟于口有明显棱形内唇，内侧鼓部留有明显的锉磨痕迹，中间有锉槽，四侧鼓部内唇残留较多。4号镈钟保存较好，侧鼓部音梁明显，形状较大，呈凸起的剑锋状，两侧音梁大小不一。经测音，正侧鼓音程呈略偏窄的小三度关系。

据分析可见：4件有脊编镈均有音梁设计，虽然音梁大小不一，但其均经过精心的调音锉磨，且调音技术已具有一定的规范性。乐钟内侧鼓部音梁的设置，是春秋早期后青铜乐钟铸造上的大发展和明显的标志。

许公墓两组编镈音梁发育程度相近，调音技术相当，所以所产生年代应该也不会相差太远。如果将许公墓有脊镈的时代定位在春秋早期的话，那么无脊镈的时代应该在春秋早期偏晚。从许公墓无脊镈钟所体现出的文化属性来看，无论从其镈体两铣弧曲外凸腔体呈典型的合瓦形，还是从舞面上复式繁钮龙蟠交错纠结，以及舞、篆、鼓间相同的蟠螭纹饰与造型等，都不难找出以往中原地区出土的同类器物的参照因素，但若与所见楚式镈钟风格相比，则可看到有着明显的差距。就文化属性的特点而言，许公墓无脊编镈具有明显的中原文化色彩。

（3）镈钟音列

许公墓两组镈钟音乐性能不佳，音高含混，其中4件有脊编镈中的第2件镈钟音哑明显。4件无脊编镈音高含混不清，第2件无脊镈钟因破裂而无法测音，两组编镈音准较差。

具体测音数据见表10、表11所示。

表 10　许公墓有脊编镈 4 件测音数据[①] 表　　　　　　单位：音分、赫兹

编号	M4：10（b1）	M4：11（b2）	M4：16（b3）	M4：17（b4）
正鼓音	e^1+26	g^1+15	#f-44	#g+25
侧鼓音	e^1+21	音高不明确	g+13	#a+28
备注	音高含混	音高含混	音高含混	音高含混

表 11　许公墓 4 件无脊编镈测音数据[②] 表　　　　　　单位：音分、赫兹

编号	M4：5（b1）	M4：8（b2）	M4：9（b3）	M4：7（b4）
正鼓音	#g+20	不测	f-3	c-50/#g^1+1
侧鼓音	b-20	不测	#a+28	#g^1-26/e^2-44
备注	音高含混	破裂	音高含混	音高含混

经测音表明：虽然两组编镈音高含混，但其音域相连，并与甬钟的低音区音域相衔接。从大致的音区可以断定，两组编镈在整套编钟中起到了低音支撑的作用，从而扩大了全套编钟的总体音域，使之达到 5 个八度。从这一点上即能看到春秋早中期编镈发展的盛况，展现出编钟向大型多元组合发展的趋势。同时，体现出春秋时期典型的社会风尚及"礼""乐"的崩坏与僭越。

镈钟 4 件组编列是春秋中期发展的主要编列形式，并以中原地区为主要区域，相对集中在河南新郑一带。春秋中期，诸侯势力日盛，并以郑国为首率先形成小霸，周王室积弱难返，天子受"射肩"之辱，不再具有号令诸侯的能力。但是，霸主纷争之初衷往往为"欲霸中国以全周室"，为彰显自身实力与假借权势，也常常以"包茅不入"之罪名问罪诸侯。王室虽衰微，但不乏礼制的维持者，反而，礼乐制度的外在形式与行为表现在此时更具有强盛的生命力。所以，编钟以一种身份与地位的象征在春秋的中期风行而起成为极盛时期。

[①] 数据由笔者实地测量，地点为叶县县衙博物馆。并参考《中国音乐文物大系 2：江西·续河南卷》，大象出版社 2009 年版，第 322 页。

[②] 数据由笔者实地测量，地点为叶县县衙博物馆。并参考《中国音乐文物大系 2：江西·续河南卷》，大象出版社 2009 年版，第 322 页。

从许公墓编钟所呈现的特性均能反映出其具有春秋早中期性特征，但从铭文与文献资料印证，许公墓下葬的年代应是春秋中期的襄公二十六年。但是，如果把许公墓编钟放置于整个青铜编钟发展史中考察，不难发现许公墓编钟产生的年代时间可以进一步前跨。虽然其中两种形制的编镈呈现出的年代特征较为模糊，但结合编钟形制、编列、音列、音梁等综合而看，其年代特征也能较为明晰。可推测许公墓编钟的产生年代应在春秋早中期节段。

综上所述，从许公墓编钟所透射出的春秋时期礼乐文化之现象，彰显了该时期社会制度的嬗变与各国文化间的频繁交流与碰撞。尤其是4件无脊镈钟上的36个螺形枚，整齐划一，又呈现出了明显的楚文化特征。许公墓编钟所蕴含的文化现象，具有强烈的中原文化与楚文化的交融性。可谓以中原文化为主导，兼容楚文化特性。

四、价值与属性

许公墓编钟的发现与出土，在中国音乐史上具有极为重要的历史价值，特别是对中国青铜编钟发展史的研究中具有不可替代的作用。其在艺术、科学与历史等领域，均所产生了较为深远的影响，并构建起其独特的文化属性。

1.艺术价值

许公墓编钟的艺术价值，首先体现在其具有音乐内涵的编列与音列上。其钮钟以9件成编、甬钟以10件成编、镈钟以4件成编的形式，是中国青铜乐钟在其编列发展中的一个重要例证。

许公墓编钟在其发展过程中在编列数量上的突破与演变，彰显出春秋中期王公贵族根据自身审美需要，追求编钟的宏大气势的审美要求。在音列上，许公墓9件钮钟的音列为"徵—羽—宫—商—角—羽—商—角—羽"，正鼓音构成五声音列，正侧鼓音构成七声音列，音列的扩大促使音域宽广，增强了钮钟的旋律感。甲乙两组甬钟20件，其音域更为宽广，甲乙两组甬钟在音列设置上具有互补性，两组甬钟单独在各组的八度组内仅能奏出五声音阶，但若在同一八度组内将两组甬钟的音列相结合，则均能形成六声音列。甬钟的下徵音阶较为典型，将甲乙两组八度组打破，其音阶可构成：宫—商—角—羽曾—徵—羽—变宫，此种音阶形式是典型的下徵音阶形式。"钟尚羽"的观念体现在"羽"音频繁出现在甬钟的正鼓音列中，并且在两组甬钟的正鼓首、末二钟音均为"羽"。文献中"钟尚羽"[①]的观念生动地体现在两组甬钟上。另外，"商"音的突破，在许公墓甬钟音列中"商"音的出现是一个标志性的信息，首先说明周乐戒用"商"音的戒律在许公墓甬钟的音列中已被打破；其次说明许公墓甬钟的产生年代一定在甬钟音列发生变化后的时期。但是，从音列分析可见，尽管在甲乙两组甬钟中出现了"商"音，但"商"音的位置并未成为两组甬钟音列的主干音，其仍然体现出一种早期的尝试性运用，彰显出音列早期的演变历程。甬钟编列与有低音烘托作用的镈钟音域相连，使整套编钟音域横跨了5个八度。

其次，许公墓编钟由不同钟形构成独特的大型组合编钟体系，其音域宽广，高低音互补，音乐性能优良，构成了一个艺术性能空前优越的青铜乐器系统。许公墓编钟的组合形式是目前出土年代最早、形制最全、规模最大的多元化编钟组合形式，更是中国青铜编钟发展过程中向大型组合编钟拓展的一个具有里程碑式的标本，具有重要的标尺性作用，是西周以来青铜编钟发展中具有极高艺术价值的珍贵实物资料。

2.科学价值

青铜时代是人类历史上的一个重要时代，就目前考古发现所提供的资料而言，大多数学者倾向于将二里头文化时期作为中国青铜时代的开端。[②]

中国古代青铜，主要包括锡青铜（主要成分为铜、锡），铅青铜（主要成

---

① （三国吴）韦昭注：《国语》卷三，中华书局1985年版，第43页。
② 参见朱凤瀚《中国青铜器综论》，上海古籍出版社2009年版，第23页。

分为铜、铅）、铜、锡、铅三元青铜（主要成分为铜、锡、铅）三种。[①] 在龙山文化和仰韶文化遗址中有零星的铜器出土，在龙山文化遗存中发现的青铜器是铜和锡的合金，含有一定的铅。在齐家文化遗址出土有青铜器、黄铜器、红铜器、铜镜、炼铜残片以及炼铜剩下的铜渣。在河南偃师二里头考古发掘地出土的一件铜爵，最能说明当时的青铜工艺水平，其含铜92%，锡7%，属复合范铸造而成。青铜器的金属含量虽然不能够明确地说明其年代与铸造地域的问题，但从某种程度上可以作为对其年代与铸造地域考证的参考。

经过对许公墓编钟残件与几件残鼎进行 X 荧光测试和比较分析，其详细数据结果见表 12 所示。

表 12 便携式 x 荧光分析仪（型号 Niton XLZ980）测试结果[②]

数据	测试部位	成分（%）			
		Cu	Sn	Pb	Ag
1	有脊镈钟（b3）M4:16（最下排第 3 个）残件	74.2	17.9	6.63	0.24
2	有脊镈钟（b2）M4:11（最下排第 2 个）扉棱	70.5	19.7	8.46	0.23
3	有脊镈钟（b1）M4:10（最下排第 1 个）扉棱	72.4	19.6	7.03	0.28
4	鼎（束腰鼎）(1 号）残件	71.6	20.6	6.7	0.36
5	鼎（束腰鼎）(2 号）残件	70.4	21.9	6.2	0.18

测试说明：
（1）数据 1 针对是镈钟上部扉棱残件部位，有较为干净的质地截面，结果相对接近真实成分。数据 2 和 3 是用便携式荧光仪从下往上对镈钟扉棱最下面测试，由于表面氧化层去除不彻底以及样面不平，测试结果中锡含量应会比实际成分中锡含量高。数据 4 和 5 是对同时期出土鼎残件做的测试。
（2）《考工记》"六分其金而锡居一，谓之钟鼎之齐"，对其含锡量有不同解释，有研究表明，钟的锡含量为 12%-16% 时，基频较低，弹性模量与频率变化趋势较为一致，锡含量高于 13%，钟的音色较好，含锡量为 12%-16% 时，强度较好，若锡量过高，则脆性大，不耐敲击，因此含锡量高于 14% 是合适的。便携式 X 荧光分析仪给出是半定量的分析结果，考虑到样品面洁净程度，该编钟实际含量低于上面 17% 的测试结果，与上研究结果吻合。而编钟和鼎成分接近，也再次印证文献的记载。

---

① 参见朱凤瀚《中国青铜器综论》，上海古籍出版社 2009 年版，第 3 页。
② 由笔者实地测量，地点为叶县县衙博物馆。测试过程参与人：姚智辉（郑州大学历史学院副教授）、李本红（北京便携式 X 荧光分析仪器公司专业师）、李元之（叶县前文化局局长）、陈艳。数据由姚智辉提供。

（3）编钟与鼎都测得含有一定量的银且含量稳定，银应该是矿料中带来的，这批器物中含有一定的铅，很大可能是银矿作为铅的伴生矿在冶炼中带进来的。

（4）这批器物是否用当地矿料，结合当地矿文献查找，可做进一步讨论。

表12中前三项的数据与后两项的数据基本相同，但是，前三项的数据来源于编钟组合中的无脊镈钟，而后两项的数据则来源于许公墓出土的束腰鼎。若参考以上数据两种不同作用的器具其质地相同，是否可以说明在先秦时期铜矿材料与金属合比在铸造青铜器时并不以用器的作用而调整材料和配比，合金原料高纯铜及铝锡的科学配比只是其原料的基本要求，为保证其乐钟的音响效果及综合性能，关键的问题应是其铸造技术工艺以及钟壁厚度的科学设计，使之达到尽善尽美的程度，彰显着当时中国金属冶炼高超的工艺水平。

许公墓编钟的合金配比，是中国较早的经验性卓越总结。它表明，当时的许国人认识到金属成分与青铜的性能以及所铸器皿的用途之间的关系，能精确地控制铜、锡比例，得到性能各异、适于不同用途的青铜合金。合金原料的科学配比，加之钟壁厚度的合理设计，保证了其所铸编钟的音响效果及综合性能。不言而喻，许公墓编钟具有很高的科学价值，它不仅在形制纹饰、铸造工艺上要求精美、豪华，更在音律、音准、音色等方面设置精密，体现了高超的编钟的设计及铸造艺术。如在许公墓编钟的调音锉磨方面，其范围基本都向里延及音梁，不仅在八个典型位置上形成深度弧缺，而且使锉磨范围延及钟壁和音梁，使音梁呈现出与钟腔弧度相应的凹弧状，充分反映出此套编钟的铸造技术处于春秋初期青铜编钟铸造技术逐步规范与日臻成熟的发展阶段，显示着春秋青铜编钟铸造水平的普遍提高。

3.历史价值

在中国先秦青铜器中，"编钟"已远远超越了其自身的价值。作为"礼"与"乐"并重之器，其不仅具有重要的"礼器"功能，更具有不可或缺的"乐器"功能。两周时期"礼"与"乐"合二为一的国制，构建了一套等级森严的"礼乐制度"，在其中以"钟磬之乐"为主的"乐悬制度"即是其重要的组成部分。

西周时期,"周因于殷礼,所损益可知也"①。西周初期对殷商的礼制进行了革新,形成了被后世崇拜与推行的"周礼"。西周初期至西周中叶穆王时期建立了较为完备的礼制,周礼达到鼎盛时期。该时期确立了土地制度、职官制度、册命制度、分封制度等,并日益成熟。礼器制度、礼仪规范标准逐渐完善,并频繁举行。春秋时期的周礼,呈现由盛及衰的蜕变,但在观念上,人们更加维护着周礼的神圣。

等级森严的"礼乐制度",是整个周王朝统治者神圣集权的法制准则,是尊崇王权地位与身份的集中表现,也是王权制度下的行为规范。②"普天之下,莫非王土;率土之滨,莫非王臣"(《诗经·小雅·北山》)。周天子是西周的最高统治者,土地都归其所有,子民均是其臣下,他具有至高无上的统治"天下"的权力。周公为了维护这种统治的权威,制定一整套以"礼""乐"为中心的等级森严的礼乐宗法制度,即"礼乐制度"。周初"礼乐制度"的核心内容之一是"乐悬制度",其反映在物质表征上即是礼乐重器"编钟"。两周之际,编钟是统治者专用的乐器,也是反映名分、等级和权力的象征。编钟在皇宫礼仪、军事战争、庙堂祭祀、昏冠丧葬、燕宾等场合均显示不同寻常的地位。据《诗·小雅·楚茨》记载:"礼仪既备,钟鼓既戒,孝孙祖位。工祝既告,'神具醉止',皇尸载起。鼓钟送尸,神保幸归。诸宰君妇,废彻不迟,诸父兄弟,备言燕私。"彰显着编钟在祭祀过程中的突出作用。又如《诗·小雅·宾之初筵》:"乐者,非谓黄钟、大吕、弦歌、干扬也,乐之末节也,故童者舞之。铺筵席,陈尊俎,列笾豆,以升降为礼者,礼之末节也,故有司掌之。"可见,钟鼓等乐器不仅是燕饮的衬托,而且钟鼓乐器突出的意义在于潜移默化地调和人民性情,以至起到移风易俗的作用。

周王朝"乐悬制度"的内容涵盖了用器制度、音律制度以及摆列制度,极

---

① 杨伯峻:《论语译注》,中华书局2009年版,第134页。
② 蔡仲德:《中国音乐美学史》,人民音乐出版社1995年版,第56页。

大地影响了后世社会政治、经济、文化等领域。据《周礼·春官》中记载："正乐县之位，王宫县，诸侯轩县，卿大夫判县，士特县。"① 即是周天子与诸侯、大夫们明确的区分用乐制度，并以这种等级森严的制度差别达到时刻铭记与警示的效果。凡天子可置犹如皇宫形状的四面摆放的编悬乐器；诸侯有权使用三面摆列的编悬乐器；卿大夫享用二面摆放的编悬乐器；士只能使用一面摆放的编悬乐器。不仅从形式上严格区分，器物上也有规定，"'天子诸侯皆有镈'，'卿大夫士直有钟磬无镈'"。这表明周王朝的乐悬制度还规定仅有周天子和诸侯有权享用编镈的乐器组合，卿大夫和士一级无权享用。因而，编钟等乐器的排列方式和数量以及种类，在某种意义上彰显着周王朝不可逾越的地位与权贵身份，达成"乐""礼"一体，共同构建起王朝治理国家的规范。同时，更为促使了两周时期礼乐器"编钟"的"僭越"与繁荣发展，形成了春秋战国时期，编钟文化蔚为大观。

4.文化属性

从许公墓编钟的编列、音列与纹饰考察，可以推测该套编钟在春秋礼乐文化中的定位。周初的统治者吸取殷商亡国的教训，制定并实行了全面的礼乐制度，以规范各级贵族的地位和等级，巩固奴隶主阶级的社会统治。统治阶级的所谓"制礼作乐"，制定了一整套十分烦琐的礼仪，严格规定了一套与之相配合的礼乐。不但礼制，而且乐制，"礼"处于核心地位，"乐"是维护礼的等级秩序。但是，礼乐合一，乐依附于礼，使得乐逐渐单调、枯燥、僵化。

随着社会政治、经济及科技文化的发展，"乐"因自身的艺术规律而变化，同时也迎合了社会的需求和贵族的享乐。新兴的民间俗乐逐渐兴起并广泛流行，礼乐制度中僵死的用乐制度逐渐废弛和淡化，春秋时期出现了"礼崩乐坏"的现象，在许公墓编钟的音列中明显出现的"商"声即是一证。许公墓钮钟的音列排列为"徵—羽—宫—商—角—羽—商—角—羽"的设置，甬钟通过

---

① 杨天宇：《周礼译注》，上海古籍出版社 2004 年版，第 123 页。

编钟件数的增加，在音列的设计也添加了"商"声，其正鼓音列可以构成六声、七声音列。可见，"商"声的出现，表明了西周严格的"戒商"用乐制度的打破，周王朝等级森严的礼乐体系面临土崩瓦解。"僭越"现象明显地出现在许公墓编钟的编列上，如许公墓钮钟9件成编，似乎符合常制，但钮钟编列从诞生之初即僭越8件常制规范；甲乙两组甬钟，10件成编，完全不符合西周制度，反映出甬钟明显的变革思想；8件编镈虽为两种形制，但在同一墓葬中出现8件编镈的现象，率先打破了春秋中期一套4件组镈钟的常态。这些现象，或多或少涉嫌了"僭越"的意味。许公墓编钟在乐悬制度中显示出的庄严、肃穆的音乐功能，符合中原礼乐文化的内涵。从许公墓甬钟的形制以及所饰的斜角云纹、蟠螭纹、夔龙纹等，均彰显着春秋时期厚重的中原文化特色。但其在多数编钟上所饰典型的南方水生动物河螺形枚，又清楚地显示出楚文化的地域特色。

综上所述，从许公墓编钟所透射出的春秋时期礼乐文化之现象，彰显了该时期社会制度的嬗变与各国文化间的频繁交流与碰撞。许公墓编钟所蕴含的文化现象，具有强烈的中原文化与楚文化的交融性。可谓以中原文化为主导，兼容楚文化特性。

五、结语

春秋许公墓青铜编钟的发现是中国音乐考古史上的一件值得关注的事件，在我国青铜编钟发展史上具有十分重要的意义。37件多元组合青铜编钟价值特点，突出表现在其钮钟9件成编，音列承袭常制；甬钟10件成编，音列拓展，突破8件制编列现象；两组不同形制的镈钟，体现了组合上的独有形式。5组乐钟之间各具特色又自成一体，衔接自然，至善至美。从许公墓编钟所透射出的春秋时期礼乐文化之现象，彰显了该时期社会制度的嬗变与各国文化间的频繁交流与碰撞。许公墓编钟所蕴含的文化属性具有强烈的中原文化与楚文化的交融性，可谓以中原文化为主导，兼容楚文化之特性。是中国青铜编钟发展史中一个独有的重要标本，在中国青铜编钟发展历程中具有里程碑式的地位。

许公墓编钟的组合形式是先秦以来青铜编钟史料与文献记载中独一无二的组合，是最早典型的大型组合编钟，其规模之大仅次于曾侯乙编钟，但年代久远已早出曾侯乙编钟百余年。由此说明，中国青铜编钟的辉煌成就曾侯乙编钟的规模形成不是一时兴起、一蹴而就的无本之木，许公墓编钟则是其早期的雏形。对许公墓编钟进行全方位的探索研究，为厘清中国青铜乐钟发展演变之轨迹，对于包括许国历史在内的两周文化历史、中国古代音乐史以及中国青铜编钟发展史的进程探索，都具有极为重要的学术价值。

楚钟研究

邵晓洁

青铜双音编钟是古代中国独有的大型乐器。在钟磬乐舞时代早已逝去的今天，编钟因其特殊的青铜材质、独有的"一钟双音"的音乐性能，以及积淀于身的深刻文化内涵，而成为我们追溯古代音乐面貌、寻绎古人音乐逻辑、探索古代音乐文化形成与变迁的不可多得的实物材料。

在迄今所见的先秦编钟中，楚钟的地位卓越。楚钟的研究成果能够补充东周时期地域音乐最重要的一支——楚音乐的内容。通过分析存见楚钟的音乐性能，研究与音乐本体直接相关的问题，可以为解决古代音乐史上的某些疑案提供一些新线索和新角度，深化中国古代音乐史的研究。从楚文化的研究整体状况来看，楚音乐艺术的研究略显滞后。楚钟研究应可对此有所小补。在先秦编钟的发展历史中，楚钟的地位异常突出，主要表现为数量多、分布广，历时长，性能好。楚钟的研究成果势必对中国古代编钟研究有所强化。

如果说，西周时期中原编钟是中国青铜乐钟主流的话，那么，自春秋中期开始，楚钟日益迅猛的发展与繁盛无疑削弱了此前中原编钟的地位，而一跃成为中国青铜乐钟的重要代表。它缔造了先秦编钟的辉煌，并且将钟磬乐舞时代推向了历史高峰。

考古学家将"楚"的含义归纳为四个方面，即楚地、楚国、楚族、楚文化。文化特征内涵是最重要的方面。考古学界通常将带有明显楚文化特征的器物冠以"楚系"一名。鉴于楚钟在先秦时期所具备的"礼"与"乐"的双重功能和文化内涵,本文所言"楚"将以文化因素和文化特征为主导,其来源包括经传世著录和考古发掘出土,也就是说,凡具有明显楚文化因素的钟均在资料搜集的范围之列,即楚系钟。

对于钟的具体含义,历来说法不一,广义的钟指的是钟类乐器,甬钟、钮钟、镈、铙、铎、錞于等均属其类。大量的考古发现已证明,甬钟、钮钟和镈是具有明确音乐性能的乐钟,而三者在古代的编钟组合中常相互组成多种形式,因此,本文主要取甬钟、钮钟和镈三种钟类型为主要研究对象。

本文拟将楚钟作为先秦历史文化中的一个文化事项予以看待,分别对楚钟的形制、纹饰、铭文、音乐性能、组合等进行具体分析,在此基础上,以礼乐文化为背景,着力于探讨楚钟特点的内涵及其形成的原因、楚钟与中原钟的基本关系、楚钟在礼乐制度兴衰过程中的状况,以及由此所反映的文化现象等内容。

一、楚钟的发现与研究

(一)楚钟的发现与分布

据文献记载,最早的楚钟发现或可追溯至唐代。《新唐书·杨收传》中记载道,宣宗时,"渃阳耕者得古钟,高尺余,收扣之曰:'此姑洗角也。既劙拭,有刻在两栾,果然'"[①]。有学者认为唐代的渃阳,地处于常德以北、江陵之

---

① 《新唐书》中的这条文献最早由饶宗颐、曾宪通在《随县曾侯乙墓钟磬铭辞研究》一书中举出,后黄翔鹏在《曾侯乙钟磬铭辞乐律学研究十年进程》一文中参酌《玉海》中的相关记录对其进行了校正补充。笔者于此处转引黄翔鹏文中的校正文,并对原始文献进行了核对。[参见(宋)欧阳修、宋祁《新唐书》卷一八四,中华书局1975年版,第5393页;(宋)王应麟、饶宗颐、曾宪通《随县曾侯乙墓钟磬铭辞研究》,香港中文大学出版社1985年版;黄翔鹏《曾侯乙钟磬铭辞乐律学研究十年进程》,载《中国人的音乐和音乐学》,山东文艺出版社1997年版,第60页。]

南，实为楚国腹地，此"古钟"可能是楚钟。[①]

纵观楚钟发现的历史轨迹，从目前所知最早的楚钟发现至今已有近千年的历史，而科学考古发掘出土楚钟的历史也历经了 60 余年的历程，综合而言，可将其大致划分为 5 个阶段。第一阶段是宋代的楚钟发现，均见于著录，包括宋代出土楚公逆钟/镈和楚王酓章钟、清代出土的王孙遗者钟。第二阶段是 20 世纪 20—40 年代，这是楚文化发现的第一阶段。楚器在这一时期为人们所认识，主要发生于 1933 年内安徽寿县朱家集李三孤堆楚幽王墓的被盗。遗憾的是，这一时期内的楚钟发现由于其获取方式不具有科学性，因此无论是器形、纹饰等本体内容，还是埋藏于地底的具体情况，都未经科学记录，难以确定。此外，在迄今所见为数不多的楚王墓中出土的青铜乐器也没有留下任何蛛丝马迹。第三阶段是 20 世纪 50—70 年代。20 世纪 50 年代出土的楚钟虽批数不多，却均为重大发现，如安徽寿县蔡侯墓出土编钟、河南信阳长台关楚墓出土编钟。60 年代集中发掘的大多是小型楚墓，由于这些墓葬规模较小、级别较低，因此较少出土有编钟。70 年代，楚钟发现进入高峰时期，出土楚钟的数量之多、性能之好，均为此前少有。属于楚附庸国的曾侯乙编钟的出土震动了中国学术界，也轰动了国外学术界，在当时乃至其后的几十年中掀起了一股编钟研究的浪潮。事实上，几乎在曾侯乙编钟出土的同时，河南淅川下寺楚墓群中也相继出土了数套保存完好的编钟，其中，敬事天王钟是目前所发现的编钟中音乐音响性能最为完好的一套，王孙诰钟是目前已知的以甬钟成编的、件数较多的实用编钟。但是，河南淅川的这些重要发现却被曾侯乙编钟的问世遮挡了光辉。此外，河南、湖北、湖南、安徽还有其他零星发现。第四阶段是 20 世纪 80 年代至 20 世纪末。这一阶段的楚文化考古发现中出土了楚钟。除河南和尚岭、徐家岭钟镈和安徽上蔡编钟等成编成套出土之外，其余楚钟大多为单件

[①] 参见黄翔鹏《曾侯乙钟磬铭辞乐律学研究十年进程》，载《中国人的音乐和音乐学》，山东文艺出版社 1997 年版，第 60 页。

出土，尽管它们较为零散，但其中所发现的几批重要楚钟，对早期楚文化及楚音乐文化的研究都具有重大学术意义，包括陕西周原出土的一件西周晚期楚公豪钟、山西曲沃晋侯墓地 64 号墓出土西周晚期的楚公逆编钟等。第五阶段是 21 世纪以来。在此期间最值得一提的楚音乐考古发现当为湖北枣阳九连墩楚墓乐器的出土，该墓出土的 2 套编钟是研究战国中晚期楚钟组合、音列及等级制度的重要材料。而此时规模最大的楚系钟发现，应是河南叶县出土的一套春秋中晚期的大型组合编钟。这套编钟分 5 组共 37 件，包括甬钟、钮钟和镈，填补了中国青铜乐钟发展史上由春秋时期较小型组合编钟跨越到宏大曾侯乙编钟之间的缺环，堪称战国时期大型组合编钟的先声。

从获取楚钟的手段和途径上看，楚钟的发现经历了由偶然意外的无意识发现到有目的、有意识的科学考古发掘的转变。这是科学的田野考古方法被引入中国，并在中国考古学田野实践中被切实应用的必然结果，也是学术发展的必由之路。科学的楚钟发现与楚文化的考古进程是同步并相一致的。20 世纪七八十年代是楚音乐考古发现的高峰时期，也是发现楚钟的成批数量最多、单批数量最多、总数最多的时代，此时发现的楚钟保存状况较好、性能也颇佳。

已知楚钟主要发现于今河南、湖北、湖南、安徽四省，四省均处于先秦楚国势力疆域之内。目前，在湘、鄂、豫、皖的楚钟发现分布不均，其中河南省出土楚钟的地区涉及淅川、信阳、上蔡、固始、叶县、淮阳等，这些县市均位于今河南省中南部，或靠近湖北，或毗邻安徽。湖北的楚钟集中发现在随枣走廊，即今随州市和枣阳市，此外，距离古代郢都不远的地方也有楚钟发现。安徽楚钟出土地区则多在皖西。湖南楚钟则多见于湘北。四省中各楚钟出土区集合所连成的大片地域（即豫中南、鄂、湘北和皖西）便是先秦时期楚国、楚文化的核心地带。

目前已知西周时期的楚钟多为传世品，且发现地点大多不详，其中仅有 2 批为发掘品，均出自当时的中原腹地。出土春秋时期楚钟的地域主要在今河南省，无论是出土的批数还是件数都占有极大比例，此外，安徽省也少有发现。

相比之下，出土战国时期楚钟的覆盖地域更大，出土批数也更多。河南与湖北是战国时期楚钟的出土集中地，所不同的是，两省出土这一时期楚钟虽同为7批，但湖北出土的比河南出土的多出130余件，可见，湖北所出战国时期楚钟的成套规模更为宏大。此外，湖南和安徽也发现了一些战国时期的楚钟。

楚钟发现在楚文化圈内具有由北往南逐步发展的特点，随着时间的推移，其空间分布也由北往南逐步扩展，涉及地域更加广阔，在一定区域内的分布也更密集。楚钟出土的集中地——豫中南、鄂、湘北、皖西，是楚文化形成、发展、壮大的核心地带。由楚钟的发现我们可以看到，它与楚国疆域的拓展、楚文化发展壮大的空间扩张过程相吻合，并从某一侧面体现了楚国国势强弱的阶段性变化。

此外，据初步统计，在迄今所见的先秦编钟中，出土总数最多者为楚钟，占已出土编钟总数量的近40%，单批数量最多者也为楚钟。从出土先秦时期各个历史时段的编钟来看，所见规模最大者多为楚钟，所见制作精良者多为楚钟，所出各个历史时段数量最多者也是楚钟。显然，其他地域出土的编钟无论于数量还是质量都难与楚钟比堪。由此，楚钟在中国先秦编钟发展史上的地位、楚钟对于楚人的特殊意义，以及楚人的尚钟之风都得以充分证明。

（二）楚钟研究概述

楚钟的发现与研究同中国音乐考古学学科的发生与发展具有重要的关联性，可以说，中国音乐考古学发端于楚钟的发现与研究，楚钟研究也贯穿了中国音乐考古学发生、发展的学科历程。

1. 宋代至清代的楚钟研究——金石学时期以著录和考证铭、纹为主的单项研究

科学的楚钟研究始于近代，但涉及楚钟研究的历史却可以追溯到宋代。由于这一时期存见青铜乐钟的数量不多，较为零散，它们不成序列也并无系统，因此，与楚钟相关的研究自然不会被列为专题，也不会将楚钟放在独特的同一音乐文化整体中来进行探讨，而更多的是在对大量金石器物研究中有所涉及，同时也罕有对楚钟音乐性能的关注。虽然薛尚功考证确认了楚王畲章钟上乐律铭文的性质，但却未能进行更深层次的理论阐释，事实上，这依旧是他对青铜编钟铭文著录和训诂的一部分。显然，单从研究对象的角度来看，金石学时期的楚钟研究可谓中国音乐考古学的滥觞，换言之，中国音乐考古学也孕育、肇始于金石学中的楚钟著录。

2.近代的楚钟研究——历史学时期结合文献记载的二重证据研究

真正将楚钟实物材料与历史文献相结合以探讨历史问题，当推近代著名学人王国维。在王国维的《观堂集林》中收录有《夜雨楚公钟跋》一文。此文以楚钟为研究对象，进一步肯定了清人孙诒让对楚公逆镈之"逆"的考释，即文献中所说的熊鄂，并以该钟器主及出土地等信息与《史记·楚世家》等文献记载进行了相互比照，由此对楚中叶的历史进行了阐述。[①] 这篇著述是考古实物与文献记载二重证据在楚钟研究上的最早范例！

在这一时期的诸多重要著作中，楚钟已作为东周楚国的历史遗物被单列出来，同时，它也被作为二重证据之一纳入历史研究当中。此时的楚钟研究，无论从研究角度还是从考察视野上看，均呈现出中国音乐考古学学科的萌芽状态，它预示了该学科的形成，为此后中国音乐考古学走向学科化进程奠定了坚实的基础，并具有指导性意义。

3.当代的楚钟研究——考古学时期立足科学发掘实物材料的多角度综合考察

20世纪50年代末期，信阳编钟的出土在当时引起了不小的轰动，激发了"一钟双音"发现者的思考，也成为"双音结构之发现的起因"[②]。1977年间，

---

① 参见王国维《夜雨楚公钟跋》，《观堂集林》卷十八，中华书局1959年版，第890—891页。
② 黄翔鹏：《曾侯乙钟磬铭辞乐律学研究十年进程》，载《中国人的音乐和音乐学》，山东文艺出版社1997年版，第3页。

以吕骥为首的四位音乐家对黄河流域的甘肃、陕西、山西、河南四省进行了音乐文物普查，这是一次截至当时涉及面最广、学术含量最高的音乐文物普查，不但极大地推进了中国音乐考古学的学科化进程，也有效地促进了中国古代编钟的深入研究。正是在这次考察中，具有物理学学术背景的黄翔鹏发现并提出了"一钟双音"的现象，考察结束后他撰写专文《新石器和青铜时代的已知音响资料与我国音阶发展史问题》对这一现象及其本质进行了理论总结与阐释。1978 年曾侯乙编钟的出土铁证了"一钟双音"的现象和理论。这一重大发现修正了我们以往对古代编钟的片面认识，成为中国编钟研究中、中国音乐考古学发展史上不得不书的重要界碑。

在当今的学术视野下，古代乐器的研究是多角度的课题，融合了多种研究方法，这是它们的多重属性和多种功能所决定的。就编钟而言，作为具有"一钟双音"性能的中国古代乐钟，其声学原理是必须进行研究和分析的方面，并且与发声密切相关的铸造技术、合金比例材料等也都需要仔细考察；作为一种实用乐器，古代编钟大多具备较好的音乐性能，其音列及音律所蕴含的严密逻辑关系，是古代音乐史研究中必须关注和面对的课题；先秦时期，青铜编钟是身份等级的标志和象征，是重要的礼仪用器之一，其件数、组合、质量、大小等都是礼乐制度的客观反映；同时，作为一种古代青铜器，其形制演变的研究也首当其冲；等等。正因为如此，进入科学研究阶段的楚钟研究，涉及了多个角度，也涵盖了诸多学科，充分体现了中国音乐考古学的学科特色，及其"先天"具备的学科交叉性和包容性。此时的楚钟研究主要有：楚钟铭辞考释及相关研究、楚钟形制、纹饰的专门探讨、楚钟的乐律学分析与考察、以楚钟为主并兼及楚乐的研究、曾侯乙编钟专题研究等。尽管目前学术界对楚钟的研究已成果斐然，涉及方方面面，但新材料的层出不穷、资料的日累月积和学术的更新发展，促使我们对楚钟的研究提出了更高的要求。

二、楚钟的形制、纹饰及铭文

在古代青铜器研究中,形制、纹饰及铭文是十分重要且不可忽视的三个考察方面。形制不仅是物质生产的直接产物,更是"合主体感受"的"合规律性的形式";纹饰与铭文则是"精神生产、意识形态的产物"。[1] 因此,对青铜器作这三方面的分析,不仅关注了实用外在器型等物质层面的信息,更观照到蕴含其中的思想观念、社会意识等精神层面的内容。同样,形制、纹饰及铭文也是我们全面、深入认识楚钟的重要视角。

(一)楚钟形制的演变及其基本特征

影响器物形态演变的因素是多元耦合的,器物的使用与功能、制作材料和技术能力、生产生活环境、社会心理情况和审美意识等都是其中的重要方面。乐器的产生源于人类对其声响的需求。乐器之所以为乐器是以其音乐音响性能为首要条件的,因此乐器形态的演进不同于一般器物,它更多是以改良发声、完善音乐性能为主要目的。

就古代青铜乐钟而言,其基本形制及其尺度是"一钟双音"特有性能的根本声学保证,而要获得更好的双音隔离度、音色及音准,其中不但有材料的合金配比和金属组织、铸造质量和铸后加工等因素,形制的细部变化与调整更是其关键之一。《周礼·考工记》"凫氏"中就记录了钟体厚薄、大小、长短与音响的关系,其中说道"钟已厚则石,已薄则播,侈则柞,弇则郁"[2]。《周礼·春官·典同》中也分辨了基本形制不同的钟在音响效果上的差别和优劣[3],即"凡

---

[1] 李泽厚:《美的历程》,中国社会科学出版社 1984 年版,第 3—4 页。
[2] (清)孙诒让:《周礼正义》卷七十八,中华书局 1987 年版,第 3269 页。
[3] 戴念祖根据《周礼·春官·典同》的记载,草绘了 12 种钟形线图,并详细解释了它们的音响效果。(参见戴念祖《中国的钟及其在文化史上的意义》,黄盛璋《亚洲文明论丛》,四川人民出版社 1986 年版,第 113—114 页。)

声，高声硍，正声缓，下声肆，陂声散，险声敛，达声赢，微声韽，回声衍，侈声筰，弇声郁，薄声甄，厚声石。"[1] 可见，古人对此有着深刻的认识，而这种认识也是通过不断的实践和实验而获得的。因此，"不同时代、不同地区在钟制上的差别，是反映了铸钟匠师追求更完善的形制以得到更好的音响效果的种种探索"[2]。

通过分析先秦青铜楚钟形制上的微小变化及调整，以及这些变化和调整对编钟性能的改善作用，我们可以看到古代楚人对编钟音乐音响性能的执着追求和对铸钟技术不断探索和实践的过程。

楚钟形制的发展大体可分为三个阶段。第一阶段：约从西周中晚期至春秋早。此时钟体显得较为厚重，形体略方，于部微弧，钲部较长。尽管目前所见早期楚钟的数量不多，但其整体形制结构与同时期中原编钟相同，形态风格也与中原钟几乎没有区别。甬钟在形成之初便已具备了合理的声学结构和较好的音乐性能，随后出现的钮钟亦然，这种较为合理的基本钟体结构已经不再允许钟体有较大的变化。当代的编钟复制实践表明，青铜乐钟的铸造与调试极为复杂，可谓牵一发而动全身，在没有足够铸造经验和技术把握的情况下，对钟体结构的任意改变都极易造成音色毁坏、音高混乱，甚至钟体废弃。第二阶段：约从春秋中期至春战之交。从整体形制的变化上看，这可以说是第一阶段向第三阶段的转变过渡期。这一时期楚钟与中原钟的形态基本相当，楚钟的形态风格特点正在形成，但仍不突出。第三阶段：约从战国早期至战国晚期。此时楚钟的钟形与第一阶段的区别已十分明显，特点较为突出。楚钟钟体修长，于弧大，钲部上缩至钟身的二分之一处。此时出现了素面无纹、无枚钟。战国时期楚钟已具有较为突出的形态风格，即钟体修长，于弧较大，鼓部也较大。这无

---

[1]（清）孙诒让：《周礼正义》卷四十六，中华书局1987年版，第1874页。
[2] 华觉明、王玉柱：《曾侯乙编钟冶铸技术与声学特性研究》，载湖北省博物馆、美国圣迭各加州大学、湖北省对外文化交流协会《曾侯乙编钟研究》，湖北人民出版社1992年版，第480页。

论与中原钟还是与其他地域编钟的形态特征，都已形成了一定程度的差异。如图 1 所示。

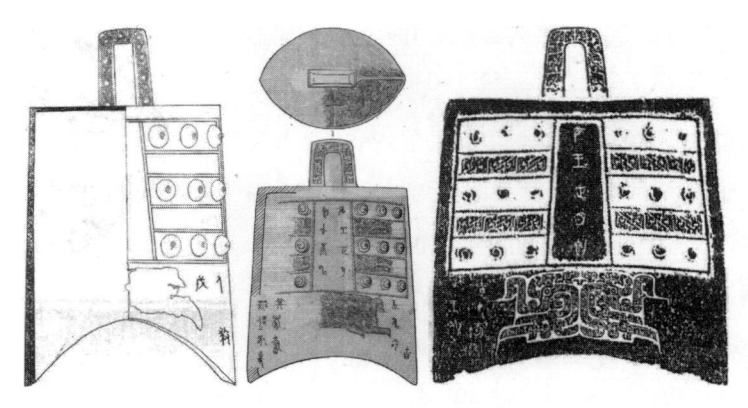

图 1　左——楚王领 钟拓片；中——敬事天王钟线描图；右——䣄篙钟线描图

一般认为，楚钟形态的变化与楚艺术崇尚飘逸的审美特质相关，但实际上它与青铜乐钟音乐音响性能的提高和改善有着更为直接的关系。楚钟的钟体由略宽阔形逐步向修长形转变。从音乐音响性能上看，修长形的钟，声响悦耳舒展且穿透力强；从视觉审美角度考察，楚钟钟体逐步摆脱厚重宽阔趋向于轻盈修长，契合了楚器上所显示的，也是楚人所追崇的浪漫飘逸之美。楚钟于弧逐渐增大，曲于以及于口的大小与青铜乐钟双音隔离度之关系的观点对楚钟的这一形制变化给出了科学的解释。[①] 钲部上缩势必使得用于演奏的正鼓部变大，有利于演奏者进行演奏，由此也可以获得更好的音乐效果。钟枚最初以装饰钟体而出现，随着古人对乐钟性能认识的不断深化和铸钟技术的不断提高，枚对乐钟音响性能的作用逐步被认识和利用。因此，钟枚的作用应是双重的，兼备衰减乐钟余音、调节音色和装饰钟体的功能。甬部长度的增加不仅可以保持其

---

① 参见戴念祖《中国物理学史大系·声学史》，湖南教育出版社 2001 年版，第 124 页。

与钟腔的比重平衡，使甬钟悬挂的倾斜度更宜于演奏，同时，还可保持编钟整体外观的统一性和协调性。（如图 2 所示）

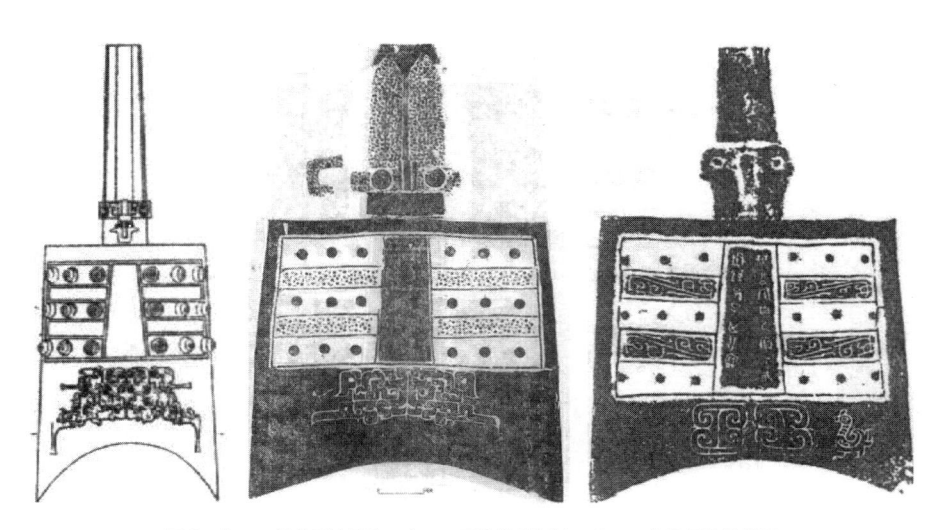

图 2　左——楚公豪钟拓片；中——王孙诰钟拓片；右——曾侯乙钟线描图

（二）楚钟纹饰及其礼乐象征

先秦青铜乐钟上的纹饰绝不仅仅是作为一种装饰艺术，更有着重要而独特的功能和丰富而特殊的文化内涵。考察楚钟纹饰的独特风格、时代变迁及内在意涵是我们走近楚人精神世界的重要途径。

楚钟纹饰的内容、风格和处理方法的变化大致经历了三个时期。第一期：西周时期至春秋早期。西周时期楚钟的纹饰以几何纹为主，之后逐步被动物纹取代。此时的动物纹内容丰富，具象写实，形态清晰。此时楚钟纹饰的线条感较强，纹路粗犷平直，显得敦厚而深沉，甚至带有些许诡异。这一阶段楚钟的纹饰多采用阴线手法予以表达，偶有阳纹也较浅。这些特点大致延续到春秋早期结束之时。第二期：春秋中期至春战之交。从楚钟纹饰的内容、运用、处理上看，此阶段似为第一阶段向第三阶段的转变过渡期。如果说，春秋中期的楚钟纹饰仍承续西周之遗风而略显凝重的话，那么春秋中期以后楚钟的纹饰已昭示了新风格的来临。第三期：战国早期至战国晚期。战国时期楚钟的外部装饰呈现出两条完全不同的发展路线：一是繁缛化，二是简约化。繁缛化，即纹饰更加复杂多变，甚至出现了主、地纹结合的复合型纹饰，纹饰结构微型化，线条纤细密集，追求精致华丽的艺术风格。简约化，并非其纹饰本体的简化，而是略去了钟体某些部位的纹饰，如素面无纹钟，呈现质朴清新而精巧的气息。两种极端反向的纹饰风格的出现应是"礼崩乐坏"的影响下所产生的结果。（如图3所示）

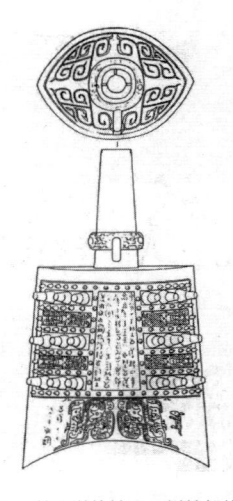

图3　楚公逆编钟正、侧鼓部纹饰

楚钟纹饰具有明确的功能指向。第一，声形合一。楚钟用途、器形和装饰三者具有一定的适应性，或多或少与青铜乐钟的礼乐功能有着密切联系，且与楚人的思想观念相互渗透。第二，早期楚钟的侧鼓部纹饰标记着侧鼓音使用实践的实用功能，不同的侧鼓部纹饰内容蕴藏着不同的文化内涵。其中部分象征吉祥的特殊动物纹饰，如象纹、尖喙翘尾型鸟饰等，体现出早期楚钟的文化特色，显示了楚人乐于开拓、敢于创新的艺术精神，也在一定程度上折射出西周时期楚人生活区域中地理生态环境的某些特征。第三，楚钟纹饰是象征隐喻的符号。在所见为数不多的涉及楚国的历史文献当中，大多会提到来自楚地、楚人的一个重要文化特点，那就是无论楚宫廷，还是楚国民间，信巫之风倡炽。[1] 楚钟及其配件上的纹饰都充分显示出其来自巫官文化传统的浪漫主义精神和自由奔放的个性。楚钟是楚巫觋沟通人神时歌舞的器具之一，钟上的动物纹样带有助巫觋通天地人神的作用。文献与图像资料显示，龙在楚巫活动中的地位和意义、楚巫与乐的密切关系，体现出潜藏于楚人精神世界中伴乐乘龙升天从而沟通三界神灵的思想观念。此外，楚钟纹饰的形态以及风格的变化，反映了在一定社会历史环境中，其礼、乐功能重心的转移。分析表明，西周时期楚钟以几何纹为主，但到西周晚期已开始使用动物纹。这些动物纹饰的形象大多具象写实，龙虎皆做张口咆哮状，略显狰狞、凶恶，此时纹饰的线条粗犷有力，营造出一种凝重、威严、神秘和阴森压抑的氛围，与西周时期礼制的森严配合得当，由此体现出在特殊历史背景下，被纳入乐悬并且作为礼乐重器之一的编钟偏重于礼的功能。随着历史的演变，楚钟纹饰不断发生变化，动物纹成为核心，其线条逐渐蜕变得细腻、繁缛，原来具象的动物纹逐步被抽象化，美化、装饰性的图案逐渐增多。并且，古代楚人将具有威慑感、压抑感且带有神秘主义的饕餮纹、龙类纹饰进行变形或解体，将它分化为多种互不相属又密切联系的几何纹，使其具有怪异之状而无狰狞之态，增加了虬曲回旋的美感和整体的流动性，呈现出富丽、活泼、浪漫的风格，从而达到纹饰之美与音乐之美相映成趣的效果。楚钟的乐器功能得以凸显。此后，楚钟纹饰最终朝着两个截然不同的方向发展。走向繁缛化的楚钟，其艺术装饰性极为突出，无论是纹饰的多样性、构图的灵活性还是图案的复杂性，无不显示出古人对纹饰设计"精、

---

[1] 《吕氏春秋·异宝篇》："荆人畏鬼而越人信禨。"朱熹《楚辞集注》："昔楚国南郢之邑，沅湘之间，其俗信鬼而好祀。其祀必作歌乐鼓舞以乐诸神。"桓谭《新论·言体》："昔楚灵王骄逸，轻下简贤，务鬼，信巫祝之道。斋戒洁鲜，以祀上帝。礼群神，躬执羽绂，起舞坛前。吴人来攻，其国人告急，而灵王歌舞自若，顾应之曰：'寡人方祭上帝，乐明神，当蒙福佑焉。'不敢赴救，而吴兵遂至，俘获其太子后姬，甚可伤。"

新、美"的追求以及对精深铸造技艺的探索，充分体现了工艺技术与文化的互动；而纹饰走向简约化的楚钟，并未显示出堕落的迹象，因为这类钟的音响性能丝毫不亚于所谓繁缛化的楚钟。可见，这种以朴素为核的纹饰风格取向并不意味其走向衰退，"大概这时艺术品和实用器已分途发展，艺术品不厌其美，实用器只求合用而已"[①]。可见，此时楚钟纹饰的"象物"功能以及助巫沟通三界的作用逐步被削弱，它可能仅是一种象征性的遗存了。（如图4所示）

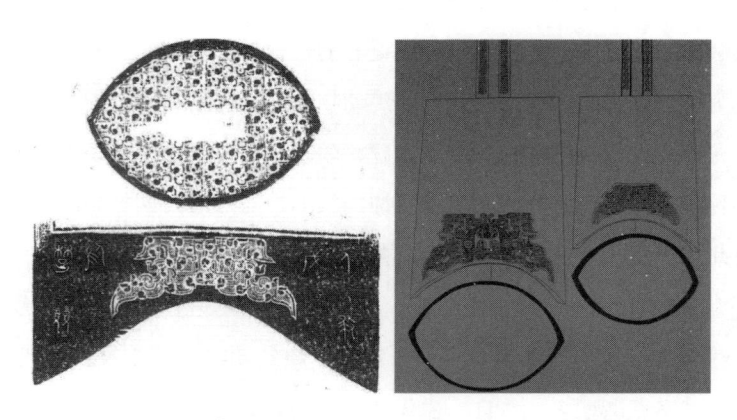

图4 左——酓篙钟正鼓部饕餮面；右——天星观M1钟正鼓部饕餮纹

（三）楚钟铭文

青铜编钟上的铭文并非随意铸造，无论其铭文的位置、布局、内容等均有一定的时代特征，此外还与其功能、纹饰等有一定关联。

目前所见有铭楚钟17批，共185件。占已知楚钟总批数的45.9%，占总件数的36%。可以看出，楚人承袭了中原地区在青铜编钟上铸刻铭文的传统。楚钟铸铭具有一定的时代性，以西周最甚，春秋次之，到战国时期则较少见，这与两周时期青铜器铸刻铭文的发展历史是相一致的。

楚钟铭文布局在各历史时期也不尽相同。西周时期楚钟的铭文主要有两种

---

① 郭宝钧：《商周铜器群综合研究》，文物出版社1981年版，第157页。

形式：钲间；钲间与左鼓／钲间、左鼓、两栾与顶篆。春秋时期的楚钟铭布局形式多样，大致有：钲间与两侧鼓部；正反钲间与两鼓部，及两栾与顶篆；钲间与左鼓，及反面右鼓。由于战国时期编钟铸刻铭文已不再风行，因此，此时有铭楚钟较少，铭文布局的形式也较为单一。

　　青铜乐器上铸刻铭辞的传统由来已久。青铜乐器铭文涉及八个方面的内容。[1] 综合已知楚钟的铭文内容，可分为三方面：一是祈求人之祥瑞，包括自作器以子孙永保、歌功颂德、媵器；二是记述国之大事，包括记录战事征伐、记录祭祀相关内容、为某作宗彝；三是标记音律之名。古代编钟铭辞的内容在一定程度上体现了它们在古代社会生活中的地位及功用。从对楚钟铭辞内容的梳理来看，其中所涉较多的是对人的祈福与赞颂和对国之大事的记述，可见，楚钟在当时不仅被作为寄托祝福的圣器，还是关乎国家大事的重器。在迄今所见先秦编钟中，仅见有3批记录与编钟音乐性能直接相关内容的青铜乐钟，其中2批均为楚系钟，而曾侯乙编钟之乐律铭文更是创世发现，其意深远。

　　楚文字具有较为独特的风格与气韵，线条柔和、波曲更多。如果说东周时期的中原系铭文已具有以"文"饰器的作用，那么楚系铭文的装饰性则更为突出，在春秋中晚期至战国中期楚青铜器上盛行的鸟书、虫书（合称为"鸟虫书"[2]）象鸟虫之形，做虬曲之状，文字的图像化特征极为明显，对器物的修饰性作用无疑也更强。

三、楚钟的音乐性能

　　音乐音响是乐器类音乐实物史料所具备的优于其他音乐实物史料的最大特

---

[1]　即乐律音阶、追孝祈福、征伐记功、媵女、宴乐、赏赐、简铭，以及内容阙疑。参见陈双新《两周青铜乐器铭辞研究》，河北大学出版社2002年版。

[2]　此类文字也盛行于吴越，但创于楚还是吴越，尚难以判定。

征。黄翔鹏曾非常贴切地将古代铸钟、调钟的过程比拟为古代的录音技术，充分肯定了青铜乐钟作为科学研究中的现实依据和材料的重要性，与此同时，他也客观地指出这些古代编钟所保存音响的局限性，即它们只能反映当时音乐技术层面的一些问题，而并不能呈现和代表古代音乐的原型或原貌。[①] 这也正是本文有关楚钟音乐研究中所秉承的学术宗旨。编钟是一种固定音高乐器，各件钟所发音与音之间的音程关系是相对固定的，且大多数情况下都能保持基本的稳定性。以楚钟设计音列、调高及其特点为主要切入点，通过分析，可以爬梳楚钟音乐性能的演进过程，充分把握其时代特征，并力图寻绎楚钟音乐性能的核心要素。

（一）楚钟音乐性能的时代特征及其基本构架

随着楚钟件数不断增多、规模不断扩大、音乐内容不断丰富，楚钟的音列设置在发生着微妙的变化。音域的扩大及变化并不能完全体现编钟的发展，纵观楚钟的发展，其音域变化并不大。早在春秋中期前后，楚钟的最大音域已近5个八度，战国早期曾侯乙编钟的音域扩展到了极致，总体音域已超过了5个八度，恰好处于人类音乐听觉感知度最为敏感的区域，几乎堪比现代钢琴的音域。由于人耳对于音高的感知度存在一定范围，因而这些编钟的音域也无须再扩展的必要。但在相对稳定的音域当中，编钟的音阶却渐而多样化，编钟音列的构成也在逐步走向集约化。这一特点不仅在楚钟的历史进程中表现得十分突

[①] "古代的良工巧匠，付出多少劳动才做到把符合人们审美要求的音响烧结在成型的陶土中；镂孔、刻削、把一定的音高赋予石片；通过繁难而难于预料结果的制模、浇铸工艺，再经锉磨调整，使青铜铸入了音序列，让它们得以跨越数千年的历史重新再为人耳识别。在这个意义上，烧结、镂刻、熔铸可看作古代的录音技术。不过，它们所能保存的音响只是古代音乐的有关技术性的一个侧面。当然，这也是足够宝贵的，它们毕竟是目前条件下仅能获得的实物材料，而给我们的研究工作提供了现实的依据。"（黄翔鹏：《新石器和青铜时代的已知音响资料与我国音阶发展史问题》，载《溯流探源——中国传统音乐研究》，人民音乐出版社1993年版，第5页）

出，而且也同样适用于其他先秦编钟的发展。改变双音设置是使编钟音列集约化的主要手段。主要有三种方法：将原侧鼓音设置为正鼓音、侧鼓音的多样化设计、新增正鼓音。楚钟双音设置的有效性不断被提高，才达到了在件数变化不大或者音域相对稳定的情况下，编钟音列得以丰满和充实。

楚钟音乐性能的时代特征同样明显。西周时期楚钟以"宫、角、徵、羽"四声结构为基础，音乐功能以把握用乐节奏和突出礼仪用乐核心为主导，与同时期西周编钟的音乐功能和特点相一致。自春秋早中期开始，楚钟已具备了演奏七声音阶的音乐性能，逐渐萌发了走向旋律化的倾向。目前所发现的属于春秋晚期的楚钟最多，其中规模最大者要数王孙诰钟。春秋晚期的楚钟已九声俱备，从其音乐性能的各方面来看，它们被作为旋律乐器来使用的可能性已不能被排除，并且随着组合型编钟的大量使用，钟体大小的不同和钟形的差异使它们的音乐功能逐渐分离，并在组合中形成互补，从而使楚钟趋向于一种节奏功能和旋律功能兼备的乐器。战国时期的楚钟已具备了较强的音乐性能，双音设置的细微调整，使得十二半音齐备，其旋律功能之强可见一斑。

通过对楚钟音乐性能的分析和梳理可以看到，无论楚钟的规模如何增大、件数如何增多、组合如何多样、音列如何丰富，其音列的继承、变化与发展大体是在以下两种基本架构的基础上进行的。一是以西周时期8件套甬钟的固定音列为基本架构，它们的正鼓音音列均为羽—宫—角—羽—角—羽—角—羽。二是以春秋时期9件套编钟的固定音列为基本架构，即徵—羽—宫—商—角—羽—商—角—羽。虽然这两种音列形态出现的时间早晚不同，但它们在两周之际曾一度并置存在。事实上，这两种音列形态不但是楚钟音列演进发展的基本框架，也是先秦编钟音列形态演变历程中的两个重要基点。此外，这种8件或9件成套，乃至8件与9件组合成编的形式也为楚钟所采用，并成为楚钟组合发展的基础。由此可见，楚钟音列正是以这两种隶属于中原音乐文化传统的编钟音列为发展壮大的重要基础和基本框架，不断赋予、融入楚音乐的地域特色和文化因素而日益丰富的。

（二）贯穿始终的核心音列形态

在楚钟的发展过程中，大致存在三种核心音列形态，其中历时最长并一直延续的核心结构当为"宫—商—角—羽曾—徵—羽"的六声音列。见表1所示。

表1 楚钟核心音列形态表

年代	名 称	核 心 音 列
西周中晚期	楚公逆编钟	宫－角－徵－羽
春秋中期	敬事天王钟	宫－商－角－徵－羽
春秋晚期	齤钟	
春秋晚期	徐家岭M3钟	
春秋晚期	鄱子成周钟	
春秋中期	叶县旧县M4编钟	宫－商－角－羽曾－徵－羽
春秋晚期	王孙诰钟	
战国早期	曾侯乙编钟	
战国中期	䣄篙钟	

这一结构意味着楚钟上所使用的主要音阶并非历史文献上提及最多的、传统意义上认为是"旧"的正声音阶，而是长期以来被视为"新"的、出现较晚的下徵音阶。结合前文所列楚钟各八度组的基本音列构成情况还可以发现，下徵音阶不但伴随着楚钟走过了其发展历史的大半段路程，而且时代越晚，它的地位也越突出。春秋晚期齤钟虽然其音列设置以正声音阶为干，但实测数据的分析显示，这套钟镈可能在音乐实践中更倾向于使用同一均中的下徵音阶。战国早期曾侯乙编钟的最高一个八度中没有变化音，"水落石出"般地显露了下徵音阶的六声结构。① 战国中期䣄篙钟更是通过增加首钟的"羽曾"而使正鼓

---

① 黄翔鹏:《新石器和青铜时代的已知音响资料与我国音阶发展史问题》，载《溯流探源——中国传统音乐研究》，人民音乐出版社1993年版，第139页。

音音列最终由 2 组这种下徵音阶的六声结构组成。

"宫、商、角、龢、徵、羽"六声音阶在战国音乐实践中有着重要地位。①这种六声音列不但出现时间早，流行时间长，而且影响也极为广泛。郑祖襄在对新郑城市信用社和金城路两处墓葬出土编钟进行乐律学分析后认为，这两套郑国编钟也具有这样的六声音阶，充分证明了"这行音阶在当时社会的普遍性"②。或许所使用的这种下徵音阶就是当时非正声，也不入正统的"郑声"与"南音"的主要元素吧。但是，它在楚音乐理论与实践中的地位显然更为突出。

黄翔鹏曾在《释楚商》一文中对楚调、楚商调以及新、旧音阶③的问题做了专门研究，他从七弦琴音乐中代表传统调弦法的"开指"或"调意"之"楚商意"出发，回溯到晚唐陈康士用"楚商"调所做《离骚》一曲④，分析了该曲的"凄凉调"调弦法，即在正调的基础上紧二弦和五弦，此定弦所得于正声音阶，为羽调式，于下徵音阶，为商调式，由此，他指出："七弦琴的传统宫调名称中名之曰商，加上定语是个'楚'字，说明它是旧音阶以外的另一种商调。事实上，'楚商'是相对于'清商'而言的。同样名之曰商，一个是新音阶，一个却是旧音阶，不同的定语说明它们有需要加以区别的必要性。"之后，他进一步提出"楚声的商调，即采用新音阶系统的'楚商调'"⑤。可见，楚声、

---

① 黄翔鹏：《新石器和青铜时代的已知音响资料与我国音阶发展史问题》，载《溯流探源——中国传统音乐研究》，人民音乐出版社 1993 年版，第 133—134 页。
② 郑祖襄：《两套新郑出土编钟的乐律学分析》，《中国音乐学》2006 年第 2 期。
③ 黄翔鹏在《中国传统乐学基本理论的若干简要提示（续）》一文中对三种音阶进行了正名，认为正声调、下徵调、俗乐调的称谓有历史根据，也最合理，并主张用今例称之正声音阶、下徵音阶、清商音阶。[黄翔鹏：《中国传统乐学基本理论的若干简要提示（续）》，《民族民间音乐》1986 年第 4 期。]此后，学术界多沿用了此定名。
④ 他在讲述《中国古代音乐史的分期研究及有关新材料、新问题》时谈道："我不敢说陈康士的《离骚》就是真正的'楚商'的东西，但材料是有联系的。"（黄翔鹏：《乐问》，中央音乐学院学报社 2000 年版，第 164 页）
⑤ 黄翔鹏：《释楚商——从曾侯钟的调式研究管窥楚文化问题》，载《溯流探源——中国传统音乐研究》，人民音乐出版社 1993 年版，第 75—77 页。

楚调所采用的都是新音阶系统，即下徵音阶系统。上文对楚钟核心音列的分析，进一步证明了这一结论，也充分肯定了下徵音阶在楚乐系统中的核心作用。

（三）楚钟调高

楚钟调高的分析结果如表 2 所示。

表 2　楚钟调高一览表

年　代	名　称	调高	墓主人 / 器主
西周晚期	楚公逆编钟	B 宫	晋侯邦父
春秋早中期	叶县旧县 4 号墓编钟	D 宫	许公宁
春秋中期前段	敬事天王钟	G 宫	令尹子庚正夫人孟滕姬
春秋中晚期	㬅钟	B 宫	吕王之孙
600BC，墓葬年代为春秋晚期	倗子受钟	#F 宫[①]	箴尹克黄夫人仲姬
552BC 或稍后，春秋晚期前段	王孙诰钟	#F 宫	令尹子庚
530BC 前，墓属春秋末或战国初年	鄱子成周钟	#G 宫	宋景公之妹吴国夫人季子
春秋晚期	徐家岭 M3 钟	#G 宫	不详。高级贵族
战国早期	纸背村钟	#F 宫[②]	不详
战国早期，433BC	曾侯乙编钟	C 宫	曾侯乙
战国中期	䣁篙钟	#F 宫	封君
350—330BC	天星观二号墓钟	#F 宫	封君邸旟君番勋夫人

从表 2 中可见，楚钟调高呈现出了一定的时代性和亲疏性。早期楚钟的调高多样，且不稳定。自春秋晚期开始，楚钟调高逐步走向一致，即以 #F 宫为主流，并成为楚钟的特点之一。综合来看，排除时代因素和地域因素，春秋时

---

① 参见本文第四节的分析。
② 参见本文第四节的分析。

期之后调高不同的编钟大多属于楚附庸国或墓主人来自楚附庸国。楚钟调高的基本情况也在一定程度上显示了各级楚钟的亲疏关系。

四、"礼崩乐坏"历史洪流中的楚钟

"礼崩乐坏"是伴随周室衰微的一种文化过程和文化现象，在中国古代历史，尤其是先秦史上产生了重大的影响。正如"制礼"与"作乐"具有丝缕相扣、相互协调的共生关系一样，"礼崩"与"乐坏"也发生在同一时期，相互催化并愈演愈烈。编钟作为礼乐重器之代表、乐悬作为礼乐制度之核心，其所发生的变化当为"礼崩乐坏"过程中的具体事项和物化表现。楚钟的发生、发展、鼎盛以及消亡始终伴随着这一巨大的历史潮流，并与之形成了一种互为因果的关系。

（一）楚钟组合及其基本特点

就目前的楚钟资料而言，不同钟形组合搭配的形式大致有：甬钟成套和钮钟成套的一元组合类型；钮钟与小型镈的二元组合类型；钮钟、甬钟和镈的多元组合类型。这些钟形配置虽也见于先秦时期楚文化范围以外的青铜乐钟，但其具体分组情形以及件数均各有不同，而件数的差别也在一定程度上体现了不同历史时期、不同文化区域的文化特征。在楚钟中，上层的旋律用钟以9为基数，随着时代的发展以偶数递增；下层的节奏用钟则以8为基数，并以偶数递增。因此，楚钟件数增加的总体规律大致可归纳为：节奏型钟镈以8件为基数作偶数递增，旋律型钟以9件为基数做偶数递增。

上层钟（单层钟）：9件→11件/组→13件/组

下　　层　　钟：8件→10件→12件

可见，下层8件与上层9件的组合形式在楚钟发展历史上占有重要地位，是楚钟规模日益扩大化的基石。无论是不同楚钟钟型基数的构成，还是其规律性递增的情况,均不见于其他先秦编钟,体现了楚钟发展的历史延续性和系统性。在所见楚钟中,9件钮钟与8件编镈的组合形式在一定历史时段内具有相当的稳态状和固定性,这种组合形式的特点也较为突出,主要有:(1)功能互补,9件钮钟主旋律,8件小型编镈主节奏,二者被用于演奏音乐时各司其职;(2)音域衔接,编镈的高音区正好与钮钟的低音区相接,有效地扩大了钟镈的整体音域,在音乐中起到低音烘托的作用,增强了演奏乐曲的能力;(3)摆列形式灵活,既可双层叠置,也可单层呈曲尺状摆放,这两种摆放方式在楚墓中均有发现。此外,资料表明,13件钮钟成编也是战国时期楚钟的一种较为常见的固定编制类型和常用组合形式。

(二)楚墓中楚钟的摆放情况

大量古代遗址和墓葬都显示出古人有着强烈的方位观。由于遗址或墓葬是古人丧葬礼仪的具体表现,因此,随葬器物摆放中的多种因素,如同置器物、摆放方位及摆放方式等都体现了浓重的仪式感和深刻的文化内涵。随葬于楚墓中楚钟的摆放情况也能反映出一些重要的历史文化信息。

春秋时期,楚钟及楚乐器大多与礼器一同放置,但有时也会出现乐器因材质或功能的不同而分散放置的情况。战国时期,楚钟以及楚乐器大多不与礼器摆放在同一处、同一方位或同一椁室,而是集中、单独放置,有的大型墓葬甚至专门用单独一个椁室来摆放随葬乐器。进入战国中期以后,随着随葬器物数量的逐渐增多,其摆放分类已不如此前严格,乐器的放置也与此前大为不同:有的墓葬中生活用具、丧葬用具与乐器放置在同一位置或椁室;有的墓葬将乐器与木质礼器放置在同一椁室,而随葬的青铜礼器却单独放在另外的椁室;还有的墓葬甚至将乐器和装饰品、盥洗用具放在一起。从总体趋势上看,楚钟从最初与礼器相伴随葬,逐步与礼器分离,它们或单独放置,或与生活用品、丧葬用品等伴随,这一演变过程清晰地展现了楚钟所蕴含礼乐意义和功能的隐性转换,体现了楚钟作为礼器之表征意义的逐步削弱,以及其乐之本来意义逐步凸显的历程。

楚人有着尚东的习俗，这在楚文化考古发现中可以找到充分的实物证据。目前所知，楚贵族墓葬的墓主头向多从东，楚墓中的青铜礼器也大多被放置在墓内的东面。有研究认为，楚人尚东可能有着双重意蕴："一则，作为日神的远裔，应朝向日出的东方；二则，作为火神的嫡嗣，同样应朝向最初的火神所居的东方。"[1] 资料表明，楚钟大多被摆放在楚墓中的东面，或正东、或东北、或东南，其中又以东南居多。显然，编钟被放置在了楚人认为最重要的方向和方位，再一次彰显了楚人的烈烈尚钟之风，也使我们更能明白吴王阖闾拔郢时为何不是"毁其宗庙，迁其重器"，而是"烧高府之粟，破九龙之钟"[2] 了。

目前的资料显示，楚钟在墓葬中摆放的方式大致有两种：一是在下葬时悬挂在钟架上，由于保存条件和情况不一，楚钟出土时有的依然悬挂稳固，有的则因钟架腐朽，仅残存痕迹，青铜钟便坍塌于椁底板上；二是下葬时平置，有的将钟架横置其中，有的则未见钟架。大量的实物资料表明，钟镈的安置方式与其音乐性能没有直接关联，也与其性质和功能无关，而与墓室空间的大小有直接关系。

（三）礼乐制度兴衰中的楚钟

西周晚期楚公逆编钟的8件甬钟组合是西周中晚期周制在楚文化中严格而具体的体现。春秋晚期似乎是楚用乐规范相对稳定的时期，即大夫级墓葬均随葬8件编镈与9件钮钟，这种形式尚不见于周代礼乐规范的相关记载，也有别于同时期其他地域同级别墓葬随葬编钟的情况，体现了此时礼乐制度的衰变以及这种衰变在楚文化区域内所呈现的特点。战国时期楚钟发生了较大变化，迈

---

[1] 张正明：《楚文化史》，上海人民出版社1987年版，第106页。
[2] 何宁：《淮南子集释》卷二十，中华书局1998年版，第1416页。

向了两条截然不同的道路，亦可谓"精进式"和"堕落式"[①]。其一，"精进式"。在其他文化区域已较少出现战国时期的大型编钟时，楚地却频频发现战国时期的大型组合编钟，并且其规模之大、件数之多、铸造水平之高、音乐性能之完善有过之而无不及。宏大精良的楚钟把先秦编钟推向了崭新的繁荣鼎盛期，并极尽"奢华"地彰显了钟磬乐舞时代的辉煌篇章。其二，"堕落式"。战国时期楚钟中出现了一些陶质、木质类的非实用编钟，它们多是专为下葬制作的明器。有学者将西周末期至战国中期所出现的明器划分为6类，即微型、拟古、变形、粗制、素面、仿铜。[②] 楚钟仅涉及其中三类，分别是粗制、仿铜和素面。楚钟的这两条"极端"道路，不但是它随着礼乐制度的衰变和崩溃在新历史时期的集中体现，而且也预示了旧时代的结束，并昭示着新时代的到来。

（四）礼乐制度与礼乐意识

楚钟的发展历程显示了楚人牢固的等级观念和礼乐意识。

在目前的材料中可以发现战国楚墓僭越随葬礼乐器的多个例证，然而，各级别楚墓所匹配乐悬的面数又显得较为稳定，因此，我们便不难理解为什么礼学研究者会认为周礼在战国时期既部分实行又全部崩溃了。[③] 虽然目前的资料还不足以使我们阐明战国时期楚乐悬及楚人用钟的具体情况，但此时楚钟数量

[①] 参见郭沫若《彝器形象学试探》，载《青铜时代》，中国人民大学出版社2005年版，第245页。（郭沫若《彝器形象学试探》一文对"新式期"器物的论述中，曾以纹饰的简陋或精美将此时的编钟分为"堕落式"和"精进式"，然而根据前文的研究结果，编钟纹饰的精致或简略与其音乐性能的优劣并无直接关联，因此前文采用了"繁缛化"和"简约化"对战国时期楚钟纹饰的类型进行了概括，然而，战国时期楚钟在铸造、规模、质地、性能等方面也形成出了两条截然不同的道路，郭文所拟定的"堕落式"和"精进式"于此当可借鉴。——笔者注）

[②] 参见巫鸿《"明器"的理论与实践——战国时期礼仪美术中的观念化倾向》，《文物》2006年第6期。

[③] 参见陈戍国《中国礼制史·先秦卷》，湖南教育出版社1991年版，第387页。

的变化已表现出较强的规律性,并在同一历史时段内,相同级别楚墓随葬编钟的数量或组合基数都具有某些一致性。可见,即使在"礼崩乐坏"的历史潮流中,楚墓随葬编钟依然不能随意为之,并存在一定的使用规范和内容,也就是说,"无论什么时候,各等级之间总还存在着一定的差距,即旧的框框突破了,又出现了新的框框、新的限制"[1]。而从战国时期楚钟不同于其他地域编钟的组合形式和件数来看,此时所形成的楚钟使用的新框框,便可以在一定程度上被认为是"出于'周礼'而又有时代、民族特点的新的楚礼、楚制"[2]了。

礼乐制度是西周时期统治阶级为了维护自己的政权和利益而建立的,进入东周时期,社会动荡,政治变革,"礼崩乐坏"成为历史潮流的必然。春秋战国时期动荡与变革的本质"在于从建构在西周分封制、宗法之上的国家形态,向新的、更为成熟的国家形态的转化。'礼崩乐坏'象征着旧制度、旧秩序的瓦解,然而同时也反映了新制度、新秩序的萌生。……在一定程度上,诸侯国是通过僭越周礼来确立其作为独立国家的政治与文化上的合法性的"[3]。有证据表明,东周时期所发生的僭越一直处于不稳定中的稳定状态,即在僭越的内容和程度愈演愈烈的不稳定中,依然存在着相对稳定而可循的新规律和新规范。与其说这是一种新旧制度的更替,倒不如认为这是在同一制度的基本框架之下,对相关内容和规定进行的级升。

如果说礼乐制度的建立和毁弃可以在一定时期内、经过一定的过程而完成的话,那么礼乐意识与观念的形成和消失应该有着更为漫长的历史,其形成之初必定要经过绵长的潜伏期,而其消失之前也必定会历经漫长的消退期。

礼乐意识的萌发与古代先民的乐舞仪式直接相关。在有关艺术起源的诸多学说中,仪典派的理论得到了广泛的重视,他们提出"歌舞起源于祭祀仪

---

[1] 郭德维:《楚系墓葬研究》,湖北教育出版社1995年版,第29页。
[2] 郭德维:《楚系墓葬研究》,湖北教育出版社1995年版,第29页。
[3] 杨志刚:《中国礼仪制度研究》,华东师范大学出版社2001年版,第104页。

式"①，同时进一步认为诗歌乐舞这种综合艺术形式也发展于仪式。诚然，"仪式给诗乐舞这一综合性的艺术提供了充分的'场'，这个'场'既宽广又不乏纵深，既具有内在结构的复杂性，同时又具有外在的功能和价值"②。这个"场"具有一定的宗教性、伦理性和艺术性，是整合社会各级关系、强化宗族意识的重要手段。这种原始先民的乐舞祭祀仪式显示了礼与乐的共生性，潜藏着浓厚的礼乐意识，它被视为"礼乐文化的原始形态"③，也是礼乐时代到来的先声。

昭穆制、宗法制和封建制是古代中国社会的三个关键制度，也是中国青铜时代大部分时期的中心制度，三者相互影响和作用，使整个社会出现了不同的阶层。④"原史时代"（Protohistory）祭祀礼仪中所萌发的礼乐意识在历史时期的阶级分野中被逐步深化和制度化，渐而成为统治者垄断社会统治的等级法规。进入东周时期，西周所建立的一套完善严密的体系化制度遭遇到了前所未有的冲击，然而由于阶级社会的基本性质依然牢固，礼乐意识也早已在漫长的历史中渗进了人们的精神内核，因此，即使周礼衰变又崩溃，礼所规范的等级内涵和精髓也依然存在，礼的表现形式之一——礼物也还有等级差异，所不同的是在原等级规定的配备中出现了相对的级升罢了。也正因为如此，处于战国礼乐崩溃时期的楚钟，其使用的数量、器型依然具有相应的规律和等级规范，只是这种规范较之西周乃至春秋时期都大为不同。

礼乐意识在礼乐制度崩溃后的延续在楚钟明器上也有所体现。众所周知，明器一般"貌而不用"⑤，因此其意义不在于具体的用途，而在于其所象征的含义。先秦儒家的丧葬观念为"事死如事生"，主张"大象其生以送其死，使死

---

① 参见［苏联］叶·莫·梅列金斯基《神话的诗学》，商务印书馆1990年版。
② 张树国：《乐舞与仪式——中国上古祭歌形态研究》，天津古籍出版社2003年版，第8—9页。
③ 杨华：《先秦礼乐文化》，湖北教育出版社1997年版，第11页。
④ 参见张光直《中国青铜时代》，生活·读书·新知三联书店1999年版，第19—21页。
⑤ 《荀子·礼论》："生器文而不功，明器貌而不用。"（清）王先谦：《荀子集解》，载《诸子集成》，中华书局1978年版，第245页。

生终始莫不称宜而好善，是礼义之法式也，儒者是矣"①。战国时期仿铜陶、木钟和粗制青铜钟显然没有实用功能，但却具有强烈的象征意义，它们以隐喻的方式承载了生者对死者的情感，也标示着死者的身份地位，这进一步证明，尽管西周建立的礼乐制度已濒临崩溃，但人们牢固的等级观念和礼乐意识早就难以磨灭。

（五）钟磬乐舞时代的历史终结

在楚文化考古中，是否出土编钟已经成为衡量墓主是否为贵族或墓葬是否属于高等级的一个重要标准。诚然，迄今所见出土编钟的楚系墓葬均为贵族墓，但还应看到的是，进入战国时期以后的一些等级较高的楚系墓葬也有不随葬编钟的情况。

荆门包山二号墓是一座保存完整的、战国中晚期楚贵族墓葬，墓主人邵䮸，官至左尹，主管楚国的司法工作，爵位为大夫，下葬于公元前316年。②墓主的官职和级别都达到了随葬钟磬之类金石乐器的标准，但该墓中却仅随葬了鼓和瑟。这座墓葬的保存情况较好，因此钟磬被盗的可能性便可以完全排除，然查相近时期、相近等级的楚墓中多随葬有钟磬，那么该墓未随葬钟磬当另有原因了。在漫长的中国古代音乐历史中，曾有过三大发展阶段③，其中，以钟磬乐为代表的乐舞时期与中国历史上灿烂的青铜时代相重合。"中国青铜时代的开

---

① （清）王先谦：《荀子集解》，载《诸子集成》，中华书局1978年版，第246页。
② 参见荆沙铁路考古队《包山楚墓》，文物出版社1991年版；王红星《包山2号墓的年代与墓主》，载楚文化研究会《楚文化研究论集》第二集，湖北人民出版社1991年版，第125—132页。
③ 黄翔鹏在《论中国古代音乐的传承关系》一文中从中国传统音乐形态学的宏观角度提出，中国古代音乐曾经历过的三大历史阶段，即以钟磬乐为代表的先秦乐舞阶段、以歌舞大曲为代表的中古伎乐阶段和以戏曲音乐为代表的近世俗乐阶段。此后，随着新材料的不断出现，他又在《中国古代音乐史的分期研究及有关新材料、新问题》一文中进一步系统明晰地提出，根据音乐的形态特点将古代音乐历史划分为五个时期，即远古与三代、三代（夏商周）、歌舞伎乐前期（秦汉魏晋）、歌舞伎乐后期（南北朝、隋、唐）和剧曲音乐时代（五代宋元明清）。此五期分实为三段分框架之内的细分。——笔者注

始不会迟于公元前2000年。它的结束则是一个冗长而且逐渐的程序，开始于春秋晚期，但直到公元前3世纪的秦代才告完成"[1]，而它的晚期又与铁器时代有好几百年的重叠。在以钟磬为代表的乐舞时期和以青铜为代表的物质文明时代，青铜编钟成为当时音乐文化、社会政治乃至国家实力的象征和代表。在"礼崩乐坏"的历史过程中，伴随着青铜时代结束的冗长过程，先秦时期的铿锵钟磬乐舞时代也做出了历史的终结，作为这一音乐风格形式的主要载体——青铜编钟也开始被新的音乐风格形式的新载体取代。在这一大的历史背景下，无论于礼、于器、于乐，此时的楚贵族墓葬似乎已不再有随葬青铜编钟的规定了，包山二号墓未随葬钟磬的现象或许可以被认为是青铜编钟将要退出历史舞台的前兆，和钟磬乐舞时代终结的先声。

五、结语

（一）楚钟的基本特征

由于楚钟一直处于演进发展的变化过程中，故以下特征概括主要基于它在成熟时期所呈现出的综合状况予以总结。

外部特征：楚钟的钟体结构无异于先秦编钟的一般形制，但某些部位或钟体形态也略有不同。典型楚钟的形体大多修长，于弧较大，钲部占钟身的1/2处，整体风格秀丽而轻奇。楚钟纹饰向来以精美华丽、自由奔放而著称。它采用复杂多变的主地纹结合的复合型纹饰，即以动物纹饰为主纹的突出显现与以几何纹为地纹的隐形衬托相契合，这一手法使钟体纹饰从整体上看主次分明，繁缛不失条理，华丽不失清新。半立体化效果的纹饰为精致华丽的风格增添光彩。动物纹的几何化和纹饰结构的微型化，使线条纤细密集而又柔和流畅。楚钟铭文的位置、内容与中原钟的区别不大，但字体趋向修长，笔画弯曲波折且富于变化，

---

[1] 参见张光直《中国青铜时代》，生活·读书·新知三联书店1999年版，第2页。

呈现出飘逸瑰丽的基本风格，表现了较强的装饰性和明显的图像化特征。

音乐性能特征：楚钟具备中国古代乐钟"一钟双音"的音乐声学特征。不同钟形或形体大小不同的楚钟，在音乐中分别承担了低音烘托、节奏控制或旋律演奏的音乐功能。楚钟音列多属于以"宫—商—角—羽曾—徵—羽"为核心的下徵音阶系统。因规模件数的不断扩大，楚钟从四声、七声，到九声，进而达到十二半音齐全。所知楚钟的调高多为 #F 宫。

组合特征：迄今为止，楚钟在先秦各个历史时段几乎都有规模宏大的代表作。春秋中期，大夫级楚墓中开始稳定地出现 8 件小型编镈与 9 件钮钟的组合形式，这种形式既不见于周代礼乐规范的相关记载，也区别于同时期其他地域同级别墓葬随葬编钟的数量或器型，体现了楚钟组合的基本特点。楚钟组合扩大的基础和基本规律是：下层节奏用钟以 8 为基数做偶数递增，上层旋律用钟以 9 为基数做偶数递增。

（二）楚钟的演变及历史分期

根据楚钟自身的发展轨迹，并结合楚文化的进程，可对楚钟的演变作出如下分期。

1. 第一期为西周中晚期至春秋中期

第一段：自西周中晚期至西周末春秋初

第二段：从春秋早期至春秋中期

这一期的楚钟在基本形制、纹饰风格、组合、铭文以及音乐性能方面均与中原编钟大体一致，仅早期楚甬钟的侧鼓部纹饰采用了与中原钟截然不同的动物纹内容。其中，第一阶段楚钟与同时期中原编钟具有相同的"宫、角、徵、羽"四声结构。进入春秋时期，由于钮钟的出现和成组编钟件数的增加，使得第二阶段楚钟具备了更为良好的音乐性能，在理论上已可达到同均三宫。

2. 第二期为春秋中期至春战之交

这是楚钟发展的过渡阶段。进入春秋中期以后，楚钟纹饰以及钟铭字体已昭示了新风格的来临。从楚墓编钟的配备情况来看，春秋中期到春秋晚期似乎是楚用乐规范相对稳定的时期。由于楚钟件数的增加、音列的集约化和双音设置的多样性，使得春秋晚期的楚钟可获得同宫三阶，楚钟音乐性能得到了有效拓展。

3. 第三期为战国早期至战国晚期

楚钟形体修长、于口弧大的特点已显现出来。但此时楚钟上铸刻铭文的现象已不再风行，铭文虽内容多样，但形式单一。楚钟的外部装饰呈现出两条完全不同的发展路线：一是繁缛化，二是简约化。由于此时楚钟的规模宏大，音列设置的有效性得到了加强，使楚钟能在一个八度内十二半音俱全。至此，楚钟将先秦钟磬乐舞时代的编钟音乐推向了历史高峰。

（三）楚钟与先秦礼乐制度的表里关系

伴随着礼乐制度在当时社会历史背景下的不同状况，楚钟的演变渗透了它与礼、乐的相互关联及变化。其中，楚钟纹饰内容与风格、楚钟在楚墓中的摆放、和楚钟音乐性能等方面的变化过程，都清晰地展现了楚钟所蕴含礼乐意义和功能的重心转移，体现了楚钟作为礼器之表征意义逐步褪弱及其乐器之本来意义逐步凸显的过程。

作为楚之重器，楚钟的发生、发展、鼎盛及衰亡与礼乐制度的兴衰贯穿始终。西周晚期楚钟的基本状况是西周中晚期周制在楚文化中严格而具体的展现。进入春秋中期，在"礼崩乐坏"的历史背景下，楚钟已不完全遵循中原周制，而开始形成和表达自己的特点。春秋晚期的楚钟体现了当时礼乐制度的衰变以及这种衰变在楚文化区域内所呈现的特点。战国时期的楚钟则发生了较大变化，迈向了两条截然不同的道路，即"精进式""堕落式"。这两条极端道路不但是楚钟随着礼乐制度的衰变和崩溃在新历史时期的集中体现，更预示了在青铜时代结束的背景下，以先秦钟磬乐为代表的旧时代的终结，并昭示着在新的生产生活方式的社会环境的孕育下，一个具有崭新音乐艺术风格的时代的到来。

乐悬是礼乐制度的重要内容。本文首次对楚乐悬的相关内容进行了尝试性探索，着力研讨了编钟在楚乐悬中的相关使用情况。通过分析目前有限的材料发现，楚乐悬有着与文献相符与不符之处，也具有与中原相同和不同的基本特点。在楚乐悬中，甬钟是区分楚中高级贵族和一般贵族的重要标尺；楚乐悬摆列基本同周制，但其具体方向与楚俗的方位观密切相关；春秋中期至春秋晚期之间，大夫级楚墓的编钟配置为9件钮钟与8件小型编镈，进入战国时期后，同为大夫级楚墓的编钟配置数量明显增多；楚钟件数的多少与音乐的发展、不同历史时期的用乐规范相协调，而楚钟音列的丰富和拓展也与楚钟件数的变化相辅相成；编钟的大小、质量等因素均与等级高低相关；女性墓葬所配备的编钟数量较之男性墓葬少，其等级也略低。研究表明，随着楚钟、楚乐器乃至楚音乐文化在"礼崩乐坏"的历史洪流中逐步兴起和繁盛，与之密切关联的乐悬内容也处于一种微观的动态中。

（四）从楚钟与中原钟的基本关系看文化整合与文化变迁中的选择性和目的性

楚钟同中原钟在与编钟发音相关的钟体结构和类型等方面具有共性，而钟体纹饰母题及风格、钟铭字体、音列设置、组合形式、在墓葬中的摆放乃至用乐规范等都有所不同。当我们将楚钟对中原钟的借鉴与吸收作为一种文化变迁或文化整合的现象来看待时便不难发现，楚钟于中原钟仅仅在外部形制因素这类表象或物质层面上进行了模仿和借鉴；而对于关乎古人信仰观念、祭祀系统的性能和功能等深层次的精神文化和艺术审美的核心内容，楚钟的独特之处或从一开始就已出现并一直保持，抑或逐步凸显出来。

楚钟的发展及其与中原钟之间的关系印证了文化整合、文化变迁中的基本规律。当两种或两种以上的文化遭遇碰撞时，不管是主动的还是被动的，相互间都会在一定程度上有所影响。无论是文化变迁还是文化整合，都会根据自身民族、地域、人文等多方面的特点，有目的、有选择性地吸收或改造外来文化因素和文化内容，使其能够和谐统一地兼容于本土文化当中，与之构成一个系统完整的文化整体。楚钟的发展还说明了在文化整合或文化变迁中，文化内容和文化因素往往会根据一定的文化目的发生变化，而控制个人和社会行为的内在文化精神，即文化构型（Cultural Configuration），却具有不同寻常的耐久性和稳固性。楚钟对于中原钟的合理借鉴，是楚人不拘一格、求取创新的文化精神的完美体现，同时也映射了楚人不屈于周，并试图在军事、经济、文化等多方面成为霸主的政治野心。

（五）楚钟——巫史音乐文化的结晶

从为数不多的涉及楚国的历史文献中可以发现，无论宫廷还是民间，楚国的信巫之风倡炽盛行，因此，巫官文化被认为是楚文化的传统。楚钟的钟体纹饰、簴虡、相关配件形象以及音乐图像上的那些充满灵性、诡异和神秘色彩的设计充分显示了源自巫官文化传统的浪漫主义精神和自由奔放的个性。在先秦时期的动荡社会中，出奔现象在各诸侯国之间时有发生，无形中促进了当时的文化交流。公元前516年，王子朝携带大量周典籍奔楚[1]，被视为"东周文化最大的一次迁移"[2]。所发生的多起奔楚事件，直接反映了中原文化传入楚地的史实，来自中原的史官文化必定会对楚文化的各个方面产生影响。楚钟以及楚乐中的中原文化因素也全面反映了楚人对中原史官文化背景中产生的礼乐文化传统的吸收和发扬。如果说屈原的《楚辞》不但是"巫官文化的最高表现"，甚至还成为中国文学史上史官文化与巫官文化合流的媒介[3]的话，那么，楚钟便足以堪称巫史文化在音乐艺术上交融升华的结晶。也正因为如此，以楚声、楚调、楚舞为代表的楚乐舞艺术才具有旺盛的生命力而得幸在汉代延续，以至于一直以不同的形式留存并广泛影响着后世的音乐形态和艺术精神。

---

[1] 昭公二十六年，"冬十月丙申，王起师于滑。辛丑，在郊，遂次于尸。十一月辛酉，晋师克巩。召伯盈逐王子朝，王子朝及召氏之族、毛伯得、尹氏固、南宫嚚奉周之典籍以奔楚。"[杨伯峻：《春秋左传注》（四），中华书局1990年版，第1475页。]
[2] 参见范文澜《中国通史》第一册，人民出版社1978年版。
[3] 参见范文澜《中国通史》第一册，人民出版社1978年版，第262—263页。

附录　楚钟资料统计表
（截至 2006 年 8 月）

序号	时代	器物名称	出土地/传世与著录	出土时间	件数 甬钟	件数 钮钟	件数 小计	件数 镈	保存情况	附件	资料出处	备注
1	西周中晚	楚公豪钟	传世		4		4		3件于日本 1件不明		郭沫若：《两周金文辞大系图录考释》，科学出版社1957年版	
2	西周中晚	楚公豪钟	陕西周原	1998	1		1		完好		罗西章：《陕西周原新出土的青铜器》，《考古》1999年第4期	
3	西周晚	楚公逆钟	传世		1		1					
4	西周晚	楚公逆编钟	山西曲沃	1992	8		8		完好		山西省考古研究所、北京大学考古系：《天马—曲村遗址北赵晋侯墓地第四次发掘》，《文物》1994年第8期，第5页	
5	春秋早	楚王领钟	著录		1		1					
6	春秋早	王子婴次钟	传世		1		1				郭沫若：《两周金文辞大系图录考释》，科学出版社1957年版	
7	春秋中期偏早	邛仲爛南和钟	传世			1	1		完好		郭沫若：《两周金文辞大系图录考释》，科学出版社1957年版	
10	春秋中期前段	旧县M4钟	河南叶县旧县M4		20	9	29	8	完好	钟撞首1件	平顶山市文物管理局、叶县文化局：《河南叶县旧县四号春秋墓发掘简报》，《文物》2007年第9期	

续表

序号	时代	器物名称	出土地/传世与著录	出土时间	件数 甬钟	件数 钮钟	件数 小计	件数 镈	保存情况	附件	资料出处	备注
10	春秋中期前段	敬事天王钟	河南淅川下寺 M1	1978		9	9		完好		河南省文物研究所、河南省丹江库区考古发掘队、淅川县博物馆：《淅川下寺春秋楚墓》，文物出版社1991年版	
11	春秋中期后段	赒钟	河南淅川下寺 M10	1978		9	9	8	完好		河南省文物研究所、河南省丹江库区考古发掘队、淅川县博物馆：《淅川下寺春秋楚墓》，文物出版社1991年版	
12	春秋中期后段	倗子受钟	河南淅川和尚岭	1990		9	9	8	1件破裂其余完好		河南省文物考古研究所、南阳市文物研究所、淅川县博物馆：《淅川和尚岭与徐家岭楚墓》，大象出版社2004年版	
8	春秋晚	王孙遗者钟	著录		1		1					
13	春秋晚	王孙诰钟	河南淅川下寺 M2	1978	26		26		完好	撞钟棒帽1、销钉24、钟系54	河南省文物研究所、河南省丹江库区考古发掘队、淅川县博物馆：《淅川下寺春秋楚墓》，文物出版社1991年版	

续表

序号	时代	器物名称	出土地/传世与著录	出土时间	件数(甬钟)	件数(钮钟)	件数(小计)	件数(镈)	保存情况	附件	资料出处	备注
14	春秋晚	徐家岭M3钟	河南淅川徐家岭	1990		9	9	8	完好		河南省文物考古研究所、南阳市文物考古研究所、淅川县博物馆：《淅川和尚岭与徐家岭楚墓》，大象出版社2004年版	
15	春秋晚	徐家岭M10钟	河南淅川徐家岭	1991		9	9	8	完好		河南省文物考古研究所、南阳市文物考古研究所、淅川县博物馆：《淅川和尚岭与徐家岭楚墓》，大象出版社2004年版	
16	春秋末	鄬子受编钟	河南固始	1978		9	9	8	完好	钟架1 钟槌3	河南省文物考古研究所：《固始侯古堆一号墓》大象出版社2004年版	
17	春秋末	蔡侯钟	安徽寿县	1955	12	9	21	8	部分残破		安徽省文物管理委员会、安徽省博物馆：《寿县蔡侯墓出土遗物》，科学出版社1956年版	发现带铭文的残钟片若干
18	战国早	纸背村钟	湖南浏阳	1978		9	9		2件铣破 2件钮损		熊传薪《湖南新发现的青铜器》，载《文物资料丛刊》第5集	
19	战国早	旧县M1钟	河南叶县	1987		6	6		基本完好 部分破损		河南省文物研究所、平顶山市文物管理委员会、叶县文化馆：《河南省叶县旧县1号墓的清理》《华夏考古》1988年第3期	

续表

序号	时代	器物名称	出土地/传世与著录	出土时间	件数 甬钟	件数 钮钟	件数 镈	件数 小计	保存情况	附件	资料出处	备注
20	战国早	六安钟	安徽六安	1991		12		12	修复9件	木槌1	安徽省六安县文物管理所：《安徽六安县城西窑厂2号楚墓》，《考古》1995年第2期	陶质
21	战国早	曾侯乙钟	湖北随州擂鼓墩 M1	1978	45	19		64	完好	钟架1、木槌6、撞钟棒2、穿钉挂构、	湖北省博物馆：《曾侯乙墓》，文物出版社1989年版	
22	战国早	楚王酓章钟	著录			2		2			郭沫若：《两周金文辞大系图录考释》，科学出版社1957年版	
23	战国中	䂞钟	河南信阳长台关 M1	1957		13		13	完好	插销11、钟架1、钟槌3	河南省文物考古研究所：《信阳楚墓》，文物出版社1986年版	遣策载笙2、竽1
24	战国中	长台关 M2 木钟	河南信阳长台关 M2	1958		13		13	有破损	钟架1、钟槌1	河南省文物考古研究所《信阳楚墓》，文物出版社1986年版	木质

续表

序号	时代	器物名称	出土地/传世与著录	出土时间	甬钟	钮钟	小计	镈	保存情况	附件	资料出处	备注
25	战国中	长台关M7木钟	河南信阳长台关M7	2002							河南省文物考古研究所、信阳市文物工作队：《河南信阳长台关七号楚墓发掘简报》，《文物》2004年第3期	木质，件数不明
26	战国中	擂鼓墩M2钟	湖北随州擂鼓墩M2	1981	36		36		完好	钟钩22件	湖北省博物馆、随州市博物馆：《湖北随州擂鼓墩二号墓发掘简报》，《文物》1985年第1期	
27	战国中	上蔡钟	河南上蔡	1979		13	13		4件破裂9件完好		驻马店地区文化局、李芳芝：《上蔡县发现一座楚墓》，《中原文物》1990年第2期	
28	战国中	秦王卑命钟	湖北当阳季家湖	1973	1		1		完好		湖北省博物馆、杨权喜：《当阳季家湖楚城遗址》，《文物》1980年第10期，第35页	
29	战国中晚	九连墩M1钟	湖北枣阳九连墩	2002	12	22	34		完好	钟架1	湖北省文物考古研究所、王红星：《湖北枣阳市九连墩楚墓》，《考古》2003年第7期	
30	战国中晚	九连墩M2钟	湖北枣阳九连墩	2002		11	11		完好	钟架1	湖北省文物考古研究所、王红星：《湖北枣阳市九连墩楚墓》，《考古》2003年第7期	

续表

序号	时代	器物名称	出土地/传世著录	出土时间	件数 甬钟	件数 钮钟	件数 小计	件数 镈	保存情况	附件	资料出处	备注
31	战国中晚	天星观 M1 钟	湖北江陵	1973		4	4		4件完好，其余被盗，原为22件	穿钉5、钟架1、撞钟棒2	湖北省荆州博物馆：《江陵天星观1号墓》，《考古学报》1982年第1期	
32	战国中晚	天星观 M2 钟	湖北江陵	2000		22	22	10	完好	钟架1	湖北省荆州博物馆：《荆州天星观二号墓》，文物出版社2003年版	
33	战国中晚	平夜君成钟	河南新蔡	1994		1	1		完好		河南省文物考古研究所、河南省驻马店市文化局、新蔡县文物保护管理所、曾晓敏等：《河南新蔡平夜君成墓的发掘》，《文物》2002年第8期	
34	战国中晚	黔阳钟	湖南怀化地区	1985		22	22		多压碎，14件基本复原		怀化地区文物工作队、黔阳县黔城战国墓发掘简报：《黔阳芙蓉楼管理所》，载《湖南考古辑刊》第5辑	陶质
35	战国中晚	九里 M1 钟	湖南临澧	1980			不详		仅存钟架		湖南省博物馆、常德地区文物工作队：《临澧九里楚墓发掘报告》，载《湖南考古辑刊》第3辑，岳麓书社1986年版	钟形不明
36	战国晚	平粮台钟	河南淮阳	1979		5	5		仅修复5件		河南省文物研究所、淮阳县文物保障所：《河南淮阳平粮台十六号楚墓发掘简报》，《文物》1984年第10期	陶质

续表

序号	时代	器物名称	出土地/传世与著录	出土时间	件数 甬钟	件数 钮钟	件数 小计	件数 镈	保存情况	附件	资料出处	备注
37	战国晚	楚幽王钟	安徽寿县李三孤堆	1933			30件余		被盗		邓峙一：《李品仙盗掘楚王墓亲历记》，载《安徽文史资料选集》第1辑	钟形不明
	合 计				169	247	446件余	67				

商周镈研究

冯卓慧

在中国音乐发展史上，夏、商、周三代被称为"金石之乐时期"。这一时期最突出的特点在于青铜乐钟与石质编磬的大量使用，作为金石之乐的代表，编钟与编磬反映了当时礼乐文明的高峰。通过目前的考古发现可以看到，在中国先秦阶段，特别是商周时期，由编钟与编磬所反映出的音乐表现能力已经发展至相当的高度，形成了鲜明的时代特点。镈作为中国青铜乐钟之一，盛行于商周时期，因其声学性能与社会功用的特点鲜明，所以在"金石之乐"中具有特殊的地位。

本文通过对目前所知的 430 余件镈的系统研究，基本厘清了这一类青铜乐器的起源、发展、兴盛以及衰亡的历史轨迹。在起源阶段，文中着重对目前所知的 17 件南方镈的形制与纹饰进行逐件的分析，将其变化置于历史背景中进行考察。在镈进入中原以后，就被纳入青铜乐悬的组合之中，其形纹与音乐能力的一系列转变都与此相关，并由此走上兴旺一时的道路。在镈兴盛于郑、叶之地时，其自身的诸多局限却蕴含着镈衰落的必然，至战国中期以后，随着陶制镈与非实用器的大量出现，标志着一个时代的结束。文中通过将每一阶段镈之墓葬信息以及镈的形制、纹饰、音响性能、音列构成与组合形式进行横向的剖析与纵向的比较，从历时性与共时性不同的角度对镈进行全方位的考察。其中，关于镈的起源、中原对镈的引入、镈的地域文化特点，以及镈兴盛期的分析，是建立在一般考古学现有研究成果的基础之上，并充分利用音乐考古学的研究方法，较为清晰地梳理了先秦时期镈的发展脉络。由此，基本上确立起镈演变发展的谱系结构，为商周时期礼乐文明与音乐文化的研究提供了丰富的实物资料和一条有序的参照标尺。

一、镈的起源与名实之辨

镈作为一种盛行于先秦的礼乐重器，受到历代文人学者们的较多关注。关于镈的来源问题，古来各家的说法多有不同，其中难免夹杂一些主观臆测，但也不乏包含一定合理因素的见解。概括而言，共有搏拊说、甬钟说、大铙说、铜铃说等数种。

搏拊说产生较早，主张搏拊说的学者多是从历史典籍寻找依据。有关搏拊的记载最早可见于《尚书·益稷》：夔曰"戛击鸣球，搏拊琴瑟以咏，祖考来格。"汉孔安国传曰："搏拊，以韦为之，实之以糠，所以节乐。"[①] 后世史籍中所见搏拊的记述，多以此说为据，将搏拊与鸣球、琴瑟共释为乐器。近代学者唐兰在《古乐器小记》中提出："盖镈之起源，本自于搏拊。……缚韦为囊，而搏击之以为乐，是为搏，搏拊即搏之复音耳。……其后铜器兴，则仿搏拊之形而为镈。……而镈之形，上为纽，下口如囊也。"[②] 综观唐兰搏拊之说的依据，猜测成分居多。《尚书·益稷》所言"搏拊"，早已淹没于历史的长河之中。搏拊是何形貌，已无人知晓，汉儒的注解为皮囊实糠的节拍之器，也无从求证。况且，这种皮囊实糠的节拍之器，无论其乐器之性质，或是其乐器的形制、质地，与作为青铜钟类乐器的镈，很难找到其是否有何关联。可见仅凭"镈""搏"音近，就说"盖镈之起源，本自于搏拊"只是一种臆测，不足为

---

① 《十三经注疏》，中华书局 1980 年版，第 144 页。
② 唐兰：《古乐器小记》，《燕京学报》第 14 期。

凭。镈来源于大铙的观点同为唐兰所首倡，其在《关于大克钟》一文里谈道："直悬的镈，在形制上是继承直悬的大铙或镛的，不过把甬变成纽了。大概侧悬甬钟的发展在西周前期，其所以要侧悬，为的是可以从一个钟上打出两种声音。随后又把直悬的大铙或镛，变甬为纽。一般仍叫作钟，加以区别时，就叫做镈。"① 唐兰所谓的"直悬的大铙或镛"今已无法实指，但从其字里行间分析，似应落实在西周以前出现的钟类乐器上。按音乐考古学的一般理解，大铙为殷商时期流行在中国南方赣（江）鄱（阳湖）流域的大型青铜打击乐器，其与同时出现在中国北方殷墟一带的编铙并行。至于唐兰所说的甬钟，其产生已是在西周前期。从江西新干大洋洲出土的商镈来看，镈至晚在殷商中晚期已经出现。根据它们流行时段分析，无论是大铙或镛，还是甬钟，都没有在镈之前出现，故为镈之来源一说难以立足。

郭沫若在《两周金文辞大系图录考释》中认为"此以镈音近搏拊，又以镈形于橐而推得之，近是。然镈亦脱胎于钟，乃明白之事实"。书中以图示的方式简要勾画出各类青铜乐器之起源。其中认为，镈的产生源自两条线索，其一为搏拊，其二为原始竹木器、殷铎、周铎、甬钟一脉发展而来。② 郭沫若似乎接受了唐兰的搏拊之说，但从郭沫若"然镈亦脱胎于钟，乃明白之事实"的字里行间，不难看出其更青睐于自己提出的"脱胎于钟"的新说。王子初在《礼乐重器镈的发掘与研究》中明确地指出，从目前已知的材料分析，商代的编铙和大铙与出现于殷末周初的镈，在形制及音乐性能上均无法找到明显的直接相承关系。③ 至于陈双新《青铜钟镈起源研究》，其在前人诸说的基础上，从文字学、器物学和乐器铭文等不同角度分析，认为甬钟和镈分别起源于原始的竹、

---

① 唐兰：《关于大克钟》，载文化部文物事业管理局、古文献研究室编《出土文献研究》，文物出版社1985年版。
② 参见郭沫若《两周金文辞大系图录考释》，科学出版社年版1957年版。
③ 参见王子初《礼乐重器镈的发掘与研究》，载《中国音乐考古学》，福建教育出版社2003年版。

木策与搏拊,成熟镈的形制是南北文化交互作用的结果。① 完全秉承唐兰、郭沫若氏旧说,已无太多新意。

关于镈的起源问题,还有铜铃一说。铜铃之说产生略晚,但近来为较多学者所认同。陈梦家在《中国铜器概述》中首次提出镈起源于铃。② 高至喜依据近来的考古发现,主张镈的起源受到中原商文化铜铃的影响③,其在《论商周铜镈》中更进一步阐述"南方铜镈的出现故很可能是受铜铃的影响而铸制的。铜铃太小,把形体扩大,去掉铃舌,改为敲击,便形成了镈"④。王子初的观点与上说相似,但其特点在于从乐器本身的特征进行分析,将镈形制的变化导致演奏方式变化的过程,视为镈产生之内在原因。李纯一先生基本认同高至喜的观点,但就商代铜铃的时期问题持有异议,认为"南方铜镈受殷墟文化后期铜铃的影响的可能性要大一些,估计它出现的时间当不会早于殷墟文化后期"⑤。方建军在《两周铜镈综论》中持相同观点⑥,认为"镈可能主要是受中原地区商晚期有扉棱的平口合瓦形体制铜铃的影响而发明的"⑦。只是更进一步地指出"……因此,镈恐怕不可能早到商晚期而与铙大体平行发展。……镈的起源时间有可能与甬钟同时"⑧。其观点已为今出土新资料所突破,需重新加以考虑。

1953 年出土于河南安阳大司空村殷代车马坑的大司空村 175 墓铜铃,通高 9.6 厘米、铣间 6 厘米,器身上小下大呈扁筒形,两侧起棱,棱外有扉,口沿平齐,两面饰兽面纹。⑨ 此铃的形状与早期设扉棱镈的形制极为相似,且这

---

① 陈双新:《青铜钟镈起源研究》,《中国音乐学》2002 年第 2 期。
② 陈梦家:《中国铜器概述》,载《海外中国铜器图录》,北平图书馆 1946 年版。
③ 高至喜:《论湖南出土的西周铜器》,《江汉考古》1984 年第 3 期。
④ 高至喜:《论商周铜镈》,载《湖南考古辑刊》,岳麓书社 1986 年版。
⑤ 李纯一:《中国上古出土乐器综论》,文物版社 1996 年版。
⑥ 持类似观点还可见,陈荃有《中国青铜乐钟研究》,上海音乐学院出版社 2005 年版。
⑦ 方建军:《两周铜镈综论》,《东南文化》1994 年第 1 期。
⑧ 方建军:《两周铜镈综论》,《东南文化》1994 年第 1 期。
⑨ 马得志等:《一九五三年安阳大司空村发掘报告》,《考古学报》1955 年第 1 期。

一地区多有出现。李纯一认为安阳大司空村所出铜铃多为狗铃，但也不排除它们被用作乐器的可能性。① 安阳大司空类型共分四期，其第一期被定为武丁时期，约在殷墟第一期之后②，显然较江西新干大洋洲墓为早。③ 如果说发源于湘赣一带的青铜镈④ 是受到中原铜铃的影响，应该具有一定的说服力。自新干大洋洲镈始，至青铜镈形制的基本稳定，早期镈的外形总体上体现出了一种扉棱逐步缩简、鼓部从无到有、铣棱由奢渐敛、合瓦形逐渐形成的过程。⑤ 新干大洋洲镈的扉棱从舞部的边缘延至于口，器表纹饰精致繁复，不设后世光素之鼓部，这与铜铃由铃舌内部敲击，体外不设敲击点相似。而且镈体自舞至于逐渐外扩，体腔的横剖面呈椭圆形，从这些体形特征都可以看到中原商代铜铃的影响。所以，镈与早期的铜铃之间，可能存在的紧密关系是不能被忽视的。只是迄今为止，镈与铜铃之间过渡的中间环节，还有待于寻找更多的资料来进一步加以确认。

王子初在《中国青铜乐钟的音乐学断代》⑥ 一文中，对青铜乐钟合瓦形之起源理出了一条较为清晰的线索，从龙山文化陕西长安客省庄陶钟论起，经过湖北天门石家河陶铃、山西襄汾陶寺陶铃与铜铃至偃师二里头11号墓铜铃，将陶铃、铜铃与青铜乐钟的发展脉络连接起来。其理论的价值在于，将铜铃与青铜乐钟的共性提炼出来，并在青铜器时代来临之前的陶器身上找到源头，这样的研究思路足以为后人所借鉴。上述关于镈起源的观点，其共同特征在于认为镈的产生一定是源自某一种比镈更早的、具有更多原始特性的乐器，这一乐器

---

① 参见李纯一《中国古代音乐史稿（第一分册）》，人民音乐出版社1958年版。
② 参见刘绪、雷兴山《洹北花园庄遗址与河亶甲居相》，《中国文物报》1998年11月25日。
③ 江西新干县大洋洲墓发掘1989年10月，出于此墓的新干大洋洲镈是现今时代最早、资料最可靠一件。虽然目前考古界就其年代尚有争议，但大多数的学者将其定在殷商晚期。
④ 目前所发现的西周中期以前的镈几乎尽出于此。
⑤ 关于这一演变过程及其意义后文将有详述。
⑥ 王子初：《中国青铜乐钟的音乐学断代》，《中国音乐学》2007年第1期。

（或发声器）的外形与镈相近，材质或是发音与镈相似，抑或器名类同，从镈的形制上也可以看到那些原始乐器所具有的某些特征。在乐器范围内探究镈之源头，给研究对象一个合理的范围界定，这一思路本无可厚非，在乐器或发声器的范围内追寻镈的来源是合理的。但是，这样一种思维定式往往也会起到一定的局限作用，将镈的起源限定在为数不多的几种原始乐器范围之中。这些乐器与镈所共有的形制特征提供给了研究者一些启示，即镈的产生与这些原始乐器存在着某种关联。将甬钟、大铙、铜铃与现今可见的早期镈做一个简单对比就可以看出，它们之间还存在着明显的缺环。甬钟、大铙及铜铃究竟是镈直接的源头，还是在镈定型之前给予其一定的影响，或是本为同一源头下的不同分支，明确结论的得出还有待于新材料的发现。

王子初在《中国音乐考古学》中将乐器的产生分为三个阶段，第一阶段是利用手边的生活用具或生产工具直接发出音响；第二阶段是通过改造生活用具、生产工具去获得所需的音响；第三阶段是人们有目的地制造发声器，进入这一阶段，真正的乐器制造业已经产生了。[1]这一论述的重要价值在于，突破了传统乐器起源的研究中多就器论器之不足，将乐器的制造者与使用者——人置于着眼之根本。将乐器的起源与人对音乐的感觉、认知、创造这三个过程紧密结合起来，将二者平行发展之对应关系给予清晰展示。所以，如果对待镈的起源这一问题不仅仅限于"第三阶段"进行考虑，而是向前拓展至"第二、第一阶段"，研究的视野将会大大拓展。同一处文中，王子初还提到"流行极为广泛的乐器石磬，就和一些石犁、石刀在许多地方有着一脉相承的特点"。那么，镈在"第一阶段"是否也存在着相对应的器物呢？

钟镈之"镈"在古代文献中记作"鏄""鑮"及"鎛"。

"鏄"，《集韵》将其释为："鏄，徒官切，音团。块铁。"[2]与"镈"的发音完

---

[1] 参见王子初《中国音乐考古学》，福建教育出版社2003年版，第34—35页。
[2] （宋）丁度等：《集韵》，中华书局1989年版。

全不同。从文字学的角度来看，二者也不属于同一部类，显然不能作为通假字对待。而且有关"鏄"钟之文献，大多可以在更早的材料中找到其为"镈"钟的对应记载。所以，"鏄"极有可能是"镈"之脱刻漏抄之误。

钟鏄之"鏄"最早见于《仪礼》，卷七《大射仪》记载"乐人宿县于阼阶东，笙磬西面，其南笙钟，其南鏄，皆南陈"。贾公彦疏曰："鏄本又作镈，音博"。① 其后的文献中所见鏄之处，多与《仪礼》有关，如《仪礼章句》《仪礼本意》《仪礼集说》等。所以，鏄这一称谓多是源自《仪礼》之载。在历代正史中鲜有"鏄"钟的记载，仅见于《晋书音义》卷上："鏄字当作镈，鉏属也。"② 书中将"鏄"与"镈"相通，并将其释作鉏（锄）之属，即农具的一种。至明代，《通雅》释之为："鏄镈之分，又作镈，补各切。许慎及郑氏皆以鏄为钟之大者。国语则镈细于钟。鏄镈多亘。说文则以鏄为钟而镈为田器。可见当时皆是臆解。"③ 方以智看到了前人关于"鏄"和"镈"理解的偏差，但其又将"鏄"与"镈"混为一谈。在《说文解字》与《国语》中，《通雅》所言"鏄"之处原皆为"镈"字。由此也可见，"鏄"使用之错乱。在现今可见的考古发现中，镈的铭文未见有自名"鏄"或"鏄"者，俱铭为"镈"，如郑公孙班镈、素命镈、齐侯镈等。所以，"鏄"当是"镈"的通假字，"镈"应为镈之正名。

"镈"，文献中的记载主要分为两类，一为乐器，二为田器。为乐器者，先秦文献中多有涉及：

《周礼》卷十七：镈师，中士二人，下士四人，府二人，史二人，胥二人，徒二十人。郑玄注：镈如钟而大。④

《周礼》卷二十四：镈师掌金奏之鼓。郑玄注：谓主击晋鼓以奏其钟镈也，

---

① 《仪礼注疏》，载《十三经注疏》，中华书局1980年版，第1028页。
② （唐）何超：《晋书音义》，中华书局1974年版。
③ （明）方以智：《通雅》，载《方以智全书》第一册，上海古籍出版社1988年版。
④ 《周礼注疏》，载《十三经注疏》，中华书局1980年版，第754页。

然则击镈者亦视瞭。①

《国语》周语下：细钧有钟无镈，昭其大也。大钧有镈无钟，甚大无镈，鸣其细也。韦昭注：钟，大钟。镈，小钟也。②

《左传》卷三一：歌钟二肆，及其镈磬，女乐二八。晋侯以乐之半赐魏绛。③

"镈"作田器解，在文献中也较为多见：

《诗经》周颂：命我众人，庤乃钱镈，奄观铚艾。④……其镈斯赵，以薅荼蓼。⑤

《国语》周语上：民用莫不震动，恪恭于农，修其疆畔，日服其镈，不解于时，财用不乏，民用和同。⑥

《考工记》卷上：粤无镈，燕无函，秦无庐，胡无弓车。粤之无镈也，非无镈也，夫人而能为镈也。闻人军注为：镈——锄草的青铜农具，一说释为锄，一说释为铲。⑦

《天工开物》卷中：治地生物用锄、镈之属，熟铁锻成。⑧

由上述文献记载可以看出，在镈较为兴盛的时期，古人观念中所谓"镈"者，乐器与田器的含义并存。二者的关系孰为源孰为流，抑或是同一起源下的不同产物，从现在的考古资料来看，已难以定论。从人类历史的发展进程而言，在意识领域具有审美意义的符号性事物，往往在物质领域有具体的、功用性的对应事物存在。在人类社会的初期，金属工具的使用无疑是具有革命性意义的，是当时的"高科技"产品。这些工具在农业领域的应用，促进了种植业

---

① 《周礼注疏》，载《十三经注疏》，中华书局1980年版，第801页。
② 上海师范大学古籍整理组校点：《国语》，上海古籍出版社1978年版，第137页。
③ 《春秋左传正义》，载《十三经注疏》，中华书局1980年版，第1951页。
④ 《毛诗正义》，载《十三经注疏》，中华书局1980年版，第591页。
⑤ 《毛诗正义》，载《十三经注疏》，中华书局1980年版，第602页。
⑥ 上海师范大学古籍整理组校点：《国语》，上海古籍出版社1978年版，第20页。
⑦ 闻人军：《考工记译注》，上海古籍出版社1993年版，第117页。
⑧ （明）宋应星著　潘吉星译注：《天工开物译注》，上海古籍出版社1993年版，第277页。

的产生与发展，给人类带来了稳定的食物来源。当其实用价值逐渐被更多的人所认识，而且受生产制造水平限制较为稀缺时，人类多会在这些工具实用价值之外赋予其更多的象征意义或表情意义。由此，这些实用工具的应用就不仅仅局限于生产领域，而是向社会的更高层面渗透。这样一个过程，与王子初关于乐器产生"三个阶段"之理论也是相吻合的。从镈的形制来看，其合瓦形腔体的立剖面与古代铲臿之器颇为相似[1]，对于商代农具的应用，学界还有不同看法[2]，且一为田器，一为礼乐器；一为单片状，一为合瓦形。在一个更广阔的范围里考虑，任何一种器物的产生直至定型，都会受到来自同类器物和异类器物的多方面的影响，镈的产生应与之同理。

此外，从中国古代货币发展史来看，货币的起源也与人类早期的工具有关。中国早期金属货币中的刀币、布币，都是物物交换之遗留。其中，布币与青铜田器"镈"及镈立剖面之形制极为相似。《诗经》有"庤乃钱镈，奄观铚艾"[3]一句，其中"钱镈"俱为田器。唐兰指出，金属货币之"钱"来自农具之钱。[4]关于"镈"，彭信威认为"布币是由农具铲演变出来的，可能是镈字的同声假借字"[5]。所以，从"钱镈"与布币的关系也可以看出，在农耕社会的早期，

---

[1] 1953年安阳大司空村商晚期层中发现一把青铜铲，上端有方銎，可装木柄，全长22.45厘米，刃宽8.5厘米，有明显的使用痕迹，应为实用器（马得志等：《一九五三年安阳大司空村发掘报告》，《考古学报》1955年第1期）。《商周考古》中将其认定为镈。（北京大学历史系考古教研室商周组，文物出版社1979年版，第38页。）

[2] 中国社会科学院考古研究所编著（杨锡璋、高炜主编）的《中国考古学·夏商卷》一书认为："商代是否已普遍使用青铜农具，是个有争议的问题。有学者解释青铜农具发现很少的原因，是青铜农具使用后可回收和重铸。事实上，在商代青铜原料是国家控制的，商代贵族将青铜产业的重点放在铸造青铜礼器和兵器上，即'国之大事，在祀与戎'，普通农民是很难得到铸铜原料的。只是到铁农具兴起后，才普遍取代石、骨、蚌器。"（中国社会科学出版社2003年版，第371页。）

[3] 《毛诗正义》，载《十三经注疏》，中华书局1980年版，第591页。

[4] 参见唐兰《中国古代社会使用青铜农器问题的初步研究》，《故宫博物院院刊》1960年第0期。

[5] 彭信威：《中国货币史》，上海人民出版社1958年版，第22页。

金属工具给人类的生活形成了巨大的影响，其价值已不仅仅局限于劳动工具的范畴，而是被赋予更多的符号化和象征性意义。

综上所述，青铜镈的产生未必是单一的源头，与其形制相似、功用相近的早期青铜乐器对镈相对稳定形态的形成可能存在影响。在一个相对独立的阶段里，将陶铃与铜铃视作镈之原始形态，或一旁系的重要支脉，其合理性也是值得注意的。此外，在青铜镈的兴盛时期，同名为镈的还有农具、钱币等不同功用的青铜器物，其形制的相近给后人传递着一个信息，即其中也许还存在着某种关联。

关于镈名与实，自古以来多有不同见解。如有关这种青铜钟类乐器的大小，历史文献中就有截然相反的说法。《国语·周语下》记载："细钧有钟无镈，昭其大也。"韦昭注："钟，大钟。镈，小钟也。"[1]而在《周礼注疏》春官中，关于镈师的职位记有："镈师，中士二人，下士四人，府二人，史二人，胥二人，徒二十人。"郑玄注曰："镈如钟而大。"[2]汉代许慎在《说文解字》中，释镈为："镈，大钟錞于之属。"[3]唐代贾公彦疏《仪礼》时，也持"如钟而大"的观点。[4]如依文献，镈究竟是大是小？龃龉若此！

北宋金石之学兴起，作为青铜重器的镈渐入金石学家的视野。吕大临在《考古图》中录有齐侯镈5件，其中只有1件为今天所言之镈。[5]虽然，宋人已经有意通过图例来表示镈与甬钟的区别，但却基本上仍然承袭了汉儒关于镈的大小之辨。

近人对于镈的研究与资料逐渐增多，郭沫若在《两周金文辞大系图录考释》之图编序说中认为："较钟稍后起者为镈，镈乃钟与拊之合体也。"文中对

---

[1] 上海师范大学古籍整理组校点：《国语》卷三，上海古籍出版社1978年版，第137页。
[2] 《十三经注疏》，中华书局1980年版，第754页。
[3] （汉）许慎、（清）段玉裁：《说文解字》，中州古籍出版社2006年版，第709页。
[4] 《十三经注疏》，中华书局1980年版，第1028页。
[5] （宋）吕大临：《考古图》，载《宋人著录金文丛刊初编》，中华书局2005年版，第13页。

镈形制的界定是通过与甬钟的对比完成的："钟有甬而镈用纽，钟枚长而镈枚短，钟铣侈而镈铣弇，钟于弯而镈于平。"①唐兰在《古乐器小记》中提出："镈之形，上为纽，下口如橐也。"②马承源对镈的界定基本沿袭了文献记载，但其又从礼乐功用加以解释："大型单个打击乐器，盛行于春秋战国时期，是贵族在宴飨或祭祀时，与编钟、编磬相和使用的乐器。镈的形制与钮钟相同，但体形特大。……镈如大钟，是用以指挥乐队的节奏性乐器。"③其后，学者对于镈的认识逐步清晰，对于镈的名实关系也趋于统一。朱凤瀚在《古代中国青铜器》中，通过镈的自铭认为："镈除平口外，还有下述特点：器身横截面多作扁椭圆形，但亦有作叶形（合瓦形）者，纽部多附有蟠曲堆垛的兽形纹饰，无枚或有扁圆及其他形制的枚"④。

音乐理论界对于镈的界定与一般考古学界相似，但更多的是从音乐角度的考量。袁荃猷认为：镈与钟的最大区别在于其下口之平齐。⑤李纯一认为：镈是一种铜制钟体、有旋纽、击奏体鸣乐器。⑥王子初对于镈剖析得较为具体，而且从历史发展的角度，指出镈的基本特征："殷末周初，镈的形制已有了基本的规范。如合瓦形的腔体，平齐的于口，富于装饰的悬纽等。……春秋中期前后，镈在中原地区有了较大地发展。这种发展主要朝着两个方面进行：一是追求形制巨大，二是追求更为完善的音乐性能。"⑦方建军认为："西周的编镈是一种大型的钟体乐器，其发音低沉浑厚，余音悠长。……春秋晚期，编镈

---

① 郭沫若：《两周金文辞大系图录考释》（一），科学出版社1957年版，第14页。
② 唐兰：《古乐器小记》，《燕京学报》第14期。
③ 马承源：《中国青铜器》，上海古籍出版社2003年版，第283页。
④ 朱凤瀚：《古代中国青铜器》，南开大学出版社1995年版，第247页。
⑤ 袁荃猷：《北京音乐文物综述》，载《中国音乐文物大系·北京卷》，大象出版社1996年版，第2页。
⑥ 李纯一：《中国上古出土乐器综论》，文物出版社1996年版，第145页。
⑦ 王子初：《礼乐重器镈的发掘与研究》，载《中国音乐考古学》，福建教育出版社2003年版，第563—575页。

的扉棱消失，除镈体为平口而非凹口外，其体制与其他种类的钟体乐器大致相同。"① "两周镈在形制上有两个主要特征，一是平口，二是有纽。"② 从今日所见大量自殷商以来的青铜镈标本，人们已完全可以挣脱汉儒所设置的纷争泥淖：一般来说，镈与其他两种青铜钟类乐钟——甬钟和钮钟相比，的确是一种形制较为大型的乐器。因其形制较大，在春秋以往出现的大型组合编钟中，镈顺理成章地担任了低音区的功能。

从有铭镈的分析来看，自铭为镈者，目前可知的共有 3 件，为齐鲍镈、叔夷镈以及邾公孙镈。容希白《商周彝器通考》载："今所见称镈者三器，尸镈、鲍镈、邾公孙镈，其于皆平，故唐兰于钟类之后别为镈类。然而宋公成钟、留钟、糜侯钟于平而亦称钟，且于平者皆不大，故知钟镈之无别也。"③ 李纯一指出了容希白观点的误区，认为以镈自名的仅限于齐、邾等国。而更多的镈自名为钟。④ 镈本来就是乐钟之一种，李纯一的说法是合理的。

综合上述学者的观点，并结合镈的考古实物标本，不难找到如下有关镈形制上的共同点：一是形制较大，二是繁纽直悬，三是于口平齐。形制较大，是指一般而言，即偶也有形制较小者；繁纽直悬，也是指一般而言，即偶也有简纽直悬者；而于口平齐，则为镈最重要的特征，非于口平齐者不可称镈。因年代的不同，镈的形制也有所不同。早期镈形制繁复多变，纹饰精致，所饰兽面纹较为具象，舞上置繁纽多饰；腔体截面更接近于椭圆形或圆角方形，腔体多置有扉棱和中脊，扉棱多饰有虎、鸟纹样。成熟期的镈形制较为单一稳定，设有如甬钟和钮钟的独立的枚、篆、钲区及鼓部，扉棱消退。腔体更接近于合瓦形，铣棱较为清晰，基本呈竖直状，枚多见圆泡状或螺旋形。本文所要研究的对象镈，就是这类形制的乐钟。

---

① 方建军：《陕西音乐文物综述》，载《中国音乐文物大系·陕西卷》，大象出版社 1996 年版。
② 方建军：《两周铜镈综论》，《东南文化》1994 年第 1 期。
③ 容希白：《商周彝器通考》，台湾大通书局 1973 年版，上册第 495 页。
④ 李纯一：《中国上古出土乐器综论》，文物出版社 1996 年版，第 145 页。

二、新干大洋洲镈

根据目前所掌握的文物资料，考古发现较早的镈，主要出自殷商时期湘赣地区。主要有江西新干大洋洲镈、湖南邵东民安镈等17件，这些青铜镈大多见于湘赣流域及其周边地区。新干大洋洲镈出自赣鄱之地，石首九佛岗镈出于鄂南，其余的镈多数出土或征集于湘江一带，少数来源不明之器也多体现出这一地区镈所具有的特点。故从这些资料分析，湘赣流域为镈发源地的可能性较大，其成熟的冶铸技术也为镈的产生提供了可能。

新干大洋洲镈1989年发现于江西新干县大洋洲乡一殷商大型墓葬，墓中共出土青铜器475件，其中乐器有镈1件、铙3件。该墓所出器物的文化因素较复杂[①]，其年代的界定与墓葬性质也尚存争议。[②] 尽管众说纷纭，大多数学者的观点仍集中于殷商中晚这一时期。高至喜根据墓中同时出土的3件铜铙的形制，推断该大墓的年代在殷墟中晚期前后。新干大洋洲镈的年代早于铜铙，所以被定在殷墟中期后段。[③]

新干大洋洲镈制作工艺精良、纹饰精美，通体绿锈均匀，色泽柔和。镈体

[①] 分别有中原商文化因素、中原先周文化因素、土著吴城文化因素、商代中期因素及西周初年的因素。(江西省博物馆、江西省文物考古研究所、新干县博物馆：《新干商代大墓》，文物出版社1997年版)

[②] 马承源认为，墓中青铜器多被人为破损，且按中原礼制的标准分析完全不成系列，因其没有先例可以对照，所以遗存的性质尚不能给予定论。(马承源：《中国青铜器》，上海古籍出版社2003年版，第396页) 对于新干大洋洲墓葬的年代，主要观点有："二里岗上层说"(安金槐：《新干青铜器的重大发现，揭开江南商代考古新篇章》，《中国文物报》1990年12月6日)；"商代后期早段说"(李学勤：《走出疑古时代》，辽宁大学出版社1994年版，第240页)；"殷墟一、二期说"(孙华：《关于新干大洋洲大墓的几个问题》，《文物》1993年第7期)；"殷墟早、中期说"(江西省博物馆、江西省文物考古研究所、新干县博物馆：《新干商代大墓》，文物出版社1997年版)；"殷墟晚期说"(邹衡：《有关新干出土青铜器的几个问题》，《中国文物报》1990年12月6日)；"西周中期说"([日]林巳奈夫：《新干大洋洲出土青铜器的年代刍议》，徐朝龙译，《南方文物》1994年第1期)。

[③] 高至喜：《商周青铜器与楚文化研究》，岳麓书社1999年版，第39—40页。

立面呈梯形，腔体截面呈椭圆形。平舞平于，舞部饰类蝉纹的阴线卷云纹，中央有长方形孔与腔通，上立小方环纽。于口内侧一周加厚，有带状内唇，向两铣角渐浅平。两条铣棱略外弧，各铸羽钩状扉棱8个，扉棱顶端置二立鸟（一佚），鸟冠残缺、尖喙、凸目、长颈、敛翅、短尾。镈身两面饰相同的三叠花纹，以阴线云雷纹衬地，上饰浮雕式牛角兽面纹，双牛角各自向上内卷，圈内饰一周燕尾纹，中间饰一变体火纹。除牛角外，兽面面部类虎的正面图案，宽鼻，斜尖耳，兽面肢体分解，上部两肢横置，两侧为竖置。牛首兽面之上，阴刻云雷纹。镈身环饰燕尾纹。出土时器表可见朱红色涂痕。

新干大洋洲镈作为现今出土镈最早的一件，其特点非常突出。

第一，镈身纹饰之具象为后世镈所罕见。镈多具有繁复的纹饰，特别是早期镈，大多装饰有虎、鸟之类较为具体的动物纹样。而且，这些纹饰的繁复精致与刻画之具体远较其他青铜乐钟为甚。在目前所见的青铜镈里，尚未发现有素面无纹之器。1985年，湖南邵东县出土的邵东民安镈，其腔面饰以由倒立夔龙组成的兽面纹。腔体横断面为圆角长方形，两侧扉棱各由两只倒立的扁身老虎构成。正中扉棱上部饰一高冠凤鸟，下有4个钩形装饰。腔面主纹为倒立的夔龙组成的兽面。在环纽、虎身和兽面上均布满云纹。

故宫博物院藏虎饰镈，腔体为合瓦形，通饰云纹。纽为环形，纽旁设高冠立鸟与纽相连。铣侧起棱，棱上各置一对钩状棱脊。腔体正中饰兽面纹，兽面正中置倒悬立虎，兽面四周为9枚鸱鸮首。这些早期镈的纹饰与新干大洋洲镈相比较，其共性在于同样具有具象生动的特点。但以虎、鸟为主的动物纹或出现于铣棱与腔面中脊之上，或作为辅助纹样饰于腔体四周，而腔体正面的主纹多为兽面，具有抽象化的特点。新干大洋洲镈腔体的主体纹饰为一浮雕式牛角兽面纹，这一纹饰出现于镈，为目前考古资料所仅见。青铜器表面的牛首纹，考古学界多将其归为兽面纹的一种。依据角形的不同，兽面纹可以分为环柱角、牛角、外卷角、羊角、内卷角、曲折角、龙角、长颈鹿角、虎头、熊头和龙蛇集群型等多种类型。[①] 牛角兽面纹即牛首纹，在商周之际的青铜器上颇为多见。如1982年郑州回族食品厂出土青铜尊（H1:3，H1:4）肩部牛首纹[②]、1933年浚县辛村卫国墓出土钩戟（M42:162)饰牛首纹[③]、1975年北京琉璃河黄土坡第251号墓出土的伯矩鬲饰牛首纹[④]等。自宋代起，包括牛首纹在内的兽面纹多被称为饕餮纹。而陈梦家认为："自宋以来称为'饕餮纹'的，我们称为兽面纹的，实际上是牛头纹。"[⑤] 新干大洋洲镈所饰牛首纹，牛角各自向上内卷，在镈腔体占有突出而显著的位置，其与类虎之兽面的大小比例接近。这样一种生动具象的动物纹在青铜镈的钟体表面，以主体纹饰出现是现今可见考古资料之特例。

第二，新干大洋洲镈的舞部饰以类蝉纹的阴线卷云纹，这一特点在早期镈中也较为少见。商末周初的镈大多具有繁复精致的纹饰，但其舞部却多为素面。迄今为止，西周中期以前的早期镈，除了出自北方的克镈与眉县杨家村的镈外，出于湘鄂赣等地区镈的舞部多光素无纹。抛开地域性差别不谈，仅仅从年代角度考虑，南方青铜镈的出现显然较北方镈为早，其造型与纹饰特点更显早期镈的特点。如石首九佛岗镈[⑥]、藏于美国弗里尔和萨克勒博物馆的鸟饰镈[⑦]，以及6件四虎镈[⑧]等，这些镈光素的舞部与新干大洋洲镈形成明显的对比。与新干大洋洲镈同出的3件大铙，依据腔体形状的不同，可以分为六边形与合瓦

[①] 马承源：《中国青铜器》，上海古籍出版社2003年版，第318—320页。
[②] 河南省文物研究所、郑州市博物馆：《郑州新发现商代窖藏青铜器》，《文物》1983年第3期。
[③] 郭宝钧：《浚县辛村》，科学出版社1964年版。
[④] 文物出版社编：《中国古青铜器选》，文物出版社1976年版。
[⑤] 陈梦家：《殷代铜器》，《考古学报》1954年第7册。
[⑥] 戴修政：《湖北石首出土商代青铜器》，《文物》2002年第11期。
[⑦] 容希白：《商周彝器通考》，台湾大通书局1973年版，上册第496页，下册第495页。
[⑧] 六件镈分别藏于湖南省博物馆（2件）、上海博物馆（2件）、北京故宫博物院（1件）及美国弗里尔和萨克勒博物馆（1件）。

形两式。在铙的舞部同样饰有疏朗而对称的阴刻卷云纹，与镈舞部纹饰的风格如出一辙。由此可见，在青铜镈的早期阶段，镈的纹饰带有强烈的地域性特点。此外，新干大洋洲镈扉棱的鸟饰、镈身所饰燕尾纹都是吴城文化的典型特征。燕尾纹，有学者认为是鱼纹的抽象①，是新干大洋洲青铜器的特色纹饰。在锥足鼎、扁圆虎足鼎、鬲、甗、矛、镬和钺等器物之上都可见燕尾纹装饰，"很可能是赣江中游的一种地方特色"②，而不同的观点认为，新干铜器群的燕尾纹饰在盘龙城遗制已经出现。③ 新干大洋洲出土的伏鸟双尾虎造型奇特、工艺精湛，其虎背上的伏鸟与新干大洋洲镈扉棱的鸟饰形制十分相像。詹开逊等学者认为，以虎为装饰纹样母题是新干青铜器的一个主要装饰特点，并据此推断虎为吴城文化先民的主要图腾。④ 另有观点从虎与鸟的组合入手，认为既非炊具，亦非容器的"伏鸟虎器"或为标志方国的"国器"，而鸟虎相融、浑然一体的奇特造型，很可能因该方国的统治者为"亚雀"。所以偌大的老虎才如此驯服地伏卧于"雀"之下。⑤ 无论虎与鸟的结合体寓意如何，鸟饰同时出现于不同的礼器与乐器之上，体现了这一纹饰的重要性。在其后可见的早期镈身上，虎与鸟的组合甚至成为一种常态，说明新干大洋洲镈所体现出的吴城文化对后世之影响。至西周中期，北方中原地区的早期镈依然可见虎鸟之遗存，但其纹饰已不具南方镈具象生动的特点，这也从另一个角度印证了赣鄱地区为镈的发源地之观点。

第三，新干大洋洲镈的于口内侧有一周加厚的带状内唇，并向两铣角逐渐浅平。在镈发展的早期阶段，钟壁内侧自于口至腔顶大多光平，不见内唇、音

---

① 王宁:《新干大洋洲青铜器"燕尾"纹探讨》,《中原文物》2003年第2期。
② 苏荣誉、彭适凡:《新干青铜器群技术文化属性研究》,《南方文物》1994年第2期。
③ 傅聚良:《盘龙城、新干和宁乡——商代荆楚青铜文化的三个阶段》,《中原文物》2004年第1期。
④ 詹开逊 刘林:《初论新干青铜器的地方特色》,《南方文物》1994年第2期。
⑤ 李昆:《试论新干商墓的几个问题》,《南方文物》1994年第2期。

脊、调音锉磨痕等改善发声性能的设置存在，这一点在南方早期镈的钟体表现得更加明确。而现今可见的北方镈最早一件，眉县杨家村编镈，3 件镈的于口内俱设有内唇，且唇上对应于正、侧鼓处计有四个缺口，这与后世编钟的调音方法基本相同。眉县杨家村编镈被断为西周中期之器，较新干大洋洲镈年代为晚，但是其内唇所蕴含的声学特性体现了在镈传入中原之初，镈的音乐性能就得到重视，被施以西周较为典型的声学设计。新干大洋洲镈的带状内唇能够提高腔体鼓部的荷载、增加强度、改善发音，甚至可以为锉磨调音预留空间。内唇由正鼓部向两铣角逐渐浅平，这一设计无论是铸造所致，还是锉磨使然，其特殊性在于，在迄今年代最早、最为可靠的镈身上，竟然能够看到一些中原西周时期较成熟的、能够有效改善发音的技术手段。[①] 作为特例，其中的原因尚不得解。此外，与新干大洋洲镈同出的 3 件大铙，其于口内同样设有棱状的加厚突起。由于大铙在演奏时口部朝上，于口内属于可视部位，因而于口内的棱状突起应兼顾了装饰与实用的功用。[②] 在大铙与镈的腔体内作相同的构设，这显然不是新干大洋洲青铜乐器制造者的偶然为之，如果说大铙的内唇还具有美观作用的话，那么在镈腔内则纯粹是为了满足演奏的需要。

第四，新干大洋洲镈与 3 件大铙同出的组合方式为迄今为止考古发现所仅见。大铙本为商代直至西周时期南方特有的青铜乐器，其与中原的北方编铙的区别在于：形体高大厚重，往往单个出土，纹饰繁复，有特有的由粗线条组成的兽面纹，多云纹，还有动物和乳钉等纹饰，甬部多有旋，植于座上仰击，没

---

① 王子初在《中国青铜乐钟的音乐学断代》一文中，对乐钟的调音磨砺手法进行了详尽阐释，其中，通过对河南新郑中国银行建筑工出土的 11 套编钟中的第 4 号坑编钮钟的分析，认为"西周甬钟的调音锉磨主要是在厚薄均匀的钟腔内壁开锉'隧'，一种在钟腔内壁上的深而且长的凹槽，这种凹槽有时可从于口一直延伸到近舞底处。而新郑这些钮钟调音手法，仅是锉磨于口内唇，绝大多数情况下并不延及钟壁，使钟体不致过分受损。这可以看作是西周甬钟调音方法的发展和进步。"
② 同样的设计在南方大铙的腔体内多有出现，更有湖南宁乡北峰滩出土大铙的于口内置有四只立虎，其用意应与新干大洋洲铙近似。

有铭文。① 这 3 件大铙基本满足了上述特点，最显著的不同在于成编出土，这显然是受到中原编铙的影响。商代编铙大多由 3 件构成，形制较为简朴，具有一定的音律关系。而新干大洋洲铜铙的形制差别较大，并非同组之器，其音律关系也不成序列。由此可以看出，3 件铜铙在铸造或使用之初（或尚未使用）并没有作为编组乐器，而是在新干大洋洲墓主的手中被凑为一组，这个过程隐含了商代末期这一地区对铜铙使用及认识的转变，也反映了中原文化对其的影响，将镈与其同列也应是这一影响的产物。所以罗泰认为：4 件来自不同地方的青铜乐器在大洋洲大墓墓主身边出现。无论是作为贡物抑或战利品，还是通过交易所得。都显示出墓主的影响范围，象征了他的权威。换言之，大洋洲四器的共出，其主要意义可能并不在于音乐方面。总的来讲，南方的早期青铜乐器也许主要是作为打击乐器，它们的功能未必是演奏乐曲的旋律，而是在于发出信号和节拍，与中原地区的"编钟"差别较大。② 此外，从这一地区陶鬲的考古发现来看，在一般越人文化中不见的中原陶鬲，在此地的杨越遗址中却有相当数量出现，由此"也可透现出中原商周文化在鄂东南、鄱阳湖区和赣江中下游地区的社会文明化进程中的巨大作用"③。在湘赣地区，早期的镈多为传世或征集所得，较可靠的考古资料仅有新干大洋洲镈、邵东民安镈、随州毛家冲镈数件，其中随州毛家冲镈伴出石磬一件。如新干大洋洲墓葬一般，4 件乐器同出一室的现象仅见此一例。至西周中期，眉县杨家村编镈是中原镈的首次发现，值得注意的是，3 件镈与 15 件甬钟的组合反映了商代中原地区将青铜乐钟编组成列观念的强烈。这也反过来印证了，新干大洋洲镈与铙的组合是中原文化影响下的产物。

---

① 高至喜：《中国南方出土商周铜铙概论》，载《商周青铜器与楚文化研究》，岳麓书社 1999 年版，第 21 页。
② [德] 罗泰：《论江西新干大洋洲出土的青铜乐器》，《江西文物》1991 年第 3 期。
③ 陈朝云：《商周中原文化对长江流域古代社会文明化进程的影响》，《学术月刊》2006 年第 7 期。

三、镈的扉棱及其演变

发现于湘赣地区的青铜镈呈现了其鲜明的地域特色。除了其接近于椭圆形或圆角方形的腔体之外，设计精致、形象生动的镈体两侧之扉棱尤其引人注目。其不仅仅是一种青铜工艺设计上独具匠心的创作，更在很大程度上提供了今天探索3000多年前这些作品的主人或创造者及其所生活的时代的重要历史信息。

在早期镈的腔体两侧，以及腔体兽面的正中，大多设有繁复精致的扉棱。这些扉棱形态各异、繁简不一，但基本上都以虎纹或鸟纹为饰，或为这两种纹饰的变体。就目前已知的材料来看，设有扉棱或中脊的镈共计23套、33件。测音与简要形制数据见表1所示。

表1　有扉棱与中脊镈简表　　　　　　　　　　　单位：音分

器名	年代	地点	扉棱	中脊	测音	腔体
新干大洋洲镈	商	江西	鸟饰	无	不佳	椭圆形
虎饰镈（京藏）	商	湖南	鸟饰	立体虎	正 b^1 − 39　侧 d^2 − 30	合瓦形
鸟饰镈（塞克勒藏 S1987.10）	商	不详	鸟饰	鸟饰	不详	合瓦形
虎饰镈	商代末期	湖南	虎饰	残	哑	合瓦形
邵东民安镈	商代末期	湖南	虎饰	高冠凤鸟	不佳	圆角长方形
四虎镈（塞克勒藏）	商周	不详	虎饰	鸟纹	不详	椭圆形
四虎镈（京藏）	西周		虎饰	镂空扁棱	正 $\sharp a^2$ − 42　侧 c^1 + 40	椭圆形
四虎镈（沪藏）	西周		虎饰	鸟纹	$\sharp g^1$ + 13	圆角方形
兽面纹钟（沪藏）	西周		虎饰（残）	不辨	正 $\sharp a^1$ + 27　侧 d^2 + 44	椭圆形
衡阳金兰市镈	西周早期	湖南	鸟形	无	不佳	椭圆形
勾缘镈（塞克勒藏 S1999.120.18）	西周	不详	鸟饰	钩形	不详	不详

续表

器名		年代	地点	扉棱	中脊	测音	腔体
浏阳黄荆村镈		西周中期	湖南	鸟饰	无	不佳	椭圆形
鸟饰镈		西周中期	湖南	鸟饰（残）	鸟形、T形、钩形	不佳	椭圆形
随州毛家冲镈		西周中期	湖北	鸟饰	鸟饰、三块钩形	不详	合瓦形
石首九佛岗镈		西周中期	湖北	鸟饰（残）	四个钩形	不详	合瓦形
波浪纹鸟饰镈		西周中期	湖南	鸟饰	"L"形扉棱	不佳	椭圆形
镈（藏于日本东京）		西周中期		钩形	不详	不详	不详
眉县杨家村编镈	1306	西周中期	陕西	虎饰	凤鸟	a^1+36	椭方形
	1307					c^2+34	
	1308					$^\sharp d^2+10$	
克镈		西周晚期	陕西	镂空夔纹	镂空夔纹		椭圆形
广西贺县镈		西周中晚期	广西	钩形	无	不详	不详
叶县旧县村4号墓有脊编镈	M4:10	春秋早中期	河南	蟠龙纹	透雕夔凤合体形	正e^1+26 侧e^1+21	椭圆体
	M4:11					正g^1+15 侧不明确	
	M4:16					正$^\sharp f-44$ 侧$g+13$	
	M4:17					正$^\sharp g+25$ 侧$^\sharp a+28$	
秦公镈	2754	春秋前期	陕西	9条飞龙组成	5条飞龙和1凤鸟构成	$^\sharp g^1+25$	椭方形
	2755					b^1+50	
	2756					$^\sharp c^2+22$	
茂县牟托镈	M 1:88	战国	四川	鱼尾形	无	不详	合瓦形
	M 1:133						
	M 1:124						
	K 1:2						

这33件镈的时间跨度历经商代、西周、春秋直至战国。其中，20件镈处于商末至西周中期这一段时间，即本文所述的早期镈。西周中期以后，设有扉棱的镈13件，约占全部的半数稍弱。从单件数量上看，与早期的镈差别不是很大；但这13件已均为编镈，仅由5套构成，其数量的增加完全得益于编组规模的扩大。所以，相对于早期镈的有序与集中，这5套镈更多地体现出分布的偶然性与散乱。自镈在湘赣地区产生与初步兴起之后，中原周王室吸收并引入了这一青铜乐器，并将其纳入西周的礼乐制度之中。随着礼乐制度的推行，镈也逐渐向周边地区发展。目前，除了湘赣与陕西，分别在广西、河南、四川发现有设扉棱的镈。这些镈虽然分属越、楚、巴蜀等不同的文化区，形制与纹饰也各有差异，但是都可以看到早期镈特征的遗留。

早期镈的扉棱总体上可以分为两式，分别由鸟饰与虎饰构成。

鸟饰扉棱出现得较早，从目前科学考古发现年代最早、资料最可靠的镈，新干大洋洲镈的镈体上，可以清晰地看到由顶端的鸟饰与铣侧的羽尾所构成的扉棱。扉棱由舞部延至于口，由7支钩形饰组成。顶端的小鸟形态简朴、神态安详，体现了商代末期这一地区朴素的纹饰特点。其后，分别藏于故宫博物院的虎饰镈与美国塞克勒（Sackler）博物馆的鸟饰镈同样在舞部饰以鸟形，这两件镈的扉棱相较于新干大洋洲镈变得夸张而繁复，鸟饰也透露出由小鸟纹向高冠凤鸟纹转化的趋势。铣侧的棱脊同为羽钩状，只是由7支变成后世较为多见的4支。扉棱的下缘随着兽面纹整体上移，下方一个独立的鼓部逐渐形成。藏于故宫的这件虎饰镈，其器名源自腔体中脊之立虎，这也是目前所知最早的设有中脊的镈。在镈扉棱与中脊上，这种虎与鸟的结合，成为南方早期镈的特点之一。进入西周时期，南方镈的扉棱进一步简化，舞部的鸟饰下移，且多为扁身与扉棱同厚，鸟的形态愈加抽象，只有高冠的特点越来越突出。这些镈做工大多粗糙简略，纹饰也多显草率，与商代镈的细腻精致无法相比。两侧的扉棱也同样变得简化潦草，羽勾纹逐渐演变为"T"或"L"等几何形状。虽然形制与纹饰变得较早期镈为粗简，但这些镈大多依然坚守着在扉棱上的虎饰或鸟纹，或以更加抽象的形式给予表达。例如出土于广西贺县与藏于日本东京的两件铸，其扉棱顶部的鸟饰都已不具，原分别向上下勾回的羽尾纹，简化成向上的钩形。

进入东周以后，随着铸数量的增加，其扉棱却快速消退。只有在某些远离中原的地区，才会偶尔见到带有扉棱铸的出现。1992年3月出土于阿坝藏族羌族自治州茂县南新乡牟托村的4件铸①，制造粗糙，纹饰简略。与同出的6件甬钟相比较，形制缺乏应有的规范性。简报中依据纽形的不同，将其分为4式。

其中，除 K 1:2 号外，其余3件均有扉棱。M 1:133 铸是扉棱上鸟饰最为明显的一件，在纽部的两侧，各有一只略具鸟形、羽冠与纽相连的饰物。铣侧的扉棱由4支羽勾纹构成，简报中将这一纹饰称鱼尾纹。在铸的纹饰里，至今未见有鱼类纹饰出现，此处扉棱纹饰的结构与早期铸的羽勾纹相近，可以视为后者的草率形式。在商周时期，南方地区的青铜器多见鸟形纹饰，其尾部多卷翘。至战国，楚文化所涉地域范围内，这一类鸟饰更是普遍。② 美国塞克勒博物馆藏有一件鸟形玉器，其尾部形式与铸扉棱的羽勾纹如出一辙。所以，结合舞部的鸟形特点，将扉棱的钩形视为鸟尾的羽勾更加合理。此外，在 M 1:124 号铸的背面，阴刻有夔龙纹。龙纹卷尾伏首，与早期铸扉棱的虎纹十分相似，可以看作扉棱上立体虎纹的平面化处理。在这座墓葬中，器物的情况比较复杂，青铜礼乐器的器形、纹饰具明显的时代偏早的特征。有的器物的器形和纹饰呈现中原不同时期的风格。如甬钟 (K2: 5) 钲部所饰蝉纹在中原西周早期青铜器上流行，而篆部和隧部所饰窃曲纹又为中原春秋时期的纹饰。③ 4件铸依据是否具有扉棱可分两式，分别带有早期铸与春秋战国时期成熟铸的形制特点。说明这组青铜器设计与制造的标准非常随意，很可能是仓促而制或拼凑而成的明器。

---

① 发掘简报中将其称为纽钟。（茂县羌族博物馆、阿坝藏族羌族自治州文物管理所：《四川茂县牟托一号石棺墓及陪葬坑清理简报》，《文物》1994年第3期。）
② 参见袁艳玲《楚公·钟与早期楚文化》，《文物》2007年第3期。
③ 茂县羌族博物馆、阿坝藏族羌族自治州文物管理所：《四川茂县牟托一号石棺墓及陪葬坑清理简报》，《文物》1994年第3期。

从另一角度而言，有扉棱与无扉棱两种形制的镈，曾同时存在于蜀地，是南方早期镈的遗脉与中原成熟镈形制交汇的结果。

扉棱的虎形纹饰，主要见于南方湘赣地区的早期镈，目前可见的共有7件，其中6件属于四虎镈这一类型。前文关于湘鄂地区早期镈的论述，曾涉及四虎镈中的邵东民安镈与兽面纹镈，以及周虎钟。在对形制纹饰分析之余，并未论及扉棱之虎饰。在《宣和博古图》中，关于镈之虎饰论曰：

虎为西方之兽，在脏则为肺，而主乎忧夫。乐者乐也，乐极而忧必生。圣人常戒惧其所未至，则钟之所以有虎焉。敢为伏虎用示其止乐之节意，亦如是耳。[1]

依据王黼的观点，乐器上饰以虎纹，其作用在于节乐而防忧生，这显然是儒家思想之产物。早在商代，金石乐器就可以见到虎形纹饰。1978年出土于宁乡县老粮仓北峰滩的四虎大铙（39201），时代约在商晚期。大铙甬呈管状，甬上有旋，平舞直铣，阔腔，于口弧曲稍小。腔体主纹为用粗线条组成的兽面纹，周边、鼓部、甬部均饰云纹。旋上有简单的兽面。内腔近于两侧各有1只卧虎，共4只。虎头朝上，虎长9.3—9.5厘米。[2] 这件大铙的虎饰置于于口内侧，且为圆雕立体伏虎，其用意尚不明确。征集于湖南的小型虎纹铙（22226），同属商晚期之器。铙体较宁乡北峰滩四虎大铙为小，腔体呈合瓦形，平舞直铣，器身扁阔。甬粗短中空，并与内腔相通，甬上有突起的带状旋。于口弧曲极微近平，有内唇。正鼓部击奏处有凸起台面。腔体主纹为用粗线条组成的兽面纹，腔面四周有一圈云纹，鼓部、甬部饰云纹。侧鼓饰两只张口卷

---

[1] 王黼：《重修宣和博古图》卷二十五，广陵书社2010年版，第498页。
[2] 高至喜、熊传薪主编：《中国音乐文物大系2：湖南卷》，大象出版社2006年版，第14页。

尾、方向相反的虎纹。① 这两件大铙所饰虎纹与四虎镈扉棱的虎饰形态较为相似，可以看作是同一类型的应用。从这些商代湘水流域的青铜器来看，无法找到虎形纹饰与防止"乐极而忧生"存有关联。在北方地区，商代的青铜乐器主要为编铙，其纹饰相对较简，未见有虎纹。但是，发现于河南安阳武官村殷墟大墓的虎纹石磬，其纹饰与四虎镈、四虎大铙的虎纹表现出惊人的相似性。② 显然，巧合是不能作为这一现象的合理解释，二者究竟孰为本、孰为末，目前的材料尚不能解。

《左传》宣公三年，有楚庄王问鼎于王孙满的一段记载：

> 楚子伐陆浑之戎，遂至于雒，观兵于周疆。定王使王孙满劳楚子。楚子问鼎之大小轻重焉。对曰："在德不在鼎。昔夏之方有德也，远方图物，贡金九牧，铸鼎象物，百物而为之备，使民知神奸。故民入川泽山林，不逢不若。螭魅罔两，莫能逢之，用能协于上下，以承天休。桀有昏德，鼎迁于商，载祀六百。商纣暴虐，鼎迁于周。德之休明，虽小，重也。其奸回昏乱，虽大，轻也。天祚明德，有所底止。成王定鼎于郏鄏，卜世三十，卜年七百，天所命也。周德虽衰，天命未改，鼎之轻重，未可问也。"③

这一段对话，记述了王孙满作为周王之使，驳斥了楚庄王问鼎野心之史实。文中关于"铸鼎象物"的叙述，多数学者认为与青铜器所铸纹饰有关。张光直的解释更为直接："古代彝器上全是'动物'而没有'物品'，因此铸鼎所象之'物'除了动物以外，没有别的意义可解……象物之目的是'用能协于上

---

① 高至喜、熊传薪主编：《中国音乐文物大系2：湖南卷》，大象出版社2006年版，第29页。
② 袁荃猷主编：《中国音乐文物大系·北京卷》，大象出版社1996年版，第19页。
③ 《春秋左传正义》，载《十三经注疏》，中华书局1980年版，第1868页。

下，以承天休'的，这个目的与铸鼎的目的是一致的。青铜彝器是巫觋沟通天地所用配备的一部分，而其上所象的动物纹样也有助于这个目的。"[1]青铜器上的动物纹饰，无疑与原始信仰和崇拜有关，将这些或写实、或神化的动物形象铸于器表，是人类内心的恐惧敬畏在现实世界的物化形式与精神寄托。

青铜器上的虎纹，一般是指虎身侧面或立体的形象。《中国美术史·夏商周卷》则将虎纹分为三类：一是以虎头为饰，一般归入饕餮，以头上的一对圆形大耳为特点。二为虎的侧面全身形象，或单独、或与其他动物组合装饰于造型华美的方彝、兕觥一类器物上。三是虎噬人的形象，这种纹饰的沿用时间很长，在商代中期的陶片就曾出现。[2]马承源认为，各类动物的正面形象都已归入兽面纹，动物纹应是除此之外的侧面与全部身躯形象。[3]在镈腔体的两侧，扉棱所饰虎纹即是此类纹饰之典型。

扉棱饰以虎纹的南方镈目前共有5件四虎镈，如果将前文所述藏于上海的兽面纹钟计入，这6件镈形成了一个与众不同的系列。高至喜将其归为一式，定于商末周初。[4]但是，深入分析这几件四虎镈，它们之间的形制纹饰并不完全相同，差异之处所体现出的问题，隐含了在一段时间内镈的发展历程。（见表2所示。）

表2　四虎镈形制数据简表　　　　　　　　　　　　　单位：毫米、音分

器名	通高	中长	铣间	鼓间	测音	枚形	腔体形制
湖南藏虎饰镈	436	348	284	205	哑	乳钉饰涡纹	合瓦形
上海藏四虎镈	438	345	266	215	正#g^1 + 13	菱形	圆角方形

---

[1] 张光直：《商周青铜器上的动物纹样》，载《中国青铜时代》，生活·读书·新知三联书店1983年版，第322—323页。
[2] 王朝闻、李松：《中国美术史·夏商周卷》，齐鲁书社2000年版，第133页。
[3] 马承源：《中国青铜器》，上海古籍出版社2003年版，第325页。
[4] 高至喜：《论商周铜镈》，载湖南省博物馆、湖南省考古学会编《湖南考古辑刊》，岳麓书社1986年版，第39页。

续表

器名	通高	中长	铣间	鼓间	测音	枚形	腔体形制
故宫藏四虎镈	445	339	274	205	正 $^\sharp a^2 - 42$ 侧 $c^1 + 40$	钉帽饰涡纹	椭圆形
湖南邵东民安镈	428	329	265	198	不测	乳钉	圆角长方形
上海藏兽面纹钟	428	334	270	198	正 $^\sharp a^1 + 27$ 侧 $d^2 + 44$	钉帽状	椭圆形
塞克勒藏四虎镈	385	不详	不详	不详	不详	乳钉	合瓦形

这 6 件四虎镈，形制相似，大小相近，除塞克勒博物馆藏四虎镈数据不确定外，其余 5 件的形制数据几近相同，如中长于 329—348 毫米，铣间于 266—284 毫米，鼓间于 198—215 毫米之间。如果将测量误差与锈蚀磨损的因素考虑在内的话，五器形体之间的差别微乎其微。从这个角度而言，这几件四虎镈的大小与各部位比例是有规律的，在铸造过程中是比较严格的遵守着关于形制的规定。从测音数据分析，也反映出这一特点。目前确知能够测音的四虎镈共有 3 件，分别藏于上海博物馆与故宫博物院。其中，藏于故宫的四虎镈其测音数据较为特殊，据《中国音乐文物大系·北京卷》[①] 载，其正鼓音为：$^\sharp a^2 - 42$，侧鼓音为：$c^1 + 40$。正鼓音较侧鼓音高近一个增六度，这一数据显然有误。根据边缘被钳定圆形板的频率计算公式：

f = 0.2tv/D²

D = 板直径，t = 厚度，v = 声速。[②]

可以看出，在相同的环境下，振动频率的高低与振动体的厚度成正比，与振动板直径的平方成反比，即振动体越厚发音越高，振动体面积越大发音越低。显然，镈侧鼓部的有效振动面积远较正鼓部为小，在厚度相近的情况下，

---

① 袁荃猷主编：《中国音乐文物大系·北京卷》，大象出版社 1996 年版，第 45 页。
② 韩宝强：《音的历程》，中国文联出版社 2003 年版，第 202 页。

其发音频率也应较正鼓部为高。从目前所知的镈以及各类青铜乐钟的测音数据来看，几乎无一例外地符合这一结果。所以，这一件镈的正鼓音与侧鼓音两个数据中有一个是错误的。将其与上海博物馆藏兽面纹钟做比较，两件镈的侧鼓音相差约200音分，在形体大小、腔体厚度基本相同的情况下，这一差距处于正常范围之内。也就是说，故宫藏四虎镈正鼓音数据错误的可能性远远大于侧鼓音。将3件四虎镈的数据进行比较，其正鼓音为 $^\sharp a^1 - 42$ 的可能性较大，也比较符合青铜乐钟正、侧鼓音相差二度、三度这一规律。如果这一推测正确的话，3件镈的正鼓音分别为 $^\sharp g^1 + 13$、$^\sharp a^1 - 42$、$^\sharp a^1 + 27$，处于一个大二度的范围之内。目前，尚无法断定这3件镈音高的相近是有意为之，还是源于钟体形制的相似。无论原因如何，有一点是可以肯定的，即如此相近的形制与发音是刻意追求的结果。

故宫藏四虎镈之虎饰　　湖南藏四虎镈之虎饰　　邵东民安镈之虎饰　　塞克勒藏四虎镈之虎饰　　上海藏四虎镈之虎饰

图1　5件四虎镈之虎饰

但是，从纹饰与腔体形式的角度分析，6件四虎镈之间的差异又是显而易见的。从外观来看，这6件镈的纹饰几无两件相同。只有的藏于上海的兽面纹钟（27769）与藏于湖南的虎饰镈(39211)之腔体纹饰十分相似，但遗憾的是兽面纹钟的扉棱全部残断，仅仅能够依靠腔体纹饰与铣侧扉棱的残余痕迹推断其为一件四虎镈。与其他几件比较，镈纹饰的细微差别众多，如兽面形象不一、枚数与枚形各异，甚至四虎镈最显著的特征——扁身虎纹，其尾部的样式也差异明显。如果在大约相同的区域内，形制大小都基本遵守同一规范的情况下，纹饰的细微差异却表现出对规范性的违背，其背后的原因只能是历史演变造成的，是设计制造与享用者自身的审美观念发生转变的结果。制造镈所需的各部位形制数据信息，可以通过较简单的书面方式进行传递或传承，只要有一件铸造得较为成功，其后的每一件都可以以此为模，制范浇铸。而关于纹饰信息的准确表达，相较于形制数据而言就复杂得多，仅仅依靠语言、文字或图形的传递方式，极易造成纹饰的细微差别。如果说纹饰的差异性与形制的统一性之间的矛盾，还不够有力地证明这一差异源自历史演变的话，那么镈腔体形制的区别就更直观支持了这一观点。

6件四虎镈的腔体基本上可以分为三类，即椭圆形、圆角方形及合瓦形。从新干大洋洲镈开始，早期镈的腔体多见呈椭圆形与圆角方形或介于二者之间的形制。而合瓦形腔体的镈，从纹饰的序列分析，略晚于椭圆形与圆角方形镈。就目前可知的材料来看，镈腔体的形制在形成相对稳定形态之前，曾历经由椭圆形与圆角方形向合瓦形的转变，并最终定型于合瓦形的腔体。这一个过程，并非受制于人为的、外在的强制性约束，而是出于镈自身的发展需要，是镈的角色逐步改变的结果。

《周礼注疏》卷二十四载：

钟师掌金奏。郑注曰：金奏，击金以为奏乐之节。金谓钟及镈。贾公彦疏曰：此即钟师自击不编之钟。凡作乐，先击钟。故郑云"金奏，击金以为奏乐之节"。是以下云"以钟鼓奏九夏"，亦先云钟也。郑云"金谓钟及镈者"，以是二者皆不编，独县〔悬〕而已。[1]

《周礼》这一段文献所言，原本旨在区分磬师、钟师、笙师与镈师等所司

---

[1] 《周礼注疏》，载《十三经注疏》，中华书局1980年版，第800页。

职责之不同，但经汉代古文学家所注，演奏镈的是钟师，而非镈师，镈的作用主要是"奏乐之节"。贾公彦进一步阐释"凡作乐，先击钟"，钟与镈都是不成编列的特悬乐器。郑玄与贾公彦的观点虽然比较晚近，但与早期镈的状况较为符合。早期镈的形制不稳定，发音的声学性能不佳，且大多为单件出土，伴出乐器较少。这些特征基本上透露出了一个信息，即这一时期的镈，其社会地位更侧重于仪式中"礼"的需要，或仅仅作为信号性的打击乐器使用。尚没有表现出西周晚期以后，成熟的镈所具有的音乐性能。

从商周时期青铜镈的发展过程来看，随着编组的扩大与旋律性能的增强，呈椭圆形与圆角方形的镈逐渐消亡，合瓦形作为更加符合声学需要的腔体形制被固定下来，成为唯一的形式。这一现象说明，镈腔体由椭圆形、圆角方形向合瓦形的转变绝非成于一朝一夕之间，是伴随着古人对镈音乐表现能力逐渐增强的一个长期的过程。这 6 件四虎镈在基本形制与纹饰相同的情况下，腔体的形状表现出的差异是与这一过程相合的。换言之，这 6 件四虎镈应同属湘水地区的不同时代的产物。

在早期镈的腔体上，除了铣侧的扉棱，多数镈的腔体正面还设有中脊，这一特征在南方早期镈表现得更加明显。南方早期镈的中脊与其扉棱的基本特征相似，总体上可以分为虎饰与鸟饰两种类型。商末与周初的镈，其扉棱与中脊的装饰更加具体，虎饰与鸟饰表现得更为直观，而进入西周以后则变得逐步抽象与简化。这一特征同样可见于中原地区的北方镈，只是过程变得更加简短。四虎镈的扉棱为虎形，中脊多为鸟饰，或鸟饰的变体。而扉棱顶端饰以鸟纹的镈，其中脊却存在虎饰与鸟饰羽勾形变体两种类型。故宫藏虎饰镈被学者看作紧随新干大洋洲镈之后的早期镈[1]，其具象繁复的纹饰也基本符合这一特点。在腔体兽面的正中，中脊的虎饰与四虎镈扉棱之扁身老虎如出一辙，只是扉棱与

---

[1] 高至喜：《论商周铜镈》，载湖南省博物馆、湖南省考古学会编《湖南考古辑刊》，岳麓书社1986年版，第39页。

中脊发生了 90° 的偏移。虎与鸟分别居于扉棱与中脊是否各有确指，二者之间的关系是否与崇拜与象征有关，或是两种力量此消彼长的结果，目前尚不能考。但可以看出的是，虎居扉棱、鸟居中脊的这一式镈形制基本保持了稳定，并对北方镈的形制形成了巨大的影响。而鸟居扉棱、虎居中脊的镈则在南方地区继续发展，中脊的虎饰逐渐式微，被简化成勾形的鸟羽所替代。

四、湘赣镈的形制规范

湘赣地区发现的早期镈在整个镈的发展历程中，处于一个较为特殊的时期。这一时期的镈从形制而言，特点非常突出，且缺乏较为统一、规范化的形制，与西周中期以后相对稳定的镈在外观上形成非常明显的对比。其形制上的特点可以归结为：纹饰具象、扉棱繁复、鼓部不确、铣棱斜直及腔体横剖面多见椭圆形和圆角方形。

从新干大洋洲镈开始，早期镈的纹饰就体现出具象生动的特点。这一时期的镈，大多装饰有虎、鸟之类较为具体的动物纹样。而且，这些纹饰的繁复精致与刻画之具体远较其他青铜乐钟为甚。在目前所见的青铜镈里，尚未发现有素面无纹之器。从目前的资料来看，早期镈的纹饰基本上体现出由具象的写实性动物纹向幻想性动物纹、由三层花纹向单层花纹、由繁复精致向简化草率的演变，这与同时期青铜器纹饰发展的总体规律是基本一致的。在二十余件早期镈里，除了波浪纹鸟饰镈、塞克勒博物馆藏鸟饰镈（Ritual bell with hooked flanges，S1999.120.18）、广西贺县镈等寥寥数件外，近九成的镈在腔体饰以兽面纹，这在后期的镈里是绝无仅有的。

兽面纹旧称饕餮纹，这一称呼最早见于《吕氏春秋·先识览》：

周鼎著饕餮，有首无身，食人未咽，害及其身，以言报更也。[1]

《春秋左氏传》中也有关于饕餮纹的记载：

缙云氏有不才子，贪于饮食，冒于货贿，天下之民谓之饕餮。古者铸鼎象物，以知神奸。鼎有此象，盖示饮食之戒。[2]

自宋代金石学兴起之后，饕餮纹成为青铜器兽面纹或以兽面为主纹饰的专有称谓。吕大临《考古图》卷一释五癸鼎曰：

鼎文作龙虎，中有兽而，盖饕餮之象。[3]

同于宋代的《宣和博古图》，其卷一考商象形饕餮鼎曰：

此鼎款识纯古，仿佛饕餮之形，后人观象立名，故取为号。至周监二代，文物大备，凡为鼎者悉以此为饰，遂使吕氏春秋独谓，周鼎著饕餮，而不知其原，实启于古也。[4]

后世关于青铜器之兽面多称以此，将明显具有动物头部正面特征的纹饰称为饕餮纹。至近代，随着现代考古学的兴起，关于青铜器饕餮纹之称谓渐被学者所反思。李济在《殷墟出土青铜斝形器之研究》中将饕餮纹分为两类，有首

---

[1] 张双棣：《吕氏春秋译注疏》，吉林文史出版社1987年版，第492页。
[2] 《十三经注疏》，中华书局1980年版，第1863页。
[3] （宋）吕大临：《考古图》，载中华书局编《宋人著录金文丛刊》，中华书局2005年版，第13页。
[4] 王黼：《重修宣和博古图》卷一，载《文渊阁四库全书》（电子版），上海人民出版社、香港迪志文化出版有限公司1999年版。

无身者称为动物面，而有首有身的则称之为肥遗。① 马承源则主推兽面纹这一称谓，认为"兽面纹这个名词远较饕餮纹为胜，因为它指出了这种纹饰的构图形式，而饕餮纹一词却只限于'有首无身'这样的定义，绝大多数纹饰并非如此"②。陈梦家在1954年就曾提出，旧称饕餮纹的兽面纹，实为牛首纹。③ 从早期镈的纹饰来看，其腔体的主纹多为"有首无身"的动物纹，且从纹饰的早期特性分析，具象的牛首纹或为这一纹饰之本源。所以，把镈腔体的这一类纹饰称为兽面纹更为合理。新干大洋洲镈的兽面纹最显著的特征是其硕大的牛角，其后的镈将牛角逐渐变形抽象，并将牛首的鼻翼逐步分离突出，最终与牛角形成两个独立的"U"形弧曲。从4件镈兽面纹的演变，可以清晰地看出这一过程。

当兽面纹发展至湖南藏鸟饰镈这一阶段，从直观上将其与新干大洋洲镈所饰牛首纹联系起来已经比较困难了。但可以看出的是，内卷角与口鼻形成的两条弧线依然保留有牛首纹的局部特征。而镈发展至此，也步入了向成熟规范形制转变的关键时期。鸟饰镈、衡阳金兰市镈与浏阳黄荆村镈是这一时期的典型器物。

藏于湖南省博物馆的鸟饰镈（25094），器身修长，腔体呈椭圆形，舞部与于口平齐，舞上置环形纽。铣侧扉棱为简化的羽钩纹，呈"T"形和钩形，铣棱顶部的鸟饰已缺失，余部较完整。腔体正面设有中脊，置鸟形、"T"形和钩形饰。腔面上下分别饰有乳钉4枚和6枚，乳钉之间用双线连接，并向上下伸出几根短线，与随州毛家冲镈、石首九佛岗镈枚间的米字纹相类似。腔体所饰兽面纹简化草率，仅剩目、口、角可辨，且略呈两条"U"形带状饰，地纹也显粗简。④

衡阳金兰市镈（1：2001），1976年拣选而得，经调查，系衡阳县金兰市

---

① 李济：《殷墟出土青铜罍形器之研究》，载《中国考古报告集新编》，台湾"中央"研究院历史语言研究所1968年版，第69—70页。
② 马承源：《中国青铜器》，上海古籍出版社2003年版，第316页。
③ 陈梦家：《殷代铜器》，载《考古学报》第7册，1954年版。
④ 高至喜、熊传薪主编：《中国音乐文物大系2：湖南卷》，大象出版社2006年版，第59页。

出土。镈基本保存完整，器表呈绿色。体态修长，镈体呈椭圆形。铣棱两侧各饰4个高冠鸟形扉棱，其中一处鸟饰脱落，鸟形扉棱上饰云纹、圈点纹和"V"字纹。腔面以三道小乳钉为界，分别隔成上下两组相同的纹饰，每组中间饰鼻形纹，左右各饰乳钉纹。镈舞部与于口平齐，舞上置梯形环纽。[①]该镈的造型与纹饰较为少见，简报将其年代断为春秋战国之际[②]，高至喜则认为，衡阳金兰市镈鸟形扉棱上饰有规整的云纹，虽然鸟的形象与腔体的兽面纹有所简化，但仍较形象，且镈所饰乳钉和圆圈纹是南方西周铜器上常见的纹饰，而无任何春秋纹饰出现，所以推定为西周早期之物。[③]从腔体兽面纹的形态分析，将衡阳金兰市镈定于西周早中期应比较稳妥。这一件镈是目前所知，腔体饰以两组兽面纹镈里最早的一例。两组兽面的形成应与兽面纹的简化有关，鸟饰镈腔体的两条"U"形纹带可以看作是兽面纹一分为二的早期形态。当兽面纹进一步简化，不足以饰满腔体的时候，一个兽面纹逐渐向两个转变。衡阳金兰市镈的兽面纹，简化至只剩双目与兽鼻，已初具后世镈纹饰线条化与几何图案化的特点。这两组兽面分别以乳钉为界，隔为二区，每区纹饰基本相同。在兽目的中间，饰以宽扁、上下缘一分为二作勾回状的长方形纹饰[④]，以为兽面之鼻。这些特点，透露出后期镈所具有的，稳定的钲、篆、枚的早期形式。这在其后的浏阳黄荆村镈体表现得更为明显。

浏阳黄荆村镈（20219），湖南浏阳县淳口乡黄荆村出土，现藏于湖南省博物馆，约为西周中期之物。镈身态略显修长，腔体为椭圆形。舞部与于口平齐，舞上置方形环纽。腔面以雷纹为地，以4个近似方形的眼睛表示两个兽面，兽面正中以一条上下呈勾回状的长方形为鼻。两侧扉棱上部饰高冠凤鸟，

---

① 高至喜、熊传薪主编：《中国音乐文物大系2：湖南卷》，大象出版社2006年版，第55页。
② 冯玉辉：《衡阳博物馆收藏的三件周代青铜器》，《文物》1980年第11期。
③ 高至喜：《论商周铜镈》，载《商周青铜器与楚文化研究》，岳麓书社1999年版，第40页。
④ 从所处兽面纹的部位及形态分析，这上下两组勾回应分别为兽面的口与角。

下部饰勾形。鼓部饰有云纹。① 浏阳黄荆村镈的兽面纹饰已经严重简化，只有依靠某些兽面特征的遗留才能够辨认。在兽面纹简化的同时，镈的纹饰已经基本具备成熟镈的特征，独立的枚、篆、钲已经全部具备。当镈发展至浏阳黄荆村镈这一阶段，由兽面纹向抽象几何纹饰的转化已经基本完成，镈由此步入成熟形制的发展阶段。

除了纹饰的繁复具象，早期镈的另外一个特征在于其扉棱的设置。关于镈的扉棱，由前文的论述可知，其形制主要分为虎形和鸟形两类。从发展与演变的角度分析，镈的扉棱同样也体现出由复杂到简单、由写实到写意、由具象到抽象的过程。与这一过程相伴的，早期镈的腔体也发生了一系列变化。成熟形制的镈，在枚、篆、钲区实的下方，鼓部多光素无纹，或线刻有龙、凤纹。与其相比，早期镈的腔体多布满纹饰，在兽面纹向枚、篆、钲转化之前，专供敲击的、独立的鼓部尚未形成。从新干大洋洲镈开始，镈的扉棱由舞部延至铣角，与铣棱同长。其腔体纹饰遍布，除了口沿处的阴刻燕尾纹稍平整外，几无可击奏之处。腔面上凸凹不平的浮雕纹饰对演奏造成了较大的影响，无法形成一个相对稳定有效的激励点，而且长时间的敲击或多或少会对纹饰的完整美观造成损害。镈作为乐器，从早期开始，腔面纹饰的繁复就制约了其音乐表现的能力，纹饰与其为乐器的属性形成不可调和的矛盾。所以，镈纹饰的逐步简化不仅仅与青铜器纹饰的衰退同步，顺应时代的特点。更重要的是，随着镈逐步地从一般礼器中分化、乐器性能的增强，纹饰的衰退是其音乐表现需要作用的结果。从故宫藏虎饰镈、随州毛家冲镈、塞克勒藏鸟饰镈 3 件镈的身上，已经可以清晰地看到这一过程。虎饰镈与新干大洋洲镈相似，腔体纹饰遍布，但其发展之处在于扉棱的变化。故宫藏虎饰镈的扉棱，已经不在与铣棱等长，其下缘从铣角上移至主体纹饰的下沿，独立鼓部的形态已经初具雏形。塞克勒藏鸟饰镈与虎饰镈的形制纹饰相似，略晚于后者，虎饰镈的鸮首转化成鸟饰镈的乳

---

① 高至喜、熊传薪主编：《中国音乐文物大系 2：湖南卷》，大象出版社 2006 年版，第 57 页。

钉，纹饰也稍有简化疏朗。鸟饰镈鼓部不再饰有纹样，光素的鼓面对敲击提供了便利。与此同时，镈的扉棱上移至纹饰的下缘，鼓部扉棱不再，这标志着一个专为演奏需要而设的独立区域的形成，这是镈发展历程的一个重要节点。早期镈的另一系列——四虎镈，始终保持着扉棱与腔体纹饰的下缘平齐、鼓部光素无纹的特点。当两式镈逐步融合、相互影响之后，镈腔体的主要特征已经基本确立。发展至西周中期，在北方的周王室对南方镈的吸收之初，具有这些特征的镈形制就基本固定下来。从眉县杨家村镈与克镈的形制，可见南方镈鼓部与扉棱的特征对北方的影响。

新干大洋洲镈鼓及扉棱下缘

虎饰镈鼓部及扉棱下缘

随州毛家冲镈鼓部及扉棱下缘

Sackler 藏鸟饰镈鼓部及扉棱下缘

图 2　镈鼓部及扉棱下缘的演进

早期镈的腔体横剖面多见椭圆形或圆角方形，这是除扉棱外的又一显著特征。从表 1 的统计结果分析，在早期 21 件镈中，明确为椭圆形或圆角方形[①]的镈就有 12 件。而这一腔体形制的镈在西周中期以后极为罕见，偶有出土者，

---

① 表 1 中将圆角方形简称为椭方形。

其早于墓葬时间的可能性较大。由椭圆形或圆角方形向合瓦形的转变，同样是镈自身音乐性能发展的结果。从笔者亲历的测音工作来看，椭圆体镈常有两个以上的基频，而合瓦形镈的基频则较为突出，且双音性能良好。以河南叶县旧县四号墓出土镈为例，8件镈可以分为四扉棱编镈与螺旋枚编镈两式，其腔体一为椭圆形，一为合瓦形。椭圆形腔体镈的发音远较合瓦形镈嘈杂混乱，在振动波形上存在多个振动峰，只有依据耳测来寻找最接近的频率作为基频。[①] 椭圆体镈的振动模式较为混乱，究其原因，在于腔体为一连续的环状结构。任何一个部位的振动，都会引起整体的激荡，多次振动波的叠加与衰减会引起非周期振动的大幅增加，必然会产生声音嘈杂的现象。而合瓦形镈可以看作是两个独立的板状结构，两块形制完全相同、紧密结合的金属结构既阻断了共振波的形成，又给对方施加以均衡的张力。所以，其振动的节线较为清晰，振动模式较为简单，基频也就较为突出。

　　此外，腔体正视呈梯形也是早期镈的特征之一。早期镈的铣棱大多由舞部向铣角逐渐倾外斜扩，铣间远较舞修为大。在21件早期镈里，约95%的镈修长与铣间的比值位于0.55—0.7之间。而西周中期以后的镈，铣棱逐渐变得竖直，舞修与铣间的数据基本相同，镈的腔体正视也略呈长方形。这一形制的区别，也是有助于辨别早期镈的重要标准。

　　总之，通过对湘赣地区早期镈的总体特征及其演变的归纳梳理，可以看出这一时期镈形制发展之总体规范，即扉棱逐步缩简、鼓部从无到有、铣棱由奢渐敛、合瓦形逐渐形成。这些变化的背后，无不隐含着镈自身功能的演变，是对镈音乐性能的需要推动了这些变化的产生。

[①] 平顶山市文物管理局、叶县文化局：《河南叶县旧县四号春秋墓发掘简报》，《文物》2007年第9期。（线图出处相同）

五、眉县杨家村镈与中原镈之发端

　　眉县位于关中平原西部，西周时期位于宗室王畿附近。因《诗经·大雅·崧高》中，有"申伯信迈，王饯于眉"[①]一句，所以有学者认为眉县在西周属申国故地。[②] 眉县杨家村镈1985年出土于西周时期的一个青铜器窖藏，共有甬钟15件、镈3件[③]，这一组乐器的年代原被定为西周中期[④]，但是随着在这一地区的另外一次考古发现，有学者对这一组乐器提出了新的观点。2003年在眉县杨家村镈出土地附近，一个西周晚期的窖藏内发现了27件青铜器，这批青铜器数量众多、纹饰精美、形体较大、保存完好，在中国考古史上是极为罕见的。更加引人注目的是，这27件青铜器每一件都有铭文，总数达4048个字，完整记录了西周王朝从文王到厉王以及宣王的名称与位次，对西周青铜器与周王世系的研究具有重要意义。[⑤] 李学勤在《眉县杨家村新出青铜器说明了什么》一文中，将窖藏所出之盘与史墙盘互证，认为这批窖藏青铜器可以作为西周晚期后段的标准器。[⑥] 刘怀君通过对这批青铜器的研究，以出土的逨钟为标准，推断眉县杨家村编钟与编镈同为西周晚期之器。[⑦] 从这一处窖藏的特征分析，逨钟是依据青铜器的不同器种分类埋于地下，先前出土的钟镈与2003年发现的青铜器应同归单氏家族所有。如果将这一窖藏的下限定于西周的宣王时期，那么眉县杨家村所出镈是否也是这一时期的产物呢？

[①]　《十三经注疏》，中华书局1980年版，第567页。
[②]　高次若、刘明科：《关于汧渭之会都邑及相关问题》，载《周秦文化研究》编委会编《周秦文化研究》，陕西人民出版社1998年版。
[③]　刘怀君：《眉县出土一批西周窖藏青铜乐器》，《文博》1987年第2期。
[④]　方建军主编：《中国音乐文物大系·陕西卷》，大象出版社1996年版，第60、63、65、100页。
[⑤]　陕西省文物局、中华世纪坛艺术馆：《盛世吉金——陕西宝鸡眉县青铜器窖藏》，北京出版社2003年3月版。
[⑥]　李学勤：《眉县杨家村新出青铜器说明了什么》，载《中国古代文明十讲》，复旦大学出版社2003年版，第264页。
[⑦]　刘怀君：《眉县杨家村西周窖藏青铜器的初步认识》，《考古与文物》2003年第3期。

眉县杨家村镈共计 3 件，同时出土的还有甬钟 15 件。3 件镈的形制纹饰基本相同，大小相次。3 件镈均保存较好，仅 1307 和 1308 号的棱脊略残缺。镈舞部与于口平齐，腔体为略带长方的椭圆形。于口内可见内唇，唇上对应正、侧鼓处有 4 个缺口。舞饰卷云纹，舞顶中央有一小圆孔，舞上设以对鸟相接而成的环纽。腔体饰兽面纹，鼓部素面。钲中有鸟形脊，两侧各以两个精美的镂空虎形饰为扉棱。此镈的形制与纹饰基本上沿袭了南方镈的特点，四扉棱、腔体椭圆、虎纹与鸟纹具备，只是虎纹变得线条化与抽象化，其形态已稍具爬行龙纹的特点。南方镈扉棱顶部的鸟形纹上移至舞部，与环纽融为一体。鸟纹的形态已不如南方镈的纹饰具象而古朴，鸟喙也由外向转而朝内，显露出早期凤纹的样态。[①]

将眉县杨家村镈的形制特点与南方早期镈进行一个简单的比较，就可以看出二者之间的关系所在。（见表 3 所示）

表 3　眉县杨家村镈与上海博物馆藏四虎镈比较简表

器名	扉棱形制	中脊形制	纽的形制	枚形	腔体形制
眉县杨家村镈	虎形	鸟形	双鸟	无	略带长方的椭圆形
上海博物馆藏四虎镈	虎形	鸟形	单环纽	菱形	圆角方形

眉县杨家村镈的形制主要来自四虎镈这一式的影响，在吸收四虎镈主要特点的同时，又将鸟饰镈在舞部饰以鸟形纹样的特点进行吸纳改造，最终形成了早期中原镈的特点。在眉县杨家村镈扉棱虎饰的背部，各设有一个呈上下勾回的羽尾状纹饰，显然，这是南方鸟饰镈一类镈扉棱的遗存。南方镈的具象的虎纹，在进入中原后被赋予虎纹之外的含义，向幻想类动物纹渐行渐远，这也许是当初为虎背附上羽尾纹的设计者所没有想到的。龙纹与凤纹在殷商至西周穆王、恭王时期较为兴盛，四羊方尊上就同时饰有这两种纹样，有学者据此将西

---

① 方建军主编：《中国音乐文物大系·陕西卷》，大象出版社 1996 年版，第 100 页。

周早期称作凤纹时代。[①] 龙与凤作为中原文化的象征，从镈传入中原之初即已有所体现。其后，中原所出镈，已经不在具有这样写实的纹饰特点。出土于陕西省扶风县法门寺的克镈与宝鸡县杨家沟太公庙窖藏出土的3件秦公镈，腔体同为椭方形，其扉棱与纽部已变为多条盘曲的龙纹，只是龙口的形状还能看到虎脊镈的遗态。从眉县杨家村镈形制与纹饰的特点可以看出，中原地区在引入南方镈之初，其理念不是简单地照搬模仿，而是通过分解与融合将各种不同的结构因素组合在一起，体现出中原地区包容并蓄的文化特点。从另一个角度而言，也体现出中原文化相对于周边地区所具有的、不愿简单模仿复制的强势心理。

眉县杨家村出土的3件镈形制相同，大小各异，是镈首次以编列乐器的形式出现。3件成编的组合方式，同样是中原文化的作用结果。在商代的青铜乐器中，南方与北方的铜铙即已体现出单件与编列的区别。南方铜铙体形巨大，纹饰繁复，多为单件出土、单独使用，间或有多件共出者，也为简单的拼凑，从音乐角度不成序列。而北方的铜铙体形稍小，纹饰简单，多3件成编。伴随着镈从南方向北方中原地区传入的过程，单件的特镈同时向3件成编的编镈转变。从特镈到编镈的转变，是镈的发展史上的一个极其重要的转折点。即其从殷商时期流行于南方湘赣地区的一种非定音、非旋律青铜乐器，已发展成为一种具有固定音高的、自成编列的旋律乐器。这是镈这种乐器在由南向北迁移过程中发生的质的演变。如前所述，是西周统治者采用了南方湘赣流域杨越人大铙的甬钟，在其北上中原的过程中，神奇地完成了其具有固定音高的、自成编列的旋律乐器编（甬）钟的嬗变；十分有趣的是，中原地区编镈的出现，是西周统治者同样采用了南方湘赣流域杨越人的镈而改良的一种礼仪乐器。编甬钟与编镈，可谓是"同途同归"，在它们的发展演变史上有着异曲同工之妙。

它们不仅同是一种具有等级意义的礼器，更是一种具有实用性能的乐器。眉县杨家村的甬钟和镈同出一窖，有无可能已是组合编钟实例？要确定这一

---

① 马承源：《中国青铜器》，上海古籍出版社2003年版，第323页。

点，有必要分析一下眉县杨家村镈和甬钟的形制与测音数据，也许可以找出一些蛛丝马迹。表4杨家村镈的简表中可以看出，各件镈的形制经过精心的设计，与之相伴的是发音的有序性。（见表4所示）

表4　眉县杨家村镈形制与测音数据简表　　　　　　单位：毫米、千克、音分

标本号	通高	纽高	舞修	舞广	鼓间	铣间	壁厚	唇厚	质量	正鼓音
1306	635	190	252	226	310	340	10	11	32.5	a^1+36
1307	585	170	240	215	300	320	8	6.5	22.5	c^2+34
1308	515	150	225	210	290	310	10	7	21.0	$^\#d^2$+10

3件镈的正鼓音呈小三度叠置，与传统五声调式的音程关系不符。王清雷认为，这3件镈的正鼓音可以构成A羽调三音列：羽—宫—角。[①] 如果将1307与1308两镈正鼓音的音程关系视作宫—角，则略显狭窄或误差较大。所以，仅仅从镈分析其调式关系是较困难的，应结合出于同一窖藏的甬钟进行研究。

眉县杨家村出土的15件甬钟，除5件丢失外，其余10件依据鼓部纹饰的不同被分为甲、乙、丙三组。

甲组甬钟共有2件，器形完整，形制基本相同。甬部中空与体相通，甬端封衡，内壁有调音锉磨痕8条，分别位于两正鼓、四侧鼓及两铣角内。舞部素面，腔体设二阶柱形枚36个，枚、钲、篆区以阳线夹联珠纹为界，篆、鼓部皆饰细阳线云纹。甲组2件甬钟的测音数据如下表5所示[②]：

表5　眉县杨家村甲组甬钟测音数据表　　　　　　　　单位：音分

标本号	正鼓音	侧鼓音
甲组Ⅰ号	$^\#a$ + 56	模糊
甲组Ⅱ号	$^\#c^1$ + 58	f^1 + 40

[①] 王清雷：《西周乐悬制度的音乐考古学研究》，文物出版社2007年版，第153页。
[②] 方建军主编：《中国音乐文物大系·陕西卷》，大象出版社1996年版，第60页。

乙组甬钟为4件，Ⅰ号钟：保存完整。甬部中空与腔体相通，甬内有泥芯，为白色砂土。内壁有调音锉磨痕7处，分别位于两正鼓、两铣角及侧鼓三处。旋与篆间饰云纹，舞部阴刻云纹，鼓饰顾夔纹，右侧鼓饰小鸟纹。右侧鼓、左侧鼓和钲间铸铭文117字，重文11字。Ⅱ号、Ⅲ号、Ⅳ号钟的形制纹饰基本与Ⅰ号钟相同，只是在侧鼓部的小鸟纹、内壁的调音痕迹等稍有相异之处。乙组甬钟的测音数据可见下表6所示[①]：

表6　眉县杨家村乙组甬钟测音数据表　　　　　　　　单位：音分

标本号	正鼓音 音高	正鼓音 阶名	侧鼓音 音高	侧鼓音 阶名
乙组Ⅱ号	$\sharp a+34$	宫	d^1-14	角
乙组Ⅰ号	d^1-3	角	f^1+37	徵
乙组Ⅲ号	g^1-13	羽	$\sharp a^1+35$	宫
乙组Ⅳ号	$\sharp g^3-4$	羽↑	b^3+33	宫↑

显然，从这4件甬钟的发音来看，音列的构成尚不完整，现存4件甬钟应为成套编钟的一部分，根据西周编钟八件组合的音阶结构分析，现存的4件应为编组中的第二、三、四和第八钟，缺少的是第一、五、六和第七钟。[②] 如果是这样，乙组甬钟的音列结构为：G羽四声音阶。

丙组甬钟共计4件，Ⅰ号钟：保存完整。甬中空与腔体相通，内壁有调音锉磨痕4处，分别位于两正鼓、背面侧鼓及右铣角内。舞部素面，旋饰乳钉，略呈二阶锥形枚，钲、篆、枚皆以阴线弦纹为界，篆、鼓部皆饰云纹，右侧鼓饰小鸟纹。Ⅱ号钟、Ⅲ号钟、Ⅳ号钟的形制纹饰与Ⅰ号钟基本相同，只是甬内皆有泥芯，且随着音区的增高，3件甬钟的调音痕迹也随之增加，分别为2、

[①] 方建军主编：《中国音乐文物大系·陕西卷》，大象出版社1996年版，第63页。
[②] 方建军：《陕西出土西周和春秋时期甬钟的初步考察》，载《地下音乐文本的读解》，上海音乐学院出版社2006年版，第85页。

5、8条。丙组甬钟的测音数据见表7所示[①]：

表7　眉县杨家村丙组甬钟测音数据表　　　　　　　　单位：音分

标本号	正鼓音	侧鼓音
丙组Ⅰ号	f^1-20	$\flat a^1$+53
丙组Ⅱ号	$\flat b^1$+50	$\flat d^2$+45
丙组Ⅲ号	f^3+30	$\flat a^3$+62
丙组Ⅳ号	b^3+8	d^4-22

目前，音乐考古界多将甲组与丙组归为一肆，甲组两件甬钟音区较低，应属八件一肆中的前两件。[②]虽然这两件的纹饰与丙组甬钟存在区别，但符合八件组合编钟前两件的特点。[③]从目前掌握的考古资料来看，西周编甬钟的前两件不设小鸟纹作侧鼓音标志者居多，从测音数据分析，其侧鼓的音准与音响也较中高音区甬钟的发音为劣。李纯一认为，"依照发展期编甬钟的通例，只发单音（即正侧鼓同音）的首、次二钟侧鼓没有小鸟纹之类的第二基音标志；由此标志的是从发双音的第三钟开始"[④]。据此，甲组与丙组6件甬钟所构成的应为升A羽四声音列。（见表8所示）

表8　眉县杨家村甲、丙组甬钟测音数据表　　　　　　　　单位：音分

标本号	甲组Ⅰ号		甲组Ⅱ号		丙组Ⅰ号		丙组Ⅱ号		丙组Ⅲ号		丙组Ⅳ号	
	正鼓	侧鼓	正鼓	侧鼓	正鼓	侧鼓	正鼓	侧鼓	正鼓	侧鼓	正鼓	侧鼓
音高	$\sharp a$+56	模糊	$\sharp c^1$+58	f^1+40	f^1-20	$\flat a^1$+53	$\flat b^1$+50	$\flat d^2$+45	f^3+30	$\flat a^3$+62	b^3+8	d^4-22
阶名	羽	不确	宫	角	角	徵	羽	宫	角	徵	羽	宫

如果将两组甬钟的音列作五声音阶看待，三件镈的发音与各组甬钟皆不

[①] 方建军主编：《中国音乐文物大系·陕西卷》，大象出版社1996年版，第65页。
[②] 王清雷：《西周乐悬制度的音乐考古学研究》，文物出版社2007年版，第153页。
[③] 方建军：《美国收藏的逨钟及相关问题》，《天津音乐学院学报》2007年第2期。
[④] 李纯一：《中国上古出土乐器综论》，文物出版社1996年版，第188页。

相和，与相邻甬钟多构成小二度半音关系。这相差的一律，如果用《仪礼》载"奏乐以鼓镈为节"为据，以镈在演奏中仅起以加强节拍作用的说法来解释，是可以进一步探讨的。[①] 三件镈所构成的音列，虽然与五声音阶的音程关系存在偏误，但是镈正鼓音三度叠置的结构也体现出一定的规律性，是设计、铸造时有意之所为。从三件镈于口内唇所现的调音锉磨痕迹，也可以证明音高问题是为镈的设计者与使用者所重视的，而不是将其仅作节奏乐器考虑。所以，关于镈与甬钟发音的不谐和性，合理的解释可能有二：

其一，二者本不是同期之物，是拼凑组合的结果。这与前文所推断，眉县杨家村镈铸于西周中期，较同出的其他青铜器为早的结论相符合。其二，眉县杨家村镈是甬钟音列中的一个部分。

眉县杨家村甲、丙组甬钟的音列大约可以排列为：♯a 羽—♯c 宫— f 角—♯g 徵，是比较典型的西周时期甬钟所用四声音列。其中丙组 I 号的正鼓音偏低 70 余音分外，各钟的正、侧鼓音基本上对应这一音列结构中的音高。如果将眉县杨家村编镈的三音置入这一音列，其阶名应为：a 清徵— c 变宫—♯d 商。显然，1306 号镈的清徵音不入音调，按三分损益之法，清徵在宫音上下相生八次之后才能出现，在包括♯c 宫的七声音阶里，当然没有 a 清徵作为第九音存在的可能性。但是，当与眉县杨家村乙组甬钟相比较的时候，其结果令人难以置信。

眉县杨家村乙组甬钟的音列可以简化为：♯a 宫— d 角— f 徵— g 羽。其中乙组 IV 号的正、侧鼓音稍高，约为清羽与清宫，考虑到乙组 IV 号与 III 号相距两个八度，相当于现今小字三组与小字四组之际，鉴于人耳对这一音区所奏高频的不敏感性，将其视作羽、宫还是可以接受的。如果将眉县杨家村编镈的三音置入乙组甬钟的音列之中，其阶名为：a 变宫— c 商—♯d 清角。三件镈中的两件同样成为甬钟音列的变宫与商音。

[①] 方建军：《美国收藏的速钟及相关问题》，《天津音乐学院学报》2007 年第 2 期。

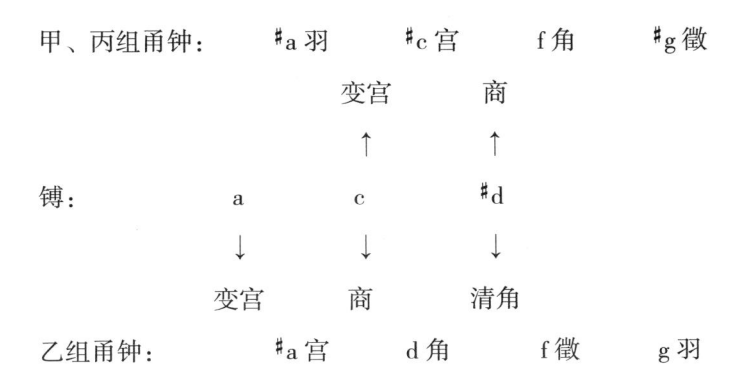

```
甲、丙组甬钟：    #a 羽      #c 宫      f 角      #g 徵
                        变宫       商
                         ↑         ↑
镈：              a          c         #d
                  ↓          ↓         ↓
                 变宫        商        清角
乙组甬钟：    #a 宫       d 角      f 徵      g 羽
```

图 3：眉县杨家村编钟音位关系图

呈小三度叠置的镈的音列，因为无法与中国音乐的五声调式体系对应，而曾被视为音乐性能较差。但是通过上图可以看出，分别由两件镈填补甬钟变宫与商的缺失，应不属于偶然现象。

1978 年 1 月出土于宝鸡县杨家沟太公庙的秦公镈，属春秋早期遗物，由 3 件构成一组编镈，同时出土的还有秦公钟 5 件。3 件秦公镈的测音结果分别为：#g^1+25、b^1+50、#c^2+22。5 件秦公钟[①]的音准较好，呈升 F 羽四声音列排列，其音阶结构简化排列为：#f 羽— a 宫—#c 角— e 徵。将秦公镈对应于其中，分别为：#g 变宫、b 商、#c 角。三件镈中再次出现了变宫与商音。

秦子镈 2006 年出土于甘肃礼县大堡子山的秦公陵园祭祀坑，同出的还有甬钟 8 件，编磬 10 件，铜虎 3 件（附于镈），以及钟、镈钩和钟、磬架残迹。关于器主的界定目前分歧较大，但总体不出春秋早期。

秦子镈为椭方体，铣棱中部外鼓。舞中央有一圆孔，体两侧和中部有四个对称的棱脊，由连体而透空的蟠龙组成。鼓部素面。最大的一件，鼓部铸有铭文 26 字，大意为：秦子铸造了 1 套宝贵的甬钟及 3 件镈，其音优美动听，秦

---

① 根据铭文与测音结果来看，秦公钟应有六件，现缺少第 6 钟。（方建军：《中国音乐文物大系·陕西卷》，大象出版社 1996 年版，第 92 页）

子受命在位，长寿万年无疆。铭文表明钟与镈同为一组的关系。

《中国音乐学》2010 年第 4 期的发表了方建军的文章《秦子镈及同出钟磬研究》，文中公布了编钟与编磬的测音数据。（见表 9 所示）

表 9　秦子镈测音数据表

出土编次	标本号	音分（cent）	频率（Hz）
1	K5:1	G_4-44	382.22
2	K5:5	C_5+22	530.03
3	K5:3	D_5+11	591.40

同出一室的甬钟，其正侧鼓音可以构成 C 为宫的四声羽调模式，即 a 羽四声音列：

羽—宫—角—徵—羽—宫—角—徵—羽—宫—角—徵—徵（羽）—变宫（宫）

将甬钟与编镈结合在一起，又出现了令人困扰的商音。

此外，文中认为 10 件编磬可分为两组，在不同的调高上与甬钟的正侧鼓音音列分别对应，但无论是作几组看待，其中的 K5:22 都毫无疑问是商音。

从眉县杨家村镈的下限宣王十六年到秦子镈，再到秦公镈的器主秦武公时期，大约相距 100 年的时间。在这样的一个时间跨度里，镈与甬钟的组合在音列构成方面体现出了高度的一致，这绝不可能是巧合所能解释的。三组镈的音高都处于中音区，属于人耳对音高频率最敏感的区域。而且每组编镈大小相似，在于口内唇皆有调音缺口，说明这些镈的设计制造都经过精心的考虑。所以，基本上可以排除音列构成的偶然性因素。

如果是刻意为之，那为什么不用甬钟演奏而代之以镈呢？是否与周代的制度性因素存在一定关联呢？

六、关于周乐用"商"的思考

所谓周乐用"商",源自《礼记·乐记·宾牟贾篇》中孔子对乐舞中出现"商"的评论,以及《周礼》《荀子》中的相关记载。自汉以来,历朝历代出于制礼作乐的需要,对周人用"商"的问题多有议论,讨论的焦点在于"商"是商声还是商调之别。

历史上对这一问题的关注大多源于历朝历代制礼作乐的需要,在言必及三代,而三代中仅有周礼可循的情况下,这一难以解决的问题自然会引起议论纷纷。在当代音乐学研究产生之前,讨论的重点主要集中于"商声"与"商调"的区别。但是随着学术研究的逐渐深入,以及新材料与新方法的不断涌现,议论的焦点也不仅仅限于声与调二者,而是扩展到区域音乐风格,以及礼乐制度使用空间等多个方面。今人的论述与历代文人考据式的研究存在着很大的不同,最主要的区别表现在对考古资料的使用,是大量的考古发现拓展了观察的视角,并引发了全新的思考。所以,在这些不同观点的背后,隐含的是如何甄别、使用与看待考古资料的问题。

以下的论述仍然以考古资料为出发点与落脚点,从眉县杨家村镈、秦公镈以及新公布的礼县秦子镈来看周乐用商的问题。

周初的统治者在总结殷商各种典章制度的基础上,制定了一套十分严密的封诸侯、建国家的等级制度——礼乐制度,这就是史传周公"制礼作乐"的史迹。西周的礼乐制度中,其根本基础是社会的等级制度。但西周的统治者找到了一个十分重要的、可以有效地体现这种等级制度手段——乐悬。周代对乐悬广泛推行,也正是为了彰示等级差别所在。钟磬类大型编悬乐器中,因为钟为青铜铸制,铜在当时称为"金",稀少而昂贵。又因为铸造工艺的复杂,所以,钟磬乐悬中,青铜乐钟完全占据着核心地位。

在西周乐悬制度所用的钟磬之器中,占据着核心地位的青铜乐钟,最初是以甬钟的形式出现的。目前考古所见的早期编钟乐悬的例证，当属晋侯苏编钟和虢国墓编钟。在晋侯苏编钟和虢国墓编钟出现的时代，目前尚未发现中原地区有镈的踪迹。此时湘赣地区的镈可能尚未为中原地区所吸收，抑或已有吸收而尚未进入乐悬。

至西周中期，镈由南方湘赣流域走入周人的视野。迄今为止，所见最早的中原镈，为陕西眉县马家镇杨家村发现的虎脊镈。而在此时，镈在湘赣地区继续有所沿用，目前所见文物之中，仍可见到同一时期湘赣之地的同类器物。由此也可以从一个侧面反映出，湘赣地区原为镈之故土，中原地区的镈应是周王室对其吸收的结果。

自汉代开始，关于文献的记述多被作为解释这一现象的依据。《周礼》中有关于天、地、人鬼三大祭的记载：

凡乐，圜钟为宫，黄钟为角，大簇为徵，姑洗为羽，雷鼓雷鼗，孤竹之管，云和之琴瑟，《云门》之舞，冬日至，于地上之圜丘奏之，若乐六变，则天神皆降，可得而礼矣。

凡乐，函钟为宫，大簇为角，姑洗为徵，南吕为羽，灵鼓灵鼗，孙竹之管，空桑之琴瑟，《咸池》之舞，夏日至，于泽中之方丘奏之，若乐八变，则地示皆出，可得而礼矣。

凡乐，黄钟为宫，大吕为角，大簇为徵，应钟为羽，路鼓路鼗，阴竹之管，龙门之琴瑟，《九德》之歌，《九韶》之舞，冬日之，于宗庙之中奏之，若乐九变，则人鬼可得而礼矣[1]。

文中陈述某律对应某声的关系之时，唯独不见商声。郑玄注曰："凡五声，

---

[1]《十三经注疏》，中华书局1980年版，第789—790页。

宫之所生，浊者为角，清者为徵羽。此乐无商者，祭尚柔，商坚刚也。"① 其本意应是指，从宫音出发作三分损益生律，角音是五正声中上下相生最后得出的一音，所以与宫音的关系较远。而商音的风格与祭祀不相和谐，故不用。关于西周不用商音还是商调，后世的学者多有讨论。但是眉县杨家村编镈、秦子镈与秦公镈所表现出的特点，显然是对"周不用商"的违背。作为礼乐重器，编钟在西周坚守着不用商音的原则，但是在实际演奏过程中，没有商音又是不可想象的。如何在不违禁令的情况下完成正常的演奏，可能是乐师与乐工困扰不已的问题。此时，南方镈渐入其视野，在保证编钟羽、宫、角、徵四声的前提下，以编镈来演奏商及偏音成为解决这一问题最巧妙的办法。这样一来，既能通过"太师"所审②，又不会因为不能完整奏乐而受责。正是由于这一原因，南方特镈在进入中原之始就演化成编镈，与甬钟编为一簴，其目的就在于化解演奏需要与制度规范之矛盾。

先秦文献在论及镈时，多与钟、磬相并列，未将镈纳入编钟的范畴，如《左传·襄公十一年》记载："郑人赂晋侯以师悝、师触、师蠲，广车、軘车淳十五乘，甲兵备，凡兵车百乘；歌钟二肆，及其镈、磬，女乐二八。"③ 说明在时人的观念里，镈与钟是两类器物，不曾想二者早已紧密结合，以满足演奏的需要。但是在《周礼》中明确记载：钟及镈都由钟师来演奏④，这也印证了本文的观点。

从另外一个角度分析，西周不用商音确曾推行实施，但在很短的时间里就被乐工轻松化解，以不易被觉察的二度、三度叠置的三件编镈间杂其中，奏以

---

① 《十三经注疏》，中华书局 1980 年版，第 789—790 页。
② 陈旸《乐书》卷四载："荀卿以审诗商，为太师之职。然则诗为乐章，商为乐声，乐章之有商声，太师必审之者，为避所克而已。"[《文渊阁四库全书》(电子版)，上海人民出版社、香港迪志文化出版有限公司 1999 年版。]
③ 《十三经注疏》，中华书局 1980 年版，第 1951 页。
④ 《十三经注疏》，中华书局 1980 年版，第 800 页。

变声与商音。但无论如何，在商调上演奏是自曝其短，享乐者就算不懂音乐也会觉察到镈成为反复敲击的主音，这是坚决不能触及的。所以，严格地说西周时期不用商音或许只是短暂现象，而不奏商调确为史实。

这三组编镈所反映出的规律性，促使我们重新面对周代音乐中关于"商"的问题。

首先，周人果真在特定的场合不用商音吗？从目前的考古发现来看，基本可以得出这样的认识。虽然，"金石以动之，丝竹以行之"可以作为周乐有商，而金石未见的解释，而且从目前的材料分析，黄翔鹏提出的："西周的宫廷音乐中不用商声作为调式的主音，不等于宫廷音乐的音阶中没有商声。商声只是不在骨干音之列。"是最经得住推敲的结论。但问题的焦点就在于，为何在西周的编钟上，五声之中唯独缺了商？

其次，无论是在学界普遍认可的商音首先出现在钮钟，还是以上三组编镈出现的突破，都没有使用最早的礼乐用器——甬钟来演奏商音。比较而言，在宫角徵羽四声的基础上进行简单的扩充，比引入铜镈或新创钮钟都更加简便易行。但周人并没有选择这一方式，其原因何在？以此看来，在周公制礼作乐之时，曾对甬钟加以明确限制的可能性非常大。

王清雷对马王村编钟的研究是一个很重要的发现，但现在不能对这一研究妄下评论。因为目前来看还是孤证，出现得太早。而且最重要的是，目前还找不到发展过程的来龙去脉。

另外，目前得到较多认可的是闻喜县上郭村 M210 的钮钟首先突破了商音的限制，且不说考古界对于上郭村墓葬年代的分歧，仅从乐器本身来看，钮钟的源头何在？既无地域间传播的线索，又没有由单件向编组的演变，一被发现就是音列结构复杂的、8 件或 9 件成编的乐器，而且音列中包含商音。那么，是出于一定目的而创造的可能性就非常大了。那接下来的问题就是，为什么要创造钮钟呢？如果说是为了拓展音域，那为什么不在同时期的甬钟实行呢？作为继承了甬钟的腔体与镈的直悬方式的钮钟，曾被王友华称为青铜乐悬中的革新先锋，从其对西周以来编钟四声音列的突破也不枉此名。但反过来可以看到，钮钟能做的而甬钟不能做，那么在钮钟产生之前存在着一些约束的事实应该是存在的，而钮钟的突破在镈看来可能已没什么奇怪了。

再次，对于殷铙中未见商音，周人所戒之商何来的观点。我们是否可以基于这样的认识，即殷商编铙与西周编钟的礼制意义根本不同。编铙在殷人的眼中，没有被赋予周代编钟的礼制意义。众所周知，周代被视作封建社会的开端，所谓封建即通过"分封诸侯，以屏宗周"，用来巩固统治，这在商代是没有的。在此基础上，周王室推行了用作划分等级的礼乐制度，以"明贵贱，辨等列"。其目的归根结底是统治的需要，商声也好、商调也好，在周王的眼中是否真的如此重要？也许只是在当时不甚稳固的状态下，为了对尚有余力的商人后裔表明必胜的决心而已。或许这才是真正的"武王之志"，因为周武王一生最大的功绩就是"克商灭纣"，克商之后的两年就因病故去。接下来，那位制礼作乐的周公摄政王位，兵征东夷灭17国，将殷商顽民的兵乱通过打压和分封平息殆尽。这样一个人物，其制礼作乐的目的究竟何在？所以，在被赋予权力意义的礼乐重器上制定"戒商"的禁令是可以理解的，只是商这个音因为同名而被冤屈，而这样的观念在商代的社会制度下是难以产生的。

另外，针对《礼记》中"声淫及商"的理解，将其解释为商人祭先妣的音调可能最接近于此篇文献的原意，因为文中不以技术问题为重的观点屡见不鲜。从《乐记》这篇文献的角度来看，无论是从上下文的逻辑关系，还是从《乐记》的论述焦点分析，类似商音或商调的技术问题并不是作者讨论的重点，反倒是提出了很多重道轻器的理论，例如："乐者，非谓黄钟大吕弦歌干扬也，乐之末节也，故童者舞之。铺筵席，陈尊俎，列笾豆，以升降为礼者，礼之末节也,故有司掌之。所以提出,是故,德成而上,艺成而下。"[1]

  以目前的认识,《乐记》中的"声淫及商"与西周编钟对商音的限制应不是一回事,二者在各自领域都客观存在,如果强行将文物与文献进行对应,可能会落入"二重证据法"的窠臼。对周乐用商的讨论,实质上是如何甄别、使用与看待考古资料的问题。历史的真相总是在不断的新发现,以及不断的假设与求证过程中被逐步揭示,这也正是这一学科的魅力之所在。

---

[1] 《十三经注疏》整理委员会:《十三经注疏·礼记正义》,北京大学出版社 1999 年版,第 1118 页。

先秦大型组合编钟研究

王友华

编钟研究由来已久，从先秦时期绵延至今。由于历史条件不同，各时期编钟研究呈现出不同的风格。随着研究的深入，编钟研究由点及线，由线而面，成果迭出。然而，尽管已经有了丰硕的研究成果，我们对编钟的认识仍然不够全面，编钟成了一个既熟悉又陌生的文化事项，进一步深入探讨需要新的视角，因此，笔者选取了大型组合编钟这一切入点，冀能有所洞见。

大型组合编钟是编钟的一种形式，其形成经历了漫长的历史时期，对其孕育、诞生、成长、成熟、辉煌和衰落产生直接影响的因素很多，尤以"礼""乐"为甚，因而包含了丰富的乐律、乐悬制度，以及礼乐文化等方面信息。对大型组合编钟来说，编列的组合是形式，音列的组合是内容，本质则是礼乐制度的体现，因此，本文以大型组合编钟的演进历程为经，以青铜乐钟的编列和音列为纬，以乐悬制度为背景，在纷繁复杂的现象中爬梳理析，对大型组合编钟进行综合研究。

通过对编列的分析，厘清青铜乐钟由单件使用至编列诞生，编列由小及大、由大而组合，组合由简单到复杂的演进轨迹，并厘清不同类型青铜乐钟编列的不同演进线索。音列分析也是本文的重要内容，通过分析，梳理乐钟由单音使用至音列出现，以及音列由简单而复杂直至十二声齐备的过程，揭示不同青铜乐钟的音列演进的错位现象，并对这一现象产生的原因进行深入探讨。

组合的研究是本文的切入点。不同编列的组合、不同类型乐钟的组合、不同音列的组合是大型组合编钟的重要特征。在编列、音列分析的基础上，本文对大型组合编钟中不同类型组合方式的探讨着墨甚多，揭示大型组合编钟成长的轨迹。

在探讨大型组合编钟成长轨迹的基础上，本文阐释了各种形态变化所反映的文化内涵。大型组合编钟成长过程中，编列、音列、组合的相对稳定期往往与礼乐制度的稳定期相对应，编列、音列、组合的骤变往往是礼乐制度演变的表征，也是"礼""乐"关系的平衡被打破的表现，在礼乐制度演变轨迹中具有里程碑意义。本文通过对编列、音列、组合骤变的探讨，树立起礼乐制度演变的标杆，分析先秦礼乐制度兴衰的轨迹，揭示"礼""乐"在大型组合编钟兴衰中的作用。

一、编钟研究尚需探讨的问题

先秦编钟研究成果极丰，然若干问题尚存探讨空间。

（1）编列是编钟研究的核心问题之一，不同类型乐钟的编列不同，同类乐钟的编列也因时而异。编列问题是理解乐悬制度的一把钥匙，目前，对于编列概念、各类乐钟的编列演进线索多无明察。

（2）音列是编钟研究的关键问题，学界已勾勒出编钟音列演进历程的概貌。然而，异类乐钟音列的错位演进现象尚无人关注。

（3）组合是编钟的重要特征。学界对编钟的分域、分类、律制、音列等问题的专题研究已比较深入，然而，俯仰皆是的编钟之"编""组"所论不多。其中，不同编列的组合、不同音列的组合、不同类型乐钟的组合三个问题少有涉及。

（4）编钟具有"礼""乐"双重功能，是研究乐悬制度、礼乐制度以及"礼""乐"关系等问题的极佳切入点。然而，目前的相关研究中，宏论者众，形态分析多囿于"商"声有无的讨论，而编列、音列、组合等重要因素对于乐悬制度、礼乐制度的影响所论不多。编列组合之于"礼"、音列组合之于"乐"犹刻度之于长短，细数刻度方能在说长论短之时不致漫漶。编钟形态演变与礼乐观念互为表里，从形态变化的研究一途，可溯求乐悬制度、礼乐制度以及"礼""乐"关系。

本文主要围绕以上四个问题进行研讨。

二、先秦大型组合编钟研究的意义

先秦大型组合编钟的研究涉及编列组合、音列组合以及组合产生的动因，因此，本选题的研究意义有四：

（1）廓清先秦大型组合编钟的演进轨迹。大型组合编钟是编钟家族的一员，是编钟的高级形式及辉煌的表征。这项研究有助于我们全面认识编钟。

（2）先秦大型组合编钟的研究能够为认识先秦乐钟提供一个历时性维度。先秦乐钟种类很多，但是若将大多数乐钟置于整个青铜乐钟史进行考量，其"生命"的盛衰历程均不长，先秦大型组合编钟从萌芽、诞生、成长、成熟、辉煌至衰落，贯穿整个先秦乐钟演进过程，因此，大型组合编钟的研究能够为我们认识编钟提供一个完整的历时性维度。

（3）先秦大型组合编钟的研究能够成为贯穿各类青铜乐钟的总纲。青铜乐钟家族庞大，包括编铙、大铙、镈、甬钟、钮钟、钲、铎、錞于、句鑃、编钟等，既往的研究侧重对各种乐钟的分类探讨，这固然可以将视角集中于各类乐钟以求细察，是研究的一个必不可少的阶段。但拘泥于此，乐钟面貌的窥探就会失之琐细。以"先秦大型组合编钟"的演进历程为主线，可将各类乐钟贯串起来，兼取微观研究与宏大叙事之长，使乐钟的整体面貌豁然清晰，所谓"纲举目张"即是。

（4）先秦大型组合编钟是探讨先秦礼乐文化的极佳切入点。作为礼乐重器的先秦大型组合编钟兼具"礼""乐"双重功能，是先秦礼乐制度的固化形态，在研究先秦礼乐文化中具有不可替代的作用。不同类型的乐钟侧重于不同功能，单纯探讨某一种乐钟很难揭示其与礼乐制度的复杂关系。在大型组合编钟成长和衰落过程中，每一次形态变化的背后都蕴藏着丰富的"礼""乐"内涵。因此，先秦大型组合编钟成为探讨先秦礼乐制度的演进轨迹、"礼"与"乐"关系的最佳切入点，能以实物证据救纯粹文献及思辨研究之不足。

三、相关概念的界定

王子初首次提出"大型组合编钟"这一概念，目前尚无专论，而这一概念的界定涉及"编列""套""编钟""组合编钟"等。

（一）编钟

"编钟"一词素稔于世，然在《中国音乐词典》《中国大百科全书·音乐舞蹈》《牛津简明音乐词典》中均依附"钟"及"中国钟"词条，只有罗列和介绍，没有独立的概念界定。

"编钟"一词最早见于《周礼》："磬师掌教击磬，击编钟。"疏云："此钟磬亦编之十六枚在一簴。"《周礼》及疏均未做进一步说明。据乐钟的使用情况，可解为"成编列使用的乐钟"。

（二）编列、套

描述编钟之时，"一组""一套""一个编列"等词语频现，然而，不同的学者对这些词的理解并不相同，以王孙诰编钟为例，称王孙诰编钟由三组甬钟、三套甬钟或三个甬钟编列组成之说皆有之。其实，"组"和"编列"意思相同，可通用，表示若干件乐钟构成的音列独立完整的一个单位。"套"可描述的范围更广，是器主所拥有的一个完整乐钟组合的单位，一套编钟可包含多个乐钟编列，当然，如果器主拥有的乐钟只有一个编列，也可以称为一套。例如，"王孙诰编钟是由三个甬钟编列组合而成的一套编钟"；中义钟只有8件甬钟，可称为一组、一个编列，也可称为一套。即"套"大于或等于"组"和"编列"。

一组或一个编列实际上就是一肆，一堵则可包括一个编列，也可包括多个编列，一套编钟可能只有一组乐钟，可能有一堵多组乐钟，也可能包括多堵乐钟。为了明确起见，本文仍以"编列"（或"组"）、"套"两词进行叙述。

（三）组合编钟

"组合"一词可有多义，有的学者将一个编列内乐钟的关系称为"组合"，将一个编列内乐钟音高的关系也称为"组合"，若单独理解，未尝不可。但是，用这种方法来描述几个编列乐钟的关系时就会造成混乱。为了清晰起见，笔者只在描述不同编列或音列时才用"组合"一词，例如，"王孙诰编钟由三个甬钟编列（或三组甬钟）组合而成，三个编列的音列组合⋯⋯"。而不称"王孙诰编钟下层大钟由8件甬钟组合而成"。

"组合编钟"仅指由几个不同编列构成的编钟，其中，各编列相对完整、独立，相互关联，构成一个有机整体。例如：王孙诰编钟由三个编列组合而成，可称为组合编钟。而中义钟只有一个8件组编列，不能称为组合编钟。

组合编钟可分三种，只包括一种乐钟的组合编钟为一元组合编钟，如由26件甬钟构成的王孙诰编钟；包括两种乐钟的组合编钟为二元组合编钟，如由8件甬钟和3件组镈组合而成的甘肃礼县大堡子山秦公编钟；包括三种或三种以上乐钟的组合编钟为多元组合编钟，如由甬钟、镈和钮钟组合而成的河南平顶山叶县旧县编钟。

（四）大型组合编钟

根据组合编钟的规模，可将组合编钟分为两种，由两个编列组合而成的编钟为小型组合编钟，如由一组编镈和一组甬钟组合而成的礼县大堡子山秦公编钟。由三个或三个以上编列组合而成的编钟为大型组合编钟，如由 5 个编列组合而成的河南平顶山叶县旧县编钟。

由一种乐钟构成的大型组合编钟为一元大型组合编钟，如由三个甬钟编列组合而成的王孙诰编钟。由两种乐钟构成的大型组合编钟为二元大型组合编钟，如由两组钮钟和一组镈组合而成的新郑金城路编钟。由三种或三种以上乐钟构成的大型组合编钟为多元大型组合编钟，如由两个甬钟编列、两个镈编列和一个钮钟编列组合而成的河南平顶山叶县旧县编钟。

大型组合编钟由三个或三个以上编列组合而成，规模大，音列组合复杂，音乐性能较好，是青铜乐钟成熟时期的典型代表。

四、本文的陈述方式

先秦大型组合编钟的形成并非一蹴而就，从萌芽至成熟经历了漫长的演进过程，其萌芽状态具备的特质即已昭示了日后的辉煌。因此，笔者选取历时性陈述方式，从萌芽时期开始，逐步往后推进，对纷繁复杂的现象进行爬梳理析，剥茧抽丝，找出其萌芽、诞生、成长、成熟、辉煌以及衰落过程中的具有标杆意义的变化，理出形态变化的轨迹。

全文共分七个时段进行分析：殷商以前（单件时期）、殷商时期（编列诞生与成熟时期）、西周前期（编列的转制与成熟时期）、西周后期和春秋早期（组合诞生及大型组合编钟的滥觞时期）、春秋中期（大型组合编钟成熟时期）、春秋晚期和战国早期（大型组合编钟的辉煌时期）、战国中晚期（大型组合编钟的衰落时期）。本文对大型组合编钟的分期没有严格依照历史分期标准，而是根据大型组合编钟自身的演进情况进行划分，例如，以西周孝王前后为界，将西周分为前后两期，将西周后期和春秋早期分为一个时期，将春秋晚期和战国早期作为一个时期。

先秦大型组合编钟由三个或三个以上编列组合而成，其中，各编列独立、完整，音列亦然，组合成套后，成为有机整体。因此，认识大型组合编钟的结构、音乐性能以及文化内涵，需从编列、音列和组合方式三个方面分别切入。另外，本文撰写的目的有二，一是理清大型组合编钟的演进线索，即物质线索。二是揭示大型组合编钟演进的动因，即文化线索。从形态演变的轨迹中寻求先秦礼乐文明的足迹，为先秦礼乐文化研究提供音乐考古学依据。因此，每一章分四个部分：编列分析、音列分析、组合分析、"礼""乐"内涵分析。

五、结论

先秦大型组合编钟研究材料丰富，分析过程复杂、冗长，限于篇幅，现直接呈示分析结论。（详细论证过程见本人博士学位论文《先秦大型组合编钟研究》）

先秦大型组合编钟在形态上表现为多编列的组合，在内容上表现为多音列的组合，本质是先秦礼乐制度的客观反映，编列和音列是组合的基本单位，编列、音列和组合中包含丰富的"礼""乐"含义。因此，本文主要分五个部分阐述：青铜乐钟的编列、青铜乐钟的音列、大型组合编钟的演进历程、大型组合编钟的"礼""乐"含义及其他相关问题。

（一）先秦青铜乐钟的编列

青铜乐钟编列的总体特征有三：

（1）各种青铜乐钟的编列均随时间的推移而逐步扩大。

（2）不同类型青铜乐钟的编列不同。

（3）乐钟的编列与器主身份高低无关。如方建军所言，"这种统一的乐制与严格的礼制形成鲜明对照。它一方面说明编钟的组合必须符合一定的音阶结构，以适应演奏具体的乐曲，充分体现编钟的实用价值；另一方面则说明西周编钟所呈示出的乐制在等级制度上并不明显，原因是受到音乐实践的制约，而不可能因编钟所有人等级的差别而随意增减编钟的数目,那样将无法满足音乐演奏的需求"。体现主人身份的是不同编列的组合情况,如,西周后期和春秋早期,甬钟编列与镈编列的组合只有少数高级贵族方可享有。

各类乐钟编列演进详情如下:

1.乐钟祖源的编列状况

陶、木、竹质钟、铃和铜铃为青铜乐钟的重要祖源,起源的时间可追溯至仰韶文化时期。出土资料显示,殷商编铙诞生以前,钟、铃类乐器皆单件使用,无编列迹象。

2.编铙的编列

殷商编铙为目前所知最早的编列青铜礼乐器,3件为编列常制,一般不因器主身份高低而易,不随时代的推移而变化。青铜乐钟成编列使用是商人的创举,编列的出现,开启了青铜乐钟的新时代,具有里程碑意义。

西周初期,周人沿用殷商编铙,编列亦袭用殷商之制。

3.甬钟的编列

西周康、昭之际,周人以甬钟代替殷商编铙,但仍沿用殷商编铙用制,3件成编。

西周穆王末叶,4件组编列代替3件组编列,成为西周前期晚段甬钟的编列常制。

西周后期和春秋早期,甬钟突破4件组编列规范,8件组编列成为甬钟的主要编列形式。

春秋中期,甬钟突破8件组编列,出现9件、10件、11件等编列形式。长治分水岭270号墓和269号墓主人生活的年代为甬钟编列的转变时期。

春秋晚期和战国时期,甬钟的编列继续呈现出多样化格局,3件组、8件组、9件组、10件组、12件组等多种编列并存。

长江流域青铜乐钟的编列与黄河流域青铜乐钟的编列略有不同。西周前期,甬钟多单件使用或2件成编;西周后期则明显受黄河流域的影响,编列呈扩大之势。但总的来说，甬钟编列没有中原地区典型、规范。

4.钮钟的编列

西周末，钮钟诞生于虢国，诞生之初，与甬钟编列一致，8件成编。

钮钟诞生不久，9件组取代8件组成为编列常制。春秋早期至春秋晚期，钮钟的编列一直比较稳定，9件成编，唯春秋中期的郑国和春秋晚期东部沿海地区例外，春秋中期，郑国钮钟皆10件成编；春秋晚期，东部沿海出现少量的7件组编列。

战国时期，钮钟的编列多种多样，有14件、13件、11件、9件、8件、7件组等编列形式。11件、13件以及14件组编列具有明显的地域特征，其中，11件组和13件组为楚地特有的编列。

5.镈的编列

镈于商末周初诞生于南方湘赣地区，在发源地一直单件使用。

西周后期，周人将镈引入乐悬，成编列使用，3件为编列常制。

春秋中期，4件取代3件成为编列常制。春秋中期偏晚始有8件组编列出现。

春秋晚期，4件组编列常制依然存在，同时出现9件、8件、6件和5件等编列形式。

战国时期，镈的编列多样化趋势更明显。中原地区的编列形式主要为4件、8件以及9件。5件、6件和其他编列形式主要存在于东部沿海的齐、吴越地区。

6.大铙的编列

大铙一直流行于长江流域，多单件使用。

（二）先秦青铜乐钟的音列

编钟音列演进的总体特征有二：

（1）随时代的推移，音列越来越丰富。单件时期，仅为响器，声不成列；

殷商时期和西周初，音列不出"宫""角""羽"三声；西周前期晚段，四声音列"宫—角—徵—羽"形成；西周末，出现"商""羽曾"；春秋中期，出现七声音列甚至八声音列"宫—商—角—羽曾—徵—羽—羽角""宫—商—角—羽曾—商角—徵—羽—羽角"，郑国钮钟甚至出现十声音列；春秋晚期，音列丰富至十一声；战国初，十二声音列形成。

（2）不同类型乐钟音列演进并不同步，形成错位演进现象。殷商编铙音列不出"宫""角""羽"三声，早期甬钟亦然。西周穆王末叶至春秋早期，甬钟音列为四声"宫—角—徵—羽"，其中，"徵"位于侧鼓。春秋中期，甬钟音列有了"商"声，并突破五正声，以后逐渐丰富，直至十二声齐备。春秋中期以前，镈的音列可能尚不成熟；春秋中期，甬钟音列实现一系列突破之时，镈的音列始有规范用制，五声缺商；春秋晚期，音列逐渐丰富。钮钟诞生于西周末，诞生之初即已有"商"并突破五正声，春秋中期以后，音列演进与甬钟基本同步。

编钟音列演进详情如下：

1.青铜乐钟祖源的音列

出土资料显示，青铜乐钟的重要祖源——陶铃、陶钟、铜铃等皆单件使用，没有编列迹象，当为单音乐器，音不成列。

2.编铙的音列

殷商编铙正鼓音不出"宫""角""羽"三声，构成三声音列或二声音列，音位结构为"羽—宫—角""宫—角—羽""角—羽—宫""羽—角—宫"等。

周初，周人袭用殷商编铙，音列状况当与殷商时期无别。

3.编甬钟的音列

康、昭之世，周人以编甬钟代替编铙，编列不变，音列亦与殷商编铙关系密切，正鼓音不出"宫""角""羽"三声，可构成二声音列或三声音列。锉磨钟腔内壁的调音技术开始应用，侧鼓首现"徵"声。

穆王末叶，4件代替3件成为编列常制，音列形成新制，正鼓音构成三声音列"宫—角—羽",正、侧鼓音构成四声音列"宫—角—徵—羽","钟尚羽"观念形成,"徵"不上正鼓。

西周后期和春秋早期,8件成为甬钟的编列常制,正鼓音音列和正、侧鼓音音列与4件组编列一致,唯音域扩大了两个八度,正鼓音音位结构为"羽—宫—角—羽—角—羽—角—羽"。编甬钟的首、次二钟一般不用侧鼓音。

春秋中期,随着甬钟的编列突破8件组常制,音列亦有所突破,具体如下：

（1）甬钟正鼓音音列突破三声音列"宫—角—羽",已经出现五声音列"宫—商—角—徵—羽"、六声音列"宫—商—角—羽曾—徵—羽"等。

（2）甬钟正、侧鼓音音列突破西周后期和春秋早期的四声音列"羽—宫—角—徵",出现六声音列"宫—商—角—羽曾—徵—羽"、七声音列"宫—商—角—羽曾—徵—羽—徵角"等形式。"商"声不仅出现于甬钟的侧鼓,有的还位于甬钟的正鼓。

（3）编甬钟的首钟正鼓音不再局限于"羽",9件组编甬钟首钟正鼓音为"徵",10件组编甬钟首钟正鼓音为"角"。一方面说明甬钟音域得到拓展,音乐性能得以提高,另一方面表明,"钟尚羽"观念开始淡漠。

（4）"徵"不再限于甬钟的侧鼓,"徵不上正鼓"的常规已经被打破。

春秋晚期,甬钟正鼓出现五正声之外的"商角""徵角",正鼓音可构成五声音列"宫—角—商角—徵—羽"、六声音列"宫—商—角—羽曾—徵—羽",正、侧鼓音可构成八声音列"宫—商—角—羽曾—徵—羽—徵角—商曾"。

战国时期,甬钟的音列更加丰富,正鼓音可构成七声音列"宫—商—角—商角—徵—羽—徵角",正、侧鼓音则十二半音齐备。五正声之外的七个"偏音"中,"商角"全部出现于甬钟的正鼓,"徵角"出现于曾侯乙编钟"现下——3"正鼓,其余均安排于侧鼓,这表明,正声音阶具有特殊地位。编甬钟的首钟正鼓音比较灵活,有"宫""商""徵";末钟正鼓音仍为"羽"。

4.编钮钟的音列

钮钟诞生于西周末,诞生之初,钮钟不仅沿用甬钟的8件组编列之制,音列亦与甬钟音列关系密切,正鼓音音列以及正鼓音音位排列都与8件组甬钟相同。不同的是,钮钟侧鼓音出现"商""羽曾";正、侧鼓音可构成六声音列"宫—商—角—羽曾—徵—羽"。西周后期以来编钟首、次二钟为单音钟的传统开始改变。

诞生不久,钮钟编列扩大为9件,西周末、春秋早期和春秋中期,9件为钮钟的编列常制,音列比8件组钮钟丰富,正鼓音可构成五声音列"宫—商—角—徵—羽",正鼓音音位排列结构为:"徵—羽—宫—商—角—羽—商—角—羽",正、侧鼓音构成的音列为七声音列甚至八声音列"宫—商—角—羽曾—徵—羽—羽角""宫—商—角—羽曾—商角—徵—羽—羽角"。"商"出现于钮钟正鼓,编钟首钟正鼓音不再局限于"羽","徵不上正鼓"习俗改变,首、次二钟为单音钟的局面不复存在。郑国钮钟皆10件成编,10件组编列钮钟的正鼓音音列与9件组钮钟相同,正、侧鼓音可构成九声音列和十声音列,正鼓音音位结构为"角—徵—羽—宫—商—角—羽—商—角—羽",编钮钟首钟正鼓音为"角",音域向下拓展一个小三度。

春秋晚期,部分9件组钮钟的音列状况与春秋中期9件组钮钟音列一致,另一部分9件组钮钟则有所革新,即前6件钟正鼓音不变,后3件则不一样,有所突破。正、侧鼓音所构成的音列多种多样,有七声音列、八声音列、九声音列,鄬子成周钮钟正、侧鼓音音列达到十声,离十二半音体系仅一步之遥。

战国时期,钮钟的编列呈现多样化格局,可分9件组编列和其他编列两类,音列状况也因编列的不同而异。9件组编列钮钟的正鼓音音列基本遵循春秋中期的规范,正、侧鼓音可构成十声音列"宫—羽角—商—角—羽曾—商角—徵—羽—商曾—徵角"。其他编列钮钟正鼓音音列不局限于五声,正、侧鼓音构成的音列均达到十声以上,最多为十二声音列。

5.镈的音列

西周后期和春秋早期，编镈的音列尚不成熟，没有形成定制。

春秋中期，编镈以 4 件为编列常制，正鼓音构成四声音列"宫—角—徵—羽"，大多数编镈的侧鼓音无规律可循，可能并没有被有意识利用。龖镈是一个例外，其正、侧鼓音可构成七声正声音阶或下徵音阶，突破了春秋中期编镈音列常制。

春秋晚期，编镈有 4 件、5 件、6 件、8 件、9 件、14 件等编列形式。4 件组编镈的音列与春秋中期镈的音列一致。8 件组编镈的音列与 4 件组编镈的音列略有不同，出现"商"声，且位于镈的正鼓，构成完整的五声音列"宫—商—角—徵—羽"。正、侧鼓音可构成六声音列"宫—商—角—徵—羽—徵角"和九声音列"宫—羽角—商—徵曾—角—羽曾—徵—羽—商曾"。9 件组编镈的音列无固定模式，有的正鼓音构成五声音列，正、侧鼓音至少可构成带"徵角"和"宫曾"的七声音列，有的正鼓音已突破了五正声，为带"商角"的六声音列，正、侧鼓音可构成八声音列"宫—羽角—商—角—商角—徵—羽—徵角"。

战国时期，与编列多样化桴鼓相应的是，编镈的音列也进一步丰富。4 件组编镈的音列状况与春秋中期 4 件组编镈音列状况无别。6 件组编镈的正鼓音可构成五声音列"宫—商—角—徵—羽"，正鼓音与 9 件组编钮钟前 6 件一致，正、侧鼓音可构成七声音列"宫—商—角—羽曾—徵—羽—徵角"。8 件组编镈的正鼓音音列在春秋晚期 8 件组编镈正鼓音音列基础上增加了"商角"，正、侧鼓音可构成七声音列"宫—商—角—商角—徵—羽—商曾"。9 件组编列的正鼓音音列与春秋晚期 9 件组钮钟正鼓音音列基本相同，正、侧鼓音构成的音列则比较丰富，为九声音列"宫—商—徵曾—角—羽曾—徵—羽—商曾—徵角"。10 件组编列编镈正鼓音可构成七声音列"宫—商—角—羽曾—商角—徵—羽"，正、侧鼓音可构成十声音列"宫—商—角—徵曾—羽曾—商角—徵—宫曾—羽—商曾"。

（三）先秦大型组合编钟的演进历程

大型组合编钟的演进历程画出了一道美丽的抛物线，其孕育、诞生、成熟、辉煌至衰落经历了漫长的过程：殷商以前为单件时期，殷商时期为编列的诞生和成熟时期，西周前期为编列的转制和新制的成熟时期，西周后期和春秋早期为组合编钟的诞生和大型组合编钟的滥觞时期，春秋中期为大型组合编钟的成熟期，春秋晚期和战国早期为大型组合编钟的辉煌时期，战国中、晚期为大型组合编钟的衰落时期。

各时期的特点如下：

1.单件时期

出土资料表明，钟、铃类乐器其起源的时间可追溯至仰韶文化时期，殷商编铙诞生以前无编列迹象，可称之为单件时期。

2.编列的诞生与成熟时期

殷商编铙为目前所知最早成编列的青铜乐器，编列、音列成熟，3件为编列常制，正鼓音不出"宫""角""羽"三声，可构成三声音列或二声音列。其编列和音列一般不因器主身份高低而易，也不随时代的推移而变化。

3.编列的转制时期

西周初期，周人沿用殷商编铙，用制与殷商时期无别。康、昭之际，甬钟代替殷商编铙，但用制不变。

穆王末，4件代替3件成为编列常制，编列变化的同时，音列状况也与前期不同，甬钟正鼓音音列为三声音列"宫—角—羽"，正、侧鼓音可构成四声音列"宫—角—徵—羽"，"钟尚羽"观念和"徵不上正鼓"常制形成。此后，4件组编列成为甬钟的编列规范，这一变化，标志着具有周人自己风格的编列形成，是编钟用制的重大转变，对编钟的编列、音列和组合模式影响深远。

4.组合编钟的诞生与大型组合编钟的滥觞时期

西周后期和春秋早期，组合编钟诞生，这一时期的组合编钟可分两类：一元组合编钟、二元组合编钟。其中，一元组合诞生最早，由几个8件组甬钟编列组合而成。二元组合编钟有两种，组合形式分别为"甬钟（8）+镈（3）""甬钟（8）+钮钟（8）"，前者诞生于西周后期，晚于一元组合编钟，后者诞生于西周末。

编钟组合之初即有大型组合编钟的形式，㝬钟的组合方式为"甬钟（8）+甬钟（8）+甬钟（8）"，眉县杨家村编钟的组合方式为"甬钟（8）+甬钟（8）+镈（3）"。

一元组合编钟中各编列的音列一致，宫音等高，音列一般重叠，组合后，音域没有拓宽，音列也未得到丰富，亦即没有通过组合提高编钟的音乐性能。二元组合编钟中，由于镈的音列尚不成熟，8件组甬钟与3件组镈的组合，编钟的音乐性能提高不多。甬钟与钮钟组成的二元组合编钟仅虢仲编钟一例，钮钟侧鼓出现"商"和"羽曾"，具有明显的革新意义，两个编列组合后，编钟音列丰富，可旋宫转调。但是，在这一时期，通过组合来提高编钟音乐性能的仅此一例。

总的来说，这一时期的组合编钟数量不多，组合规模不大，多数编钟组合的目的不在于提高编钟的音乐性能，因此，组合编钟尚不成熟，大型组合编钟处于滥觞时期。

5.大型组合编钟的成熟时期

与西周后期和春秋早期相比，春秋中期的组合编钟有以下特点：

（1）组合编钟数量大幅度增多。出土大型组合编钟的数量达13例，其中，二元组合编钟11例，多元大型组合编钟2例。

（2）组合方式多种多样。组合编钟皆为二元组合编钟和多元组合编钟——甬钟与钮钟的组合、甬钟与镈的组合、钮钟与镈的组合，以及三种青铜乐钟的组合等。新郑金城路、城市信用社和中行工地出土的10套大型组合编钟的组合方式皆为"钮钟（10）+钮钟（10）+镈（4）"，新郑李家楼编钟的组合方式为"甬钟（10）+甬钟（10）+镈（4）"，叶县旧县村编钟的组合方式为"甬钟（10）+甬钟（10）+钮钟（9）+镈（8）"，沂水刘家店子1号墓编钟的组合方式为"甬钟（9）+ 甬钟（7）+ 钮钟（3）+ 镈（6）"。

（3）大型组合编钟规模较大。这一时期，大型组合编钟一般由3个编列组合而成，乐钟数量最少24件，沂水刘家店子M1编钟和叶县旧县M4编钟皆由5个编列组合而成，乐钟数量分别达34件、37件。

（4）通过组合，编钟的音乐性能得到显著提高。虽然同类乐钟各编列的音列多重叠，但是，钮钟和镈的音列成熟，甬钟音列不断丰富，不同类型乐钟的音列相互补充，构成有机整体，通过组合，既丰富了音色，亦拓宽了音域。

总言之，春秋中期组合编钟既注重组合规模的扩大，也注重音乐性能的提高，大型组合编钟已经成熟。

6.大型组合编钟的辉煌时期

春秋晚期和战国早期为大型组合编钟的鼎盛时期，主要体现于以下几个方面：

（1）大型组合编钟的数量多。出土组合编钟的数量达44例，其中，20例属大型组合编钟。

（2）大型组合编钟的规模大，主要体现于乐钟的数量和编列的数量。出土春秋中期的大型组合编钟中，编列超过4个的编钟仅沂水刘家店子M1编钟和叶县旧县M4编钟，乐钟数量超过30件的也仅这两例。春秋晚期和战国早期，由4个以上编列组合而成的大型组合编钟达10例，最多的达14个编列，乐钟数量在30件以上的编钟达12例，最多的达114件。

（3）大型组合编钟的音乐性能进一步提高。春秋晚期和战国早期，辉县琉璃阁甲墓编钟、王孙诰编钟和曾侯乙编钟等音乐性能完善的大型组合编钟相继诞生。这一时期，大型组合编钟规模宏大、乐钟种类齐全、音色丰富、音域宽广、音列丰满、低疏高密、布局合理、低音区节奏功能明显、高音区旋律功能突出，音乐性能空前绝后。

7.大型组合编钟的衰落时期

经历了春秋晚期和战国早期的辉煌，战国中、晚期大型组合编钟逐渐衰落，主要体现于以下几个方面：

（1）大型组合编钟的数量骤减。出土春秋晚期和战国早期的大型组合编钟达16例，而出土战国中、晚期的大型组合编钟仅3例。

（2）大型组合编钟的规模明显缩小。出土的乐钟数量在30件以上大型组合编钟中，属春秋晚期和战国早期的达10例，属战国中、晚期的仅3例。

（3）音乐性能衰退。出土春秋晚期和战国早期的大型组合编钟中，春秋晚期的王孙诰编钟等具有优良的音乐性能，战国初期的曾侯乙编钟的音乐性能则让人惊叹。战国中、晚期的大型组合编钟中，仅江陵天星观M2编钟为实用器，与春秋晚期和战国早期的大型组合编钟相比，音乐性能的差距极大。

（4）从编钟的性质上看，春秋晚期的大型组合编钟中没有明器，战国早期始有陶质编钟，战国中、晚期，明器多于实用器。

（四）大型组合编钟视角下先秦礼乐制度的兴衰轨迹

大型组合编钟具有"礼""乐"双重功能，是先秦礼乐文明的物质载体之一，从起源至衰落，大型组合编钟与先秦礼乐文明相始终，其演进轨迹能够在一定程度上反映先秦礼乐制度的面貌。

1.礼乐制度之滥觞

出土实物表明，礼乐制度的源头可追溯至史前时代。先秦文献有"夏礼""殷礼"之说，有学者曾提出龙山时代礼已成制的观点，然认同者寡，随着考古研究的深入，接受者日众。出土早期陶铃的合瓦结构具有一定的象征意义。目前所知最早的铜铃——陶寺铜铃出土于墓葬，同墓出土陶铃6件、鼍鼓8件、石磬4件、土鼓6件、陶埙1件，铜铃当非普通响器，而是重要的礼乐器。偃师二里头有6个墓葬出土铜铃，其中，有一件与龙同出，多件由织物包裹，5例铜铃有玉舌，这种早期的"金声玉振"当然也不是普通器物。表明陶寺时期，已有隆重的礼乐活动。十六位商先王、先妣和商王父母兄子的称谓中有乐器"庚""康""唐"或"南"，他们身兼两职，既是行政官员，又是神职人员；既是君王显贵，又是大巫师，说明商代早期的礼乐活动十分频繁。

　　2.礼乐制度之成熟

　　殷商时期，礼乐制度已经成熟。青铜乐钟成编列使用是商人的创举，编铙诞生后，商人以"商"为号，以彰显其高度文明。作为殷商时期的礼乐重器，编铙开编列之先河，定序音列之基调。编铙编列规范，音列有序，一般不因器主身份高低而易，也不随时代的推移而变化。表明殷商时期的乐悬制度已经成熟，礼乐制度比较稳定、规范。

　　3.礼乐制度之继承

　　西周初期，周人继续沿用殷商编铙，用制不变，说明周人在西周初期仍沿用殷商礼乐器用制，至少部分袭用殷商礼乐制度。

　　4.礼乐制度之初步改革

　　康、昭之际，周人在青铜乐钟上进行了首次改革，以编甬钟代替编铙，但编列和音列不变。表明周人礼乐制度的改革是逐步进行的，周礼系在殷礼的基础上增删损益而成。

　　5.礼乐制度之大规模改革

　　穆王末，周人在青铜乐钟用制上进行了第二次改革，主要体现于两个方面：在编列方面，甬钟突破3件组编列，4件成编；在音列方面，正鼓音仍不出"宫""角""羽"三声，但已经有意识地使用侧鼓音，侧鼓出现"徵"，正、侧鼓音可构成四声音列"宫—角—徵—羽"，"钟尚羽""徵不上正鼓"等观念亦在穆王末期至孝王时期形成，从此，周人的青铜乐钟用制摆脱殷商青铜乐钟用制之窠臼。穆王末叶编钟用制的改革奠定了周人乐悬制度的基调，4件组编列在从穆王末至春秋晚期之间具有强大的约束力，对周代编钟的演进具有典范意义。穆王末进行的青铜乐钟用制的变革是西周时期规模最大的一次改革，在西周礼乐制度演进历程中具有里程碑意义。

　　6.礼乐制度之健康、稳定

　　西周后期和春秋早期，编钟的编列形态、音列形态以及组合形态总体稳定、规范，表明乐悬制度十分成熟，礼乐制度被广泛接受和遵循，仍然比较健康、规范。不过，西周末虢仲钮钟的诞生对乐悬制度是一个挑战，"商""羽曾"的出现具有革新意义。虢仲钮钟在编列、正鼓音音列方面仍然遵守规范，"商""羽曾"位于侧鼓，通过组合，编钟音乐性能明显提高，表明虢仲钮钟在编列方面保守，在音列方面则悄悄突破，这一隐蔽的突破行为实际上是对礼乐制度小心翼翼、试探性的挑战，此后的钮钟在音列和编列两个方面大大方方地进行革新，编列扩大为9件，"商"声和"徵"声设在正鼓，首钟正鼓音变"羽"为"徵"，编列首、次二钟由单音钟变为双音钟，音列进一步丰富，因此，虢仲钮钟实乃向乐悬制度发出挑战的投石问路之作，也成为撬动礼乐制度的第一杠。虢仲钮钟的诞生以及随后9件组钮钟的出现表明，西周末，礼乐制度总体上虽然稳定、规范，但已开始受到挑战。

7.礼乐制度基石之松动

春秋中期，作为传统礼乐器和编列、音列规范的体现者，甬钟用制发生了重大转变，编列不再拘泥于8件组编列，音列出现一系列突破。通过组合，编钟的乐功能日益增强，乐悬制度之基已不再牢固。不过，在甬钟"礼"的色彩渐渐暗淡、"乐"的功能逐渐加强之时，镈从甬钟手里接过了编列和音列规范象征身份的接力棒，保持4件组编列规范和"羽—宫—角—徵"音列规范，继续保持乐悬制度规范的存在，成为捍卫礼乐制度的最后一道防线！由于镈的接力，乐悬之制度仍然得以体现。由是观之，春秋中期，礼乐制度在"乐"的冲击之下勉力维持，渐露疲态，约束较西周后期已力有不逮。

8.礼乐制度崩溃在即

春秋晚期，大型组合编钟进入辉煌时期，此时，多套大型组合编钟具有矛盾性格，编列和音列既有"合制"的一面，也有明显的突破，"合制"是"礼"之惰性的体现；突破是"乐"之活力的彰显。这种矛盾性格表明，"礼"的规范正在退缩，"乐"与生俱来的活力日益显示出强大的生命力，规范与革新并存，然，"礼""乐"博弈大势已定，礼乐制度崩溃在即。

9.礼乐制度全面崩溃

战国初期，大型组合编钟达到辉煌的顶峰，编列继续呈多样化格局，在编列变化的同时，音列也实现了一系列的突破，十二声齐备，以曾侯乙编钟为代表的大型组合编钟的音列、编列皆不合制，摆脱了规范的约束，编钟的音乐性能达到了前所未有的高度，其"乐"的功能已臻顶峰。编钟编列、音列规范不再，昭示礼乐制度全面崩溃，即所谓"礼崩乐坏"。

在大型组合编钟的演进历程中，编钟规模因时扩大，音列日益丰富，亦即，在"乐"功能不断完善的必然趋势中，"礼"的规范也与时俱进，乐悬规范亦随之放宽标尺，礼乐制度始终处于动态平衡之中，春秋晚期之前的每一次变化都是礼乐制度进行的结构性调整，春秋末、战国初，"礼"退让已经成累卵之势，礼乐制度开始了不可逆转的系统性崩溃。

旧制的系统性崩溃预示着新制的诞生，在新制选择前的彷徨、犹豫之混沌中，先秦文明的另一支奇葩——"百家争鸣"适时绽放。

（五）"礼""乐"在先秦大型组合编钟兴衰中的作用

大型组合编钟为先秦礼乐重器，具有"礼""乐"双重特质，其形态由"礼"和"乐"共同塑造。一般认为，"乐"对大型组合编钟的演进具有积极推动作用，而"礼"则扮演束缚者的角色。在大型组合编钟漫长的演进历史中，稳定与突变间行，突变就是大型组合编钟演进历程中的诸标杆，前文对这些标杆的逐例分析表明，"礼""乐"在大型组合编钟演进中，其作用的性质和大小不尽相同。

1."乐"的推动作用

"乐"在大型组合编钟成长过程中具有积极作用。大型组合编钟演进的总趋势是：编列逐渐扩大，音列不断丰富，组合越来越复杂，规模呈扩大之势。从早期铜铃到殷商编铙，再到曾侯乙编钟，规模从1件扩大到65件，音列从单音到十二半音齐备，音域也从同度到五个八度加一个小三度，从演奏单音到能进行复杂的旋宫转调，编钟的音乐性能逐渐完善。在这一复杂而漫长的演进过程中，大多数具有标杆意义的突破之原动力是"乐"，即通过突破提高音乐性能，增强编钟的"乐"功能。

2."礼"的约束作用

束缚是"礼"在大型组合编钟演进过程中一个重要作用。殷商编铙多3件成编，西周初，甬钟亦3件成编，西周穆王末叶后，甬钟4件成编，孝王之后，甬钟8件成编；音列规范与音列规范一样，在一定时期内相对统一。乐钟编列和音列的统一性是"礼"规范的具体体现，是其约束力的表征。

"礼"的约束还体现于编钟的编列形式和组合形式，4件组编列规范形成后，甬钟编列以4的倍数增长，出现具有"二分规律"的8件组编列和"8+8"的组合形式，钮钟也借助"8+8"的组合形式诞生。镈的编列也在春秋中期扩大为4件；钮钟的9件组编列常制形成后，"8（甬钟）+9（钮钟）""4（镈）+9（钮钟）"等成为一种常见组合形式。因此，"礼"塑造了编钟的编列形式和组合模式。

3."礼"的推动作用

"礼"在大型组合编钟演进历程中也具有积极的推动作用。

首先，"礼"为大型组合编钟提供了宽广、高贵、典重的舞台，为大型组合编钟的演进提供物质基础，并赋予丰富的内涵和强大的社会功能。

其次，在大型组合编钟的演进过程中，多次具有标杆意义的变化皆因"礼"而起，西周康、昭之际的革新中，周人以甬钟取代殷商编铙，编列和音列用制不变，显然，革新的主要目的是"旧貌换新颜"，其原动力在"礼"不在"乐"。组合编钟诞生于西周后期，诞生之初，由于组合编钟各编列的音列一致，宫音等高，音高重叠，编钟音乐性能没有得到有效的提高，这一情况一直延续至春秋中期，新郑出土的大型组合编钟中，一般都有两个编列的音列重叠。这一情况表明，组合编钟形成的原动力在"礼"不在"乐"。因此，我们不能片面强调"礼"的约束力，而忽视其推动力，视"礼""乐"为两个完全对立的因素。

总之，在大型组合编钟成长的过程中，"礼""乐"的作用不尽相同，"礼""乐"之性格也由此互见，二者既存在博弈的二元对立关系，亦存在相依相存的共赢关系——"礼"无"乐"则不盛，"乐"无"礼"则不典。当然，"礼"的规范性是其天生的惰性之体现，因而，在礼乐制度全面崩溃之际，大型组合编钟进入辉煌时期，这一现象表明，"礼"之约束的解除和"乐"之活力的解放是大型组合编钟辉煌的主要原因。大型组合编钟在"礼"之惰性与"乐"之活力的矛盾统一中逐渐成长，因而具有"礼""乐"双重性格。"礼"在为大型组合编钟提供舞台的同时，也对大型组合编钟的壮大具有一定约束力，为大型组合编钟的组合形态规定了方向，"乐"则在大型组合编钟的成长历程中始终处于革新的状态中。在"礼""乐"博弈的动态平衡中，大型组合编钟的规模不断扩大。但是，只有"礼""乐"博弈的平衡被打破之时，大型组合编钟方能演绎至极，这时，"礼"作为制度已崩，但"礼"之观念犹存，编钟仍因"礼"的象征身份而受到追逐，而"乐"的活力因束缚的解除而爆发，曾侯乙编钟正是平衡被打破之时的产物。

不过，从大型组合编钟的角度看，束缚的解除只能赢来短暂的花季，"礼"之崩虽然意味着束缚的解除，但也意味着舞台的崩塌，失去了"礼"这一宽广、高贵、典重的舞台，大型组合编钟就没有生存的物质基础和空间。亦即，"乐"的自律要求换来了自由的空间，但大型组合编钟自身的缺陷因"乐"功能重心的转移而显露无遗，此时，恰逢中国青铜时代的尾声，因此，大型组合编钟的迅速衰落当在情理之中。

作为先秦时代礼乐文明的标志，编钟已经功成身退，但是，经过先秦时期轰轰烈烈的编钟文化的洗礼，作为制度之"礼"虽青春不再，"礼"的观念却深入人心，因此，编钟在此后的两千余年里仍然瓜迭绵绵。

（六）其他相关问题

1. 合瓦形结构来源极古，铃起源时已经具备这一结构。合瓦形结构的出现为青铜乐钟的形体结构提供了基调，也为青铜乐钟优良的音乐性能准备了条件。合瓦形腔体结构的来源与生殖崇拜有关。

2. "商"本义为编铙植于底座之形，"商"揭示了钟铃类乐器在商代的四个革命性的变化：植鸣、体外击奏、钟成编、声成列。

3. 甬钟的形制源于南方大铙，最早铸造于南方，单件使用或2件成编。中原从南方获得甬钟后，在单件或2件组编列基础上进行拼合，或补铸后再拼合，构成3件组编列，以符合3件组编列规范。

4. 殷商编铙和西周甬钟皆无"商"声，二者音列一脉相承，西周青铜乐钟当无在商铙的基础上戒"商声""商调"之举。

5. 虢仲钮钟为最早的钮钟，年代为西周末。虢仲钮钟在编列、正鼓音音列方面遵守规范，但是，侧鼓出现"商""羽曾"，具有革新意义，这一隐蔽的突破行为实际上是对礼乐制度所进行的小心翼翼的、试探性的挑战。因此，虢仲钮钟实乃向乐悬制度发出挑战的投石问路之作，也成为撬动礼乐制度的第一杠。

6. 西周编钟首、次二钟不用侧鼓音的原因有二：一与编钟的结构有关，系因补铸、拼合等原因造成。二是为了符合双音钟的调音规范，避免重复音，避免出现不符合音列规范的音。

7. 4件组编列诞生于穆王末，其编列和音列形式具有规范意义，对编钟的编列、音列、组合具有深远的影响。

8. "二分规律"是西周后期和春秋早期8件组甬钟编列中存在的特殊现象，是4件组编列拓展的方式。4件组编列通过"二分规律"拓展为8件组编列后，正鼓音音列不变，为"羽—宫—角"，正、侧鼓音音列也不变，为"羽—宫—角—徵"，显然，二者遵循同一音列规范，简言之，8件组甬钟的音列与4件组甬钟的音列没有区别，只是音域拓宽2个八度。"4+4"结构的8件组编列只能称之为编列扩展，而非不同编列的组合。不过，这一结构为而后的编列组合提供了模式，为"8+8"结构的组合编钟出现做好了铺垫。

9. "8+8"结构是西周后期和春秋早期编钟组合的一种新形式，它体现了4件组编列规范强大的约束力。具有这一结构的组合编钟都由甬钟组合而成，可称之为一元组合编钟。

这类组合编钟中各编列甬钟的音列一般重叠，组合后，音域没有拓宽，音列也未得到丰富，编钟的音乐性能没有得到增强。这种组合比较原始，但它的出现预示了组合编钟的广阔前景，为编钮钟的问世创造了条件，还为组合编钟的诞生提供了模式。

10. 郑国春秋中期偏晚编钟的特殊编列和音列表明，郑国"侈乐"之风甚，"乐"为郑国编钟繁盛的主要动力，郑编钟"以巨为美，以众为观"，是"郑声淫"的具体体现。

11. 春秋中期，甬钟和镈的转制是两种乐钟作为"礼"之规范体现者身份的一次成功接力，也是乐悬制度的一次结构性调整，是礼乐制度基石松动的象征。

吴越编钟研究

马国伟

春秋战国时期，地处我国东南地区的吴国与越国先后崛起，在诸侯攻伐的战争中兴霸一时。吴、越二国受到中原文化影响，从东周时期开始，逐渐接触并吸收中原宫廷乐器，尤其中原乐悬乐器编钟对吴越宫廷音乐影响很大。吴越编钟发现很早，宋王黼《宣和博古图》著录了一件"周蛟篆钟"，是目前所见著录文献中对出土吴越音乐资料的最早记录。宋代薛尚功《历代钟鼎彝器款识法帖》、王厚之《钟鼎款识》，明代胡文焕《古器具名》，清代阮元《积古斋钟鼎彝器款识》以及王杰《西清续鉴甲编》等许多金石著作都有吴越编钟的记载，反映出吴越宫廷音乐之繁盛。20世纪后半叶，吴越地区土墩墓发掘数量逐渐增多，吴越编钟的出土量水涨船高，宁镇地区与太湖流域周边集中发现了很多音乐考古资料。这些编钟的出土，为了解吴越音乐用乐实践、吴越音乐发展演化，以及音乐文化交流提供了很多重要的研究资料，具有较大的参考价值。

吴越编钟不仅包括受中原文化影响的甬钟、钮钟、镈，也包括具有吴越文化特征的句鑃和越式圆钟等。传世及出土的吴越甬钟近二百件，其中青铜甬钟六七十件，原始瓷陶甬钟百余件，这些甬钟主要发现于江浙一带。吴越钮钟出土资料较少，数量常见7件或9件同套，也出现单套达十余件。出土吴越镈资料近百件，其中青铜镈25件，主要发现于宁镇地区和苏北，传世镈可见于河南金村者汈镈、江西瑞州和临江的能原镈，除此，余镈皆为原始瓷或硬陶质，数量较多，散布于太湖周边。在吴越音乐考古资料中，句鑃是出土资料中较为突出的一种乐器，其数量不仅二百余件，并且出土案例较多，广布太湖、皖南、杭嘉湖平原，是吴越民族中较具代表性的青铜乐器。

一、吴越编钟

甬钟、钮钟与句鑃是中原乐悬乐器和越文化乐器的代表，分属两个不同的文化系统，在吴越音乐发展过程中，以两种乐器为代表的吴越宫廷音乐展现出中原文化与越文化相互交融的历史进程。在乐器实践过程中，编钟的形制纹饰、编列音列及时代序列等方面的研究对揭示吴越音乐面貌和考察吴越与中原文化间交流提供了大量参考和依据。

（一）甬钟

1. 形制与纹饰

吴越甬钟资料多为零散发现，成套青铜甬钟发现少。吴越甬钟形制呈现出相对不固定的特征，从整体上观察，甬钟都为合瓦形，钲、篆、鼓区间区分明显，并且甬柄都是带锥度的圆柱或椭圆柱甬，腔身大多为二节枚 36 个。局部特征显示，枚、甬、旋、斡等形制呈现出多样性。青铜甬钟吴王光钟与萧山杜家村的枚较短，这在大多数吴越青铜甬钟中较少出现，而原始瓷甬钟的枚基本都比较短，呈现出战国时期的特征。青铜甬钟的甬柄通常都比较长，有些钟的甬长接近钲长，有些甬钟的甬柄与钟体相比则显得比例稍小。甬上旋部也大致出现两种不同的风格，一种是出现在大多数青铜甬钟甬柄上的"粗环状"旋，另一种是似绳索的"细索状"旋常出现在原始瓷甬钟上，浙江江山甬钟与东阳双江口甬钟也为"细索状"旋。除了旋部形制宽窄不同外，旋上"斡"部也表现出不一致，有的斡一端接旋部，有的斡则跨在旋部上，接旋的斡则又有上端接斡与下端接斡两种不同形制，也反映出斡部规范的不统一。多数甬钟于口弧曲，弧曲的程度不同，到了原始瓷甬钟，有些于口弧曲微小，甚至几乎平齐，而青铜甬钟里有些钟的于口弧度又很大，呈现出更加个性的特征，如江山甬钟、繁昌汤家山甬钟等。

吴越甬钟器身多有纹饰，通常在鼓部、钲部、篆部、舞部以及甬部几个突出位置有纹饰，鼓部与舞部纹饰是青铜乐器纹饰风格最集中的体现，所发现的资料中鼓部纹饰风格多样。者减钟鼓部饰蟠龙纹，江苏溧阳甬钟鼓部饰蟠螭纹和螺旋纹，浙江江山甬钟鼓部饰勾连云雷纹，安徽繁昌甬钟鼓部饰回纹，湖北广济鸭儿洲甬钟和江苏高淳青山茶场甬钟鼓部饰夔龙纹，形成多种纹饰风格并存的情况。与之相对，甬钟舞部纹饰的风格主要以云纹和云雷纹为主，呈现出较为一致的特征。

总体来看，吴越地区发现的甬钟通常鼓部、舞部、篆部都有纹饰，钲间出现纹饰的情况也比较多，甬部甬柄偶见纹饰，情况则比较少。大多数甬钟腔身都是以细线或乳钉联珠框隔钲篆部，钲篆及舞部多见云纹或云雷纹，鼓部纹饰风格变化比较大。云纹或云雷纹于商代青铜器上就已使用，西周沿用，大量使用于春秋战国时期；出现于腔身与旋部的乳钉纹则时代更早，沿用时间也比较长，大约西周以后就逐渐被淘汰了；器身鼓部主要纹饰龙纹、夔纹等在商代和西周青铜器上较为多见，而蟠龙纹、蟠螭纹、蟠虺纹等纹饰，商代和西周青铜器上也有使用，在春秋时期广为流行。纹饰不仅遍布各类青铜器，其流行区域也遍布山西、河南、安徽、湖北以及江浙一带，成为这个时期最受欢迎的纹饰之一。吴越青铜甬钟器身纹饰部分承袭了商代和西周时期多见的纹饰特征，器身纹饰风格主要体现了春秋时期较为多见云雷纹与蟠螭纹等，从器物总量和纹饰风格来讲，体现出以两周风格为主，集中反映春秋时期的纹饰特征，这些特征反映了青铜甬钟在吴越地区大致流行的时间，也在一定程度上反映了吴越青铜甬钟纹饰简陋的总体特征。其中，也出现纹饰较为精细的青铜器，如者减钟，这种情况在吴越地区较为少见，其族属性质和风格也不能完全与吴越青铜甬钟相对等。甬钟纹饰简陋不仅表现为器部纹饰图案朴素，腔体纹饰通常以阴刻或阳刻刻画纹饰也呈现出简陋的特征，如浙江江山甬钟、江苏东海庙墩甬钟、安徽繁昌汤家山甬钟等。除了时代因素外，吴越甬钟在同时期甬钟中饰绘也是较为简陋的，这种审美风格延续到了战国时期，在原始瓷陶甬钟上反映也较为明显，除了铸造技术之外，可能还包括民族文化审美偏好。甬钟施纹饰浅，纹饰简易，不精细，有时纹饰不对称，甚至腔身施一半纹饰或光素，这些也构成了吴越青铜甬钟纹饰风格的总体特征，这些纹饰特征到了春秋晚期，在徐舒与蔡楚文化的影响下，发生了很大变化，纹饰从浅细铸刻风格发展到精细的浮雕式纹饰。

与青铜甬钟相比，原始瓷陶甬钟器身纹饰风格较为统一，通常鼓部、舞部都有纹饰，钲篆间以阴线或阳线或乳钉联珠框隔区间，区间内戳印"C"形纹或光素。鼓部通常在正鼓区域刻画一个长方形，如余杭崇贤老鸦桥、长兴鼻子山、无锡鸿山越墓以及浙江德清窑址原始瓷甬钟，鼓部方框内有时填云雷纹或"C"形戳印，鼓部框外通常光素无纹。舞部是原始瓷甬钟纹饰最集中的地方，以弧曲线四分舞部，内填"C"纹是舞部较具特征的纹饰，如海盐黄家山和长兴鼻子山原始瓷甬钟，也有在舞部饰云雷纹，如浙江德清窑址等。甬部纹饰通常饰云雷纹或戳印"C"纹，很多原始瓷陶甬钟甬部光素，而浙江海盐黄家山原始瓷甬钟甬部刻画一圈蕉叶纹，浙江长兴鼻子山甬部也饰一周三角蕉叶纹，是较具越族风格的纹饰特征，这种三角蕉叶纹还通常出现在更具吴越文化风格的乐器句鑃上，是典型的南方器物纹饰特征，甚至被认为是吴越文化的纹饰风格之一。

吴越甬钟主体纹饰从较早的浅线云雷纹或勾连纹逐渐吸收诸多文化风格发展为较为复杂的纹饰风格，经过战国时期，甬钟纹饰风格突变，原有青铜甬钟纹饰风格特征和格局都被原始瓷陶甬钟重新赋予新的文化面貌。

2.编列与音列

吴越青铜甬钟出土资料缺乏科学发掘，窖藏和偶然发现的情况比较多，以目前资料来看，西周晚期至春秋晚期吴越甬钟编列可能出现不同的情况，通常7件、8件、9件同编的情况比较多见，编列发展到10件同套的甬钟，其时代已近春秋晚期，并且这个时期甬钟与其他乐器编套也较为常见。将吴越甬钟与中原甬钟编列发展情况相对照，可以明显发现，中原甬钟编制经历从 3 件到 8 件的发展过程，并没有同步影响吴越地区。江苏东海庙墩等吴越甬钟早期资料显示，吴越地区在使用甬钟的时代已经相对比较晚了，中原甬钟在形制与编列都发展到较为成熟的时期，吴越地区才逐渐流行甬钟。吴越甬钟多发现于春秋时期，而中原西周晚期 8 件同套的编制对吴越地区甬钟的编制影响不明显，呈现出文化影响的滞后性和春秋时期吴越音乐文化的不成熟状况。

原始瓷陶甬钟是战国时期越国贵族墓常见的乐器明器，是对当时青铜甬钟以及用乐习俗的严格模仿。瓷陶甬钟出于墓葬，其编列代表了同时期同套甬钟的编制。从海盐黄家山、无锡鸿山墓葬出土甬钟来看，编列已发展至十几件同套，而浙江余杭崇贤战国墓和浙江长兴鼻子山越国贵族墓各出土原始瓷甬钟 4 件、7 件。

吴越甬钟考古资料多为非科学发掘，成编性质不固定，但从甬钟形制和钟腔的音梁设计以及钟体修磨来看，一些编甬钟是有音列设计实践的。如浙江江山甬钟出土时 6 件，后又在发掘地发现 1 件铣部残片，有学者推断甬钟应为 7 件[1]，并且经过对编钟排比和初步测音，认为甬钟音"大体为宫、角、变徵、徵、羽、变宫六音"[2]。

江苏东海庙墩甬钟同出墓葬，形制纹饰相同，大小成序列。甬钟经测音，部分钟音质尚好，表明这是一套制作与调音十分精细的实用演奏乐器。[3] 如图 1 所示。

---

[1] 参见柴福有《浙江江山出土青铜编钟》，《文物》1996 年第 6 期。
[2] 柴福有：《浙江江山出土青铜编钟》，《文物》1996 年第 6 期。
[3] 王子初主编：《中国音乐文物大系·江苏卷》，大象出版社 1996 年版，第 169 页。

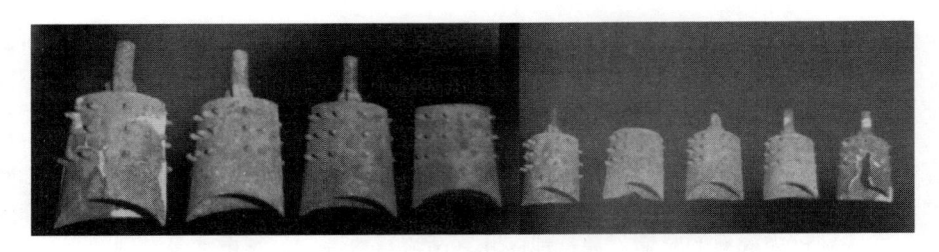

图 1 东海庙墩甬钟

如表 1 所示，东海庙墩甬钟 2 号、3 号、4 号、5 号、7 号、8 号六件钟保存较好，钟体内腔经过调音修磨，正鼓部音高设计反映出编钟音列的大旨追求。

表 1 东海庙墩甬钟正侧鼓部音列推定

编号		1	2	3	4	5	6	7	8	9
钟号		449	450	451	452	454	453	455	456	457
正鼓部	相对音差	—	0	374	924	814	846	1600	2097	—
	相对音程	—	纯一	大三	大六	小六	小六	大三	大六	—
	音列	（羽）	宫	角	羽	宫曾	宫曾↑	角	羽	（宫）
侧鼓部	相对音差	—	298	709	1263	1155	1077	1978	2466	—
	相对音程	—	小三	纯五	纯八↑	纯八↓	大七	小六↓	纯八↑	—
	音列	—	徵曾	徵	宫↑	宫↓	变宫	宫曾	宫↑	—

东海庙墩甬钟 9 枚同套，音列认知主要以 2 号、3 号、4 号、7 号和 8 号五枚甬钟为依据，体现出音列"宫—角—徵—羽"四声骨干音性质。编钟正鼓部音列是此套钟使用的关键音列，"宫—角—羽"三音列性质明显。

编钟在原有 7 件编列的基础上扩充成为 9 件同套，并且在原有"羽—宫—角—徵"四声的基础上试图增加新的音色，丰富音乐旋律。从甬钟整体编套来看，虽然音列上体现出突破"四声"的思路，但是从 5 号钟保存情况和音列设定来看，显然是不够成熟的。除了四声音列观念外，甬钟的整体编套还体现出西周时期的典型面貌，如甬钟对"羽"声的肯定以及正鼓部较少出现"徵"音设置等音列特征，这些都在此套甬钟上可以发现，这也正是 5 号钟与 6 号钟正鼓部不判定为徵音的原因之一。从总体上看，东海庙墩甬钟是一套既"成功"又"失败"的甬钟：它很好地继承了四声音列的观念，在编钟上基本实现了骨干音的音列需求，钟声多处修磨也基本上实现了调音的目的，可以作为一套实用乐器进行演奏；但是，由于编钟铸造技术和音乐发展水平的限制，在四声之外的音列探求上显得比较生疏，所以 9 件甬钟不能够实现成熟的音阶，编钟只是在编列的排场上虚人耳目。

东海庙墩甬钟的编列和音列，处于西周晚期吴越地区甬钟发展的一个转变阶段。原有甬钟编列逐渐突破西周晚期中原 8 件组同套的编制，出现向更多件发展的趋向，但是同时期吴越地区音乐水平较为落后，还远没有形成中原甬钟 8 件组的稳定编制，因而在编钟扩充改制的阶段，在音律音阶的问题上出现了混乱，在编钟外部形态次列的追求上远易于内部声响结构的掌握，编钟设计和铸造良莠不齐。

3.时代序列

甬钟的断代通常依靠器物形制特征、乐器调音手段、墓葬同出器物以及编钟铭文等方面来判定。从铭文与器形特征考证，者减钟时代可能在春秋中晚期，者旨於赐钟与勾践年代相近，朱句钟在战国时期，较者旨於赐钟略晚。绍兴塔山甬钟时代可能在春秋晚期或战国早期。如图 2 所示。

> 者减钟 → 塔山甬钟 → 者旨於赐钟 → 朱句钟

图 2　出土吴越青铜甬钟铭文年代序列

吴越有铭文的甬钟比较少，大量出土甬钟器身无铭文，形制、纹饰、铸造、调律等特征成为考察甬钟年代的综合因素。东海庙墩甬钟甬部不封衡，并且与内腔相通，篆部为窃曲纹，保留了某些西周青铜器的风格，钟腔调音延续了西周惯用的内腔锉槽手法等，这些方面反映出比者减钟更早的青铜特征，甚至庙墩甬钟的时代可以被看作西周末期的青铜器也是有道理的。从甬钟的多个方面进行考察和比较，甬钟的时代序列大致如图3所示。

图3　吴越青铜甬钟年代序列

（浙江萧山杜家村　江苏东海庙墩　安徽繁昌汤家山　湖北广济鸭儿洲　江苏高淳青山　浙江上江坝　者减钟　江苏邳州九女墩　浙江东阳双江口　者旨於赐钟）

考古发现的吴越甬钟资料不多，基本集中在东周时期，春秋时期的甬钟比较多见。春秋早期青铜甬钟形制较为简陋，到春秋晚期形制比较成熟，纹饰相对较精美。甬钟编列也从春秋早期7—9件一组发展到春秋中晚期一组十余件，编列乐器也逐渐由单一乐器种类逐渐发展到多乐器组合的方式。青铜甬钟集中于春秋时期，早期青铜甬钟与西周风格相类似，到了春秋中期风格逐渐产生变化。战国时期多见原始瓷乐器，与青铜乐器反映的春秋时期相对，青铜甬钟与原始瓷陶甬钟显然代表了两个时代的吴越特征，甚至反映出两种不同的文化审美。

（二）钮钟

1.形制与纹饰

随着青铜文化逐渐兴盛，吴越地区逐渐出现了越来越多的青铜乐器品类，钮钟是中原文化孵化的礼乐乐器，传至吴越地区时器型已然成熟，因而吴越地区钮钟形制、纹饰、编列等方面均表现出成熟于甬钟出现时的状态。现有吴越钮钟资料包括者汈钟、连云港尾矿坝钮钟、六合程桥 1 号墓与 2 号墓钮钟、江苏第三监狱基建工地钮钟，这些资料显示，吴越青铜钮钟纹饰上通常表现出较为趋同的意味。

者汈钟钟体纹饰精细，鼓部饰蟠龙纹，以 8 条龙交叠式排列成对称图形，舞部蟠龙纹，篆间三角顾龙纹，枚上圆涡纹，纽部饰两头龙纹。[①] 连云港尾矿坝钮钟，钟体正鼓部与篆部饰蟠螭纹，鼓部纹饰正中偏下铸一圆台击奏点并铸刻纹饰，其中 8、9 号钟体正面右侧鼓部有较清楚的凤鸟纹。[②] 南京六合程桥 1 号墓、2 号墓钮钟器身主饰蟠螭纹和三角雷纹。[③] 江苏第三监狱基建工地钮钟，鼓部、篆部、舞部饰叠交繁复的羽状螺旋纹，纽部两面饰变形云雷纹，器身阳线绚索纹框隔枚篆区间。[④] 见表 2 所示。

表 2　出土吴越钮钟纹饰

器名/出土地	鼓部	篆部	舞部	纽部	枚
者汈钟	蟠龙纹	三角顾龙纹	蟠龙纹	双龙纹	圆涡纹
六合程桥 1 号墓	蟠螭纹 螺旋纹	蟠螭纹 螺旋纹	蟠螭纹 螺旋纹	三角雷纹	蟠龙形
六合程桥 2 号墓	蟠螭纹 螺旋纹	蟠螭纹 螺旋纹	蟠螭纹 螺旋纹	三角雷纹	螺旋形
连云港尾矿坝钮钟	蟠螭纹、凤鸟纹	蟠螭纹			蟠龙形
江苏第三监狱基建工地钮钟	羽状螺旋纹	羽状螺旋纹	羽状螺旋纹	变形云雷纹	—

---

① 参见马承源主编《中国音乐文物大系·上海卷》，大象出版社 1996 年版，第 68 页。
② 参见王子初主编《中国音乐文物大系·江苏卷》，大象出版社 1996 年版，第 198 页。
③ 参见王子初主编《中国音乐文物大系·江苏卷》，大象出版社 1996 年版，第 193、196 页。
④ 参见王德庆《江苏苏州市发现窖藏青铜器》，《考古》1991 年第 12 期。

2.编列与音列

吴越钮钟编列情况较多：江苏第三监狱基建工地钮钟3件一组，六合程桥2号墓与连云港尾矿坝钮钟9件一组，六合程桥2号墓钮钟7件一组，而河南洛阳金村墓出土者汈钟12件一组（另有1件镈）。从出土性质看，仅六合程桥1号墓和2号墓钮钟为科学发掘。六合程桥墓地钮钟铸造精良，腔身有音梁与调音锉磨痕迹，是实用乐器，从目前掌握资料来看，吴越钮钟7件或9件编列都有实践，战国时期钮钟编列可能发展到12件乃至更多件同编。

钮钟在吴越地区出现，无疑说明了吴越民族音乐发展水平的提高，以甬钟零散分布和编套多样性的特征来看，吴越民族全面进入钟磬音乐时代，是从钮钟与镈引入吴越地区开始的。吴越钮钟器身多有调修的痕迹，《中国音乐文物大系》编辑部在江苏考察时曾对连云港尾矿坝、六合程桥1号墓、2号墓钮钟进行测音，根据测音结果，音列推定如下：

表3　连云港尾矿坝钮钟相对音分数与相对音程

钟号		1	2	3	4	5	6	7	8	9
正鼓音	音差	0	287	734	748	1046	—	1332	2172	2221
	音程	纯一	小三↓	纯五↑	纯五↑	小七↑	—	小二↑	小七↓	小七↑
	音列	羽	宫	角	角	徵	—	清羽	徵	徵
侧鼓音	音差	337	688	1160	1190	1360	—	2129	—	—
	音程	小三↑	纯五↓	纯八↓	纯八	大二↓	—	大六↑	—	—
	音列	宫	角	羽	羽	清羽	—	变徵	—	—

从目前测音结果来看，连云港尾矿坝钮钟的正、侧鼓部音列"羽—宫—角—徵"四声可辨认，余声混乱，出现类似"清羽""变徵"音都具主观性，总体反映出编钟音列较原始的状态。编钟音列的混乱除了与编钟本身受损和锈蚀有关，编钟正、侧鼓部音列体现出来的音律关系也反映出音列设计的混乱，这种情况或许与补铸有关，杂合也不无可能。见表4所示。

表 4 六合程桥 1 号墓钮钟音列可能性

编号		1	2	3	4	5	6	7	8	9
正鼓音	音高	$^\sharp g^1+19$	$^\sharp a^1+19$	$^\sharp c^2+28$	e^2-48	f^2+24	b^2-14	e^3+39	$^\sharp f^3+45$	$^\sharp g^3-43$
	音分	0	200	509	733	905	1467	2020	2225	2338
	音列	徵	羽	宫	商	角	羽	角	羽曾	徵
侧鼓音	音高	c^2+15	d^2-38	f^2-22	$^\sharp f^2-4$	a^2-18	d^3-8	f^3+45	$^\sharp a^3+24$	c^4+2
	音分	396	543	859	977	1263	1773	2126	2605	2783
	音列	徵角	宫	角	羽曾	商角	宫	羽曾	羽	徵角

六合程桥 1 号墓钮钟，即臧孙钟，主要以鼓部五正声音列为主，侧鼓部强调正声的同时，增加"徵角""羽曾""商角"等音，为钮钟旋律注入新的色彩，其中以"徵角"和"羽曾"为色彩音又可在部分区域演奏下徵七声音阶，或可以听到正声七声音阶，并且在一定范围内可以转调。从音阶分析中不难发现，正鼓部音列比较成功，在这五钟里又可通过侧鼓音获得新色彩，并且可以依靠色彩音在一定范围内实现较小幅度的转调。从整个音列设计和铸造调修来看，臧孙钟在不同范围内实现了多种七声音阶的可能，并且在不同区域可以形成不同调高和不同调式的音乐，但是这些音列的铸调还没有达到高度精准，尤其后四钟的音列显得更加混乱。六合程桥 2 号墓钮钟保存较差，器身表面锈蚀较重，正鼓部和铣角可见锉磨痕迹。钮钟正、侧鼓部音列整体面貌来看，编钟似乎可以勉强构成五声音阶，虽然 2 号墓钮钟形制比较精良，与 1 号墓形制纹饰几乎完全相同，但编列规模小，音列设计和调修也没有达到臧孙钟的水准。

钮钟出现于吴越地区较晚，目前所见钮钟资料主要集中于春秋晚期和战国早期。连云港尾矿坝钮钟钟体内腔采用锉磨凹槽的方法来修磨乐钟，六合程桥 1、2 号墓大部分钟体都有锉磨的痕迹，于口内唇锉磨较多，2 号墓钮钟腔内可见音梁，可见吴越地区钮钟在音乐实践上是有要求的。从三套钮钟音列分析中可以发现，连云港尾矿坝钮钟的正、侧鼓部音列"羽—宫—角—徵"四声可辨认，六合程桥 1 号墓钮钟正鼓部音列出现"徵—羽—宫—商—角"五声音列，而六合程桥2号墓钮钟音列混杂，编钟的铸造与调修不是成功的。三套钮钟虽然都是成编使用的乐器，但音列特征不明确，音响结构不清晰。

3.时代序列

20世纪30年代初，河南洛阳金村出土了者汈钟12件，从钟铭考订，年代可能在公元前478年或公元前393年，其时刚要进入战国或已至战国早期，若以者汈钟形制纹饰考量，则其年代与叶县旧县村1号楚墓钮钟时代相近，应在战国早期。臧孙钟钟铭经学者考订，或为吴王终累，即夫差之兄太子波，则器主臧孙应为终累之外孙，则其年代恰间于者汈钟争议年代之间，也可以说与者汈钟为同时代乐器。旨赏钟为六合程桥2号墓出土，出土地点与六合程桥1号墓出土臧孙钟相距仅100米，出土器物在制作技术、器形、纹饰等方面与1号墓近似，时代相同，从墓中出土铁制品来看，臧孙钟较旨赏钟稍早，两者实际上是春秋晚期文化风格在战国早期的遗留。连云港尾矿坝钮钟钟腔可见调音锉磨槽，臧孙钟与旨赏钟都有内唇和音梁，从青铜乐器铸调方式来看，连云港尾矿坝钮钟的时代稍早，并且其钟体纹饰和编钟音列特征也较后者原始。综合前文考订，钮钟时代序列推断如图4所示：

图4　钮钟年代序列

（三）句鑃

句鑃是春秋时期出现于吴越地区的一种编列打击乐器，这种乐器钟体、纹饰以及音律特征集中反映了吴越音乐文化特点。

1.形制与纹饰

句鑃腔体修长，两铣外侈，于口弧曲大，扁长实心甬柄，近舞部通常有方台，插植于器架演奏。纵观句鑃的发展，乐器形制大约经过了四个重要的发展阶段：

（1）早期，器身浑厚拙朴，形制简单，铸造粗糙，出土器多锈蚀，以繁昌句鑃与青阳句鑃为代表，其时代在春秋初期前后。

（2）中期，句鑃器身进一步修长，棱角分明，形制基本成熟，并且甬柄在近舞端出现加宽，这是句鑃向成熟形制迈进的最大突破，这个时期的句鑃包括江苏武进淹城句鑃、高淳松溪句鑃、广德句鑃Ⅰ型等，其时代从春秋早中期延续至春秋中晚期。

（3）成熟期，句鑃器型进一步完善，柄端由原来的加宽变成更为突出的围箍，音响性能进一步提升，铸造精良，这个时期的句鑃有其次句鑃、姑冯句鑃等，时期主要集中于春秋晚期。

（4）衰败期，战国时期句鑃材质发生了改变，墓葬中出现原始瓷陶句鑃明器，如海盐黄家山原始瓷句鑃、余杭大陆石马坅句鑃和长兴鼻子山句鑃等，并且从战国初期开始，成熟时期句鑃形制比例逐渐失调，形制式样变化多。

在句鑃形制发展的过程中，纹饰呈现出明显的变化特征：

（1）句鑃柄端出现加宽，加宽处出现了简单的乳钉纹或蟠虺纹。

（2）句鑃流行时期，腔体近舞端出现一圈云雷纹，云雷纹上接三角蕉叶纹或三角雷纹。

（3）句鑃形制成熟后期，除了柄端、腔体饰绘外，舞部也出现了纹饰，纹饰为较多见的云雷纹。

句鑃衰败时期，越人的民族审美意识增强，器身加进了越族常用的"S""C"形纹。

2.编列与音列

出土成编列的青铜句鑃有其次句鑃、武进淹城句鑃、安徽广德句鑃、高淳松溪句鑃、章丘小峨眉山句鑃等，原始瓷陶句鑃少见单个出土，基本上都是成组出现的，如浙江绍兴、浙江余杭大陆石马坪、江苏无锡鸿山、浙江海盐黄家山以及长兴鼻子山等地出土的原始瓷陶句鑃。在这些成编出土的句鑃中，7件一套或8件一套的编制较为常用，如淹城句鑃7件一组、高淳顾陇松溪句鑃8件一组。成熟形制的句鑃出现了13件、14件，这种使用情况更多出现在句鑃形制纹饰相对成熟稳定阶段。到了战国时期，无锡鸿山越墓中一次出土句鑃二十多件，编列更为庞大。句鑃的编列从最初的几件组编到最后发展为十几件甚至几十件成编，这种变化在很大程度上是伴随乐悬文化发展和进步出现的，但是，随着吴国被消灭，句鑃的使用主体变成越人后，句鑃的编列呈现出的无序状态，也同时反映了这种乐器实践的历史倒退。

目前句鑃的资料中，仅武进淹城句鑃、江苏高淳松溪句鑃和广东南越王墓句鑃三例有测音。据《句鑃研究》一文对淹城句鑃考证：吴越先民对于青铜句鑃音列的认识很有可能来自中原乐悬甬钟，但是对于甬钟音列设置和调律的认识是较为模糊的。淹城句鑃正、侧鼓部音列的不规则现象，一定程度上反映了淹城句鑃音列混乱的面貌，体现了吴越民族音乐水平的发展还处于探索的阶段中。[①]

3.时代序列

姑冯句鑃、其次句鑃和配儿句鑃三例器身有铭文，从诸家对铭文考证，姑冯句鑃时代为春秋战国之际，配儿句鑃年代在春秋末期，其次句鑃铭文无可考，但其形制、纹饰均与前两器相同，时代相近。形制较粗犷的句鑃发现于皖南繁昌、青阳，时代为春秋早期。江苏高淳顾陇青山茶场、高淳顾陇松溪、武进淹城等句鑃时代都在春秋早中期，已经初具成熟期形制，为句鑃形制定制打下了基础，而广德句鑃形制反映出句鑃柄部形制和纹饰演化的过程，时代已至春秋中晚期，到了春秋晚期，姑冯、其次、配儿句鑃形制、纹饰均成熟，铸造

---

① 参见马国伟《句鑃研究》，硕士学位论文，中国艺术研究院，2012年，第113页。

精良。

　　早期句鑃发现于皖南地区，在铜陵地区经过实践，逐渐向东影响广德、高淳等地，然后渐次影响了吴国的根据地宁镇地区与太湖流域乃至长江下游一带，它以越族大铙形制与演奏方法为蓝本，结合钲、铎的特征，汲取徐淮青铜文化营养，逐渐发展成为一种具有本民族特征的青铜乐器。如同吴国青铜音乐文化一样，句鑃的形成过程反映了吴国文化发展的特征，它不断与周边交流，不断汲取周边文化，以越族文化为核心逐渐创制了一种兼有吴越、中原、徐淮等越族和其他文化特征的独特的青铜打击乐器。

（四）吴越乐器实践

　　先秦时期，吴越乐器的发展，是吴越音乐乃至吴越国家发展变化最直接的外化形式。从商末至战国时期，经过中原文化和越族文化发展交融，既可看到西周时期的寥寥星火，又可看到战国时期鸿山越墓宏大规模、富丽堂皇的宫廷礼乐，还可看到轻松随性的"吟猷"咏唱。

　　以大铙形制、纹饰及出土性质观察，商末至西周时期，吴越地区青铜大铙与整个南方越族在乐器风格上保持一致，反映了这些地区相同的文化面貌。大约西周末春秋初，吴越地区逐渐出现了中原甬钟，几乎在同一时期，吴越民族在大铙文化的影响下，逐渐发掘出一种独特形制的乐器——句鑃，并在多种青铜文化影响下与甬钟同步发展，其间还在部分礼乐场合中实践组合使用。甬钟是伴随着青铜乐钟形制较为完善的音乐实践出现的，所呈现的音乐文化发展水平较高，句鑃则经过了一个长时间的摸索于春秋中晚期逐渐成熟。二者从春秋初期前后在吴越地区出现，经过编合实践于春秋中期之后逐渐发展为独立的编套乐器，并且在不同场合中实践自身音乐功能，使用时代贯穿了整个东周时期。

　　春秋中期是吴国发展的重要时期，这个时期不仅预示着国家和民族的真正崛起，而且是吴越文化同中原以及其他文化交流的一个关键时期，尤其随着吴国寿梦称王，与中原文化交流局面全面打开，吴越与中原音乐文化交流出现了飞跃的发展。这一时期最突出的表现是对中原礼乐文化的学习和借鉴，在乐器上表现为甬钟的编列和规模扩大，句鑃形制逐渐规范，柄部开始出现围箍，这些乐器形制的改变意味着音乐实践中开始关注乐器发声和演出效果，原来多在室外祭祀使用的情形逐渐向室内音乐功能转变。

春秋晚期，是吴、越两国相继争霸时期，不仅两国间战争频繁，并且先后与其他诸侯争强，逐鹿中原。这个时期墓葬中发现了实用军乐器，也是战争中

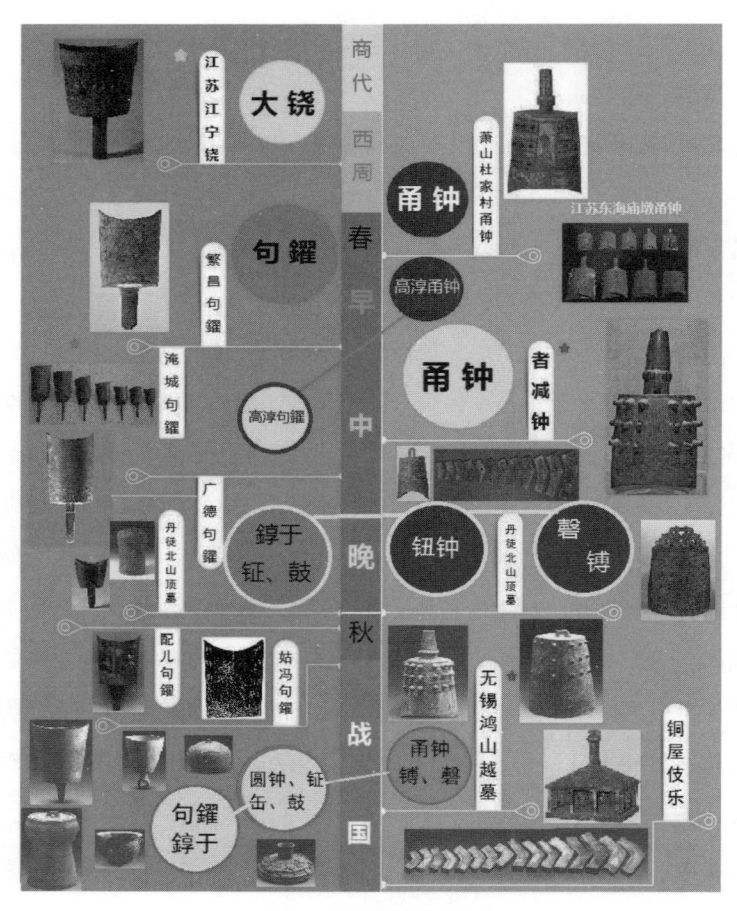

图 5 吴越宫廷乐器实践

产生的音乐实践。伴随着中原文化影响的进一步深入，吴越音乐呈现出浓重的中原文化气象，钮钟、镈、磬等中原礼乐器在春秋晚期吴越地区大量出现，并且呈现出多套编组的用乐规模。尤其是吴国宫廷礼乐甚至出现完全"中原化"气象，这种对外文化的理解甚至一度变成了简单的"挪用"，吴越原生文化受到严重的挑战。这个时期吴越两国由于实力的差别，也呈现出吴国音乐水平高于越国的整体发展面貌。

战国时期，中原礼乐文化思想的影响仍然很大，越国崛起，同时开始关注吴越民族自身文化系统，于是出现了句鑃、圆钟、錞于、钲、缶、鼓等相对具有越族风格的乐器被大量编入吴越"乐悬"系统中，呈现出两种文化并行发展的面貌。随着"礼乐崩坏"的影响，客观上促进了音乐的广泛传播和实践，一些较随性自由、轻松活泼的乐器与组合逐渐出现在越国贵族宫苑宴飨、娱乐活动中，并可能普及于各个阶层，反映出越国音乐发展由注重礼乐功能向更实用的民间风格的转变。

二、吴越音乐的发展与演化

吴越音乐从起步走向成熟再到衰落，经过了数百年长时间的探索、学习和实践，在几个不同的时期中表现出不同的音乐面貌。西周前期吴越地区主要流行越族原生文化，音乐实践主要集中反映在青铜大铙上，与南方越民族文化性质接近。西周后期，中原礼乐文化约束力减弱，吴越地区中原音乐文化逐渐丰富，春秋时期以中原青铜甬钟的实践最为明显，与此同时，越文化风格明显的青铜句鑃也从探索中走来，两种音乐文化实践在春秋晚期发展成熟。春秋和战国时期是吴越音乐发展、演化的主要时段，也是由于两个时期的重大历史变故，吴越音乐的发展也发生了相应的改变，这种改变呈现出三个不同时空的用乐面貌。

（一）原生文化时期

　　从新石器时代晚期开始，吴越地区主要文化面貌为湖熟文化。分布于太湖流域一带的马桥文化是湖熟文化的直接继承，其时代基本相当于中原地区夏朝与商朝，而现有的发掘资料中较少见到与音乐活动相关的马桥文化资料。大约在马桥文化结束之后，从商代末期至西周，吴越地区逐渐出现了南方类型的青铜大铙，这种乐器在太湖周边发现较多。如浙江余杭石濑徐家畈大铙、江苏江宁铙、浙江长兴上草楼村铙、浙江磐安深泽铙和浙江温州瓯海杨府山铙等。

　　吴越地区发现的西周时期音乐资料很少，从大铙乐器来看，这个时期吴越音乐处于音乐发展的原始阶段。由于大铙多为单件使用的乐器，吴越地区未见数件同出现象，再加上大铙器身无铭文等特征，因而大铙乐器在吴越地区较少见到编列、音列与组合等用乐实践。

　　浙江余杭石濑徐家畈铙时代较早，其形制柄中空，与器身内腔相通，器身截面略呈椭圆形，于部微弧。器身纹饰主要以圆圈纹为底，主饰饕餮纹，双目突出，与湖北阳新出土的一件大铙相似，而江苏江宁铙与第二件大铙则形制纹饰非常相似。浙江余杭石濑徐家畈铙与江苏江宁铙时代分别断在商末周初和西周早期[①]或殷商中期[②]，湖北阳新出土两件青铜铙的时代相当于殷墟文化后期。[③]

　　浙江长兴上草楼村铙、浙江长兴中学铙以及浙江磐安深泽铙等，形制已经演化为腔身遍乳，鼓、钲区间明显，乃至甬柄出现旋部等特征，时代基本已逾商，基本都是西周初期铸品，浙江温州瓯海杨府山铙形制精良，器身分区明显，形制显然更为成熟，发掘单位认为时代已至西周中期晚段。[④]

[①] 参见王士伦《记浙江发现的铜铙、釉陶钟和越王石矛》，《考古》1965年第5期；南波：《介绍一件青铜铙》，《文物》1975年第8期。
[②] 参见郎剑锋《吴越地区出土商周青铜器研究》，博士学位论文，山东大学，2012年，第94页。
[③] 参见咸宁博物馆《湖北省阳新县出土两件青铜铙》，《文物》1981年第1期。
[④] 参见吴学功、李永嘉、陈元甫、蔡钢铁《浙江瓯海杨府山西周土墩墓发掘简报》，《文物》2007年第11期。

吴越地区出土青铜大铙十余件，基本为商末至西周中期青铜器，而大部分出土的青铜铙都是西周早期的作品，到了西周中期晚段，青铜大铙仍然沿用。吴越地区大铙形制基本是截面为合瓦形或椭圆形，甬柄圆柱或有旋部，形制与纹饰大致从腔体主饰饕餮纹（兽面）逐渐演化为鼓、钲分区明显，腔身36枚（乳），云雷纹或云纹填饰器身的特征。总之，西周初期前后，吴越地区音乐文化活动较为贫乏，青铜大铙在吴越地区是非常活跃的乐器，其单件使用的特征反映了音乐功能单一和音乐发展水平较低的历史现实，也可以说，从商代末期至西周中期，大铙是吴越地区流行并主要使用的乐器，而在这个时期，吴越民族的音乐文化性质明显与整个南方越族文化性质基本相统一，是一个整体越族文化基础。

（二）以中原文化为主的共生文化时期

从西周末期开始，吴越地区音乐资料逐渐出现了甬钟。伴随甬钟的传入，吴越地区逐渐出现了一种具有民族风格的乐器句鑃，从春秋早期开始逐渐在青铜乐钟铸造和使用上与甬钟接近。春秋中期，吴越地区甬钟形制、纹饰、编列、音列发展均达到了成熟阶段，而此时句鑃还处在成熟的前夜，受到甬钟及其他青铜乐器的影响于春秋晚期发展成为一种成熟的青铜乐器。这两种乐器，实际上代表了春秋时期吴越音乐的面貌和发展的过程，春秋中期是这个过程中吴越音乐发展的一个重要转折点，吴越音乐尤其对于乐器发展起到了重要的"催化"作用。随着春秋中晚期吴越国家逐渐发展壮大，音乐实践也从较为单一、简朴的形式发展成为春秋晚期拥有多种乐器，多类编套组成的大型乐队，以甬钟和句鑃为代表，包括镈、钮钟、磬、錞于、钲等乐器共同组成了春秋时期吴越用乐实践面貌。

1.春秋早中期吴越文化与中原文化的并行发展

吴越地区发现的春秋早中期音乐资料主要为甬钟和句鑃。甬钟传入吴越地区时铸造与使用均较为成熟，在吴越地区音乐实践中发展迅速。相对于甬钟，句鑃从较为原始的形制发展到春秋晚期经历了一个较为漫长的探索过程。

（1）以甬钟为代表的中原音乐文化初涉

西周末，随着中原礼乐文化崩坏的历史潮流，宗周的礼乐逐渐由文化中心腹地向外围扩散，尤其是西周末周幽王被杀，平王东迁，周朝国势日趋而下，西周等级森严的礼乐制度逐渐遭到破坏，原来只能依靠周室颁发的乐悬乐器逐渐失去了约束的规定，象征周礼的礼乐重器不断地出现在各地诸侯国，并向周边扩散。目前吴越地区发现的最早的甬钟其时代为两周之际。吴越地区出现青铜甬钟，实际就是西周乐悬文化向外辐射的结果。平王东迁，客观上为吴越向中原学习礼乐文化带来了地域上的便利，促进了吴越地区的音乐文化发展。

西周末至春秋初发现的甬钟多见单件出土，甬钟成套出现在吴越地区的情况不多见。从萧山杜家村甬钟、高淳青山茶场甬钟和者减钟观察，甬钟的编列实践大致从单件到多件再到十余件的发展过程。江苏东海庙墩甬钟时代稍早，是出现在吴越地区较为特殊的一例，这种情况可能与地域近缘相关。从吴越出现的大多数甬钟来看，在春秋早期到中期，甬钟编列从少到多的音乐实践情况明显。春秋早中期甬钟大多腔体虽无调音锉磨情况，但是高淳青山茶场甬钟与句鑃 2+2 的情况较为明显，也是编列实践的一个过程。江苏东海庙墩甬钟时代为春秋早期，其内腔多处经过锉磨成槽，可见明显的调音锉磨痕迹，而春秋中期者减钟腔体内部不仅有锉磨痕迹并且出现了明显的音梁，调音手段进一步丰富。从这些调音手法以及编列组合大致可以发现，春秋早期吴越地区甬钟多使用单件，偶有向东海庙墩甬钟发展较快的情况，其甬钟音列大致可以形成"羽—宫—角—徵"四声的基础上加变化音级的音乐实践，而春秋中期者减钟调音锉磨和音梁设置以及十余件编列情况显示，者减钟音列可能正处于向较完整的七声音阶进行实践。

甬钟从中原传入吴越时间相对较晚，中原及其他地方在西周时期已在甬钟铸造和使用上充分实践，均达到较高的水平，而至吴越，其形态和水平呈现出春秋早期起步的面貌，至春秋中期，甬钟在形制、纹饰、铭文等方面才逐渐与中原接近，其铸造水平虽发展较快，但甬钟反映出的音乐发展水平仍然与中原有很大差距。

(2) 以句鑃为代表的吴越音乐文化起步

中原音乐文化影响吴越地区的同时，吴越民族也在探索和发掘本民族特色的乐器，句鑃就是吴越民族在青铜文化逐渐成熟时期"打造"的一种独具民族风格的乐器。春秋早、中期发现句鑃包括安徽繁昌句鑃（图6）、安徽青阳句鑃、江苏高淳青山茶场句鑃、江苏高淳顾陇松溪句鑃（图7）以及江苏武进淹城句鑃（图8）等。句鑃形制、纹饰、编列等方面的演化过程实际上也包含了许多民族文化与中原文化以及其他文化相融合的过程，而春秋早、中期句鑃实际反映更多的是"越"文化风格。

从春秋早期繁昌句鑃和青阳句鑃起，吴越地区出现的这种新的乐器一开始便出现合瓦形腔体，反映出形制原初受合瓦形乐器影响。经过了一段时间的使用实践，腔体形制逐渐形成自己的特征：腔体修长，两铣外侈，于弧凹甚，铣角尖锐，扁方长柄，柄端围箍，腔体素面。直至春秋中期，句鑃的形制变化主要集中于这些方面，最大的形制演化实际发生在柄部，柄端加宽即围箍的出现，这一形制也意味着句鑃向更高要求的音乐实践探索。

图6 繁昌句鑃　　　图7 高淳松溪句鑃　　　图8 淹城句鑃

句鑃在春秋早、中期阶段编列还未形成统一规范，时有不同件数的使用实践。由于腔身没有经过调锉，与甬钟音列实践的要求相比，句鑃的音列还远没有达到甬钟的发展水平，如淹城句鑃的音阶从 $^{\#}g^1$ +46 至 e^3 –31，音域跨越了一个八度又一个纯五度，可以构成"羽—宫—商—角"四声为主加偏音的音列。吴越先民对于青铜句鑃音列性能的使用很有可能来自对中原地区的甬钟认识，但是对于编甬钟音列设置的原因和方法在认识上是较为模糊的，句鑃音列设置基本上以模仿为主，略有自己的探索和认识。

春秋早中期吴越地区乐器品类数量少，乐器发展最大特征是使用乐器的件数逐渐增加，呈现出由少到多的总体演化趋势。甬钟在形制、纹饰、调音手段以及编列和音列上均有不同的演化，并在春秋中期达到成熟阶段，其形制演化主要反映在鼓部区域增大，枚制成熟，腔身修长，甬与腔体逐渐平衡；器身纹饰也脱离单一的云纹或云雷纹向多种纹饰演化，并且纹饰更加精细，尤其鼓部出现了立体"浮雕"式纹饰；春秋早期甬钟或可见腔内锉磨成槽的方法，这种调音手法到了春秋中期演化为内腔锉磨并且设置音梁的方式，调音手段进一步丰富；编列从单件到多件再到十余件，而音列上可能由"羽—宫—角—徵"四声的基础上加变化音级演化为更为成熟，甚至可能七声兼备的音阶。

句鑃在春秋早、中期形制还未完全成熟，腔身很少见到纹饰和铭文，吴越文化特征主要集中在形制方面，器体修长是句鑃吴越风格最突出的特征。句鑃形制从原始粗犷逐渐向器体修长、铣棱斜直的特征发展，柄部的演化是句鑃音乐功能改变的最大特征。春秋早期，句鑃编列实践还在探索阶段，尤其如青阳句鑃或高淳青山茶场句鑃等使用4件乐器的音乐实践是编列探索的初步阶段，而到了高淳松溪句鑃和淹城句鑃，其时代已近春秋中期，句鑃的编列以7件、8件或多件使用则可能是句鑃编列的应用阶段，其乐器编列数量应与受到甬钟影响不无关系。与甬钟相比，句鑃使用的"羽—宫—商—角"四声为主加偏音的音列也许是春秋早、中期音乐发展水平的较高阶段，其音列设置以及腔身鲜见调锉痕迹便可发现与同时期甬钟仍保持较大差距。

2.春秋晚期中原礼乐文化的全面流行

春秋晚期,吴越地区乐器品类有了极大的丰富,乐器的组合实践也呈现出一定的规范。以中原文化和越文化两支脉络发展,构成了吴越音乐主要面貌和演化过程。中原地区以甬钟、钮钟、镈、磬等乐器为代表,从春秋中期多见甬钟的用乐实践发展到春秋晚期多种乐器编套使用,尤其到了春秋晚期,甬钟的实践逐渐被更流行的其他青铜乐器部分或全部代替,呈现出一定的颓势,而以钮钟、镈和编磬搭配使用,是春秋晚期较流行,也是宫廷所使用的礼乐配置。这一时期,青铜乐器形制更加精良,纹饰总体呈现出蟠螭纹与蟠虺纹两种主要流行风格,甬钟单组编列从春秋中期者减钟10余件减少到4件,钮钟与镈的使用数量也在10件之内。编磬的音域跨度较大,通常与钮钟音域大致相同,而镈则是这两组乐器的音高延续。钮钟、镈、甬钟虽然单组件数多在10件之内,但数类乐器编套使用可构成规模超过二三十件并且音域超过三个八度的"大型乐队"。

西周中期前后,吴越地区大铙逐渐减少,越族风格音乐面貌逐渐消失,而中原文化在西周中晚期影响力还小,这个时期吴越地区的音乐呈现出显著的缺环。到了西周末期,在越族大铙原型的基础上,吴越民族创造了一种新的具有越族风格的乐器——句鑃,并且经过春秋时期的长时间探索和发展,逐渐演化为吴越民族青铜乐器的突出代表。到了春秋晚期,句鑃形制更加精良,柄部方台形制成熟,也意味着句鑃形制改革完成,句鑃在真正意义上开始发挥"室内"音乐的价值。春秋晚期句鑃器身出现饰绘,尤其在腔身接舞部、方台等部位多见纹饰,以云雷纹和三角蕉叶纹较为流行,纹饰风格较为统一。这个时期,句鑃较少与其他乐器组合使用,出土材料发现句鑃编列数量可达十几件,通常单类使用,其功能主要以祭祀、宴飨为主。句鑃形制的出现,实际是对越族大铙风格的继承,其发展的过程中借鉴了钲的形制,并且吸收了青铜铎柄部的特征,模仿中原甬钟编列的方式,集众多青铜特征而形成了一种独特的青铜乐器,并且成为吴越民族青铜乐器的代表,从春秋早期在皖南地区初创,经过长时间"东进"逐渐于春秋晚期成熟并广泛流行于太湖周边,而其发展演化的过程则反映了南方越文化和北方中原文化的合力。

总之，从春秋早期到春秋晚期，吴越音乐演化的主要特征反映为乐器及品类由少到多，由简单到复杂，由较原始到逐渐成熟，由越文化逐渐到两脉文化再到中原音乐文化占据统治地位的总体趋势。春秋晚期，钟磬乐器不仅在形制、纹饰等方面发生演化，乐器铸造与调音手段也进一步丰富，尤其在乐器音域与音列上达到了较高的音乐水平，无论从数量、体量、规模、铸造以及音乐内涵来讲，这个时期吴越音乐的确形成了一个乐器使用实践的高潮。

（三）以越文化为主的共生文化时期

浙江绍兴、余杭、海盐、长兴及江苏无锡等地都有战国时期越国乐器发现。1929 年绍兴出土原始瓷句鑃、镈、镎于，1935 年绍兴又出土越系圆钟[1]，1984 年余杭县崇贤老鸦桥笆斗山 1 号战国墓出土原始瓷甬钟、越系圆钟。二座墓葬中陪葬乐器品类不仅包括中原乐器甬钟、镈，还包括吴越乐器句鑃、镎于、圆钟，墓葬中没有出现春秋晚期吴国墓葬对中原乐悬乐器的"整体搬迁"，而是采用中原乐器与吴越乐器混搭的编套方式，这种方式反映了越国宫廷乐器组合的探索和尝试，也是对二脉文化使用实践的一种"平衡"。越国宫廷音乐中使用的乐器，没有一味地追求中原乐悬乐器组合形式，乐队中常常"加入"越文化风格的乐器，并且这些乐器品类和数量通常都要多于中原乐器，呈现出强势的越文化特征，甚至在某些墓葬中只使用吴越乐器，如杭州市余杭区大陆乡顾家埠石马坅战国墓出土 46 件器物中，仅有句鑃和圆钟各 7 件，越系乐器较为受推崇。

乐器品类与数量的进一步发展，在一些等级较高的越国墓葬中，可以看到多种乐器共同组成的大型乐队。1983 年浙江海盐县黄家山出土原始瓷甬钟 13 件、句鑃 12 件、镎于 2 件、越系圆钟 11 件以及泥质灰陶镈 3 件、磬 4 件；2003 年浙江长兴县战国墓葬北侧陪葬乐器坑中出土一批原始瓷和硬陶仿青铜乐

---

[1] 蒋玄怡、秦廷棫编著：《中国瓷器的发明》，艺苑真赏社 1957 年版，图版第 3—10 页。

器共 47 件，其中包括甬钟 7 件、磬 13 件、镈 3 件、句鑃 8 件、钲 1 件、镎于 3 件、圆钟 12 件；2003—2005 年江苏无锡市鸿山越墓出土原始瓷、陶乐器 400 件，包括甬钟、镈、磬、镎于、钲、句鑃、圆钟、缶、鼓座等。

海盐黄家山出土的原始瓷乐器大量为越文化乐器，中原乐器镈、磬为泥质灰陶，乐器制作材料也反映了越人对这些乐器的态度。墓中出土乐器品类除了包括中原甬钟、镈和磬之外，出现了更多越式风格的乐器，尤其鸿山越墓中乐器品类最多，并且这些乐器越文化风格更浓，不仅包含了多见的句鑃、镎于、圆钟、钲，另外还首次出土了作为乐器并陪葬于贵族墓中的缶乐器。墓中出土的乐器除了在品类上呈现出更多样的越文化风格，并且在乐器数量上也着力突出本民族乐器，尤其鸿山越墓中越系圆钟出土 95 件，几乎占到出土乐器四分之一，出土句鑃 75 件，也是出土数量较多的一种。

春秋时期中原礼乐文化长时间并持续影响吴越地区，客观上促使吴越地区甬钟等乐器在形制、编列乃至音乐水平的发展方面有了很大的进步。春秋晚期基本以中原乐器组成大型乐队，具有越文化风格的乐器显得相对弱势。进入战国时期，吴国国家载体消失，越国国力盛极一时，吴越音乐文化集中体现在越国的音乐文化中。越国的越民族基础更加深厚，文化起步晚，对外文化接受慢，并且文化兼蓄的态度与吴国崇仰中原的态度略有不同。越国文化性质和审美风格发生了很大的改变，中原乐器品类与数量存量虽大，但越族乐器明显更为活跃。吴越音乐以中原文化占据统治地位的情况被更丰富的越文化打破，无锡鸿山越墓出土乐器显示，二脉文化在保持相对平衡的状态中，呈现出更浓郁的越文化风格特征。

越国乐器品类、形制、纹饰、编列等方面不仅体现了用乐实践发展与演化，还反映了越人对音乐文化的审美态度。中原乐器数量虽然保有量仍然很大，但很多乐器在形制上越化程度很高，改造很大，有些乐器的功能和性质已经发生了变化。镈钟在中原乐悬文化中不仅作为低音乐器，同时还是身份和地位的象征，而在越国乐器中，镈的文化属性几乎丧失殆尽。作为民间乐器的缶被列入宫廷乐队，成为宫苑乐队中一员。钮钟是乐悬乐器中的重要成员，在乐悬文化中有着不可替代的作用，在越国宫廷音乐中，钮钟的编列与音列被本土制造的圆钟所替代，战国时期钮钟几乎被踢出越国宫廷乐队。上述内容充分反映了越国用乐实践中不仅对乐器外化特征做本土改造，并且打破和重新规定了乐器的使用规范。

三、乐器组合与功能演化

吴越出土乐器品类十余种，通常用于组合的乐器主要包括镈、甬钟、钮钟、磬、句鑃、錞于、钲和鼓等。从目前同出乐器组合资料来看，东周时期吴越乐器以春秋中期和春秋晚期为节点呈现出三种较为明显的阶段：春秋早中期乐器组合种类少，数量也少，到了春秋晚期乐器品类和数量大幅增加，战国时期乐器组合形式多样并且种类和数量达到顶峰。从功能与应用场合来看，吴越乐器组合主要体现了祭祀、军事、宫廷礼乐、宴飨娱乐四方面内容。

春秋初期前后，吴越地区发现的句鑃和甬钟两种乐器在是以单类单件或单类简单编列使用，与其他乐器组合的情况不多见。青铜句鑃与甬钟同出资料有江苏高淳青山茶场、湖北武穴广济鸭儿洲以及浙江东阳双江口等，这种乐器组合出土显示春秋早中期甬钟和句鑃搭配使用的习惯较多出现，但是两者在数量上的组合风格相对不固定，甬钟和句鑃的搭配使用，反映了这个时期吴越先民对乐器组合的尝试。甬钟与句鑃同出的性质基本相似，这些乐器基本上出土于山川、河流旁，都是非严格意义上的窖藏，同出器物通常都是少量祭祀的礼器，反映出吴越先民于春秋早中期于野外祭祀的礼乐活动，这些祭祀除了可能与先妣先考相关，更可能与吴越祭祀山川河流相关。早期句鑃形制不完备，编列功能不完善，从句鑃器身铭文考证也可以发现祭祀的主要功能[①]，因此，这个

[①] 参见马国伟《句鑃研究》，硕士学位论文，中国艺术研究院，2012年，第80—82页。

时期句鑃与甬钟组合的主要用途体现在祭祀活动中。甬钟是中原文化的产物，春秋初期前后传入吴越，为吴越民族所吸收，将中原西周礼乐代表甬钟和吴越民族乐器句鑃编组搭配使用，反映了这个时期吴越先民对乐器组合的探索，是早期吴越音乐文化与中原西周音乐文化的交流与融合，其总的思路仍然是以祭祀礼乐活动为主，还没有发展到中原乐悬礼乐的规模和水平，是一种乐器使用的尝试性实践。春秋中期以后，句鑃与甬钟组合使用的情况逐渐被淘汰。到了春秋中晚期，甬钟和句鑃的功能区分比较明显，甬钟较少用于祭祀，而句鑃的功能也从单一的祭祀乐器发展为祭祀、娱乐等多种功能的乐器。

春秋中晚期，随着吴越两国国力强盛，一些军事中使用的乐器也逐渐为吴越音乐吸收，其中最典型的就是錞于、钲、鼓等乐器。江苏丹徒谏壁镇王家山墓出土3件錞于和1件钲，乐器旁边同出戈、矛、戟、剑、镞、墩等兵器共47件，是一个以兵器和乐器为主的墓葬。

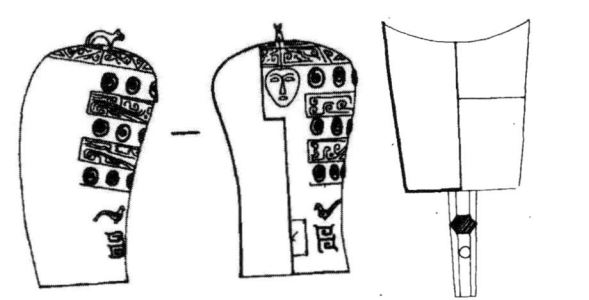

图9　丹徒王家山錞于、钲　　　　　　图10　丹徒王家山墓兵器

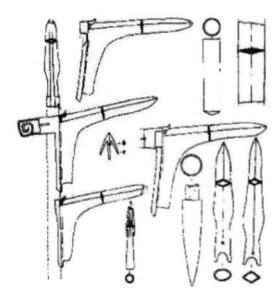

錞于多单件出土，又时常与钲同出，学界对其功能通常只定位在军乐器上，很大程度上忽略了錞于本身的音乐内涵和其他功能。錞于与钲组合的功能不仅作为军乐器使用，还能在军队中实践音乐功能。江苏丹徒北山顶春秋墓中也出土3件錞于、1件钲及1件悬鼓（只剩悬鼓环和红色漆皮），还出土了镈、钮钟、编磬等乐器。錞于、钲和悬鼓均出土于侧室西墙位置（图11），同位置旁多摆放青铜戟、矛、镞等，这些乐器与兵器同置一处，军乐性质明显。《国

语·吴语》:"……王乃秉枹,亲就鸣钟、鼓、丁宁、錞于振铎,勇怯尽应,三军皆哗扣以振旅,其声动天地。"从墓中出土的乐器来看,《国语》所言不虚,军中所用乐器相去不远。

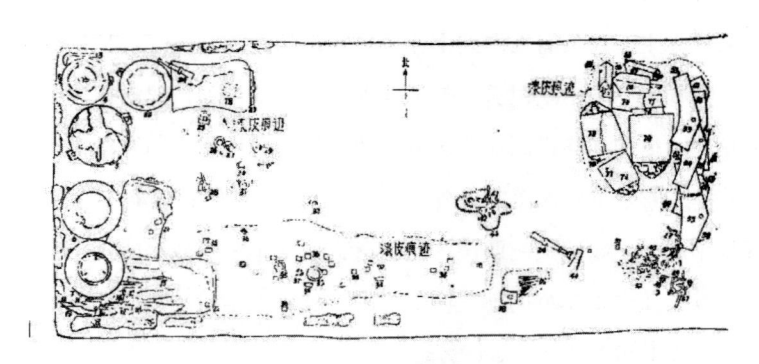

图 11 丹徒北山顶墓葬出土乐器

丹徒谏壁王家山东周墓和丹徒北山顶春秋墓是吴国春秋晚期墓葬,墓中出土乐器反映了这个时期用乐的习惯与规制。总体上看,从春秋中期以后,乐器组合使用的方式很难见到只有甬钟与句鑃搭配的使用方式,而乐器的使用也扩展到军队和宫廷等多个方面。在军事战争中,錞于、钲和鼓是军队中常用乐器,3件錞于与1件钲相配,既是军乐的需要,也反映了组合编列的规范。这些乐器除了要完成"击鼓为进""鸣金收兵"的军事动作之外,在非直接战事状态下,錞于、钲和鼓还要充当有简单旋律功能的"纯粹"的乐器,这些特征和面貌不仅是吴越乐器发展的结果,实际上更是吴越乐器性质、功能的转化和音乐文化审美的转变。

春秋中晚期以后,中原乐悬文化对吴越音乐的影响形成吴越音乐文化的"主流",这种文化广泛渗透到宫廷、军队等用乐领域,也涵盖了祭祀、宴飨等用乐形式,尤其在重大场合和象征身份地位用乐领域中,中原乐器和用乐形式备受青睐。这个时期的用乐制度和风格受到中原文化的极大影响,这种影响不仅表现在乐器吸收和学习中原乐悬特征,甚至有时候将中原音乐文化中的内容直接"拿过来"使用，集中体现在钟磬音乐方面，吴国用乐实践尤盛。南京六合程桥2号墓为春秋晚期墓葬，墓中出土青铜镈5件和钮钟7件，这种组合方式与处于同一时代的北山顶春秋墓中出土镈与钮钟组合方式相同，反映了这个时期宁镇地区宫苑音乐中钟磬音乐的编组实际。镈与钮钟是春秋晚期吴国宫廷音乐中较为常见的钟磬乐器，两种乐器和组合使用的方式，受到了徐舒青铜音乐文化的影响，这些乐器乃至编套数量也很可能为吴国直接采纳并使用，反映了吴越音乐文化对徐音乐文化的吸收和借鉴，同时也体现出中原钟磬音乐在这个时空阶段中的重要地位和影响。

如果说春秋中晚期吴越音乐是以吴国对中原音乐文化的借鉴为主要特征的话，那么战国时期则是越国对外来文化和本土文化的改造和融合。

战国时期，乐钟的种类变得多样，乐器的组合也变得更加丰富，这个时期出现的乐器基本上都成为"乐队"中的一分子，并且呈现出乐器组合种类多、数量大的特点。原始瓷乐器是对青铜乐器的严格模仿，是对战国时期越国贵族的用乐实践的真实再现。这个时期中原文化特征仍然明显，但同时也鲜明地呈现出吴越原生文化的强烈趋势。发现于太湖周边的越国贵族墓葬，墓中出土乐器及乐队编制反映出这个时期越国宫廷音乐面貌。浙江海盐黄家山出土一批原始瓷乐器，中原乐器和越族乐器共同组成了一个大型的钟磬乐队，其中甬钟、句鑃、越系圆钟的数量最多，并且都为原始瓷制作，而镈和磬的数量相对较少，反映出中原文化影响下浓厚的越文化色彩。浙江长兴县鼻子山墓外陪葬坑中出土了一批原始瓷陶乐器，包括原始瓷甬钟、镈、句鑃、钲、錞于、越系圆钟、陶磬等共47件，陪葬乐器坑出土乐器展现了当时越国贵族宫廷用乐的实际情况。江苏无锡鸿山越墓出土原始瓷陶乐器400件，其出土乐器品类与数量在所见吴越墓葬中一次出土量最多，首次较为全面地展现了越国宫廷音乐用乐面貌。从海盐黄家山、长兴鼻子山和无锡鸿山越墓等几处墓葬来看，战国时期越国宫廷使用的乐器已经将原来祭祀、军事中使用的乐器全部编入宫廷乐器中，并且在中原乐悬文化的影响下创造出本民族另一种独特的乐器——越系圆钟。中原乐器数量比较多，是春秋晚期吴越宫廷乐器编制的延续和改造，到了战国时期为了改变外文化乐器大比重的用乐面貌，越国逐渐增加了几类具有吴越本民族文化特征的乐器，如句鑃、圆钟等，同时在具有越式风格的乐器上也扩充了使用数量，使越国宫廷乐器在数量和品类上达到了一个中原乐器和越族乐器平衡的状态，改变春秋晚期中原音乐文化独占鳌头的统治地位。

春秋至战国初期吴越地区宫廷乐器实践经历了一个从少到多的发展过程，不仅乐器种类更加丰富，同时在乐器数量上也有很大发展，这表明了春秋早中期乐器组合的实践成果于春秋晚期逐渐成熟。在这个过程中有两种乐器较为重要和突出，从春秋早中期的用乐探索一直到后来的成熟乐队编列，甬钟和句鑃始终承担着乐器组合的主要职责，充分反映了中原音乐文化与吴越音乐文化在吴越地区相互交融的过程，也反映出吴越民族对待外来文化和本土文化兼容并蓄的态度。中原文化系统中镈、甬钟、钮钟和磬等乐器与吴越文化系统中句鑃、錞于、圆钟等乐器的组合实际，在战国时期的墓葬资料中表现很充分，乐队编制不仅包含了这两种文化系统中的乐器，还沿用了各地区广泛使用的钲、鼓等乐器，体现出音乐受多元文化影响的结果。战国时期吴越钟磬音乐虽日趋衰落，但仍然仅为部分高级贵族享有，钟磬乐器铸造与使用为一般贵族所难以承受，钟磬音乐用乐场合的礼仪性质与生活实际脱离，影响范围逐渐缩小。战国中期前后，音乐文化从宫廷重器转向生活实际，以弦管和鼓伴奏的"吟歈"说唱音乐在宫苑生活中逐渐流行起来。

四、吴越音乐文化交流

（一）吴越与南方越族

吴越与中原等外文化之间交流始来已久。越与中原华夏族的交往甚至更早，殷商的卜辞曾记载了越的活动，如"越（戉）方……"，今本《竹书纪年》记载，周成王二十四年（前1019）"於越来宾"等。《逸周书·王会解》记载，周成王二十五年（前1018）大会诸侯及四夷于东都，史称"成周之会""于越纳"，可见当时于越作为四夷之国参见了朝贡。

西周时期，从吴越地区以大铙为主要特色的乐器实践可以发现南方越民族间的音乐文化交流。吴越地区目前所见青铜大铙十余件，其主要形制基本可分三类：以浙江余杭石濑徐家畈为代表的饕餮纹铙（或兽面纹铙），以江苏江宁许村为代表的简化兽面铙以及多地出土的云雷纹铙。这些铙的时代主要集中在商末至西周早期，与湘、鄂、赣等地出土的南方大铙在文化性质和风格上联系紧密。

浙江余杭县石濑徐家畈出土1件铜铙，铜铙鼓部饰一周云纹，腔身主要纹饰为饕餮纹，双目突出，圆圈纹为地，舞部饰四组对称云纹，甬柄饰两周云纹，与湖北省阳新县白沙公社出土的其中一件青铜大铙相似。江苏省江宁县横溪公社许村大队青铜铙（图12），甬柄与内腔相通，腔身由粗、细卷云纹和连珠纹（圆圈纹）组成，双目尤其突出，这种形制与纹饰不仅与湖北省阳新县白沙公社出土的另一件青铜大铙相似，更与江西新干大洋洲出土的13921号大铙（图13）非常相似，同样风格的大铙也出现在湖南等地。从大铙体量、形制、纹饰、构图方式等方面综合考察，江宁许村大铙与新干大洋洲大铙二者非常相近，反映出两地之间亲缘的音乐文化关系以及紧密的音乐文化交流。

图12　江宁许村大铙　　　　图13　新干大洋洲大铙13921

吴越地区出土兽面纹铙和简化兽面纹铙（以卷云纹和连珠纹构图）数量较少，更多见的大铙器身以云雷纹为饰，并且甬柄设旋，这类大铙分布也较为广泛，如浙江长兴县上草楼村大铙、浙江知城长兴中学大铙、浙江金华磐安县深泽乡铙、浙江省温州市瓯海区杨府山大铙。这些大铙的形制、纹饰基本相同，均是以钲为对称中心，钲左右两侧为对称的云雷纹（或云纹）图案和螺旋乳，正鼓部凸出一块长方形区域（或为敲击部位）填以云雷纹，甬柄设旋，旋部饰醒目的"C"形纹饰，从这些大铙的器形、纹饰、部位构成都显示出吴越地区西周早期前后此类大铙比较普遍流行于吴越地区。与此类形制、纹饰相近的大铙在湖南、江西地区多有发现，如湖南宁乡县老粮仓乡师古寨山出土的10件大铙中有8件均与吴越地区出土的云雷纹大铙相似；浙江省安吉县高禹镇中学铜铙与江西永修四联村铙相近。大铙基本形制、纹饰显示出，吴越地区较为流行的云雷纹大铙与湘赣地区的云雷纹大铙有着相同的文化性质。吴越地区所处大铙基本认定在西周早期，湖南宁乡大铙的时代"最早的当在殷墟三期，最晚则可到商周之际"[①]。从时空范围考察，吴越地区普遍流行的云雷纹大铙可能受到来自湖南地区云雷纹大铙的影响，西周初期前后吴越地区与湖南地区音乐文化上的交流是明显的。如图14、图15所示。

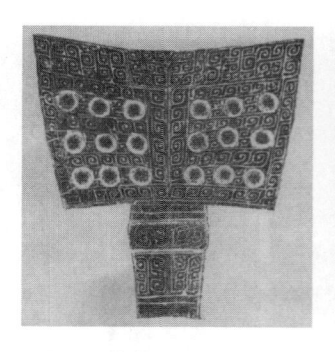

图14　宁乡师古寨6号大铙　　图15　江西永修四联村铙二

① 黄纲正、王自明：《湖南宁乡老粮仓出土商代铜编铙》，《文物》1997年第12期。

大致可以认为，湘、鄂、赣地区主要聚居的越族成分以扬越和干越为主，尽管这些地区的越族成分有些差别，但是越族文化基础是无疑的，以干越民族为基础的吴越两国在这个时期里与南方越族在文化性质上较为亲缘，音乐文化交流上保持着密切的联系和交流。吴越地区出现的兽面纹铙和简化兽面纹铙应是受到赣鄱流域越文化影响的结果，也反映了商末周初吴越与赣鄱流域一带其他越民族之间的音乐文化交流。云雷纹大铙时代相对较晚，在湖南、江西也有发现，于吴越地区普遍流行，由于上述地区大铙的使用年代，吴越地区云雷纹大铙普遍晚于湘赣地区，除了可以此推断吴越地区云雷纹大铙受到湘赣青铜文化影响之外，也反映了西周早期吴越地区与赣鄱流域越民族之间有更充分和深入的音乐文化交流。

（二）吴越与中原

尽管吴越与中原间交流可能发生很早，但从大量出土乐器观察，吴越与中原地区间音乐文化交流发生较晚，在商晚至西周中期间，基本以越族间文化交流为主，即便是被认为吴文化主流和前身的青铜文化——"湖熟文化"，也较少见到中原音乐文化内容。从这个角度讲，吴越与中原音乐文化交流主要发生在东周时期，以吴越地区发现的春秋初期的中原甬钟为开端。

吴越与中原地区间音乐文化交流，由于受到周朝强势文化的影响，很大程度上实际是西周礼乐制度对吴越的影响。乐悬制度是西周礼乐制度的重要内容，也是西周礼乐制度的核心，对吴越音乐文化的影响比较大。两周之际，吴越地区甬钟主要可见浙江萧山杜家村甬钟、江苏东海庙墩甬钟以及安徽繁昌汤家山甬钟等，乐悬性质不明确。江苏东海庙墩甬钟9件出自墓葬，同出青铜鼎3件以及其他青铜器和玉器。以墓中出土的礼器、乐器来看，春秋早期，吴越地缘已出现西周礼乐制度规范。

春秋晚期，吴越甬钟、钮钟、镈及编磬发现较多，集中于这一时期的乐悬乐器充分说明，至晚于春秋晚期，吴越与中原音乐文化交流往来更为密切，乐悬制度在吴越地区得到充分学习和实践，一些墓葬出土乐器明确地反映出这个时期吴越学习乐悬制度的成果，尤其吴国表现更为突出，如江苏丹徒北山顶春秋墓除出土军乐器錞于、钲、悬鼓（仅存青铜鼓环和红色漆皮）外，墓葬侧室还出土钮钟、镈、编磬各一套，其中编磬12件，镈钟5件，钮钟7件。从墓室乐器摆放情况来看，编磬自成一虡，镈钟、钮钟各为一虡，乐器摆列或轩悬。江苏省六合县程桥二号吴国墓出土鼎、匜、乐器、兵器、车马器和生产工具等共46件。二号墓出土乐悬乐器12件，编钮钟7件和编镈5件各成一虡，可构成"判悬"之制。

战国时期，越国与中原音乐文化在乐器实践上交流更多。如果说20世纪80年代偶然发现的海盐黄家山和余杭崇贤老鸦桥越墓以及其后零星出现的越国乐器等资料仅是对战国时期越国音乐文化的揭露，那么21世纪初无锡鸿山越国贵族墓的发掘则在很大程度上弥补了战国时期越国考古资料的空白。从鸿山越墓出土的乐器的数量、品类、组合、规模来看，乐器摆列制度受到中原乐悬文化的深刻影响，而在用器方面则更加突出越民族文化风格。

（三）音乐文化交流途径

东周时期，吴越与中原音乐文化交流主要表现为中原乐悬文化对吴越地区的影响，交流途径如何，始终是研究文化交流的重点。吴越地处长江下游，与黄河中下游之"中原"的文化交流有很多途径，由于吴越通中原的战略构思一直是吴国和越国的主要军事目的，分布于吴越周边大大小小的国家就成为吴越与中原文化交流沟通的桥梁和纽带。

郭沫若在《彝器形象学试探》中提出"……盖商人文化，多为徐人所保，越又受徐人之影响，故其器制亡于中原者，而存于'化外'"[①]。他认为徐国受

[①] 郭沫若:《彝器形象学试探》，载《两周金文辞大系图录考释》，科学出版社1957年版，第4页。

到商周文化的影响，吴越文化又受到徐文化影响，吴越与中原音乐文化间的交流是通过徐国完成的。但是，间于吴越与中原之间，除徐舒之外，仍然有很多国家，如邾、郯、滕、莒、薛、向、钟离、钟吾等，这些国家有些文化与徐舒相近，有些文化差别大，吴越向中原音乐文化学习的过程中都可能与这些国家发生关系，其中有些国家与吴越间的交流实际也是中原文化影响吴越的途径之一。

1. 吴国与邾鲁

江西临江县出土者减钟（图16）是一套吴国编钟，乐器铸造精良，纹饰精美，形制纹饰等风格与邾公牼钟（图17）相近。两器形制非常相近，甬部为非常见"直边"，而是由旋部以上逐渐向衡部收敛，还有钟体两铣内敛，鼓部面积扩大以及钟形"矮胖"等主要器形特征。器身均以阴线为主要构图方式，器部以龙纹为主要纹饰，如者减钟甬部、篆部、鼓部为蟠龙纹，邾公牼钟篆部为回龙纹，尤其两钟鼓部由中央纹饰向两侧各延伸出3个龙头，形态逼真，风格独特，这种龙纹形式很少见，体现出鼓部纹饰风格统一性，文化风格亲缘。

图16 者减钟　　图17 邾公牼钟

者减钟与邾公牼钟形制、纹饰非常相近，显然两器出于同一种文化。那么，到底是邾公牼钟模仿者减钟，还是吴国学习了邾国的乐器铸造？

图18 长清仙人台甬钟

吴国春秋晚期多见成套甬钟，春秋早、中期可见到的成套甬钟不多，能够达到者减钟铸造水平的乐器更不多。从编钟的调音手段来看，者减钟铸"音梁"的方法较郘公牼钟"磨槽"的方法更晚，者减钟应是春秋中期前后吴国向郘国（或其他文化性质相同的国家）学习乐悬文化的成果之一。

郘国与鲁国邻邦，实为东夷文化与周文化的结合。由于地缘关系，两国"击柝之声相闻"，郘鲁之间关系较为密切和复杂，文化性质非常相近，有"邹鲁文化"之称。长清仙人台甬钟（图18）出土于邿国墓葬，邿国与郘国同为鲁国之附庸，分处鲁国南北，邿国甬钟形制与郘国甬钟形制相近，可能都是受到鲁国文化的影响。

郘国文化受鲁国礼乐文化影响深刻，乐悬文化具齐鲁文化特征，吴国于春秋中期国力强盛，音乐发展水平也亟待提高，北上求诸中原文化的过程中于这个时期与郘国音乐文化产生了交流，其文化的传播方向为：鲁国（中原文化）→ 郘国（郘公牼钟）→ 吴国（者减钟）。

郘公牼钟铸造年代在公元前572年至公元前556年，者减钟年代应与郘公牼钟和长清仙人台甬钟年代相近。长清仙人台甬钟年代约在公元前560年，其时代与郘公牼钟相当，者减钟年代应相去不远。吴王寿梦在位时间为公元前585至公元前561年，者减钟可能为寿梦或诸樊时期铸器。者减钟不仅反映了寿梦时期吴国音乐发展水平，同时也是吴国与中原文化交流的重要成果，中原乐悬文化在吴国有了较为完整的实践。以者减钟为代表的乐悬文化实践，实际上是春秋中期吴国历史发展的真实反映，也是吴国国家兴盛，意欲图强中原的现实写照。

《吴越春秋》载：

寿梦元年，朝周，适楚，观诸侯礼乐。鲁成公会于钟离，深问周公礼乐，成公悉为陈前王之礼乐，因为咏歌三代之风。寿梦曰："孤在夷蛮，徒以椎髻为俗，岂有斯之服哉？"因叹而去，曰："于乎哉！礼也。"①

公元前576年，吴国在钟离第一次参与诸侯会盟，由晋国牵头讨论联侯制楚。寿梦在钟离诸侯会盟的时候与鲁成公深入讨论周公礼乐，成公为寿梦悉心释疑，传周乐之道，并为他诵歌三代民谣，因而寿梦自叹鄙夷，感慨生情并表达了崇仰之意。寿梦首次通中原，考察诸侯国礼乐，为中原礼乐文明所感动，自视"徒以椎髻"而向往中原文明，这次考察不仅全面打开吴国与中原文化交流的局面，也为吴国学习先进的礼乐文化，提高音乐发展水平创造了机遇。

除了钟离之会，吴国又先后参与晋国多次组织的诸侯会盟。这些活动中，晋国为了拉拢吴国"联吴制楚"，主持了多次诸侯会盟，鲁国、邾国等诸侯听命于晋国，与吴国联系进一步密切，邾国与吴国的交往也逐渐增多。

从史料记载观察，寿梦称王时期，先后三次会盟于诸侯。吴国与鲁国、邾国等国在多次政治、军事活动中交往更为密切，文化交流活动增多。为了与逐日强大的政治、经济、军事力量相匹配，吴国在音乐文化发展上以水平更高的中原礼乐文化作为榜样，努力改变音乐文化落后的面貌，从这一时期开始，吴国与中原国家音乐文化交流的局面逐渐打开，者减钟即是在此历史背景下产生。

《左传·襄公二十九年》：

吴公子札来聘……请观于周乐。使工为之歌《周南》《召南》，曰：美哉！始基之矣，犹未也，然勤而不怨矣。……曰：德至矣哉，大矣，如天之无不德

---

① （汉）赵晔：《吴越春秋》，江苏古籍出版社1986年版，第6页。

至矣哉！大矣，如天之无不帱也，如地之无不载也！虽甚盛德，其蔑以加于此矣。观止矣！若有他乐，吾不敢请已！①

《史记·吴太伯世家》："四年，吴使季札聘于鲁，请观周乐"②，并且记载了出使鲁国之后又分别出使齐、郑、卫、晋、徐等国。季札使鲁再次观周乐，实际是自寿梦时期开始吴国对中原礼乐文化的进一步学习。

春秋中期，中原音乐文化对吴国影响越来越大。公元前576年，成公为寿梦陈述周公礼乐并"咏歌三代之风"一事令吴王寿梦"大开眼界"，始知周乐"礼也"。公元前572年—前556年，郯公牼执政郯国，听命于晋国，与吴国邦交，郯公牼钟即是这个时期的青铜重器，者减钟亦是在吴、郯交善时期，受到郯国青铜乐器制作的影响并继承了鲁国保存的周礼乐悬文化，成为春秋中期吴国重要的音乐资料。可以说，者减钟就是中原乐悬文化在吴地的实践。大约从去齐或寿梦时期开始，吴国已经注意到自身音乐文化发展水平与中原文化间差距，"寿梦通中原"后亲身感受了中原礼乐文化的魅力，并决心效仿中原礼乐文化，乐悬文化即是其中主要学习内容之一。

从成公十五年（前576）寿梦首次观周乐到季札再观周乐已是襄公二十六年（前547），其间三十年，吴国音乐文化由"徒以椎髻"的无奈和感慨发展到具有卓绝的见识并且可以洞悉深远蕴涵的礼乐文化，吴国的音乐水平有了很大程度的发展，应与这段历史不无关系，亦可洞见寿梦、诸樊、余祭时期吴国对中原礼乐文化的殷切希望和努力追求。也就是从寿梦统治时期开始，吴国制定并实施了一系列学习中原礼乐文化的措施，者减钟不仅是寿梦时期吴国音乐发展水平的重要体现，也是吴国向中原乐悬文化学习和实践的成果，"季札观乐"

---

① （清）阮元校刻：《十三经注疏》，中华书局2009年版，第4355—4361页。
② （汉）司马迁：《史记》，（宋）裴骃集解，（唐）司马贞索隐，（唐）张守节正义，中华书局2011年版，第1339页。

实际是对者减钟成果的进一步继承和发展，既延续了寿梦通中原的战略构想，同时作为一种外交手段，也是对中原礼乐文化学习成果的一次检验，为吴国后来的音乐文化发展奠定了基础，可谓"承前启后"。

"者减钟"与"季札观乐"是吴国与中原文化长期交流的结果，既是深谙中原音乐文化内容的一个重要表现，也是吴国制定的一项重要的外交决策，是吴国上通中原，学习中原礼乐，与诸国交好并最终称霸中原的一项重要战略计划，并经过句卑、去齐、寿梦、诸樊、余祭、余眜等诸王筹划一直到阖闾、夫差进行不遗余力地学习和实践。

2.吴国与徐舒

春秋战国时期，长江下游皖、苏、浙、赣等地分布了较多的诸侯国，主要有吴、越、徐、群舒、英、六、桐、庐、钟离等国邦，实际主要为四姓大国：姬、姒、嬴、偃。吴为姬姓，越为姒姓，徐为嬴姓，群舒、桐、六、英等为偃姓。① 舒，即群舒，先秦时期主要分布于安徽舒城周围的舒、舒蓼、舒庸、舒鸠、舒龙、舒龚、舒鲍、宗、巢等若干个舒族小国的统称，它们都是偃姓皋陶之后，由徐方分迁并被周朝征伐由山东藤县之南迫迁至淮北、淮南地带。②

徐国春秋晚期为吴国所灭。春秋战国时期，姬、姒、嬴、偃四姓国家政治和军事交流往来频繁，群舒奉徐国为宗主，嬴姓与偃姓国家先后为吴国、楚国所吞并，徐舒文化在吴、越、楚地区得到继承，并且成为影响吴越文化的主要因素，江苏丹徒北山顶春秋墓、邳州九女墩墓葬中出土的乐器资料可见一斑。

江苏丹徒北山顶春秋墓出土了一批礼器、乐器、兵器等青铜器，青铜乐器包括錞于3件，悬鼓1件，钲1件，石磬12件，镈钟5件，钮钟7件。③ 如图19、图20所示。

---

① 参见李学勤《从新出青铜器看长江下游文化的发展》，《文物》1980年第8期。
② 参见何光岳《群舒与偃姓诸国的来源和分布》，《江淮论坛》1982年第6期。
③ 参见江苏省丹徒考古队《江苏丹徒北山顶春秋墓发掘报告》，《东南文化》1988年Z1期。

图 19　丹徒北山顶钮钟　　　图 20　丹徒北山顶镈

　　从形制、纹饰等特征观察，钮钟与镈的铸造确与徐舒乐器风格相近。钮钟与镈器身均铸刻铭文，明确器主为"甚六"为"畲王之孙"，钮钟与镈应为徐舒乐器无误。北山顶墓中出土随葬青铜器都为实用器，除徐舒器外，余皆为吴器，所以考古发掘报告依据墓葬和墓中出土器物推断为春秋时期吴国贵族墓。吴国贵族墓葬中随葬其他文化性质的器物，反映出吴越文化与外文化之间的交流，丹徒北山顶春秋墓即是春秋晚期吴国与徐舒交流往来的见证。吴国宫廷使用的乐悬乐器受到徐舒青铜乐器的影响，一些吴国制作的青铜乐器也明显有了徐舒文化的烙印，然而像北山顶墓葬中的青铜乐器，被吴国直接挪用的情况也不为少数，既体现了吴国与徐舒音乐文化间交流情况，也反映出吴国对徐舒音乐文明之崇仰。

　　邳州九女墩墓是江苏省邳州市戴庄镇西处的墓葬群，尤其 2 号墩和 3 号墩出土了大量乐悬乐器。3 号墩（以下简称 M3）出土的 222 件青铜器中包括甬钟 4 件、镈钟 6 件和钮钟 9 件以及编磬一套 13 件等。钮钟大小成序，钟体厚实，与镈都可在器身发现调音锉磨痕迹，应是一套实用器。2 号墩 1 号墓（以下简称 M2）随葬器物包括青铜编镈 6 件和编钮钟 8 件以及石磬 12 件，青铜乐器可见调音锉痕。

　　M3 与 M2 都是春秋晚期高级贵族墓葬，M2 出土乐器为镈、钮钟、编磬，出土时三类乐器依北、东、南三面摆放于前室，乐器呈现出明显的"轩悬"摆列特征。（如图 21 所示）M3 不仅出土了镈、钮钟、编磬，同时还加入了甬钟，乐器也摆列为北、东、南三面。（如图 22 所示）

图 21　M2 前室乐器摆列

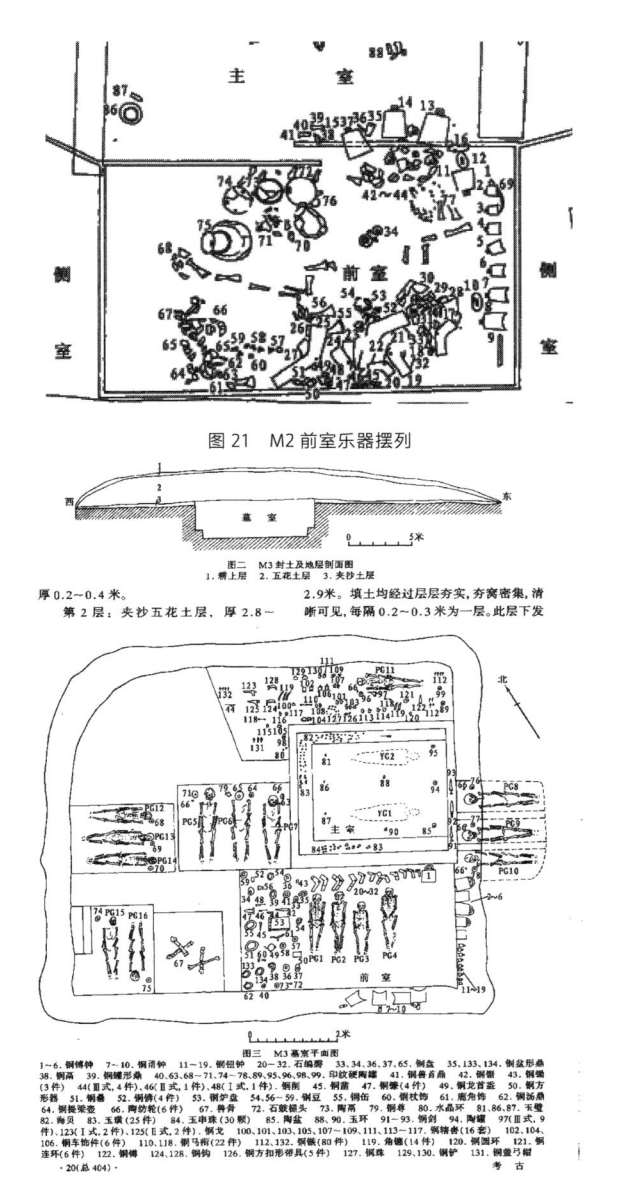

图 22　M3 前室乐器摆列

M3 和 M2 出土都由主室、前室和侧室组成，出土乐器都放置于主室内面前室中，从出土中原乐悬乐器甬钟、钮钟、镈和编磬观察，两墓乐悬乐器用器和规模略有差别，但级别基本相同，均为诸侯制"轩悬"，墓葬不仅在乐器用器方面严格模仿中原乐器，在乐器摆列位置上也严格遵守乐悬制度，并且中原青铜乐钟钟腔铸音塬并在内壁锉磨的调音方法也已掌握，反映出明确的中原礼乐文化特征。由 M2、M3 钟铭的考订，青铜乐器的文化性质为徐器的看法受到较多学者关注。

　　尽管徐舒文化风格较为突出，但邳州九女墩墓及所出器物反映出来的徐、吴文化交流是显而易见的，也正是由于这一原因，学术纷争不断。M3 出土尊、汤鼎、缶、盉等青铜器在同时期吴越墓葬中较为多见，墓中出土的权杖在吴国高规格的墓葬中经常出现，M3 出土的权杖似与吴墓象征权力的文化意义相同。M2 出土钮钟铸造粗糙，锈蚀严重，钟腔内壁有的调音痕迹清楚，有的不明显，7、8 号钟内腔存有铸砂面，未经锉磨，说明钮钟非实用器，这与以铸造精良著称的徐器风格大相径庭。M4 虽然早年遭到破坏，但墓中出土铜戈与"攻□王光戈"（即吴王光）和"徐王之子羽戈"形制相近，M6 墓出土铜器残片上有铭文"工□王之孙□……作敔簋"[1]，有学者释为"工虞王"，即吴王，认为该器与徐吴联姻相关，并推断九女墩 M6 应是吴国贵族女子与夫君徐王的合葬墓[2]。M6 铜器残片铭文文字少，残泐较大，是否与徐吴联姻相关似可再酌断。尽管"工虞王"也是推断，铜器残片也不足以说明墓主和墓葬性质，但至少可以了解 M4 墓葬中器物同样出现了吴、徐文化交流的情况。

　　邳州九女墩墓与丹徒北山顶墓出土青铜乐器形制纹饰等方面都很相近，二者在墓葬与用器方面也有诸多相似之处。从二墓出土乐器来看，春秋晚期吴国

---

[1] 孔令远：《读者来信：江苏邳州市九女墩六号墓出土青铜器铭文考》，《考古》2006 年第 10 期。

[2] 参见孔令远《读者来信：江苏邳州市九女墩六号墓出土青铜器铭文考》，《考古》2006 年第 10 期。

与徐舒文化交往非常密切，地区间音乐文化交流非常频繁，经常在吴墓中见到徐器，或在徐墓中发现吴器。文献徐吴姻亲关系也有记载。《左传·昭公四年》载："徐子，吴出也。"①《尔雅·释亲》："男子谓姊妹之子为出。"②徐国为吴国所灭，因于昭公三十年（512）"二公子事件"，而徐国之所以不肯交出"掩余"和"烛庸"，也是缘于徐王夫人吴姬与二位吴公子的亲属关系，可见徐吴关系非同一般，而邳州九女墩墓葬出土器物则是徐吴文化交流的见证。徐国由于历史和文化传承，再加上地域优势，青铜铸造和音乐文化水平明显高于吴国，到了春秋末期，徐国被吴国消灭，徐舒文化被吴越文化吸收，二者逐渐融在一起，甚至难分彼此。毫不夸张地讲，春秋晚期吴国音乐文化的高度和快速发展，与徐舒青铜文化和中原礼乐文化是分不开的，所以郭沫若认为中原文化通过徐舒影响吴越，也是基于青铜文化的研究积淀和敏锐的学术洞察而判断的结果。

3.越国与徐舒

公元前512年，徐国被吴国消灭，一部分徐人奔楚，一部分徐人适越，徐人和徐舒文化向周边扩散，徐舒文化对越国的影响也较大。

见诸于世的越国青铜乐器主要有者旨於赐钟、朱句钟（之利钟）、者汈钟、能原镈、姑冯句鑃、董武钟以及绍兴306号墓出土的伎乐铜屋等，这些乐器在很大程度上都受到徐舒文化的影响，尤其能原镈徐舒文化风格更为突出。

能原镈发现较早，传于清光绪十六年（1890）和二十八年（1902）分别出土于江西瑞州和江西临江县，刘心源《奇觚室吉金文述》首次著录了二镈，称"陆氏钟"，后世金文著录多有记载。能原镈鼓部、篆部、舞部均饰蟠虺纹（图23），钲篆区间绚索纹框隔，纽部双龙相对，36螺旋枚，钲间与侧鼓部篆鸟虫书，容庚先生考证为越器。

---

① （清）阮元校刻：《十三经注疏》，中华书局2009年版，第4419页。
② （清）阮元校刻：《十三经注疏》，中华书局2009年版，第5640页。

图 23 能原镈　　　　　图 24 九女墩 M3 镈　　　　　图 25 九女墩 M2 镈

图 26 儦儿钟　　　　　图 27 甚六钮钟　　　　　图 28 九女墩 M3 甬钟

与能原镈纹饰相同的编钟，多出于徐舒，如丹徒北山顶甚六镈和钮钟（图27）、邳州九女墩 M3 甬钟（图28）和镈（图24），九女墩 M2 镈（图25）和钮钟以及上海博物馆藏儦儿钟（图26）等，其共同的特征是以蟠虺纹、蟠螭纹为基本纹饰，阳线绚索纹框隔区间，篆间填饰蟠虺纹，螺旋枚。如表5所示。

表 5　能原镈与诸器纹饰对比

钟名	鼓部	篆部	舞部	枚	纽部	区间	铭文
能原镈	蟠虺纹	蟠虺纹	蟠虺纹	螺旋形	龙形	绚索纹	钲间、鼓侧
甚六镈	蟠龙纹	蟠螭纹	蟠螭纹	盘龙纹	龙形	绚索纹	钲间、鼓侧

续表

钟名	鼓部	篆部	舞部	枚	纽部	区间	铭文
甚六钮钟	蟠龙纹	蟠螭纹	蟠螭纹	盘龙纹	长环纽	绚索纹	钲间、鼓侧
M3 镈	蟠螭纹	蟠虺纹	蟠螭纹	螺旋形	龙形	阳线	—
M3 甬钟	蟠虺纹	蟠虺纹	蟠虺纹	双层长枚	—	绚索纹	
M2 镈	蟠螭纹	蟠螭纹	蟠螭纹	螺旋形	龙形	绚索纹	钲间
儎儿钟	蟠龙纹	蟠龙纹	蟠龙纹	螺旋形	长环纽	绚索纹	钲间、鼓侧

九女墩 M2、M3 为春秋晚期徐国墓葬，甚六钮钟可以理解为舒器，实与徐器同文化。能原镈为越器，从纹饰和器物时代上看，儎儿钟、九女墩墓葬和丹徒北山顶墓葬出土青铜乐器都明确地反映了徐舒青铜器文化特征，徐器的时代基本都在春秋中、晚期，而包括能原镈在内的大量越国青铜乐器时代基本都在战国时期，显然徐舒文化对越国的音乐文化影响很大。除了特征较为明显的能原镈之外，越国的配儿句鑃、其次句鑃，绍兴坡塘 306 号战国墓中出土的伎乐铜屋和其他青铜资料，东阳双江口甬钟等青铜资料都有徐舒文化的痕迹。尽管越国比吴国出土乐器资料少，但从越国所见乐器观察，春秋末期至战国中期，越国与徐舒的文化交流却并不少。

越与徐舒文化的交流，是促进越国音乐水平发展的动力之一，是与楚文化并肩影响越国的外文化，共同构筑了成熟时期的越国音乐文化。吴越青铜文化颇受淮夷文化浸淫，时有乐器透闪出徐舒文化的特点，而徐舒文化吸收中原礼乐文明逐渐发展为有自身特色的青铜音乐文化，这种文化既对吴国产生了重要影响，同时也使越国在春秋时期之后逐渐摆脱了较为原始的音乐文化风貌，音乐文化水平发展有了质的飞跃，越国通过继承吴国的音乐文化和受到徐舒文化直接影响，摆脱了蒙昧的落后面貌，音乐发展水平与青铜文化水平一样"一跃而达到高峰"[1]。

---

[1] 董楚平：《吴越文化新探》，浙江人民出版社 1988 年版，第 230 页。

4.吴国与楚国

楚国是先秦时期长期雄霸长江中下游和南方大部分地区的诸侯国，春秋五霸和战国七雄之一。楚本是华夏族一支，迫于殷商驱逐，由河南新郑南迁，逐渐在江汉流域兴盛。由于楚国保存华夏脉络，继承了一些周文化特征，楚国礼器保留了明显的中原文化风格，与中原文化有着密切的关系。楚国南迁后，楚文化逐渐与南方文化融合，在中原文化的基础上形成了较有特色的独立的楚文化系统。

吴越与楚接壤，春秋战国时期交流往来频繁。西汉刘向《说苑》中有一首《越人歌》，记载鄂君子皙泛舟新波之中，榜枻越人拥楫而歌，反映了一段越楚佳话。楚文化对吴越音乐文化的影响主要发生在春秋晚期，在春秋末期和战国初期形成了高潮，六合程桥吴墓出土的青铜乐器和越国乐器者汈钟无疑是这个时期吴越与楚文化交流的重要成果。

20世纪30年代河南洛阳金村大墓出土一套编钟，钮钟12件，器身铸刻器主名"者汈"，因之称"者钟"。者汈钟铸造精良，形制规范，纹饰精细，鼓部饰蟠龙纹，以8条龙交叠式排列成对称图形（图29），篆间饰三角顾龙纹，舞部蟠龙纹。与者汈钟形制纹饰相同的钮钟在六合程桥1号墓、2号墓都有发现。程桥1号墓与2号墓出土钮钟因有铭文"臧孙"和"旨赏"，因之分别命名。二器造型、纹饰高度相近，是同时代铸造的青铜乐钟。器身鼓、篆、舞皆是蟠螭纹，钮饰三角雷纹，36个螺旋枚。（如图30所示）

图29　者汈钟　　　　图30　旨赏钟

者汈钟与臧孙钟、旨赏钟器身纹饰有相当的一致性。器身鼓部、篆间和舞部均是以龙纹为饰，篆间都是三角龙纹，尤其两器鼓部（如图31、图32所示）均以蟠龙纹构图，左右对称，并且八条龙位置一致，龙首的位置与方向皆相同，可见纹饰构造方法的审美风格。者汈钟鼓部以一条粗纹两边各两条细纹构造龙身，龙形主要呈对称式，而臧孙钟、旨赏钟鼓部龙身填以8条细线和云纹，龙形构造则采用了穿插的方式，龙尾两两纠缠。从三例钟鼓部纹饰构图方式和形态，以及篆间、舞部纹饰来看，有相同文化性质，特征明显。

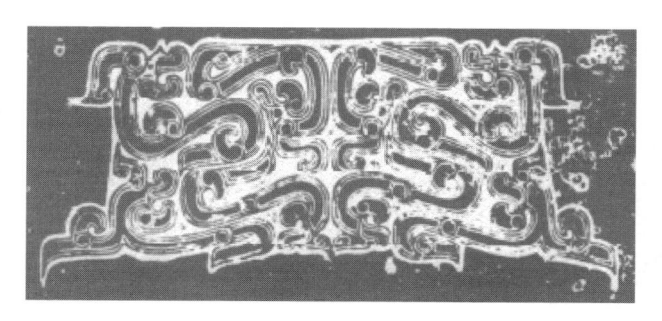

图31　者汈钟鼓部纹饰　　　　　　　　　图32　臧孙钟鼓部纹饰

青铜乐钟鼓部饰8条龙纹，篆部、舞部均以蟠龙纹为饰，钲篆以阳线框隔区间，36个枚为螺旋形，这种风格的乐钟在楚器中多有发现，如鄱子成周钟、敬事天王钟、戲钟以及包叶县旧县M1钮钟和楚王领钟等。如图33—图38所示。

图33　鄱子成周钟　　　　图34　敬事天王钟　　　　图35　戲钟

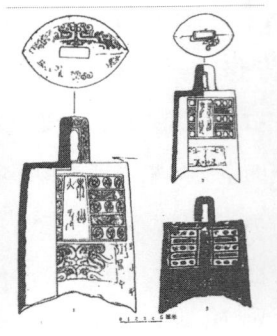

图36　齹镈　　　　　图37　旧县M1钮钟　　　　图38　楚王领钟

《谷梁传·定公四年》："吴入楚。日入，易无楚也。易无楚者，坏宗庙，徙陈器，挞平王之墓。"《谷梁传集解》引郑嗣曰："陈器，乐悬也。"伍子胥鞭尸楚平王三百，并从楚宫掠乐器而归，楚国乐悬以战利品方式进入吴国宫廷。

以浅浮雕方式饰8条蜷曲龙纹，龙形飘逸，线条流畅，似龙在云中盘桓，这样的青铜乐钟在春秋晚期楚器中占很大一部分，是楚国较明显风格的乐钟。尽管鄱子成周钟墓主可能为句吴夫人宋景公之妹，齹钟为吕国钟，叶县旧县M1钮钟可能为叶国钟，但宋国、吕国、叶国都在不同阶段为楚国附庸国，这些乐器均楚文化性质明确。从器物形制、纹饰与年代可以发现，约从春秋中晚期之后，吴越音乐文化受到楚文化的深刻影响，臧孙钟、旨赏钟、者氵刁钟可鉴。

不仅越器者氵刁钟、臧孙钟、旨赏钟等吴越乐器受到楚文化影响，春秋晚期的沇儿镈和子璋钟等青铜乐器在形制、纹饰等方面均与上述楚器文化风格相近，同样可见春秋晚期徐国、许国、宋国、蔡国、曾国、吕国、罗国等楚国周边国家与吴越一样，深受楚文化影响。1955年，安徽寿县蔡侯墓出土资料不仅是吴、蔡国家文化交流的体现，实际上也是吴越文化与楚文化间的交流。吴越标志性的乐器句鑃，在春秋晚期发展到成熟阶段时期，其器身铸刻铭文以及铭文用词风格均与楚文化有很大关系。[①] 从目前发现的部分吴越乐器可以观察到，

---

① 参见马国伟《句鑃研究》，硕士学位论文，中国艺术研究院，2012年，第129—153页。

春秋晚期，吴越与楚音乐文化深入交流，不仅在中原乐悬乐器上有反映，就连吴越独特的乐器句鑃也出现了楚文化因素。吴越与楚文化交流的方式比较直接，有时候也通过其他的途径，如吴王光钟反映出吴、蔡、楚间的文化关系，甚至吴越、徐舒、蔡楚间的文化交流也是较为密切的。

伴随着先秦吴越民族的发迹、兴盛与灭亡，吴越音乐文化也经历了一个起步、发展、成熟、衰落的历史进程。中原礼乐文化对吴越民族的影响，是一个动态发展的过程，吴、越两国与周边各国乃至远邦的文化交流，促进了吴越音乐的崛起和发展。其中，郯鲁、徐舒、蔡楚等国既在中原文化影响吴越民族的过程中起了重要作用，同时又赋予了吴越音乐绚烂多姿的内容，使其逐渐发展成为一种独具风格的音乐文化，对广大南方地区及周边产生广泛而深远的影响。在攻戮征伐和风雨飘摇的岁月里，吴越音乐不仅为吴越文化的交流打开了封闭局面，同时也见证了吴越民族兴亡。尽管吴越国家载体先后消失，吴越音乐仍以鲜明而独特的文化风格和顽强的生命力，广泛而深刻地影响着中华文化，为构筑丰富多彩的华夏文明做出了重要贡献！

附录　出土吴越甬钟统计表

	钟名、出土地、著录	数量	材质	时期	来源
江苏	东海庙墩遗址	9	青铜	春秋早中期	江苏东海庙墩遗址和墓葬
	吴江横扇	2	青铜	春秋	吴江横扇出土越王残钟考释
	无锡鸿山	61	原始瓷	战国	无锡鸿山越墓发掘报告
	高淳古柏马家圩	1	青铜	春秋中期	镇江出土吴国青铜器
	溧阳县废品回收站	1	青铜	东周	镇江地区近年出土的青铜器
	高淳青山茶场	2	青铜	春秋	镇江地区近年出土的青铜器
	溧水东屏	1	青铜	春秋中期	镇江出土吴国青铜器

续表

钟名、出土地、著录		数量	材质	时期	来源
浙江	萧山杜家村	1	青铜	西周	浙江萧山杜家村出土西周甬钟
	东阳双江口	1	青铜	春秋	东阳市博物馆藏春秋战国青铜器
	江山上江坝	6	青铜	春秋	浙江江山出土青铜编钟
	绍兴塔山	1	青铜	春秋	浙江绍兴市发现一件春秋铭文铜甬钟
	鄞县韩岭	1	青铜	西周	浙江萧山杜家村出土西周甬钟
	海盐黄家山	13	原始瓷	战国	浙江海盐出土原始瓷乐器
	长兴鼻子山	7	原始瓷	战国	浙江长兴鼻子山越国贵族墓
	余杭崇贤老鸦桥	4	原始瓷	战国	浙江余杭崇贤战国墓
	德清亭子桥遗址	2	原始瓷	战国	浙江德清亭子桥战国窑址发掘简报
	绍兴皋埠茅家山	28	黑陶	战国	浙江绍兴任家湾茅家山战国墓清理简报
	绍兴陶甬钟	1	原始瓷	战国	记浙江发现的铜铙、釉陶钟和越王石矛
安徽	繁昌汤家山	1	青铜	春秋早期	安徽繁昌出土一批春秋青铜器
	吴王光钟	?	青铜	春期末	安徽寿县蔡侯墓
江西	者减钟	11	青铜	春秋	西清续鉴甲编
湖北	广济鸭儿洲	23	青铜	春秋早期	湖北广济发现一批周代甬钟
	者旨于赐钟	1	青铜	战国	宣和博古图
	朱句钟	1	青铜	春秋晚期	历代钟鼎彝器款识法帖

出土吴越钮钟统计

出土地		数量	材质	时期	来源
江苏	攻敔臧孙编钮钟	9	青铜	春秋末期	江苏六合程桥东周墓
	旨赏钟	7	青铜	春秋晚期	江苏六合程桥二号东周墓
	甚六编钟	7	青铜	春秋晚期	丹徒北山顶春秋墓
	连云港尾矿坝	9	青铜	东周	中国音乐文物大系·江苏卷
	江苏第三监狱工地	3	青铜	春战之际	江苏苏州市发现窖藏青铜器

续表

出土地		数量	材质	时期	来源
浙江	青铜钮钟	7	青铜	东周	余杭江南水乡博物馆
河南	者汈钟	12	青铜	战国	河南洛阳金村墓

句鑃统计

出土地、藏所		数量	材质	时期
江苏	常熟姑冯句鑃	1	青铜	春战
	武进淹城	7	青铜	春秋
	高淳顾陇松溪	8	青铜	春秋
	高淳顾陇青山茶场	2	青铜	春秋
	高淳凤山	1	青铜	春秋
	高淳漆桥	1	青铜	春秋
	吴江梅堰龙北	5	青铜	东周
	张家港蔡舍	1	青铜	东周
	无锡博物馆	1	青铜	周代
	镇江博物馆	1	青铜	周代
	无锡鸿山	75	原始瓷陶	战国
浙江	武康其次句鑃	13	青铜	战国
	绍兴配儿句鑃	2	青铜	春秋末
	东阳	1	青铜	战国
	安吉	2	原始瓷	战国
	萧山	1	原始瓷	战国
	绍兴	11	原始瓷	战国
	海盐黄家山	14	原始瓷	战国
	长兴鼻子山	8	原始瓷	战国
	大陆石马坪	7	原始瓷	战国

续表

出土地、藏所		数量	材质	时期
北京	故宫博物院藏	3	青铜	周代
	中国历史博物馆藏	1	青铜	春秋
安徽	青阳	4	青铜	春秋
	繁昌	1	青铜	春秋
	广德	9	青铜	春秋
	枞阳旗山	1	青铜	春秋
	泾县南容	3	青铜	春秋
	泾县高坦	1	青铜	春秋
	芜湖	4	青铜	春秋
	安徽省博物馆藏	1	青铜	春秋
江西	江西博物馆藏	1	青铜	周代
湖北	广济鸭儿洲	2	青铜	春秋
上海	上海博物馆藏	1	青铜	周代
		1	青铜	周代
		1	青铜	周代
湖南	长沙北区荷花池	1	青铜	周代
广东	广州南越王墓	8	青铜	汉代
	素面句鑃	2	青铜	周代

乐钟研究的标准差分析法
——以两周越地青铜编钟为例

隋 郁

在我国古代百越民族群体主要分布的安徽南部、江苏、浙江、江西、湖南、福建、广东、广西、云南、贵州等省区，出土了大量青铜乐钟，可证在距今三千多年前的商周时期，存在着与中原地区青铜文明所并行存在的另一支青铜文明——百越地区青铜文明。本文是以出土于我国越族分布地区的两周时期青铜质编钟为分析对象，使用统计学标准差为首要研究方法，通过对相关资料的搜集、整理、分析，以及对分析结果在理论层次的提升，所进行的专题研究。

本文对两周越地青铜编钟的标准差分析，主要从编钟的形制及双音状态两个角度进行深入，不单对各地区的编钟所共有的地域性特点给予总结，还从历时性的角度厘清越地乐钟的发展脉络。笔者在文中力图采用"定量分析"的模式，使用统计学标准差的方法，对两周越地青铜编钟的形制特点、形制规范性、与《考工记》所载钟形的关联程度，以及乐钟正侧鼓音程音分值的偏离程度等问题进行探索，以图揭示蕴含在乐钟数据资料中却不易被传统的"定性分析"所觉察的现象与规律，挖掘其中有理性因素参与或制约的痕迹。

通过对编钟相关数据的定量分析，可以感知不同时期、不同地域的乐钟形制在设计、铸造层面所具有的规范性要求，可以发现形制规范性的程度在不同历史时期的变化，可以反映不同地域的乐钟形制所具有的不同特点。而钟形的特点以及规范程度的状况，亦与乐钟的音乐性能、音响性能以及钟上双音的存在状态密切相关。

总之，笔者对本题的定位，是通过对两周越族分布地区的青铜编钟进行技术分析，从而为越族分布地区的音乐文化、青铜文化全貌的研究贡献一份力量。

一、统计学标准差在钟类乐器形制分析中的运用

对钟类乐器的形制进行分析，所常用的是考古类型学分型、分式的方法，其研究目的是找到器物发展演变的序列关系。但本文并未采用这种方法，而是使用一种定量分析的方法——统计学标准差，来分析钟类乐器的形制数据，其目的是观察编钟的形制在设计、制作层面的规范程度。

定量分析，是与定性分析相辅相成的一种研究方法，常见的定量分析方法有求平均值、百分比等。与擅长归纳、分析、演绎的定性分析相比，定量分析所注重的是研究对象的数量关系，即从数量的角度来看待学科中的现象和规律。"数量关系的研究不仅能揭示被研究考古资料中内涵的，而不易被传统的定性研究所看出的某些现象和规律，而且定量研究排除了在归纳和演绎等推理过程中可能出现的主观任意性。"[1] 笔者认为，由于定量分析与定性分析在研究方法与关注焦点上所存在的明显差异，定量分析至少应该成为定性分析的有效补充。

在实际操作中，定量分析亦有其自身的优势——软件协助。定量分析的分析对象，往往涉及繁复的计算工作。当面对巨大的工作量时，由计算机软件来完成计算过程，可以使工作人员将精力集中于对计算结果的合理解读，而这也能够保证计算结果输出既快捷方便又精准无误，避免出现研究工作中精力投入

---

[1] 陈铁梅：《定量考古学》，北京大学出版社 2005 年版，第 11 页。

与成果产出不成正比的问题。

　　本文对编钟形制的研究，是以统计学标准差作为定量分析的工具，以"定量"的思维模式对编钟形制规范的考量。而本部分的内容，正是对统计学标准差这一定量分析工具从功能优势、学科融入历程、具体操作方法等多方面的介绍，以期读者能够更加顺利地理解笔者针对编钟的形制所进行的分析。此外，标准差的分析方法亦可以用来观察具有相同音程关系的、不同音分值的偏离程度，这一分析方法，已被笔者应用于对越地乐钟正、侧鼓音程音分值偏离程度的分析中，标准差大则音分值的偏离程度大，乐钟正、侧鼓音程关系受理性因素制约的程度小；反之，则理性因素参与的可能性高，乐钟所发双音更可能摆脱了原生状态，而向更高层次的铸生、铸调阶段发展。总之，笔者认为，合理地使用统计学标准差的方法对音乐、乐器相关数据进行分析，是可操作性很强又科学、准确，且能够对音乐学专业的分析、研究有所帮助的。

（一）标准差及其在考古学研究方法中的引入

　　由于标准差这一统计学的分析方法所具有的科学性以及实用性，考古学界已经将其纳入针对数据资料进行分析的方法之一。

1.平均值的局限与标准差的优势

　　在以往所见的针对乐钟形制数据进行分析的方法中，求平均值的方法较为常见。这类分析通常先将众多数据求得均值，继而通过观察单个数据或数据整体与平均值距离的远近，来进行分析与判断。平均值本身并不能表现出众数据对均值的偏离程度，但可以通过对单一数据与均值大小的对比，粗略显示出这些数据与均值偏离的远近。这种求平均值的方法，早已被熟知并广泛运用于日常生活的方方面面；对数据与平均值偏离程度的观察与分析，要视使用者的使用要求与使用目的而定，通常并不要求十分精确。需要肯定的是，求平均值的方法由于简易方便，确实能对研究过程中的分析与判断起到辅助作用，但这一方法并不能用量化的方式精确显示数据整体对于均值的偏离程度，而这即笔者所谓"平均值的局限"。

当涉及的数据少且简单时，其与平均值的关系显而易见；但当数据多且复杂时，对数据与其平均值偏离程度的观察，就绝非一目了然了。而标准差，正是对"数据关于均值的离散程度的一种度量"，其公式为[①]：

$$\sigma = \sqrt{\frac{\sum_{i=1}^{N}(x_i - \mu)^2}{N}}$$

其中，x_i表示所统计众数据中的单个数值；i表示被纳入统计的众数据的序号，本公式中规定i=1，即从第一个数据开始统计；N表示被纳入统计的数据的总数量；μ表示众数据的平均值；Σ本身表示"求和"，$(x_i-\mu)^2$表示被统计数据中的某一个数据与平均值差值的平方，结合$\sum_{i=1}^{N}$则表示所有被统计数据（第1个到第N个）与平均值差值的平方之和；σ即代表标准差，标准差越大，则表示数据整体和平均值之间的偏离程度越大；标准差越小，则表示数据整体和平均值之间的偏离程度越小。下面举例说明。

数列一（2、7、9、14）；数列二（5、6、10、11）

上例两组数列，每组的平均值均为8，但显然每组数据对8的偏离程度并不相同，第一组大、第二组小，但这种偏离度无法通过平均值得以显示；将两个数列中的各数分别带入标准差公式，得出如下值：

$$\sigma_1 = \sqrt{\frac{(2-8)^2 + (7-8)^2 + (9-8)^2 + (14-8)^2}{4}} \approx 4.30$$

---

① ［美］S.伯恩斯坦、R.伯恩斯坦：《统计学原理》（上册），史道济译，科学出版社2002年版，第130页。

$$\sigma_2 = \sqrt{\frac{(5-8)^2 + (6-8)^2 + (10-8)^2 + (11-8)^2}{4}} \approx 2.55$$

显然第二组数据对平均值的偏离程度较小。在处理较少数量的数据时，我们尚可以通过直观的目测来把握数据与平均值的差距远近，但在面对众多繁复数据时，对标准差的计算，将成为分析数据偏差程度的有效手段。

正是由于统计学标准差具有上述功能优势，笔者将其作为分析编钟形制数据以及正、侧鼓音程音分值偏离度的工具。

2. 标准差在考古学研究方法中的引入

由于考古学历来重视与自然科学的结合，自然科学的定量思维观念与定量研究方法必然会融入考古学研究的领域之中。在我国考古学研究领域中，定量分析的方法已经被学界重视并应用，其中亦包括标准差。

自 20 世纪 80 年代末期开始，北京大学与吉林大学的考古系开设了"定量考古学"和"计算机考古"的课程。在教学的过程中，由于没有定量考古学的相关中文教程，考古专业的学生只能通过旁听这方面的课程来补充相关知识。但由于许多学生的数学基础薄弱，且专门的数学课程所涉及的举例往往与考古专业并不相关，因此学习的效果不甚理想。鉴于这一实际情况，北京大学考古系教授陈铁梅于 2005 年编著了国内第一本定量考古学的专门著作——《定量考古学》。此书将定量研究的方法与考古学研究的实例相结合，更易于考古专业的学生理解并接受。关于标准差，书中提到考古学家黄蕴平曾用这一方法对周口店第一地点和南京汤山两地出土的肿骨鹿腿骨的直径做了统计检验；袁靖等人曾用这一方法，对山东贝丘遗址各层贝壳的尺寸做统计检验。[①]

总之，标准差分析的方法，随定量研究被考古学研究者日益重视的过程，已经被使用于考古学领域的研究之中。

---

① 参见陈铁梅《定量考古学》，北京大学出版社 2005 年版，第 10 页。

3. 标准差可用于钟类乐器的形制分析

标准差之所以可应用于钟类乐器的形制分析，是由钟类乐器自身的形制特点决定的。根据《周礼·考工记·凫氏》所载，钟体不同部位的尺寸存在比例关系。由于钟体大小不等，直接将钟体各部分的尺寸用来比较，仅能得出显而易见的长度差别，难以得出对钟体设计的规律性认识。因此，将单纯的长度换算成不同部位之间的比值，再对比值加以比较应为上策。分析对象自身的"总体标准差"所显示出的钟体比例对其平均值的离散程度，能够说明研究对象在设计、制作层面的规范程度；此外，将《凫氏》所载比值代替平均值（即作为标准差公式中的 μ 值）代入标准差公式，其计算结果（即本文所言"对比标准差"）能够显示出研究对象在设计层面与《凫氏》所载钟形的相近或相别。

总而言之，依笔者之见，器物的尺寸数据有两种情况可以使用标准差的方法进行分析。其一为尺寸固定的状况，符合这一状况的器物，其理论尺寸固定不变，用标准差的方法对实物的尺寸数据进行分析时，标准差大则器物制作的规范性弱，反之则规范性强；其二为器物各部分的尺寸存在固定比例关系的状况，符合这一状况的器物，虽然不同实物各部位的具体尺寸可以按照既有的比例关系放大或缩小，但由于这类器物各部分尺寸的比例关系固定不变，因此可以用标准差的方法对比值进行分析，标准差大则器物制作的规范性弱，反之则规范性强。而钟类乐器的形制数据之所以能够使用标准差的方法进行分析，正是由于其形制尺寸中存在固定比例关系。

（二）对钟类乐器的形制进行标准差分析的方法

由于艺术生通常存在数学基础薄弱的实际状况，在运用与数学相关的分析方法时，稍有烦琐或生僻便往往会被表面现象吓倒。其实，计算机程序完全可以代替人工运算，而我们需要做的只是对程序运算的结果进行合理的解读。对标准差方法的运用亦是如此，复杂的公式绝不该成为阻挠我们使用标准差这一方法的障碍。我们可以借助 EXCEL 软件能够输入公式自动运算的功能来完成数据计算的中间环节，从而直接进入数据解读阶段。

通过对实际操作经验的总结，笔者认为，使用标准差的方法对钟类乐器的形制进行分析，可分为 5 个步骤。下面将逐一对每个步骤的具体操作方法加以说明，其中所涉及的 EXCEL 公式设置方法不做深入展开，如有需要可查阅相关书籍。

1. 资料与数据的准备阶段

P3　=F3/G3

	E	F	G	H	I	J	K	P	Q	R	S	T	U	V	W	X	Y
1–2	通高	舞脩	舞广	中长	铣长	铣间	鼓间	舞脩 舞广	舞脩 中长	舞脩 铣长	舞脩 铣间	舞脩 鼓间	舞广 中长	舞广 铣长	舞广 铣间	舞广 鼓间	中 铣
3	22.5	13.4	10.0	16.8	16.9	15.5	11.1	1.34	0.80	0.79	0.86	1.21	0.60	0.59	0.65	0.90	0.9
4	22.0	12.9	9.2	16.4	16.5	14.9	10.6	1.40	0.79	0.78	0.87	1.22	0.56	0.56	0.62	0.87	0.9
5	21.1	11.9	9.2	15.5	15.7	13.5	10.1	1.29	0.77	0.76	0.88	1.18	0.59	0.59	0.68	0.91	0.9
6	20.7	11.8	8.7	15.1	13.8	15.2	10.3	1.36	0.78	0.86	0.78	1.15	0.58	0.63	0.57	0.84	1.0
7	20.5	11.3	8.6	14.7	14.9	12.6	10.0	1.31	0.77	0.76	0.90	1.13	0.59	0.58	0.68	0.86	0.9

图 1　资料准备示意图

首先将需要整理的乐钟形制数据在 EXCEL 表格中录入，并将各部位的数据逐一转换成比值。比值的计算可以使用 EXCEL 公式自动完成（如表中 P3 的公式为图 1 中框选处所示），本文对自动运算的结果保留两位小数；每一列比值仅需设置本列第一行的公式（如图 1 中 P 列第 3 行），其他各行的公式可以通过格式复制来完成输入。

2. 平均值与理论值

Q8　=AVERAGE(Q3:Q7)

名称框

	E	F	G	H	I	J	Q	R	S	T	U	V	W	X	Y	Z	AA
1–2	通高	舞脩	舞广	中长	铣长	铣间	舞脩 中长	舞脩 铣长	舞脩 铣间	舞脩 鼓间	舞广 中长	舞广 铣长	舞广 铣间	舞广 鼓间	中长 铣长	中长 铣间	中 鼓
3	22.5	13.4	10.0	16.8	16.9	15.5	0.80	0.79	0.86	1.21	0.60	0.59	0.65	0.90	0.99	1.08	1.
4	22.0	12.9	9.2	16.4	16.5	14.9	0.79	0.78	0.87	1.22	0.56	0.56	0.62	0.87	0.99	1.10	1.
5	21.1	11.9	9.2	15.5	15.7	13.5	0.77	0.76	0.88	1.18	0.59	0.59	0.68	0.91	0.99	1.15	1.
6	20.7	11.8	8.7	15.1	13.8	15.2	0.78	0.86	0.78	1.15	0.58	0.63	0.57	0.84	1.09	0.99	1.
7	20.5	11.3	8.6	14.7	14.9	12.6	0.77	0.76	0.90	1.13	0.59	0.58	0.68	0.86	0.99	1.17	1.
8					平均值		0.78	0.79	0.86	1.18	0.58	0.59	0.64	0.88	1.01	1.10	1.
9				《考工记》理论值			0.80	0.64	0.80	1.00	0.64	0.5125	0.64	0.80	0.80	1.00	1.

图 2　平均值与理论值示意图

平均值的计算可以使用 EXCEL 公式自动完成（如 Q8 的公式为图 2 中框选处所示）；平均值仅需设置第一列（如图 2 中 Q8）的公式，其他各列的公式可以通过格式复制来完成。平均值可以用来与《考工记》所载理论值进行对比，以便粗略观察实际值与理论值的差距，本文对自动运算的结果保留两位小数。

关于《考工记》中所载钟体各部位的相对长度，笔者曾在《〈周礼·考工记·凫氏〉两种解读方式之比较》①一文中做出计算，结果为：

舞脩 =6.4 分；舞广 =5.12 分；中长②=8 分；铣长 =10 分；铣间 =8 分；鼓间 =6.4 分。

将此 6 处相对长度的比例依次取值，除去分子、分母相互颠倒的倒数之一，结果见表 1 。至此，可将上列计算结果填入表格中“《考工记》理论值”的相应位置。

3. 总体标准差

Q10　=STDEVP(Q3:Q7)

	E	F	G	H	I	J	Q	R	S	T	U	V	W	X	Y	Z	A
1–2	通高	舞脩	舞广	中长	铣长	铣间	舞脩 中长	舞脩 铣长	舞脩 铣间	舞脩 鼓间	舞广 中长	舞广 铣长	舞广 铣间	舞广 鼓间	中长 铣长	中长 铣间	中 鼓
3	22.5	13.4	10.0	16.8	16.9	15.5	0.80	0.79	0.86	1.21	0.60	0.59	0.65	0.90	0.99	1.08	1.[illegible]
4	22.0	12.9	9.2	16.4	16.5	14.9	0.79	0.78	0.87	1.22	0.56	0.56	0.62	0.87	0.99	1.10	1.[illegible]
5	21.1	11.9	9.2	15.5	15.7	13.5	0.77	0.76	0.88	1.18	0.59	0.59	0.68	0.91	0.99	1.15	1.[illegible]
6	20.7	11.8	8.7	15.1	13.8	15.2	0.78	0.86	0.78	1.15	0.58	0.63	0.57	0.84	1.09	0.99	1.[illegible]
7	20.5	11.3	8.6	14.7	14.9	12.6	0.77	0.76	0.90	1.13	0.59	0.58	0.68	0.86	0.99	1.17	1.[illegible]
8				平均值			0.78	0.79	0.86	1.18	0.58	0.59	0.64	0.88	1.01	1.10	1.[illegible]
9				《考工记》理论值			0.80	0.64	0.80	1.00	0.64	0.5125	0.64	0.80	0.80	1.00	1.[illegible]
10				总体标准差			0.01	0.04	0.04	0.03	0.01	0.02	0.04	0.03	0.04	0.06	0.[illegible]

图 3　总体标准差示意图

总体标准差的计算可以使用 EXCEL 公式自动完成（如 Q10 的公式为图 3 中框选处所示）；总体标准差值仅需设置第一列（如图 3 中 Q10）的公式，其他各列可以通过格式复制来完成，本文对自动运算的结果保留两位小数。总体标准差可以用来观察各列数据距其平均值的偏离度，从而反映出钟体各部位在设计、制作层面的规范程度。总体标准差大，则偏差较大、规范程度弱；反之则偏差较小、规范程度强。

---

① 笔者本文发表于《中国音乐》2011 年第 1 期。

② 《考工记》中所言“征长”，即今言“中长”。笔者在本文中一律统一为“中长”。

4. 对比标准差

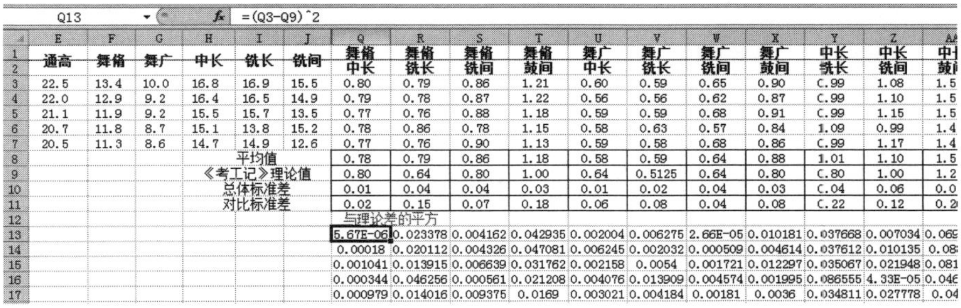

Q13 =(Q3-Q9)^2

	E	F	G	H	I	J	Q	R	S	T	U	V	W	X	Y	Z	AA
1/2	通高	舞脩	舞广	中长	铣长	铣间	舞脩 中长	舞脩 铣长	舞脩 铣间	舞脩 鼓间	舞广 中长	舞广 铣长	舞广 铣间	舞广 鼓间	中长 铣长	中长 铣间	中 鼓
3	22.5	13.4	10.0	16.8	16.9	15.5	0.80	0.79	0.86	1.21	0.60	0.59	0.65	0.90	C.99	1.08	1.5
4	22.0	12.9	9.2	16.4	16.5	14.9	0.79	0.78	0.87	1.22	0.56	0.56	0.62	0.87	C.99	1.10	1.5
5	21.1	11.9	9.2	15.5	15.7	13.5	0.77	0.76	0.88	1.18	0.59	0.59	0.68	0.91	C.99	1.15	1.5
6	20.7	11.8	8.7	15.1	13.8	15.2	0.78	0.86	0.78	1.15	0.58	0.63	0.57	0.84	1.09	0.99	1.4
7	20.5	11.3	8.6	14.7	14.9	12.6	0.77	0.76	0.90	1.13	0.59	0.58	0.68	0.86	C.99	1.17	1.4
8					平均值		0.78	0.79	0.86	1.18	0.58	0.59	0.64	0.88	1.01	1.10	1.5
9					《考工记》理论值		0.80	0.64	0.80	1.00	0.64	0.5125	0.64	0.80	C.80	1.00	1.2
10					总体标准差		0.01	0.04	0.04	0.03	0.01	0.02	0.04	0.03	C.04	0.06	0.0
11					对比标准差		0.02	0.15	0.07	0.18	0.06	0.08	0.04	0.08	C.22	0.12	0.2
12							与理论差的平方										
13							5.67E-06	0.023378	0.004162	0.042935	0.002004	0.006275	2.66E-05	0.010181	0.037668	0.007034	0.069
14							0.00018	0.020112	0.004326	0.047081	0.006245	0.002032	0.000509	0.004614	0.037612	0.010135	0.08
15							0.001041	0.013915	0.006639	0.031762	0.002158	0.0054	0.001721	0.012297	0.035067	0.021948	0.081
16							0.000344	0.046256	0.000561	0.021208	0.004076	0.013909	0.004574	0.001995	0.086555	4.33E-05	0.046
17							0.000979	0.014016	0.009375	0.0169	0.003021	0.004184	0.00181	0.0036	0.034811	0.027778	0.04

图 4　对比标准差示意图（1）

对比标准差的计算相对复杂，由于需要手动将《考工记》理论值作为 μ 值代入标准差公式，因此需要将标准差公式分为两个步骤。

步骤一：先求的公式中（$x_i-\mu$）^{2} 的部分，μ 值在此即《考工记》理论值。这一部分公式原先的意义为“与平均值的差的平方”，当将《考工记》理论值作为 μ 值代入其中后，这部分公式的意义即转换为“与理论值的差的平方”，其计算可以使用 EXCEL 公式自动完成（如 Q13 的公式为图 4 中框选处所示）。设置第一列第一行（如图 4 中 Q13）的公式后，其他各列的第一行可以通过格式复制来完成；各列的其他各行则需要在公式复制之后再逐一进行公式改写［如 Q14 的公式为“=（Q4−Q9）^2”，Q15 的公式为“=（Q5−Q9）^2”等］，不能通过复制直接完成。为保证运算结果的精确性，此处自动运算的结果建议保留无限小数。

步骤二：标准差公式中剩余的计算，可以使用 EXCEL 公式自动完成（如 Q11 的公式为图 5 中框选处所示），自动运算的结果保留两位小数。仅需设置第一列（如图 5 中 Q11）的公式，其他各列可以通过格式复制来完成。

Q11 =SQRT(AVERAGE(Q13:Q17))

	E	F	G	H	I	J	Q	R	S	T	U	V	W	X	Y	Z	AA
1–2	通高	舞脩	舞广	中长	铣长	铣间	舞脩 中长	舞脩 铣长	舞脩 铣间	舞脩 鼓间	舞广 中长	舞广 铣长	舞广 铣间	舞广 鼓间	中长 铣长	中长 铣间	中长 鼓间
3	22.5	13.4	10.0	16.8	16.9	15.5	0.80	0.79	0.86	1.21	0.60	0.59	0.65	0.90	0.99	1.08	1.51
4	22.0	12.9	9.2	16.4	16.5	14.9	0.79	0.78	0.87	1.22	0.56	0.56	0.62	0.87	0.99	1.10	1.5
5	21.1	11.9	9.2	15.5	15.7	13.5	0.77	0.76	0.88	1.18	0.59	0.59	0.68	0.91	0.99	1.15	1.5
6	20.7	11.8	8.7	15.1	13.8	15.2	0.78	0.86	0.78	1.15	0.58	0.63	0.57	0.84	1.09	0.99	1.4
7	20.5	11.3	8.6	14.7	14.9	12.6	0.77	0.76	0.90	1.13	0.59	0.58	0.68	0.86	0.99	1.17	1.4
8						平均值	0.78	0.79	0.86	1.18	0.58	0.59	0.64	0.88	1.01	1.10	1.51
9						《考工记》理论值	0.80	0.64	0.80	1.00	0.64	0.5125	0.64	0.80	0.80	1.00	1.2
10						总体标准差	0.01	0.04	0.04	0.03	0.01	0.02	0.04	0.03	0.04	0.06	0.0
11						对比标准差	0.02	0.15	0.07	0.18	0.06	0.08	0.04	0.08	0.22	0.12	0.2
12							与理论差的平方										
13							5.67E-06	0.023378	0.004162	0.042935	0.002004	0.006275	2.66E-05	0.010181	0.037668	0.007034	0.069
14							0.00018	0.020112	0.004326	0.047081	0.006245	0.002032	0.000509	0.004614	0.037612	0.010135	0.088
15							0.001041	0.013915	0.006639	0.031762	0.002158	0.0054	0.001721	0.012297	0.035067	0.021948	0.081
16							0.000344	0.046256	0.000561	0.021208	0.004076	0.013909	0.004574	0.001995	0.086555	4.33E-05	0.046
17							0.000979	0.014016	0.009375	0.0169	0.003021	0.004184	0.00181	0.0036	0.034811	0.027778	0.04

图 5　对比标准差示意图（2）

对比标准差可以用来观察各列数据距离《考工记》所载理论值的偏离度，从而反映出各套钟的形制与《考工记》所载钟形的相符程度。对比标准差大，则偏离度大，与理论形制相差较大；反之则偏离度小，与理论形制较为相符。

5. 数据复查

为了保证数据计算结果的准确有效，需要对数据进行复查。在能够保证公式设置完全正确的状况下，对数据的复查只需校对舞脩、舞广等原始数据与数据来源是否一致即可，各部位数据的比例以及标准差、平均值的设置，由于是由 EXCEL 公式自动计算，当原始数据改动时，由公式计算的结果便会自动更新，无须重新输入公式、重新计算。但在分析编钟形制数据的过程中，经常会碰到由于乐钟局部损坏而出现的数据不全的状况，由于统一设置的 EXCEL 公式并不能自动剔除无效数据，因此需要手动删除。

如图 6 所示，由于一钟的铣间残而无数据，因此需要手动将该钟关于铣间的比值结果删除，以保证公式计算结果的准确有效。

53–54	舞脩	舞广	中长	铣长	铣间	鼓间	舞脩 舞广	舞脩 中长	舞脩 铣长	舞脩 铣间	舞脩 鼓间	舞广 中长	舞广 铣长	舞广 铣间	舞广 鼓间	中长 铣长	中长 铣间
55	20.5	15.8	25.8	26.2	24.7	19.3	1.30	0.79	0.78	0.83	1.06	0.61	0.60	0.64	0.82	0.98	1.04
56	18.8	13.8	23.6	24.0	22.5	16.9	1.36	0.80	0.78	0.84	1.11	0.58	0.58	0.61	0.82	0.98	1.05
57	17.9	13.7	21.6	21.9	20.8	16.2	1.31	0.83	0.82	0.86	1.10	0.63	0.63	0.66	0.85	0.99	1.04
58	15.9	12.0	19.7	19.8	19.1	14.2	1.33	0.81	0.80	0.83	1.12	0.61	0.61	0.63	0.85	0.99	1.03
59	14.9	11.0	18.2	18.2	残	12.5	1.35	0.82	0.82		1.19	0.60	0.60		0.88	1.00	
60	13.5	9.8	16.3	16.6	15.8	11.6	1.38	0.83	0.81	0.85	1.16	0.60	0.59	0.62	0.84	0.98	1.03
61							1.34	0.81	0.80	0.84	1.13	0.61	0.60	0.63	0.84	0.99	1.04
62							1.25	0.80	0.64	0.80	1.00	0.64	0.5125	0.64	0.80	0.80	1.00
63							0.03	0.01	0.02	0.01	0.04	0.01	0.02	0.02	0.02	0.01	0.01
64							0.05	0.01	0.14	0.03	0.06	0.03	0.09	0.00	0.02	0.18	0.04
65							与理论差的平方										
66							0.002253	2.94E-05	0.02029	0.000898	0.003866	0.000762	0.0082	1.05E-07	0.000348	0.034126	0.00198
67							0.012616	1.15E-05	0.020544	0.001264	0.01264	0.003053	0.003906	0.000711	0.000275	0.033611	0.00239
68							0.0032	0.000824	0.031454	0.00367	0.011012	3.3E-05	0.012785	0.000348	0.002087	0.034708	0.00147
69							0.005625	5.05E-05	0.026579	0.001054	0.014332	0.000953	0.008754	0.000138	0.002031	0.038005	0.000987
70							0.01093	0.000349	0.031927		0.036864	0.001268	0.008445		0.0064	0.04	
71							0.016269	0.000796	0.030017	0.002963	0.026828	0.001503	0.006062	0.00039	0.00201	0.033098	0.001001

图 6　数据复查示意图

至此，形制分析的数据资料全部准备完成，可根据分析的结果，对数据的意义进行后续解读。

（三）标准差在钟类乐器形制分析中的意义

使用标准差的方法对编钟形制数据进行分析，是研究方法上的新尝试。经过审慎的思考，笔者对使用标准差的方法求得乐钟形制总体标准差以及对比标准差的意义作出了总结。

1. 求钟体各部位数据比例"总体标准差"的意义

（1）成编列的钟，其总体标准差的大小所指向的是此套钟在设计、制作层面的规范程度，总体标准差越小则全套钟的设计与制作越规范，反之则规范程度越弱；（2）同一地域所出土的同类、单件钟，其总体标准差的大小是此地区对此类钟在设计层面是否具有统一规范的显示，标准差越小则代表越可能具有一定之规，反之则代表形制差异较大而规范度较弱；（3）当总体标准差较小时，则可将所统计的此组比值之平均值，视为此组钟体设计的相对规范，并将此相对规范与《考工记》所载理论规范相对比，进一步分析形制的差异；（4）不同统计对象同组数据（如均为$\frac{舞修}{舞广}$）的总体标准差可以进行比较，其所指向的是不同编钟相同部位设计规范程度的对比；（5）相同统计对象的不同组数据之总体标准差可以进行比较，其所指向的是同一套编钟不同部位之间设计规范程度的差别；（6）不同统计对象的不同组数据之总体标准差，笔者认为对其进行比较是无意义的。

2. 求钟体各部位数据比例"对比标准差"的意义

关于《周礼·考工记》的文化属性，经学者研究认定其为齐国官书。就此问题，虽然有学者持反对意见[①]，但当代学者郭沫若、闻人军、汪启明等人，从《考工记》中所提到的列国、水渎名号、地方方言、度量衡制度等方面进行论

---

① 参考刘洪涛《〈考工记〉不是齐国官书》，《自然科学史研究》1984年第4期。

证，从中找到了与齐国文化相关联的蛛丝马迹，他们所持的"齐国官书论"在学界是居于绝对的主导地位的。①

《周礼·考工记》所载《凫氏为钟》一篇，为对甬钟钟体各部位间形制数据比例关系的总结。笔者在文中针对越地出土编钟形制的分析时，不但将各套编甬钟的实际数据与《考工记》所载理论值进行对比，还将中原系统其他钟类（镈、钮钟、句鑃）的数据也进行了对比分析。这主要是出于对《考工记·凫氏为钟》一篇的价值与地位的认同而做出的选择。《考工记》所载乐钟形制比例，是关于此类问题的唯一记载。它所具有的这种唯一性，既是它自身的价值所在，亦将其推至了一个特殊的地位——其中所载虽然并非所有地区、所有钟类形制标准的绝对参照物，但却被"唯一性"推至相对参照物的地位。

正是出于上述思考，笔者将据信为齐国官书的《考工记》中所载甬钟形制的理论比例，也作为相对参照值，与越地出土的中原系统其他钟类的数据也作出了比较分析。笔者认为这种实际值与理论值的对比，具有以下意义：

（1）将《考工记》所载钟体各部位数据的比例作为 μ 值代入标准差公式，则得出所统计的钟体各部位数据比例与《考工记》所载比例的标准差，本文中称其为"对比标准差"；（2）总体标准差较小的钟组，可通过对比标准差来与《考工记》所载钟形的设计规范相对比，对比标准差值的大小，所指向的是统计对象与《考工记》所载钟形在设计规范层面的离合程度，差值越大则说明其形制越有别于《考工记》，反之则说明其与《考工记》所载钟形在一定程度上相符，且存在相关的可能；（3）不同统计对象同组数据之间的对比标准差可以进行比较，其所指向的是不同编钟相同部位的形制与《考工记》所载离合

---

① 参见郭沫若《十批判书》，新文艺出版社1951年版，第30页；闻人军《〈考工记〉导读》，巴蜀书社1988年版，第126页；汪启明《〈周礼·考工记〉齐语拾补——〈考工记〉为齐人所作再证》，《古汉语研究》1992年第4期。

程度的对比;(4)相同统计对象的不同组数据之对比标准差可以进行比较,其所指向的是同一套编钟不同部位的设计规范与《考工记》所载钟形差别的大小;(5)不同统计对象的不同组数据之对比标准差,笔者认为对其进行比较是无意义的;(6)统计对象的总体标准差与对比标准差越接近,则说明其平均值越贴近《考工记》所载比例;(7)某组数据的总体标准差较小但对比标准差较大时,可将这组数据的平均值与《考工记》理论比例相比较,进一步分析此比值偏大或偏小与分母、分子的关系,进而把握钟体形制的细微区别;(8)当数据分析结果呈现出总体标准差和对比标准差均较大的状况时,由于总体标准差大,说明统计对象自身所具有的统一规范性弱,因此哪怕是与《考工记》相对比的对比标准差亦大,也不能说明统计对象有别于《考工记》而趋向于自成体系,因其形制的统一性差而无所谓"体系"可言。

(四)编钟形制标准差分析实例

本部分内容,为使用统计学标准差的分析方法,对越地出土的青铜编钟之形制进行数据分析,以期对每套编钟在设计、制作层面所具有的规范给予认知。

使用统计学标准差这一分析手段进行形制分析,是笔者根据编钟形制的特点而做出的选择。首先,正如王子初所总结的,先秦青铜编钟有着制作材料"贵",历史地位及政治内涵"重",以及铸造、调音技术被为统治阶层服务的铸工家族所集中掌握的特点,其形制绝非随意,应有一定之规;其次,根据《周礼·考工记·凫氏》所载,甬钟不同部位的尺寸是存在比例关系的,越地乐钟的形制虽未必与《考工记》所载完全相符,但笔者相信"比例关系的存在"是一定的;第三,将钟体各部位单纯的长度数据换算成不同部位间的比值,再使用统计学标准差的方法对这些繁复的比值进行分析,可以得出这些比值对其平均值的离散度(即本文所言"总体标准差"),离散度的大小直指乐钟形制在设计、制作层面的规范程度;第四,将《考工记》所载钟体形制比例代入标准差公式，可以得出越地编钟的形制比值对《考工记》所载比例的偏离度（即本文所言"对比标准差"），而将对比标准差的结果与总体标准差的结果结合观察，可以反映出观察对象的形制是否有别于《考工记》而自成体系；第五，本文中，总体标准差与对比标准差的值均以 0.05 为判断界限，大于 0.05 被认为偏差较大，小于 0.05（含）则偏差较小。

在从整体上对钟体总体标准差及对比标准差进行把握，进而判断其设计、制作规范程度之余，亦可以将与钟体某一外形特征相关的一项或几项比例的平均值与理论值进行对比观察，从而得出钟体所具外形特征与《考工记》所载的异同。笔者在之前针对"对比标准差"的论述中已经指出，《周礼·考工记》经学者研究认为是齐国的官书，其中《凫氏为钟》一篇所载，为甬钟钟体各部位间形制数据的比例，而非所有地区、所有乐钟类别的钟体形制规范。但从该文献所具有的价值与地位来看，《考工记》所载乐钟形制比例，是关于此类问题的唯一记载，这种唯一性反而将其推至相对参照物的地位。因此，笔者将越地出土的其他中原系统编钟，与编甬钟一同，都进行了实际值与《考工记》所载理论值的"对比标准差"分析。总之，笔者认为，这种实际值与理论值的对比参照是有意义的。

以下为笔者对编钟形制标准差分析法的应用所举的三个实例。此三例可谓各具特点，并在笔者所做的针对编钟形制的标准差分析中具有相当的代表性。

1. 战国早期江苏邳州九女墩2号墩1号墓编镈

此套编镈 5 号镈正面右侧铣部残，因此无铣间数据。从表 2 的分析数据可知：

（1）此套编镈的总体标准差范围在 0.01 至 0.04，呈现出小且均匀的特点，说明此套编镈在设计、制作层面具有强规范性；从对比标准差来看，在所有 15 项中有 7 项的对比标准差超过 0.05，表现出既在一定程度上与《考工记》所载相符合，又不乏自身特点的强规范性。

（2）$\frac{舞脩}{舞广}$、$\frac{铣间}{鼓间}$两项关系到钟体浑圆的程度。本套编镈该两项的平均值均大于理论值，同时，$\frac{铣间}{鼓间}$平均值大于理论值的程度小于$\frac{舞脩}{舞广}$。由于这两项值越大就越说明钟体的宽度大于厚度，由此可以推断出此套钟在整体上较《考工记》所载偏扁，且口部的浑圆度高于舞部。

（3）$\frac{舞脩}{铣间}$、$\frac{舞广}{鼓间}$两项关系到钟口外侈的程度。本套编镈这两项的平均值均大于理论值，且两项平均值大于理论值的程度相当。此两项的数据越大，则越说明钟体正、侧的上宽偏大或下宽偏小，即外侈程度小。由此可见，本套编镈从整体状况来看，正、侧的外侈程度均小于《考工记》所载，而正面与侧面的外侈程度相当。

（4）$\frac{铣长}{铣间}$一项关系到钟体的修长程度。此套编镈该项的平均值大大小于理论值。该项数据越小，则越说明钟体的长度偏短或宽度偏阔，可见本套编镈钟体比例比《考工记》所载短阔。

2. 春秋广东清远马头岗甬钟

此套编钟甲4453无铣间数据，甲4457号无铣长和鼓间数据。从表3的分析数据可知：

（1）此套编钟的总体标准差范围在0.01至0.05之间，呈现小且均匀的特点，可见其在设计、制作层面具有非常高的规范性；从对比标准差来看，除$\frac{舞脩}{铣间}$、$\frac{舞广}{鼓间}$、$\frac{中长}{铣长}$三项较小外，其他项均偏大，特别是$\frac{中长}{鼓间}$、$\frac{铣长}{鼓间}$两项的对比标准差之大，更是在除广东以外的其他越族分布地区所未见，明显表现出有别于《考工记》而自成体系的强规范性。

（2）$\frac{舞脩}{舞广}$、$\frac{铣间}{鼓间}$两项关系到钟体的浑圆程度。本套编钟这两项的平均值均大于理论值，$\frac{舞脩}{舞广}$一项偏大的程度小于$\frac{铣间}{鼓间}$。这两项数据越大，则说明钟体宽度大于厚度的程度越多，因此从此套编钟的整体状况来看，钟体较《考工记》所载扁，而舞部的浑圆程度大于口部。

（3）$\frac{舞脩}{铣间}$、$\frac{舞广}{鼓间}$两项关系到钟口外侈的程度。这两项的平均值均大于理论值，$\frac{舞脩}{铣间}$一项的数值微大于$\frac{舞广}{鼓间}$。由于值越大则越说明钟口的外侈程度小，因此，本套编钟从整体状况来看，正、侧的外侈程度均小于《考工记》所载，且正面的外侈程度略小于侧面。

（4）$\frac{铣长}{铣间}$一项关系到钟体的修长程度。本套编钟此项的平均值大于理论值。由于此项数据越大，则越说明钟体的长度偏长或宽度偏窄。因此，从本套编钟钟体的长宽比来看，比《考工记》所载修长。

（5）$\frac{中长}{铣长}$关系到于口弧曲的幅度。本套编钟此项的平均值略大于理论值。由于此项数据越大，则越说明于口的弧曲度小，可见本套编钟于口弧曲幅度小于《考工记》所载，中长偏长。

3. 战国江苏高淳松溪编句鑃

从表4的分析数据来看：

（1）此套编句鑃的总体标准差范围在0.02至0.32之间，除$\frac{舞广}{中长}$、$\frac{舞广}{铣间}$、$\frac{舞广}{鼓间}$三项较低外，其他项均偏大，可见其在设计、制作层面规范度较弱；从对比标准差来看，所有项均偏大。特别是$\frac{舞脩}{舞广}$、$\frac{铣长}{鼓间}$和$\frac{铣长}{鼓间}$、$\frac{中长}{鼓间}$以及$\frac{中长}{铣长}$5项数值偏大显著，前两项对钟体的浑圆程度有影响，关系到于口弧曲的幅度，后两项的偏大程度虽不及广东地区甬钟的0.64至0.76，但已与湖南浏阳纸背村编钟、江苏连云港尾矿坝编钟的状况相近。总之，此套编句鑃的钟形与《考工记》所载完全不同。但由于其总体标准差较大，自身规范度弱，因此未表现出自成体系的特点。

（2）$\frac{舞脩}{舞广}$、$\frac{铣间}{鼓间}$两项关系到钟体浑圆的程度。此套编句鑃这两项的平均值大大高于理论值，而$\frac{舞脩}{舞广}$的值大于$\frac{铣间}{鼓间}$。由于值越大则越说明钟体宽度大于厚度的程度越多，因此，本套编钟从整体状况来看，钟体比《考工记》所载扁的多，而舞部的浑圆程度小于口部。

（3）$\frac{舞脩}{銑间}$、$\frac{舞广}{鼓间}$两项关系到钟口外侈的程度。这两项的平均值均小于理论值，而$\frac{舞脩}{銑间}$的值大于$\frac{舞广}{鼓间}$。由于该两项值越小则越说明钟口的外侈程度大，因此，本套编钟从整体状况来看，正、侧的外侈程度均大于《考工记》所载，而正面的外侈程度小于侧面。

（4）$\frac{銑长}{銑间}$一项关系到钟体的修长程度。本套钟此项的平均值大于理论值。由于此项数据越大，则越说明钟体的长度偏长或宽度偏窄。因此，从本套编钟钟体在整体上的长宽比来看，比《考工记》所载修长。

（5）$\frac{中长}{銑长}$关系到于口弧曲的幅度。本套编钟此项的平均值大于理论值。而此项的数值越大，则越说明于口的弧曲度小。可见本套编钟于口弧曲的幅度小于《考工记》所载，中长偏长。

从以上标准差分析结论来看，这三套编钟的形制各具特点。除却相对显而易见的浑圆、修长、外侈、于口弧曲的程度以外，笔者认为标准差分析最重要的结论在于每套编钟自身形制的规范程度，以及每套编钟自身的形制与《考工记》所载钟形的符合程度。在上述两点上，以上三套编钟的形制通过标准差分析所表现出的特点各不相同：江苏邳州九女墩2号墩1号墓编镈的形制表现出既在一定程度上与《考工记》所载相符，又不乏自身特点的强规范性；广东清远马头岗甬钟的形制表现出有别于《考工记》而自成体系的强规范性；而江苏高淳松溪编句鑃的形制在设计、制作层面规范度极弱，钟形与《考工记》所载完全不同，但由于其总体标准差较大、自身规范度弱，因此并未表现出自成体系的特点。

上述三套编钟形制各自所具有的规范性特点，能够从最大程度、最佳角度对编钟形制标准差分析法的分析意义做出解释：（1）成编列的钟，其总体标准差的大小所指向的是此套编钟在设计、制作层面的规范程度，总体标准差越小则编钟形制在设计与制作层面的规范性越强，反之则规范程度越弱；（2）将《考工记》所载钟体各部位数据的比例作为 μ 值代入标准差公式，则得出所统计的钟体各部位数据比例与《考工记》所载比例的标准差,即本文所称"对比标准差",对比标准差越小则编钟的形制与《考工记》所载钟形越贴合,反之则差别较大;(3)当数据分析结果呈现出总体标准差和对比标准差均较大的状况时,由于总体标准差大说明统计对象自身所具有的统一规范性弱,因此哪怕是与《考工记》相对比的对比标准差亦大,也不能说明统计对象有别于《考工记》而趋向于自成体系,因其形制的统一性差而无所谓"体系"可言。

总之,笔者认为,使用标准差的方法去分析编钟的形制,是大有可为的。

二、两周越地青铜编钟的存在状态

所谓"存在状态",笔者是指越地编钟在其所属时代中所处的地位,以及存在、发展的状况等问题。各个时期、各个地域的乐钟形制,是否具有相对统一的规范性要求?各时期、各地区的乐钟,其钟上双音所处的状态是否相同?以上问题,都是笔者试图进行讨论的内容。

笔者认为,对两周越地青铜编钟存在状态的观察,需要尽可能穷尽相关出土资料。对虽不属本文核心范畴,但确实相关的资料的分析,是观察两周越地青铜编钟存在状态所不可缺少的支撑材料;更何况,由于编钟出土分布的状况并不均匀,一些地区的编钟出土状况并不足以做出相对深入的分析与结论。因此,笔者在本部分的论述中,结合了商代以及两周时期的未成编乐钟来共同分析,以求得出更加全面且客观的结论。

(一)形制的规范程度及特点

关于越地各区域出土编钟的形制规范,本部分主要针对各时期、各区域的乐钟所具形制规范的程度来展开论述。虽然,乐钟在越地的出土有着分布不均匀的实际状况,但从现有出土资料所反映出的地区规范性来看,是能够体现出越地乐钟所具有的形制规范程度的。

表 5 是笔者使用标准差分析法，对越地编钟钟身形制规范状况分析结果的总结，从中既可以清晰地看到各套钟在形制设计、制作层面的规范程度，又可以显示其形制与《考工记》所载钟形的相符程度。对规范程度强、中、弱的界定，以笔者对每套编钟"总体标准差"的分析结论为准，当 15 项比值中仅有 0 至 3 项数据的值超过 0.05 时，被认为是强规范性；当有 4 至 8 项数据的值超过 0.05 时，被认为是中度规范性；当有 9 至 15 项数据的值超过 0.05 时，被认为是规范性弱。对与《考工记》所载形制关系近、中、远的程度界定，以笔者对每套编钟"对比标准差"的分析结论为准，当 15 项比值中仅有 0 至 3 项数据的值超过 0.05 时，被认为是与《考工记》所载形制密切相关；当有 4 至 9 项数据的值超过 0.05 时，被认为是中度相关；当有 10 至 15 项数据的值超过 0.05 时，被认为是相关度弱。

需要强调的是，对表 5 中规范程度或相关程度大小的界定，除了需要关注值超过 0.05 的数值数量外，还需要综合考虑数值超过 0.05 的幅度。比如：安徽广德编句鑃和江苏九女墩 3 号墓编镈，这两套编钟的总体标准差中超过 0.05 的数值均为 6 项，但广德编句鑃的结论为中度规范性，而九女墩 3 号墓编镈却被归入规范性较弱一档。究其原因，广德句鑃超标的数值在 0.06 至 0.09 之间，超过的幅度并不大；而九女墩 3 号墓编镈超标的数值在 0.06 至 0.16 之间，且 6 项中有 4 项大于或等于 0.13，可见幅度较大。正是以上原因，笔者对这两套编钟的形制规范状况所界定的结论不同，余同。

1. 历时性结论

对越地青铜编钟形制规范程度的观察，笔者结合了越地未成编乐钟进行观照并总结。从出土状况来看，越地青铜编钟的所属时期主要集中于东周，结合未成编乐钟的形制规范状况来分析，能够得到较为全面的历时性分析结论。因此，除表 5 中所总结的越地编钟的形制规范状况外，笔者还将越地未成编乐钟的各部位形制比例加以计算整理并求得标准差，期待能从其中观察到不同时期、不同钟类、不同地域的乐钟所具形制规范性的程度。观察这些乐钟的标准差时，笔者认为由于这些钟均非设计、铸造时间相对统一的编钟，对这些未成编乐钟的形制数据偏离大小进行判断的标准可以适当放宽；前文中对编钟标准差数据的判断以 0.05 为标准，对这些未成编乐钟的形制标准差可以放宽至 0.10，即当标准差小于 0.10（含）时，形制的规范性被认为相对较强，反之则存在规范性的可能较弱。由于表格数据繁多、占用篇幅较大，囿于文章排版局限，本文中仅将这三个附录表格最终的标准差分析结果列于表6。①

从表6中的"商代总体""西周总体""东周总体"三行数据来看，自商至西周时期，越地未成编乐钟形制的总体标准差呈明显增大的趋势，即在这一时间过渡中，未成编乐钟的形制在整体上呈现出规范程度明显减弱的趋势；西周至东周时期，虽然仍基本维持这种发展趋势，但减弱的幅度变缓。这一方面自然是由于商代至周代乐钟的类型越来越多，从商代主要集中于铙，西周时以甬钟最多，至东周时则又出现了钮钟与句鑃。乐钟类型的不同以及增多，必然会由于不同类乐钟自身所固有的形制特点不同，而影响整体的规范程度。从另一方面来看，将同类乐钟在不同时期的标准差进行比对，即观察表6中关于铙（"商铙""西周铙""东周铙"）、镈（"商镈""西周镈""东周镈"）、甬钟（"西周甬钟""东周甬钟"）三类乐钟形制标准差的相关数据，会发现根据商末的江西新干大洋洲镈和湖南邵东民安镈形制比例所计算的标准差，与西周镈相差不大，但东周镈的标准差明显较之前时期变大，可见商镈与西周镈的规范程度相当，但东周镈的规范程度较之前有所减弱；铙的形制自商至西周的标准差明显增大，西周至东周虽仍呈增大趋势但程度减缓，可见此类乐钟形制的规范程度随时代的推延逐渐减弱；甬钟自西周至东周，形制数据的标准差亦有所增大，可见其形制规范程度逐渐减弱。综上可见，不论是将商、西周、东周三个时期

---

① 具体分析数据的完整表格，可查阅笔者《两周越地青铜编钟研究》一文的附表一、二、三，博士学位论文，中央音乐学院，2016年，第199—206页。

整体的乐钟形制整合来看，还是从各时期同类乐钟的形制分别来看，越地未成编乐钟自商至周，其形制标准差总体呈增大趋势，反映出在自商至周的时间过渡中，越地未成编乐钟形制的规范程度有所减弱。结合表5中所总结的两周越地编钟的形制规范状况来看，与未成编乐钟形制的规范程度在东周时期最弱的状况相较，大部分东周编钟形制的规范性反而是较强的，反映出东周乐钟的设计者，十分重视成编乐钟的形制在整体上的一致性；对未成编乐钟的形制则不过分纠缠细节，并不用整体上的强规范性去制约它们。

2. 地域性结论

以下将以分地区的方式，对越地各地区乐钟形制的规范程度及特点进行总结。

（1）江苏地区

从表5对两周越地出土中原系统编钟的形制规范状况所作出的总结可以看出，虽然由于笔者将数据判定标准制定的较为严格，使得该表格中并无编钟的形制与《考工记》关系属于"近"之列，但从属于"中"一列的编钟来看，其中大部分的编钟都为江苏地区所出土。由此可见，江苏地区的编钟与《考工记》所载钟形的相符程度，明显超过其他地区。

从笔者的标准差分析数据来看（见表5、表6），江苏地区成编、未成编的甬钟，其形制数据均在不同程度上显示出与《考工记》所载理论钟形的相符；从表5可看出钮钟的形制特点分为两类，一类为湛邟编钟、九女墩3号墓编钮钟和连云港尾矿坝编钟，三者的形制具有有别于《考工记》而自成体系的形制特点。另一类为六合程桥2号墓编钟、六合程桥1号墓编钟以及九女墩2号墩1号墓编钟，三者的形制表现出既在一定程度上符合《考工记》，又不乏自身特点的强规范性；但江苏编句鑃的形制特点有别于这一地区出土的其他类乐钟。从形制数据的对比标准差来看（见表4），江苏句鑃的15项形制比例几乎全与《考工记》不符。与越地其他地区所出土的编句鑃相比，江苏句鑃的形制数据不但与《考工记》所载钟形存在很大差别，甚至其差别的程度都高于其他地区。另外，从钟形的规范程度来看（见表5），江苏编句鑃自身的规范性较差，远低于同一地区出土的其他类编钟。

总之，笔者认为，江苏编钟的形制在很大程度上与《考工记》所载的乐钟理论形制相符，其这一特点是其他地区的编钟形制所不具有的。但随时代的变迁，在历经长期对中原青铜乐钟的学习并模仿之后，越地人民特有的审美逐渐显现，产生了具有越地特色的青铜乐钟，表现出越文化兼收并蓄的特点以及强大的生命力。但从形制的规范程度来看，江苏地区中原系统编钟（即镈、甬钟、钮钟）的规范性显然更强，编句鑃的规范程度较弱但越民族特色更加凸显。

（2）广东地区

从表5的结论中可以看出，与江苏编钟的形制在整体上表现出与《考工记》所载乐钟理论形制相符的状况恰恰相反，广东地区出土乐钟的形制不但在设计、制作层面具有很强的规范性，更是在整体上具有有别于《考工记》而自成体系的鲜明特点。

相对而言，广东编甬钟中仅有博罗苏屋岗编钟一套，与《考工记》所载形制存在一定程度的相符。但从相符的程度来看，在博罗苏屋岗编钟15项形制比例的对比标准差中，有6项与《考工记》差距较小，占所有形制比例的五分之二。这一相符程度在表5中的所有与《考工记》所载形制"中"度相关的编钟中是最低的。由此，笔者认为博罗苏屋岗编钟的形制特点，无碍于对整个广东地区编钟形制自成体系的判断。

在针对广东编甬钟的分析中，笔者将除具有不同特点的博罗苏屋岗编钟之外的7套编甬钟的形制比例数据进行了对比。由于这些编钟的形制比例数据在相当程度上表现出了近似性，因而笔者认为东周时期广东地区的甬钟铸造，在一定范围内是存在较为一致的形制规范要求的。此外，从广东地区编甬钟的形制比例数据来看（见表6），与钟体修长程度相关的 $\frac{中长}{鼓间}$ 和 $\frac{铣长}{鼓间}$ 两项，其对比标准差的偏大程度相当高，这一状况是在除广东以外的其他越族分布地区所未见的，说明这些编甬钟钟身的修长程度不但大大高于《考工记》所载，更是明显高于广东以外的任何区域，这亦为广东编甬钟区别于其他地区编甬钟最显著的特点。

从对广东编甬钟形制比例数据的比照来看，这些编甬钟相同部位的比值在一定程度上较为相符，可见广东编甬钟的设计、制作规范在一定程度上是具有统一性的。这种统一虽然只是表现在部分编钟形制上的局部统一，而非整个广东地区整体的完全一致，但结合这些编钟自身所具有的强规范性以及相互间相近的形制数据来综合考虑，笔者认为广东编甬钟存在一定范围内的、统一的形制规范要求。

（3）浙江地区

青铜乐钟在浙江地区极少出土，成编的乐钟更是少见。在笔者所查找到的出土资料中，属于本文核心范畴的仅有配儿句鑃一套，且这套编钟的形制数据不全，实难作出相对准确的结论。在针对浙江句鑃的分析中，笔者结合了同为浙江出土的、未成编的其次句鑃形制数据来一同观察，认为其次句鑃与配儿句鑃的形制数据所反映出的特点并不一致。又由于其次句鑃自身形制数据与配儿句鑃相差较大，因而笔者认为从现有出土资料来看，东周时期浙江地区的句鑃铸造并无统一的设计、制作规范。

与青铜乐钟的稀少出土形成对比，浙江越国贵族墓葬出土了大量用作明器的陶瓷质仿青铜乐钟。对于这一现象，考古学界有两种截然不同的观点。较为普遍的观点认为，越国处蛮荒之地，国家经济实力较弱，铜矿资源匮乏，加上战争对生产力的破坏，使得越国只能将有限的青铜原料集中于兵器与生产工具的生产，并没有经济实力铸造青铜礼乐器。但为了保持贵族阶层的随葬风俗并维护该有的体面，结合当地原始瓷生产较为兴旺的状况，越国贵族选择使用相对廉价的陶瓷质仿青铜乐钟，代替贵重的青铜乐钟作为随葬品中的礼乐器。但亦有学者经研究驳斥了上述观点，并指出：首先，越国的铜矿资源并不稀缺，在《越绝书》《水经注》《战国策》中就记载了当地的姑中山（即铜牛山）和赤董山两处矿藏，更何况越国在先后灭掉吴、滕、郯、缯国后，尽拥其矿，因而说这一地区铜矿资源匮乏是站不住脚的；其次，越国的民族基础是号称"百越之首"的于越，其经济实力绝非低至上层贵族连一件青铜器都无能力随葬的状况；第三，浙江地区仅有两处商周土墩墓出土有青铜礼器和乐器——台州黄岩小人尖和温州瓯海杨府山西周土墩墓，但其墓葬的民族属性应为瓯越而非于越，其他墓葬均无一例外地使用仿铜原始瓷礼器代替青铜器随葬，可见这是于越人所特有的葬俗，与经济实力无关；第四，在于越建国之前的西周时期，便有着使用仿铜原始瓷礼器随葬的现象，而非于越建国后迫于战事、经济、资源的压力而出现的权宜之计，可见这是于越人的葬事习俗与文化传统。[①]

不论浙江地区的于越人使用仿铜原始瓷礼器代替青铜器随葬是被迫接受还是主动选择，当地出土的仿青铜钟的形制规范性都是很差的。由于这些仿铜乐钟的材质易碎，保存状况不甚理想，笔者从其中挑选了两套保存稍好、形制数据相对较全的钟，来观察其形制规范状况，分析数据见表7、表8。

从表7、表8中可见，虽然海盐县黄家山出土的原始瓷句鑃的总体标准差较原始瓷甬钟稍小，即规范度略高，但两套原始瓷钟整体的形制规范性都是很差的；从对比标准差来看，其与《考工记》所载钟形的偏差相当大，两者存在关联的可能性极弱。从这两套钟的形制状况，可以管窥浙江地区作为随葬品的仿青铜钟的形制规范状况。它们的制作者似乎并不关心其形制规范，而只求貌似。

（4）湖南地区

湖南地区出土了大量属于商至西周时期的铙。虽然这些铙均未成编[②]，但从笔者分析的形制比例的标准差数据来看（见表6），由于这些比例的15项标准差只有4项超过0.10，其余11项都在0.05左右，可见商代湖南大铙的形制，

---

① 参见陈元甫《越国贵族墓随葬陶瓷礼乐器葬俗探论》，《文物》2011年第4期；陈元甫《浙江地区战国原始瓷生产高度发展的原因探析》，《东南文化》2014年第6期。

② 宁乡师古寨铙有部分学者研究认为并非编铙，笔者认同这一观点。

在一定程度上是具有统一的规范性要求的。这种统一的规范性由于存在于未成编乐钟，而非具有统一设计理念的编钟，而更显难得。但到了西周时期，湖南大铙形制的统一规范性急剧减弱。从这些铙形制比例的标准差来看（见表6），15项标准差仅有4项在0.10以下，其余11项的值为0.11至0.44，可谓毫无统一性可言。湖南未成编甬钟的形制也出现了和铙相近的状况。将湖南出土的西周甬钟与东周甬钟的形制标准差相对比可见，由于西周时期的15项标准差仅有1项大于0.10，而东周时期却增加到8项，可见在这一时期的过渡中，湖南甬钟形制规范的统一性明显减弱。

湖南镈的形制规范状况与铙和甬钟却不同。从西周至东周时期镈的形制比例标准差来看，虽然湖南西周镈的部分数据不全，但仍能粗略地显示出这一地区所出土的西周镈与东周镈在形制规范上的统一程度基本相当，西周镈也许要更加统一些许，但程度有限。

关于这一地区出土的钮钟，从笔者对纸背村编钟及其他未成编钮钟的形制分析结果来看，湖南钮钟具有仅次于广东甬钟的修长外形；此外，湖南钮钟的形制存在较大差别，并无较为统一的形制特点。但出土实物在形制上的差异，并不能否定这一地区编钟铸造工艺所达到的高水准。一方面，浏阳纸背村编钟自身具有有别于《考工记》而自成体系的强规范性；另一方面，这套编钟的钮部形制虽并非按比例设计，但基本等大的钮部形制可以使编钟在悬挂时保持舞部持平，从而在视觉效果上更为美观。此种有目的的视觉审美，既是一种对编钟整体视觉效果的审美追求，又能够体现出对编钟形制设计的更高要求。

（5）江西地区

从江西地区未成编的铙来看（见表6），商代铙的总体标准差在0.02至0.13之间，西周铙在0.03至0.11之间，二者的标准差不但较小，而且在整体上的状况相差不大，说明江西地区的铙在形制的设计与制作层面是具有相对一致的规范性要求的，且这一状况在自商至西周的时期内一直存在。

这一地区也出土了甬钟与钮钟，从标准差状况来看，江西地区这两类乐钟形制的统一性是不如铙的。但从江西甬钟形制的分析数据来看，两周时期江西甬钟的形制是存在较为统一的钟形特点的，即这一地区甬钟的外形基本上呈现舞部浑圆高于口部、正面外侈略大于侧面、且外形较为短阔的特点，成编和未成编的甬钟均如是。

（6）云南、贵州、广西地区

在云南、贵州与广西地区，均出土有羊角钮钟。其中属于本文核心研究范畴的仅有云南万家坝羊角钮编钟一套。在此，笔者将未成编的、非两周时期的羊角钮钟的形制一同纳入分析，以图观察羊角钮钟的形制在整体上的情况，以及万家坝羊角钮编钟的形制在其中所处的状态。

表9中的数据是各套羊角钮编钟形制标准差的计算结果，数值的大小代表每套编钟形制比例的偏离度，偏离度小则规范度高，反之则规范性差；表10中的数据为未成编羊角钮钟相应部位的比例关系，以及各地区羊角钮钟形制比例关系的偏离程度，偏离度小则具有地域性形制规范要求的可能性大，反之则可能性小。

从表9、表10的数据来看：首先，东周至汉代的羊角钮编钟，其形制标准差呈减小趋势，可见至少从现有材料来看，东周时期羊角钮编钟的形制规范程度是低于汉代的；其次，从现有数据来看，由于汉代云南羊角钮编钟的标准差数据更小，可见汉代云南羊角钮编钟的形制规范程度应高于广西地区；第三，从未成编的羊角钮钟来看，云南地区的标准差最小，贵州次之，广西最大，由此说明云南地区的羊角钮钟具有较大可能存在较为统一的形制规范要求，而另两个地区存在这种统一规范要求的可能性很低。但需要承认的是，同为云南地区出土的万家坝羊角钮编钟和石寨山、麻栗坡新堡寨钟的钟形特点并不一致，各部位比例的数值有一定差距。特别是从 $\frac{口长}{口宽}$ 的比值来看，万家坝羊角钮编钟此项比值为1.18，大大低于其他越地编钟 $\frac{铣间}{鼓间}$ 一项的值，这一现象并未出现于其他羊角钮钟上。此项比值越小则钟口越偏浑圆,而钟体越浑圆则双音的隔离度越差,很可能存在侧鼓音音量小、不清晰、不易被激发的状况,双音性能不会理想。以上推测也可以被本套编钟的测音情况所证实。

云南和广西地区还出土有筒形钟,其中属于本文核心范畴的仅有云南牟定筒形钟一套6件,惜其形制数据不全,无法进行形制数据的量化分析。从表11所总结的虽不属于两周时期,但形制数据相对较全的两套筒形编钟的形制标准差来看,广西罗泊湾筒形钟的3项标准差结果明显低于云南筒形钟,说明广西罗泊湾筒形编钟形制的规范性大大高于云南姚安筒形编钟。

(7)皖南地区

皖南地区出土的乐钟数量较少,且数据多不全。从表6可以看出,皖南商铙的形制标准差除 $\frac{舞脩}{舞广}$ 一项较大外,其他项的值均未超过0.05,与同一时期的湖南、江西大铙相较,皖南商铙形制的规范性应高于另两个地区的铙。至东周时期,皖南铙形制的规范性并没有明显减弱的现象。此外,这一地区句鑃形制的规范程度,是低于同一地区所出土的铙的。但相对于出土自浙江、江苏地区的编句鑃而言,皖南地区成编的句鑃——泾县南容句鑃和广德编句鑃,其形制在设计、制作层面的规范程度是高于另两个地区的。此外,在现有出土资料的基础上来看,安徽地区在句鑃的设计、制作层面并未表现出统一的形制规范性特点。需要指出,由于皖南商铙的形制数据不全,以上推论也许会有偏差。

(8)福建

在笔者所查找的资料范围内,福建地区未见有成编的乐钟出土。商代乐钟在福建地区的出土,仅见建瓯阳泽村铙一例,无法通过做标准差分析去观察其自身形制以及整个福建地区乐钟形制的规范程度。这一地区还出土有西周时期的甬钟3例——武平平川甬钟、建瓯南雅甬钟、建瓯梅村铙。从这3例甬钟的总体标准差来看,除 $\frac{舞脩}{舞广}$ 和 $\frac{铣长}{铣间}$ 两项偏大外,其余数值均较小,说明福建地区出土的未成编甬钟，其舞部的浑圆程度及钟身修长程度的规范性较弱，但从整体上来看还是存在一定的形制规范的。而且，将福建与广东两地的未成编甬钟的形制数据标准差进行对比可知，福建地区未成编甬钟的形制规范程度是高于广东地区的。

从以上对越地编钟形制的分析结论来看，各地编钟的形制规范具有"同一文化内不同地域类型"的差别。虽然由于出土资料的分布状况并不均匀，有些地区出土编钟的形制规范程度能被相当明显地显现出来，有些则不足以做出深层次揭示。在此，我们不妨有多少证据说多少话，考古发掘本就是"抽样调查"的性质，不必刻意追求面面俱到。

从越地各区域间音乐文化相关状况的对比来看，江苏地区和广东地区在乐钟的形制方面所表现出来的音乐文化状态虽然同属越地音乐文化，但它们二者间不但不相近似，更是具有十分鲜明的对比。从江苏和广东地区各自出土的编钟所表现出的形制规范程度及特点来看，江苏地区除句鑃以外的其他类钟，均在不同程度上表现出与《考工记》所载理论钟形的相符。再结合江苏地区的地理位置等因素去思考，由于当代学者经研究认为《考工记》是齐国的官书，江苏与位于山东东北部的齐国在地理位置上的接近，使其二者确有存在文化交流的可能性。江苏本地铸造的编钟确实有可能受到了齐国钟制的影响，乐钟外形在整体上较多地反映出外来音乐文化审美的影响，本土文化的影响程度相对较少。直到句鑃的出现，才改变了这一状况。江苏编句鑃的形制特点有别于这一地区出土的其他类乐钟，从形制数据的对比标准差来看，江苏句鑃的15项形制比例几乎全与《考工记》不符。而且，与越地其他地区所出土的编句鑃相比，江苏句鑃的形制数据不但与《考工记》所载钟形存在很大差别，甚至其差别的程度都高于其他地区。另外，从钟形的规范程度来看，江苏编句鑃自身形制的规范性较差，远低于同为江苏地区出土的其他类编钟。因此，笔者认为，在历经长期对中原青铜乐钟的学习并模仿之后，越地人民特有的审美逐渐显现，产生了具有越地特色的青铜乐钟，表现出越文化兼收并蓄的特点以及强大的生命力。编句鑃的规范程度虽然较弱，但越民族特色更加凸显。反观广东地区，经标准差分析可知，广东出土的多套编甬钟从整体上表现出有别于《考工记》而自成体系的强规范性特点。从广东与齐国在地理位置上的差距来看，笔者认为广东本地铸造的编甬钟不但很可能与距离较远的齐国钟制差别较大，而且更可能是在相对单纯的越文化背景中被设计、铸造。虽然甬钟为属中原系统的乐钟，但空间的距离应使广东本地的编甬钟相对较少地受到中原地区甬钟形制的制约影响，而更多地反映出由当地土著的越族文化所孕育的审美观念。

总之，江苏、广东两地所出土的编钟，一者表现出明显的非越文化影响的痕迹，一者表现出偏向于自成体系的土著文化特色，二者之间的差别对比，在越地的范围内，是最为明显且典型的。

（二）双音状态的发展

我国古代乐钟所具有的合瓦形外形，决定了它生来就能发出双音；但能发出双音的钟，却并非都是双音钟。根据冯光生对这一问题的总结，钟上双音有着"原生""铸生"以及人工"铸调"三种存在状态。[1] 乐钟的设计者及铸造者通过对合理钟形的选择和模仿，从而达到对规律性双音的理性追求与把握，以及实现对侧鼓发音精准程度的要求，这与合瓦形钟体天生的就具有发出双音的能力，不可相提并论。笔者认为，双音状态的区别，关键在于"理性"因素的参与程度。从理性因素在双音性能中的参与程度，可以推断双音状态的发展状况。在此，笔者意图使用统计学标准差的方法，对越地乐钟正、侧鼓音程音分值的偏离程度进行分析，同时结合关于各时期、各地区乐钟形制规范程度的分析结论，进而观察越地编钟正、侧鼓双音关系的存在状态。

使用统计学标准差的方法，对乐钟正、侧鼓音程音分值偏离程度的分析，其结果所指向的并非音程的准确性，而是音程的统一性。也就是说，对音分值

---

[1] 参见冯光生《周代编钟的双音技术及应用》，《中国音乐学》2002 年第 1 期。

进行分析的标准差数据的大小，能够说明音分值的偏离程度。偏离度越小，则音程音分值的大小越统一，越可能存在对双音关系的理性约束。音分值的偏离程度虽与音程的准确性相关，却并不等同。笔者认为，由于乐钟的定音尚处于"以耳齐其声"的阶段，对双音状态发展程度的推断不能仅以准确性来衡量，而应兼顾统一性；当多件钟的正、侧鼓音程音分值标准差较小时（即偏离度较小），即使与相应音程的理论音分值之间有所偏差、音程关系尚未达到精准的程度，亦能反映出该音程在钟上双音中所表现出的统一性与理性约束；当多件钟正、侧鼓音程音分值标准差较小，且与相应音程理论音分值较为相符时，则能反映出对音程关系理性约束的统一性与音程的精准性并重的状态。当然，对音程音分值偏离程度的观察，还需视情况而与乐钟的形制规范状况结合分析，比如当多件钟的正、侧鼓音程关系不合理但音分值却相差不大时，需考虑是否存在因钟形近似而产生的原生双音音分值接近或偶然相等的状况。

1. 历时性结论

为分析有关越地乐钟双音性能的历时性结论，笔者除了将成套编钟的正、侧鼓音分差及其所属的音程关系做成表格进行总结外，还将越地出土的未成编乐钟的状况也做出统计。由于表格数据多、篇幅占用很大，在本文后仅列出用统计学标准差的方法对各统计对象音程关系偏离程度计算结果的汇总。[①]

表12、表13是使用统计学标准差的方法，分别对越地出土的成编、未成编乐钟钟上双音所呈音程的音分值在总体上的偏离程度，所做的计算并总结。除数值为0外，其数值越小，则被统计的正、侧鼓音程音分值的偏离程度就越小，说明统计对象所呈该音程的音分值较为稳定，对音程关系存在理性约束的可能性较大；反之，则偏离程度大，存在理性约束的可能性低。数值"0"说明统计对象中只有1例属于该音程，因此其音分值对于它自身的偏离程度为0，

---

① 具体分析数据的完整表格，可查阅笔者《两周越地青铜编钟研究》一文的附表五、附表六、附表七，博士学位论文，中央音乐学院，2016年，第210—213页。

但这一看似规范程度最高的值，实则对规范程度的分析是无意义的，因此可以忽略，但为了区别于统计对象中并无该音程存在的状况，因此将数值"0"保留；空置的表格，说明统计对象中无该音程存在，因此无须计算各钟正、侧鼓音分值的偏离程度。

从笔者对越地未成编乐钟正、侧鼓音程的统计结果来看，商代大铙的正、侧鼓音程关系基本上集中于大、小二度音程。属于大三度音程的仅有1例（宁乡师古寨兽面纹大铙），属于小三度音程的仅有3例（湖南出土的宁乡师古寨铙之一、株洲兴隆铙和江西出土的泰和大铙），且其音程音分值的标准差为39，与二度音程相比偏离程度很大，在音程关系的形成上应该具有一定的偶然性；而从小二度音程与大二度音程的状况来看，不但数量多，且音程音分值的标准差均为23，与三度音程相比偏离程度并不大，可见二度音程的音分值比三度音程呈现出更为稳定的状态。但乐钟的正鼓在受到敲击时，侧鼓音亦会伴随发声，而二度音程本身是一种不谐和音程，很难想象商代乐钟上的二度音程是设计、铸造者有意而为之。结合笔者对湖南、江西出土商代大铙形制的规范程度所做出的分析来看，由于大铙的形制在商代时是具有相对统一的规范性要求的，形制的相对规范理应会导致此种形制所原生的双音音程偏差不会太大。换句话说，商代大铙的双音尚处于"原生"状态，并非凭理性而追求的双音，虽然这些商代大铙的正、侧鼓音程音分值的偏离度并不大，但应非出于对二度音程准确度的理性追求；商代越地大铙形制数据的标准差相对较小，说明具有相对统一的形制规范要求，而其形制的相对统一，正是其正、侧鼓音程的音分值偏离度不大的原因。

西周时期，越地未成编乐钟的正、侧鼓音程关系已不见小二度音程，而是较为平均的分布于大二度以及大、小三度3种音程关系。从这些音程音分值的偏离程度来看，大二度音程的标准差25比商代时的23略有上升，说明音分值的偏离程度略有增大；但小三度的标准差则由商代的39骤降至26，可见西周越地未成编乐钟的正、侧鼓所呈小三度音程，其音分值的偏离度明显减小，音程关系的统一性大大提高，应已由商代时带有偶然性的状态，发展至西周时期更为稳定且理性的阶段。结合前文对乐钟形制在整体上的标准差分析来看，自商至西周，越地各类未成编乐钟的形制标准差均呈现出增大趋势，反映出在这一时间过渡中，越地未成编乐钟形制的统一性有所减弱。在钟形并不统一的状况下，大二度音程音分值的偏离度仅略有增加，小三度音程音分值的偏离度不但未增反而大大降低，其中明显蕴含对音程关系的理性约束，以及对音程关系统一性甚至准确性的理性追求。也就是说，越地乐钟的双音状态，至西周时期应已发展至"铸生"的阶段，乐钟形制规范性较弱所反映出的钟形不统一的情况，并未影响这一时期钟上双音的音程关系，反而由于在铸钟实践中所历经的、对能发出和谐双音的钟形的重复与模仿，逐渐做出对会生成刺耳双音关系的钟形的调整，以及对钟上准确双音关系的理性追求。此外，在属于西周时期的编钟——江西吉水甬钟上，出现532音分的类纯四度音程，但与纯四度理论音分值498偏差明显。结合这套编钟钟腔内壁无调锉痕迹的状况来看，笔者认为纯四度音程在此时的出现应为偶然状况，很可能属于钟上铸生双音的失控状态。

越地出土的东周时期未成编乐钟不多，这些乐钟正、侧鼓所呈音程集中于三度关系，且以小三度关系为多；大二度音程仅有江西者减钟（故宫博物院藏）一例，无小二度音程关系存在。东周时期，越地未成编乐钟在形制上的统一规范程度越来越弱，正、侧鼓音程音分值的偏离度有所增加，特别是小三度音程音分值的偏离度由西周时期的26骤增至37，只比商代"原生"状态时的偏离度39略小。与数量不多的未成编乐钟形成对比的是，越地出土了大量东周时期的编钟。但多套编钟由于保存不佳而无法测音，有测音数据的编钟则主要集中于江苏地区，因此，对江苏编钟正、侧鼓音程音分值的分析数据最具说服力。另外，出土于广东地区的4套有测音数据的编钟中，正、侧鼓音程关系以大二度为多。由于数据越多越利于标准差分析的准确性，因此笔者认为广东编钟的大二度音程也应被纳入观察。从表12的统计结果来看，越地编钟的正、侧鼓音程以占总体比例38%的小三度关系最多，其次为大三度关系占33%，再次为大二度关系占 20%。另有少量小二度与纯四度音程存在，其中小二度关系只有 2 例，分别在江苏和广东地区，笔者认为可忽略而不作常例；这一时期大二度音程音分值的偏离度很小，特别是广东地区，不但音分值偏离度仅为 10，且音分值的大小与大二度音程理论值 204 音分可谓非常贴合；纯四度关系有 6 例，除 1 例在江西出土的西周甬钟上外，其余都集中于江苏地区的东周编钟上，江苏编钟上之纯四度音程，许非乐钟双音在失控状态下的偶然。总之笔者认为，与西周时期未成编乐钟双音关系所具有的"无小二度音程且大二、小三、大三度音程数量相当"的局面来比较，东周编钟双音所呈音程明显集中于三度关系。从表 12"越地东周编钟"一行可见，东周时期越地编钟正、侧鼓音程音分值的偏离度明显小于商代；与西周时期相比，东周编钟正、侧鼓音程中的三度音程偏离度明显偏大，大二度音程的偏离程度明显较小。这一从东周时期成编乐钟总结出的双音音分值偏离程度的状况，与这一时期未成编乐钟所反映出的状况相近。在广东编钟的正、侧鼓音程中，存在多例十分精确的大二度音程，这些钟的内腔虽无调音锉磨的加工痕迹，应处于铸生双音的状态，但亦有可能是由于音程关系十分准确而被认为无须调锉的状况，总之表现出相当明显的被理性因素制约的痕迹。此外，广东编钟形制所普遍具有的强规范性，亦是大二度音程音分值偏离很小的原因。

2. 地域性结论

以下将以分地区的方式，对越地各地区乐钟双音状态的发展进行总结。

（1）广东

广东地区的两周乐钟中，有 4 例西周未成编甬钟以及 4 套东周编甬钟[①]有测音数据，我们可以从这些钟入手，分析广东乐钟的双音状态。笔者认为，与成编的编钟相比，广东 4 例西周未成编甬钟的状况也许更值得关注。

---

① 增城庙岭编钟一套 2 件，其中 1 号钟哑，因此仅 2 号钟有测音数据。孔义龙、刘成基主编：《中国音乐文物大系Ⅱ·广东卷》，大象出版社 2010 年版，第 46 页。

表 14、表 15 是这 4 例甬钟的形制、比例、标准差以及测音数据的总结。首先，从表 14 中的形制比例及其标准差来看，4 例甬钟整体的总体标准差较大，说明它们的形制在总体上并不一致；其次，从这 4 例甬钟的形制比值中不难发现，同为博罗出土的 2 例甬钟之间，以及同为连山三水出土的 2 例甬钟之间的比例数据较为接近；第三，从这两地甬钟各自的标准差来看，由于数值较小，说明西周时期这两地的甬钟各自具有统一的形制规范，虽然它们之间的规范并不一致。在以上结论的基础上，我们再来看表 15 中各钟形制的具体尺寸数据和正、侧鼓音数据，可以发现这两组甬钟均为"大小不等但音程关系相同"的状况。特别是连山三水的两例甬钟，虽然形体大小差别明显，但发音相同，更重要的是，两钟正、侧鼓音程的音分值相差极小。在这种状况下，我们有理由相信，西周时期的广东地区，至少在连山三水地区，钟上双音已经达到"铸生"的状态。"铸生"是一种通过理性去获取双音的状态，是历经对合理钟形的选择、模仿与重复，再经铸造而获得的结果[①]，有别于且高于"原生双音"的状态，也为更加成熟、对乐钟发音要求更加精确的"铸调双音"的状态做好了准备。

从目前的出土状况来看，明确出土于广东地区的、有调音锉磨痕迹，且保存较好有测音数据的两周乐钟，有博罗出土的春秋时期陂头神编钟一套 7 件（其中一钟已哑）。但从该套编钟测音数据的分析结果来看，其中两件（2 号、3 号）的正侧鼓音程关系相对准确，1 件（6 号）偏差明显，另有至少两件的音分值分别为 574、599 音分，双音关系处于失控状态，原音程设计的意图不明。由此可见，博罗陂头神编钟虽然经过调音，但其无论是各钟的正、侧鼓音程关系，还是整套编钟的正鼓音列，音准状况均不理想，所呈双音的规律性不强。相对于博罗陂头神编钟所存在的铸调失控状况，清远马头岗 1 号墓出土的编甬钟一套 3 件虽无调音锉磨痕迹，但其正、侧鼓音程均为十分准确的大二度，且

[①] 冯光生：《周代编钟的双音技术及应用》，《中国音乐学》2002 年第 1 期。

三者音分值的偏离度极小，表现出对规律性双音的理性把握；当然，这套编钟也存在铸造完成后被认为无须调音的可能。总之，从双音的状况来看，东周时期广东编钟的双音状态主要处于铸生阶段，虽有部分乐钟经过调锉，但音准控制不佳。此外，广东地区钟上双音的音程关系以大二度音程最为常见，且音分值偏离度大大低于其他音程，并与大二度的理论值十分贴合，可见较为规范且精确。这一状况从连山三水出土的两件西周未成编甬钟的测音数据中就已能看出。至东周时期，编钟上的大二度音程更加精确，表现出在"铸生"状态下对规律性双音的理性追求与把握。

（2）江苏

明确出土于江苏地区且有测音数据的乐钟，主要集中于东周时期的编钟。[①]与广东编钟正、侧鼓音程以大二度关系居多的状况不同，江苏地区编镈、编甬钟、编钮钟的正、侧鼓音程主要集中于三度关系，编句鑃则是大二度与小三度并重。

江苏地区的两套编句鑃——淹城句鑃、高淳松溪编句鑃，其钟腔内部都未发现调音锉磨的痕迹。从表12中"江苏编句鑃"一行的音分值标准差来看，江苏编句鑃正、侧鼓音程中的大二度、小三度的标准差均为12，可见两个音程各自的偏离度很小、音分值较为接近。从音分值的准确度来看，大二度的音分值范围在183至206音分，与大全音204音分较为接近，音程关系较为准确；小三度音程的音分值范围在252至280音分，与五度律小三度294音分相比，有两钟较为准确，两钟偏差较大。将以上状况与这两套编句鑃自身形制的标准差大、规范性弱的状况结合来推断，东周时期的江苏编句鑃，能够通过铸生的方式较为稳定地把握住大二度音程的准确性；小三度音程音分值自身的偏离程

---

① 另有西周早期的江宁许村兽面纹大铙，只有正、鼓测音数据，侧鼓音高不明确，因此未纳入观察。参见马承源、王子初主编《中国音乐文物大系·上海/江苏卷》，大象出版社1996年版，第167页。

度虽不大，但与小三度理论音分值相比仍然有偏差明显的状况存在，可见对这一音程关系的把握尚未达到较为准确的层次。

江苏地区出土的编镈、编甬钟、编钮钟，除遂邗编镈的钟腔内壁状况不详外，其他均经调锉。在这些编钟上，小三度与大三度均为最常见的正、侧鼓音程关系；另有4例小二度音程、5例纯四度音程存在。从表12中"江苏编镈、甬钟、钮钟"一行的数据可以看出，这些编钟虽经调锉，但其各个音程音分值的偏离度是高于东周时期的广东地区以及同为江苏出土的编句鑃的。这一地区编钟的正、侧鼓音程中有多例纯四度存在，且从其标准差仅为15来看，音分值偏离度较小；从具体的音分值来看，音程关系准确度尚可；此外，这些钟均经调锉。上述三点均表现出江苏编钟上纯四度音程也许并非乐钟双音在失控状态下的偶然。

（3）湖南

湖南出土未成编乐钟的数量，在越地未成编乐钟中占有相当大的比重。也正是这个原因，湖南未成编乐钟在双音状态上的发展状况，与整个越族分布地区的历时性特点基本一致。

湖南地区商代大铙的正、侧鼓音程主要集中于大、小二度关系。从表13中"商·湖南铙"一行的数据可以看出，小二度音程与大二度音程不但数量多，且音程音分值的标准差大大低于小三度的标准差，可见商代湖南大铙正、侧鼓所呈二度音程音分值的稳定程度，大大高于小三度。正、侧鼓音呈相对稳定的二度音程关系的湖南商铙，其钟上双音究竟是处于原生状态还是铸生状态？由于"铸生双音"是通过对理想钟形的模仿、重复，达到对音程关系的理性把握；同时，在乐钟正、鼓音被激发的同时，侧鼓音亦会伴随发声，发出不谐和二度音程的钟形被作为合理钟形而进行模仿的可能性较小，而二度音程本身也不应是乐钟设计、铸造者的本意。因此，笔者认为，湖南商铙所发出的双音仍处于原生双音的状态。但湖南大铙的原生双音，为什么会在音程的音分值上表现出偏离度不高的现象？笔者认为，这一问题需结合对湖南乐钟形制规范程度的结论共同分析。从标准差分析的结果可以看出，湖南大铙的形制在商代是具有相对统一的规范性要求的，而拥有较为稳定外形的钟所原生的双音，其音程关系并不会偏离很大。也就是说，恰恰是商代湖南大铙在形制规范上所具有的稳定性，使得这些商铙所发出的二度音程虽属原生状态而非真正意义上的双音，但其音分值的偏离程度并不会很大。

西周时期，湖南未成编乐钟的正、侧鼓音程关系较为平均的分布于大二度、小三度和大三度之上。从表13中关于湖南乐钟钟上双音的音分值标准差来看，与商代相比，大二度音程的偏离度明显升高，小三度的偏离度明显降低，大三度音程的偏离度很小。结合对湖南未成编乐钟形制的标准差分析来看，自商至西周，湖南未成编乐钟的形制标准差明显增大，这一方面反映出湖南地区在西周时期的乐钟种类的增多，另一方面也反映出在这一时间过渡中湖南部分乐钟（铙）的形制规范性有所减弱。在乐钟形制的规范性在整体上有所减弱、钟形并不统一的状况下，小三度音程音分值的偏离程度反而明显降低，且大三度音程音分值的偏离度很小，这其中明显蕴含对准确音程关系、特别是三度音程关系的理性追求。也就是说，湖南未成编乐钟的双音，至西周时期应已发展至"铸生"的阶段。

东周时期，湖南未成编乐钟的正、侧鼓音程关系中已不见二度音程而均为三度音程。这一时期未成编乐钟形制的标准差比西周时期的偏离程度稍大，但并不明显，同属规范程度较低的状态。从正、侧鼓音程音分值的偏离度来看，这一时期的湖南未成编乐钟所呈小三度音程音分值偏离程度与西周时期相当，而大三度音程的偏离程度则由西周时期的14增至25。但从正、侧鼓音程关系为大三度的乐钟（衡南对江镈一套2件）来看，其于口内是有调音锉磨的痕迹的。另一件经过调锉的未成编乐钟为衡阳毛家钟，不知是由于保存问题还是其自身的问题，测音的结果显示此钟侧鼓音不明确。[1] 湖南出土的东周编钟有浏

---

① 参见王子初主编《中国音乐文物大系·湖南卷》，大象出版社2006年版，第116页。

阳纸背村编钮钟一套9件，从《中国音乐文物大系·湖南卷》中所公布的钟腔内部照片资料来看，至少1号钟是未经锉磨的。但从这套编钟相同正、侧鼓音程关系的音分值偏离程度来看，音程所具的规范程度并不高，偏离度较大。综合上述状况来综合考虑，东周时期，湖南虽有乐钟腔体内部存在调音锉磨的痕迹，但相同音程关系的音分值偏离度比西周时期偏大明显，可见尚未达到铸调双音的成熟与精确的层次。

（4）江西

有测音数据的商代江西未成编乐钟有3例——新干大洋洲大铙（江西省博物馆13922号）、宜丰牛形山大铙、泰和大铙。从这些铙的测音数据来看，除新干大洋洲大铙正、侧鼓音所呈小二度较为准确外，宜丰牛形山大铙的正、侧鼓音分差比大全音204音分偏小49音分，泰和大铙的正、侧鼓音分差比五度律小三度294音分偏小34音分，偏差较为明显。从以上状况来看，江西商代乐钟的钟上双音应该处于原生双音的状态。

西周时期，江西未成编乐钟的正、侧鼓音程关系集中于大二度与小三度，另有江宁许村兽面纹大铙为大三度关系。从表13"西周·江西（铙）"一行的数据分析来看，江西未成编乐钟大二度的偏离程度略高于湖南地区，但小三度的偏离程度远低于这一时期以及其他地区的总体水平。从这些未成编乐钟正、侧鼓音程的音分值来看，大二度偏离程度较高的原因在于其中的一件铙——宜春蜈公塘小铙，其音分值162音分与理论值偏差较大，拉大了全体大二度音程的偏离度，如果不考虑这一特例，其他大二度音程的标准差仅为11。因此笔者认为，西周时期江西未成编乐钟正、侧鼓双音的偏离度很小，且音程关系较为集中、准确，其中明显蕴含有别于原生双音的理性因素，应已达到铸生双音的层次。江西地区还出土有两套西周时期的编甬钟。关于这两套编甬钟的正、侧鼓音程，经分析可知，吉水甬钟一套3件，仅2号钟的音程关系较为准确，1、3两钟均偏大明显，可见在音程关系方面所具有的规范性并不强；而萍乡彭高甬钟的音程关系十分准确，2件钟的音分值与理论值偏离较小，表现出对规律性双音关系的理性把握。总之,从整体上来看,江西西周甬钟的钟上双音,应主要处于"铸生双音"的状态。

东周时期的江西乐钟,有出土于临江的 2 例者减钟有测音数据。其中,现藏于上海博物馆的者减钟不但有音梁,还有调音锉磨的痕迹。其正、侧鼓音程的音分值为 343 音分,与纯律小三度的理论值 316 音分相比偏大 27 音分,稍嫌明显。由于物证少,无法对东周时期的江西乐钟在整体上的双音状态做出推断。

（5）云南、广西

云南和广西地区羊角钮钟的所属时期,主要集中于东周与西汉。另有收藏于广州市博物馆的 1 件羊角钮钟年代未定,以及出土于广西浦北县官垌公社平石大队大岭脚村后背岭的 1 套 4 件被定为汉代遗物。

为观察羊角钮钟的双音状态,笔者将有测音数据的羊角钮钟的正侧鼓音分差及其所属的音程关系列表进行总结,结果如表 16 所示。①

东周时期万家坝羊角钮编钟中,有 3 件钟的正、侧鼓音程为大二度关系,小二度、小三度、大三度音程各有 1 件。从这些音程音分值的偏离程度来看,二度音程的准确性较高且偏离度小,小三度音程的偏离度相对较大。通过对形制数据的分析,笔者认为这套编钟双音性能不佳、隔离度较差,很可能存在侧鼓音音量小、不清晰、不易被激发的状况。因此,对于本套编钟测音数据所反映出的大二度音程偏离度小、较为规范的现象,应是由于在钟形较为接近的情况下所出现的原生或铸生双音音分差相近或偶然相等的情况。但由于羊角钮钟形制特异,其形制数据无法像中原系统乐钟那般详细测算,因此上述结论仅是在现有数据分析基础上的个人推测。

汉代的羊角钮钟,其正、侧鼓音程关系较为平均的分散于小二度、大二度和小三度;另有广西浦北县官垌公社平石大队大岭脚村后背岭羊角钮编钟中

---

① 具体分析数据的完整表格,可查阅笔者《两周越地青铜编钟研究》一文的附表八,博士学位论文,中央音乐学院,2016 年,第 214 页。

的 3 号钟, 正、侧鼓音程为大三度关系。从汉代羊角钮钟正、侧鼓音程音分值的标准差来看,小二度、大二度音程音分值的偏离程度明显大于东周时期,可见二度音程的规范性较弱;从各钟具体的音分值来看,小三度音程的偏离度很小,说明汉代羊角钮钟正、侧鼓音程的规范性明显高于东周时期。

羊角钮钟的相关资料较少,仅能在有限的程度上进行观察。但关于东周万家坝羊角钮编钟的双音状况,笔者认为无论是从各钟的正、侧鼓音程关系来看,还是从其形制数据所反映出的双音性能来看,万家坝羊角钮编钟正、侧鼓发音的不同应为"原生"的状态,而非真正意义上的双音钟;从汉代羊角钮钟的测音数据来看,二度音程的偏离度比东周时期大,这主要是因为容县六王公社龙井土化羊角钮钟自身的双音音准较差导致的,这套钟的钟上双音应仍处于原生状态;但这一时期小三度音程的准确性却大大提高,有可能处于原生双音向铸生双音转变的过渡阶段。

此外,筒形钟的资料不足以对这类钟的双音性能进行观察,因而在此不进行总结性论述。

从以上对越地编钟双音状态的分析来看,越地各区域出土编钟的双音状态具有"同一文化内不同发展层次"的差别,这一问题与越地各区域的青铜音乐文化发展水平密切相关。由于出土资料分布状况的不均匀,笔者在此将根据出土资料的现实状况,针对由双音状态所能明显反映出来的越地各区域间音乐文化的对比来加以总结,对不足以显示出音乐文化特征的地区,则并不强求。

从越地各区域之间由钟上双音的状态所反映出的青铜音乐文化发展状况来看,同属越地的江苏、广东两省之间,还是存在突出且典型的可比性的。从形制来看,江苏地区出土的编钟很可能先是受到了非越文化的影响,特别是在历经长期对中原青铜乐钟的学习并模仿之后,越地人民特有的审美才逐渐显现,产生了具有越地特色的青铜乐钟——句鑃。从钟上双音的状态来看,江苏地区青铜音乐文化的发展水平在越地各区域中无疑是较为先进的。这一地区的钟上双音,在逐渐集中于三度关系的规律性双音之同时,还有可能逐渐通过理性掌握了将双音关系铸调为纯四度的技术，可见该地域青铜音乐文化发展程度之一斑。而广东地区钟上双音的状态有别于越地的其他区域，该地的钟上双音并未表现出集中于三度音程的现象，反而能够相当清晰地反映出大二度音程的稳定存在。但广东地区钟上双音中所常见的大二度音程，又有别于湖南、江西地区未成编乐钟呈二度关系的原生双音状态，不但音分值的偏离度相当小，还与大二度音程的理论值十分贴合，表现出音程的统一性与准确性并重的状态。这些广东乐钟上虽无调锉痕迹，但是也存在铸成后被认为无须调音的可能性，总之表现出了在不低于"铸生"的状态下，对规律性双音的理性追求与把握。总之，江苏、广东两个地区由钟上双音所处的状态所反映出的青铜音乐文化具有不同的特点，二者均具有先进性。江苏地区青铜音乐文化的先进性表现在受到外来文化的影响而达到的成熟层次；广东地区的先进性则体现在由颇具特色的钟上双音的音程关系所表现出的本土文化的特色及规律、规范性。

结　语

标准差，是统计学中用于观察数据对于其均值偏离程度的一种度量。以标准差作为定量分析的工具，可以对成套的编钟或同属某一范围内的未成编乐钟的形制数据进行分析。由于钟体不同部位的尺寸存在固定的比例关系，使用标准差的形制分析方法所显示出的钟体比例对其平均值的离散程度，能够说明乐钟形制在设计、制作层面的规范程度；如将《考工记·凫氏》所载乐钟形制的理论比值代入标准差公式，其计算结果还能够显示出研究对象在设计层面与《凫氏》所载钟形的相近或相别。

使用标准差的方法观察具有相同音程关系的、不同音分值的偏离程度，是以"定量"的思维模式对乐钟双音状态的考量。在相同音程关系中，标准差较大说明音分值的偏离程度大，乐钟正、侧鼓音程关系受理性因素制约的程度小；反之，则理性因素参与的可能性高，乐钟所发双音更可能摆脱了原生状态，而向更高层次的铸生、铸调阶段发展。

　　总之，笔者认为，合理的使用统计学标准差的方法对音乐、乐器相关数据进行分析，是可操作性很强又科学、准确，且能够对音乐学专业的分析、研究有所帮助的。这一方法的使用，是乐钟研究乃至音乐学研究方法上的新尝试，其使用的方法、对象、意义尚有待继续发掘及修正，以期在研究领域做出新的探索或对旧题给出新的理论支持。

附录:

表 1 《考工记》所载钟体比例理论值表

舞修/舞广	舞修/中长	舞修/铣长	舞修/铣间	舞修/鼓间	舞广/中长	舞广/铣长	舞广/铣间	舞广/鼓间	中长/铣长	中长/铣间	中长/鼓间	铣长/铣间	铣长/鼓间	铣间/鼓间
1.25	0.80	0.64	0.80	1.00	0.64	0.5125	0.64	0.80	0.80	1.00	1.25	1.25	1.5625	1.25

表 2 江苏邳州九女墩 2 号墩 1 号墓编镈形制分析表

编号	钟名	舞修/舞广	舞修/中长	舞修/铣长	舞修/铣间	舞修/鼓间	舞广/中长	舞广/铣长	舞广/铣间	舞广/鼓间	中长/铣长	中长/铣间	中长/鼓间	铣长/铣间	铣长/鼓间	铣间/鼓间
1	邳州九女墩 2 号墩 1 号墓编镈	1.30	0.79	0.78	0.83	1.06	0.61	0.60	0.64	0.82	0.98	1.04	1.34	1.06	1.36	1.28
2		1.36	0.80	0.78	0.84	1.11	0.58	0.58	0.61	0.82	0.98	1.05	1.40	1.07	1.42	1.33
3		1.31	0.83	0.82	0.86	1.10	0.63	0.63	0.66	0.85	0.99	1.04	1.33	1.05	1.35	1.28
4		1.33	0.81	0.80	0.83	1.12	0.61	0.61	0.63	0.85	0.99	1.03	1.39	1.04	1.39	1.35
5		1.35	0.82	0.82		1.19	0.60	0.60		0.88	1.00		1.46		1.46	
6		1.38	0.83	0.81	0.85	1.16	0.59	0.60	0.62	0.84	0.98	1.03	1.41	1.05	1.43	1.36
平均值		1.34	0.81	0.80	0.84	1.13	0.60	0.61	0.63	0.84	0.99	1.04	1.39	1.05	1.40	1.32
理论值		1.25	0.80	0.64	0.80	1.00	0.64	0.5125	0.64	0.80	0.80	1.00	1.25	1.25	1.5625	1.25
总体标准差		0.03	0.01	0.02	0.01	0.04	0.02	0.02	0.02	0.02	0.01	0.01	0.04	0.01	0.04	0.03
对比标准差		0.05	0.01	0.14	0.03	0.06	0.09	0.09	0.00	0.02	0.18	0.04	0.09	0.19	0.20	0.03

表 3　广东清远马头岗甬钟形制分析表

钟名	馆藏编号	舞修/舞广	舞修/中长	舞修/铣长	舞修/铣间	舞广/鼓间	舞广/铣长	舞广/中长	中长/铣长	中长/铣间	中长/鼓间	铣长/铣间	铣长/鼓间	铣间/鼓间
清远马头岗甬钟	甲4453	1.53	0.67	0.51		1.22	0.34	0.80	0.77		1.83		2.37	
	甲4454	1.46	0.65	0.54	0.82	1.24	0.37	0.56	0.85	0.84	1.26	1.90	1.50	2.28	1.51
	甲4455	1.45	0.63	0.53	0.83	1.23	0.36	0.57	0.84	0.83	1.31	1.94	1.57	2.33	1.48
	甲4457	1.43	0.66		0.87			0.61			1.32				
平均值		1.47	0.65	0.53	0.84	1.23	0.36	0.58	0.83	0.81	1.29	1.89	1.54	2.32	1.50
理论值		1.25	0.80	0.64	0.80	1.00	0.5125	0.64	0.80	0.80	1.00	1.25	1.25	1.5625	1.25
总体标准差		0.04	0.01	0.01	0.02	0.01	0.02	0.02	0.02	0.03	0.03	0.05	0.03	0.04	0.01
对比标准差		0.22	0.15	0.11	0.05	0.23	0.16	0.06	0.04	0.03	0.29	0.64	0.29	0.76	0.25

表 4　江苏高淳松溪句鑃形制分析表

钟名	编号	舞修/舞广	舞修/中长	舞修/铣长	舞修/铣间	舞修/鼓间	舞广/铣长	舞广/中长	舞广/鼓间	中长/铣长	中长/铣间	中长/鼓间	铣长/铣间	铣长/鼓间	铣间/鼓间
高淳松溪编句鑃	1	1.40	0.53	0.46	0.70	0.97	0.33	0.38	0.69	0.86	1.32	1.84	1.53	2.13	1.39
	2	1.47	0.52	0.45	0.66	0.94	0.30	0.35	0.64	0.86	1.28	1.81	1.48	2.09	1.41
	3	1.53	0.55	0.47	0.70	1.03	0.31	0.36	0.67	0.86	1.27	1.87	1.49	2.18	1.47
	4	1.65	0.68	0.55	0.80	1.16	0.34	0.41	0.70	0.82	1.18	1.71	1.44	2.10	1.46
	5	1.75	0.66	1.04	0.72	1.23	0.59	0.37	0.70	1.58	1.10	1.87	0.70	1.18	1.70
	6	1.70	0.65	0.72	0.86	1.39	0.43	0.38	0.81	1.12	1.33	2.14	1.19	1.91	1.61

乐钟研究的标准差分析法　425

续表

钟名编号	舞修舞广	舞修中长	舞修铣长	舞修铣间	舞修鼓间	舞广中长	舞广铣长	舞广铣间	舞广鼓间	中长铣长	中长铣间	中长鼓间	铣长铣间	铣长鼓间	铣间鼓间
7	1.69	0.70	0.69	0.78	1.23	0.41	0.41	0.46	0.73	0.98	1.12	1.76	1.14	1.79	1.57
平均值	1.60	0.61	0.63	0.75	1.13	0.38	0.39	0.47	0.71	1.01	1.23	1.86	1.28	1.91	1.52
理论值	1.25	0.80	0.64	0.80	1.00	0.64	0.5125	0.64	0.80	0.80	1.00	1.25	1.25	1.5625	1.25
总体标准差	0.12	0.07	0.20	0.06	0.15	0.02	0.10	0.03	0.05	0.25	0.09	0.13	0.28	0.32	0.11
对比标准差	0.37	0.20	0.20	0.08	0.20	0.26	0.16	0.18	0.11	0.33	0.24	0.62	0.28	0.48	0.29

表5　越地出土中原系编钟形制规范状况总结表[①]

时期	种类	地区	钟名	规范程度 强	规范程度 中	规范程度 弱	与《考工记》关系 近	与《考工记》关系 中	与《考工记》关系 远	备注
西周	甬钟	江西	吉水甬钟	√			√			
	甬钟		萍乡彭高甬钟	√				√		
	甬钟	？	横8字纹编钟						√	数据不全，结论偏差大
春秋	句鑃		广德编句鑃		√				√	
	句鑃	皖南	泾县南容句鑃	√					√	

[①] 由于形制数据严重不全，安徽青阳句鑃、云南万家坝羊角钮和云南牟定筒形钟三套编钟无法被纳入本表。

续表

时期	种类	地区	钟名	规范程度 强	规范程度 中	规范程度 弱	与《考工记》关系 近	与《考工记》关系 中	与《考工记》关系 远	备注
春秋早中期	甬钟		东海庙墩编钟	√				√		
	镈		六合程桥2号墓编镈		√				√	数据不全，结论偏差大
	镈		九女墩3号墓编镈			√			√	数据不全，结论偏差大
春秋晚期	甬钟	江苏	编镈	√				√		
	钮钟		邳州九女墩3号墓编钟	√				√		数据不全，结论偏差大
	钮钟		九女墩3号墓编钮钟	√				√		
	钮钟		六合程桥2号墓编钟	√				√		
	钮钟		六合程桥1号墓编钟	√			√			
	句鑃	浙江	配儿句鑃	√					√	数据不全，结论偏差大
春秋	甬钟		博罗陂头神编钟	√					√	
	甬钟		兴宁古树窝编钟	√					√	
	甬钟	广东	清远马头岗1号墓	√					√	
	甬钟		清远马头岗甬钟	√				√		
东周	甬钟		博罗苏屋岗编钟	√					√	
	甬钟		增城庙岭编钟	√					√	数据不全，结论不全
战国	甬钟		罗定太平编钟	√					√	
	甬钟		肇庆松山编钟	√					√	

续表

时期	种类	地区	钟名	规范程度 强	规范程度 中	规范程度 弱	与《考工记》关系 近	与《考工记》关系 中	与《考工记》关系 远	备注
战国早期	镈	江苏	九女墩 2 号墩 1 号墓编镈	√						
	钮钟		连云港尾矿坝编钟	√				√		
东周	钮钟		九女墩 2 号墩 1 号墓编钟		√			√		
战国	句鑃		淹城句鑃			√			√	
	句鑃		高淳松溪编句鑃			√			√	
战国早期	钮钟	湖南	浏阳纸背村编钟	√					√	

表 6 越地未成编乐钟形制比例标准差结果汇总表

时代	统计对象	舞广/舞修	舞修/中长	舞修/铣长	舞修/铣间	舞修/鼓间	舞广/中长	舞广/铣长	舞广/铣间	舞广/鼓间	中长/铣长	中长/铣间	中长/鼓间	铣长/铣间	铣长/鼓间	铣间/鼓间
商	商代总体	0.12	0.11	0.05	0.07	0.09	0.08	0.05	0.07	0.06	0.03	0.10	0.14	0.06	0.11	0.12
	商铙	0.12	0.06	0.05	0.07	0.08	0.06	0.05	0.07	0.05	0.03	0.05	0.11	0.06	0.11	0.12
	湖南铙	0.11	0.05	0.04	0.07	0.07	0.07	0.06	0.06	0.05	0.03	0.04	0.11	0.04	0.11	0.10
	江西铙	0.10	0.06	0.06	0.02	0.08	0.03	0.03	0.05	0.06	0.02	0.08	0.04	0.10	0.04	0.13
	皖南铙	0.13			0.01	0.02	0.01		0.02	0.02		0.11	0.10			0.05
	商镈	0.04	0.04		0.02	0.00			0.03	0.02						0.05

续表

时代	统计对象	舞修/舞广	舞修/中长	舞修/铣长	舞修/铣间	舞修/鼓间	舞广/中长	舞广/铣长	舞广/铣间	舞广/鼓间	中长/铣长	中长/铣间	中长/鼓间	铣长/铣间	铣长/鼓间	铣间/鼓间
西周	西周总体	0.19	0.13	0.10	0.10	0.21	0.11	0.07	0.09	0.17	0.05	0.17	0.34	0.16	0.35	0.28
	西周铙	0.18	0.09	0.09	0.10	0.26	0.06	0.04	0.07	0.20	0.04	0.15	0.31	0.16	0.36	0.34
	西周甬钟	0.21	0.06	0.06	0.05	0.09	0.10	0.09	0.09	0.09	0.04	0.05	0.16	0.07	0.26	0.16
	湖南总体	0.18	0.16	0.11	0.12	0.26	0.11	0.06	0.09	0.22	0.04	0.21	0.38	0.18	0.37	0.34
	湖南铙	0.22	0.11	0.11	0.14	0.33	0.06	0.04	0.09	0.27	0.03	0.19	0.38	0.20	0.44	0.43
	西周镈/湖南镈	0.04	0.02		0.02	0.04	0.02		0.01	0.04		0.08	0.02			0.08
	湖南甬钟	0.07	0.04	0.04	0.03	0.08	0.03	0.03	0.03	0.05	0.03	0.03	0.07	0.05	0.13	0.08
	江西总体（铙）	0.11	0.04	0.04	0.03	0.08	0.05	0.03	0.05	0.03	0.04	0.05	0.09	0.06	0.08	0.11
	广东总体（甬钟）	0.32	0.08	0.07	0.06	0.08	0.15	0.12	0.14	0.12	0.01	0.02	0.24	0.04	0.33	0.21
	福建总体（甬钟）	0.12	0.04	0.05	0.06	0.09	0.03	0.01	0.06	0.05	0.03	0.06	0.03	0.11	0.09	0.09
东周	东周总体	0.21	0.13	0.14	0.12	0.25	0.11	0.09	0.12	0.18	0.07	0.20	0.40	0.25	0.41	0.28
	东周铙	0.21	0.05	0.10	0.10	0.10	0.06	0.06	0.13	0.09	0.04	0.16	0.07	0.14	0.04	0.20
	东周镈	0.08	0.03	0.03	0.04	0.41	0.06	0.06	0.01	0.24		0.09	0.60	0.09	0.60	0.42
	东周甬钟	0.25	0.13	0.11	0.15	0.12	0.12	0.09	0.13	0.15	0.05	0.12	0.24	0.11	0.29	0.17
	东周钮钟	0.21	0.07	0.05	0.05	0.12	0.07	0.07	0.12	0.08	0.03	0.11	0.07	0.09	0.14	0.14
	东周句鑃	0.09	0.05	0.06	0.11	0.11	0.05	0.05	0.06	0.05	0.01	0.17	0.28	0.21	0.34	0.10
	皖南总体	0.24		0.10	0.12	0.13		0.05	0.12	0.10				0.01	0.02	0.17

续表

时代	统计对象	舞修舞广	舞修中长	舞修铣长	舞修铣间	舞修鼓间	舞广中长	舞广铣长	舞广铣间	舞广鼓间	中长铣长	中长铣间	中长鼓间	铣长铣间	铣长鼓间	铣间鼓间
东周	皖南南铙	0.01		0.10	0.09	0.11		0.05	0.05	0.06					0.02	0.05
	皖南句鑃	0.08			0.15	0.12			0.08	0.04				0.01		0.13
	湖南总体	0.31	0.09	0.12	0.11	0.40	0.12	0.09	0.13	0.27	0.08	0.12	0.40	0.16	0.29	0.39
	湖南镈	0.02	0.01	0.01	0.00	0.09	0.00	0.00	0.01	0.04	0.00	0.02	0.08	0.02	0.08	0.10
	湖南甬钟	0.38	0.09	0.09	0.13	0.16	0.16	0.10	0.14	0.23	0.04	0.08	0.04	0.03	0.17	0.13
	江西总体	0.09	0.11	0.10	0.14	0.11	0.06	0.06	0.09	0.03	0.06	0.16	0.11	0.21	0.19	0.15
	江西甬钟	0.00	0.03	0.02	0.16	0.00	0.02	0.01	0.12	0.00	0.01	0.13	0.05	0.17	0.04	0.18
	江西钮钟	0.12	0.08	0.04	0.03	0.14	0.01	0.01	0.04	0.03	0.04	0.10	0.02	0.05	0.10	0.11
	广东总体	0.10	0.12	0.11	0.04	0.08	0.12	0.11	0.04	0.01	0.04	0.16	0.33	0.20	0.43	0.12
	江苏总体	0.06	0.04				0.05										

表 7　浙江海盐县黄家山原始瓷甬钟形制分析表 [1]

钟名	馆藏编号	舞修舞广	舞修中长	舞修铣长	舞修铣间	舞修鼓间	舞广中长	舞广铣长	舞广铣间	舞广鼓间	中长铣长	中长铣间	中长鼓间	铣长铣间	铣长鼓间	铣间鼓间
战国浙江海盐县黄家山原始瓷甬钟	1214	1.01	0.64	0.57	0.79	1.05	0.64	0.57	0.79	1.04	0.89	1.23	1.62	1.38	1.82	1.32
	1215	1.11														
	1216	1.03	0.64	0.58	0.84	1.08	0.62	0.56	0.82	1.05	0.90	1.32	1.69	1.46	1.88	1.28
	1217	1.01	1.05	0.83	0.83	1.09	1.05	0.83	0.83	1.08	0.79	0.79	1.04	1.00	1.31	1.31
	1218	1.04	0.92	0.51	0.82	1.01	0.88	0.49	0.78	0.97	0.55	0.89	1.10	1.61	2.00	1.24
	1219	1.01														
	1220	1.14	0.62	0.56		1.19	0.55	0.49		1.05	0.89		1.91		2.15	
	1221	1.07	0.68	0.56	0.78	1.16	0.63	0.53	0.73	1.08	0.83	1.15	1.72	1.39	2.06	1.49
	1222	1.10	0.68	0.58		1.21	0.61	0.53		1.10	0.86		1.79		2.09	
	1223	1.11	0.70	0.59	0.59		0.64	0.53	0.53		0.83	0.83		1.00		
平均值		1.06	0.74	0.60	0.78	1.11	0.70	0.56	0.75	1.05	0.82	1.04	1.55	1.31	1.90	1.33
理论值		1.25	0.80	0.64	0.80	1.00	0.64	0.5125	0.64	0.80	0.80	1.00	1.25	1.25	1.5625	1.25
总体标准差		0.05	0.15	0.09	0.09	0.07	0.16	0.10	0.10	0.04	0.11	0.21	0.32	0.23	0.26	0.08
对比标准差		0.19	0.16	0.10	0.09	0.13	0.17	0.12	0.15	0.26	0.11	0.21	0.44	0.24	0.43	0.11

---

[1] 浙江省海盐县黄家山原始瓷甬钟和原始瓷句鑃的形制数据采自《中国音乐文物大系·浙江卷》，未出版。

表 8 浙江海盐县黄家山原始瓷句鑃形制分析表

钟名	馆藏编号	舞修舞广	舞修中长	舞修铣长	舞修铣间	舞修鼓间	舞广中长	舞广铣长	舞广铣间	舞广鼓间	中长铣长	中长铣间	中长鼓间	铣长铣间	铣长鼓间	铣间鼓间
战国浙江海盐县黄家山原始瓷句鑃	1224	1.01	0.63	0.54	0.78	1.02	0.63	0.54	0.77	1.02	0.85	1.23	1.63	1.44	1.90	1.32
	1225	1.07	0.61	0.53	0.90	1.28	0.57	0.49	0.84	1.19	0.87	1.48	2.10	1.70	2.41	1.42
	1226	1.12	0.62	0.52	0.78	1.04	0.56	0.46	0.69	0.93	0.83	1.25	1.68	1.50	2.02	1.34
	1227	1.10	0.75	0.62	0.79	1.12	0.68	0.56	0.72	1.02	0.82	1.05	1.50	1.28	1.82	1.42
	1228	1.10	0.63	0.54	0.81	1.21	0.57	0.49	0.73	1.10	0.85	1.28	1.92	1.50	2.24	1.50
	1229	1.09	0.66	0.58	0.79	1.15	0.60	0.53	0.72	1.05	0.88	1.21	1.75	1.38	1.99	1.45
	1230	1.16	0.70	0.59	1.09	0.88	0.61	0.51	0.94	0.76	0.84	1.55	1.26	1.85	1.50	0.81
	1231													1.43		
	1232	1.09	0.69	0.58	0.85	1.11	0.63	0.54	0.78	1.02	0.85	1.23	1.62	1.45	1.91	1.31
	1216						残损严重，只剩一片9cm×8.5cm的残片									1.31
无编号	平均值	1.09	0.66	0.56	0.85	1.10	0.61	0.51	0.78	1.01	0.85	1.29	1.68	1.50	1.97	1.32
	理论值	1.25	0.80	0.64	0.80	1.00	0.64	0.5125	0.64	0.80	0.80	1.00	1.25	1.25	1.5625	1.25
	总体标准差	0.04	0.05	0.03	0.10	0.11	0.04	0.03	0.08	0.12	0.02	0.15	0.24	0.16	0.26	0.20
	对比标准差	0.16	0.15	0.08	0.11	0.15	0.05	0.03	0.16	0.24	0.05	0.32	0.49	0.31	0.49	0.22

表 9 羊角钮编钟形制标准差结果总结表 [1]

续表

时期	地域	钟名	通高/孔高	通高/孔宽	通高/口长	通高/口宽	孔高/孔宽	孔高/口长	孔高/口宽	孔宽/口长	孔宽/口宽	口长/口宽
东周	云南	万家坝羊角钮编钟（6件）	0.45	1.17	0.09	0.10	0.11			0.01	0.01	0.01
西汉	云南	新平漠沙羊角钮编钟（4件）			0.02	0.02		0.02	0.02	0.01		0.02
		元江牛街羊角钮编钟（4件）			0.02	0.01						0.01
汉	广西	浦北后背岭羊角钮编钟（4件）	0.07	0.19	0.06	0.06	0.05	0.01	0.00	0.00	0.00	0.02

表 10 未成编羊角钮钟形制比例表 [2]

时期	地域	钟名	通高/口长	通高/口宽	口长/口宽
西汉	云南	石寨山羊角钮钟	1.60	2.12	1.33
		麻栗坡新堡寨羊角钮编钟	1.66	2.23	1.35
		罗泊湾羊角钮钟	1.29	2.22	1.73
	广西	广西普陀屯汉墓羊角钮钟（之一）	1.59	2.20	1.39
不详	贵州	安龙木科羊角钮钟	1.76	2.31	1.31
		安龙文昌宫羊角钮钟	1.51	2.20	1.46
	云南地区标准差		0.03	0.05	0.01
	广西地区标准差		0.15	0.01	0.17

---

① 原始数据均依据袁华韬《羊角钮钟若干问题研究》一文，硕士学位论文，广西民族大学，2007年，第9—10页。
② 原始数据均依据袁华韬《羊角钮钟若干问题研究》一文，硕士学位论文，广西民族大学，2007年，第9—10页。

续表

时期	地域	钟名	通高/口长	通高/口宽	口长/口宽
	贵州地区标准差		0.13	0.05	0.08

表 11 筒形编钟形制标准差结果总结表

时期	地域	钟名	通高/口长	通高/口宽	口长/口宽	钮高/钮宽
西汉初	广西	罗泊湾 1 号墓筒形钟（2 件）	0.06	0.08	0.00	
不详	云南	姚安筒形钟 1（4 件）	0.28	0.78	0.21	0.48

表 12 越地编钟正、侧鼓音程分值标准差统计表

统计对象	小二度	大二度	小三度	大三度	纯四度
所有越地编钟	16	19	31	28	24
越地东周编钟	16	19	31	27	15
江西/西周编甬钟	0	0	0	30	0
江苏编钟	0	19	31	27	15
江苏编镈、甬钟、钮钟		12	27	27	15
江苏编句鑃	0	12	12	0	
广东（编甬钟）	0	10	0	75	
湖南（编钮钟）		29	0	21	
音程数量	2	17	33	28	6

续表

统计对象 音程占百分比	小二度	大二度	小三度	大三度	纯四度
	2%	20%	38%	33%	7%

表13 越地未成编乐钟正侧鼓音程首分值标准差统计表

时代	统计对象	小二度	大二度	小三度	大三度
商	商代总体	23	23	39	0
	湖南饶	25	18	41	0
西周	西周总体		25	26	20
	西周饶		24	27	7
	西周甬钟		27	17	23
	江西（饶）		27	18	0
	湖南总体		24	32	14
	湖南饶		19	11	9
	湖南甬钟		0	0	15
	广东甬钟		6	37	31
东周	东周总体		0	32	25
	湖南总体			36	25
	湖南甬钟				

表14　广东出土西周末成编甬钟形制分析表

时期	钟名	舞修/舞广	舞广/中长	舞修/铣长	舞修/铣间	舞广/中长	舞广/铣长	舞广/铣间	中长/铣长	中长/铣间	铣长/铣间	铣长/鼓间	铣间/鼓间
西周	博罗横岭山18号墓钟	1.31	0.89	0.70	0.85	1.27	0.68	0.54	0.65	0.96	0.79	1.42	1.21	1.80	1.49
	博罗横岭山1号墓钟	1.26	0.83	0.67	0.81	1.17	0.66	0.53	0.64	0.97	0.80	1.40	1.21	1.74	1.44
	连山三水甬钟	1.85	0.73	0.57	0.73	1.31	0.39	0.30	0.39	1.00	0.77	1.79	1.29	2.32	1.79
	连山三水小甬钟	1.98	0.70	0.55	0.71	1.38	0.35	0.28	0.36	1.01	0.79	1.97	1.28	2.50	1.95
	总体标准差	0.32	0.08	0.07	0.06	0.08	0.15	0.12	0.14	0.02	0.01	0.24	0.04	0.33	0.21
	博罗横岭山甬钟标准差	0.03	0.03	0.02	0.02	0.05	0.01	0.00	0.00	0.00	0.01	0.01	0.00	0.03	0.02
	连山三水甬钟标准差	0.06	0.02	0.01	0.01	0.03	0.02	0.01	0.02	0.00	0.01	0.09	0.01	0.09	0.08

表15　广东出土西周末成编甬钟形制及测音数据表

时期	钟名	正鼓音	侧鼓音	音分值	通高	舞修	舞广	中长	铣长	甬长	铣间	鼓间
西周	博罗横岭山18号墓钟	f¹+14	♯a¹-45	441	30.9	14.3	10.9	16.1	20.3	10.8	16.8	11.3
	博罗横岭山1号墓钟	b¹-17	♯d²-37	380	29.0	12.6	10.0	15.1	18.8	10.1	15.6	10.8
	连山三水甬钟	d²-10	e²+13	223	33.2	13.9	7.5	19.0	24.6	9.0	19.0	10.6
	连山三水小甬钟	d²+14	e²+48	234	21.5	9.1	4.6	13.0	16.5	5.4	12.9	6.6

表16　羊角钮钟音分值标准差统计表

统计对象	小二度	大二度	小三度	大三度
东周羊角钮钟音分值标准差	0	16	0	0
汉代羊角钮钟音分值标准差	36	31	12	0
总标准差	36	21	19	1

郑国祭祀遗址编钟研究

曲文静

郑国是西周分封最晚的诸侯国，于春秋初年迅速崛起，并在中原各诸侯国中扮演了重要角色。虽然在漫长的历史长河里，郑国无疑如昙花一现，但其在文化上所引领的风尚，在春秋时期乃至先秦时期书写下浓墨重彩的一笔。20世纪90年代，随着郑国祭祀遗址的发掘，大量礼乐器展现在世人面前，尤其大批青铜编钟的出土，其数量之多、时代之集中、外观之统一，乃音乐考古之罕见，为研究先秦礼乐文化提供了宝贵的实物资料。本文即以郑国祭祀遗址编钟为核心，进而探讨其所反映出来的周代礼乐制度及郑国历史文化。

一、郑国祭祀遗址出土概况及其考古价值

郑国祭祀遗址发掘于河南新郑"郑韩故城"境内。自1993年起，考古人员先后在新郑市金城路、城市信用社院内、新郑市中国银行建筑工地三处发掘出春秋时期郑国祭祀遗址，并以各自所处地名和建筑名予以命名，即金城路祭祀遗址、城市信用社祭祀遗址、中国银行祭祀遗址。三处遗址均位于郑韩故城东城西南部，出土编钟总数达254件，其数量之多，可谓中国音乐考古的空前发现。郑国祭祀遗址的出土继20世纪20年代李家楼大墓之后再一次揭示出郑国的音乐文化面貌。在三处遗址中，金城路和城市信用社各出土一套编钟，尤以中行祭祀遗址规模最大，共有9坎，包括第1、4、5、7、8、9、14、16、17

号坎,每坎各出土一套编钟,出土编钟总数达206件,被誉为"中国音乐考古十大发现"之一。① 这些编钟大小有序、铸造规范,产生时代较为集中,皆在春秋中期左右。更为重要的是,它们均由河南省文物考古研究所运用考古学方法科学发掘,在地层关系、遗址性质等方面经过严密推定,弥补了李家楼郑公大墓的缺憾。

考古工作者在发掘过程中,根据遗址方位和遗存情况,将该遗址性质推定为社稷祭祀遗存。而关于祭祀等级和祭祀者身份,据发掘人员推测"郑国社稷祭祀遗址所见之礼器,坑坑都是大牢九鼎,作为诸侯已普遍用九鼎的惯例,祭祀者当是某一郑伯不应有什么问题",而且"社稷是国家、政权的象征,而祭祀社稷者也必然是居于公侯之位的郑国国君"②。不过,杨文胜等人认为"就器物使用者身份进行观察,金城路遗址和中行遗址在出土器物等级方面显然有着等级差异",他推测中行遗址的主人应该是郑公,而金城路遗址器物的主人则可能是相当"郑七穆"的郑国卿大夫阶层。③

郑国祭祀遗址出土编钟是郑国礼乐文化的集中体现,极富地域性特色,可以为我们揭开郑国神秘多姿的音乐面纱提供较为确凿的音乐考古学资料,具有极高的研究价值。其一,从规模上来看,这些编钟系同一时代、同一地区、同一形式且基于同一目的而使用,共254件,其编钟数量之多,于目前音乐考古发现来看,可谓举世无双。其二,在编列方面,镈钟为4件一组、钮钟为10件一组的编列形式,有别于春秋时期所见各地出土编钟的常规编列模式,并且在组合方面,出土的全部11套编钟中,除中国银行祭祀遗址第17坎为4镈+10钮钟共14件钟的组合外,其余各坎钮钟均为10+10的组合形式,与镈钟共同构成一套24件的组合范式。其三,性质独特。以往编钟均出土于墓葬,古代

---

① 参见王子初《中国音乐考古的十大发现》,《星海音乐学院学报》2012年第2期。
② 河南省文物考古研究所:《新郑郑国祭祀遗址》(中),大象出版社2006年版,第921页。
③ 参见杨文胜、李晓莉《郑国青铜礼乐器祭祀坑相关问题讨论》,《华夏考古》2008年第2期。

人视死如生，在陪葬乐器方面较为随意且带有生前喜好。相比之下，祭祀所用编钟在形制、规格等方面更为规范。郑国祭祀遗址11套编钟为同一时期不同时间先后入土，但编钟数量、规格、形制却几近一致。这种多次重复出现且严格统一的编钟及其编列组合形式，在迄今出土的春秋列国青铜乐钟中尚属仅见，构成郑国祭祀遗址编钟极为突出的特点。其四，音律的高度规范化。新郑祭祀遗址具有典型的中原文化特点，所出11套编钟具有非常明确的音律规范，为考察春秋时期编钟音律与技术提供了参考依据。

在现有考古发现的祭祀遗存中，依据祭祀性质可分为墓葬祭祀、社稷祭祀、宗庙祭祀三类。目前所见，除甘肃礼县大堡子山祭祀遗址有专门的乐器坑外，其他祭祀群并未发现青铜乐器的踪迹。相比而言，郑国祭祀遗址作为单纯的祭祀遗址，更为客观地反映了周代祭祀制度及礼乐制度，其各坎之间的位置关系、礼乐器的组合规格及数量，为我们提供了研究周代祭祀礼仪更为鲜活和宝贵的实物资料。

二、郑国祭祀遗址编钟的外部形态

形制、纹饰和铭文共同构成了青铜编钟的外部形态，它们代表着不同时期、不同地区的铸造风格，亦是考古学判断器物时代、类型的主要依据。尽管随着音乐考古学学科的不断发展与成熟，以青铜器音乐、音响为本位的研究方法得到全面提升，并取得了卓越成果，然而，形制、纹饰、铭文这些考古学较为常用的方法，仍然是青铜编钟整体研究的重要手段。笔者一方面从传统的形制、纹饰入手探求郑国祭祀遗址编钟在历史上的文化定位；另一方面借助统计学标准差的方法，进行科学的定量分析，力求在时间序列中寻找其坐标点。

（一）郑国祭祀遗址编钟之形制

1.镈钟

从镈的演化序列可以看到，自商代末年的江西新干大洋洲镈到春秋中期的郑国祭祀遗址镈钟，镈体形制的各个部位都有明显变化，总体呈现出由繁至简的演进过程。郑国祭祀遗址所出镈钟除了保留有于口平齐、环钮这些最为基本的镈钟特征之外，其他诸如扉棱、中脊、繁钮、椭圆形腔体等，以往镈钟的典型特点已消失殆尽。镈形制的奢侈豪华，重在礼仪功能，而繁枝末节的去除，也意味着它在功能上从礼器向乐器的转换。郑国祭祀遗址编镈所属年代为春秋中期，此后，镈钟形制大致保持这样一种简约样式延传下去。这种简化形式的出现并非一朝一夕，而是一个长期发展变化的过程，现就郑国祭祀遗址镈钟各部位特点作一简要介绍。

（1）扉棱消失

与西周及春秋初期镈钟形制相比，郑国祭祀遗址镈钟已不见扉棱踪影，这是镈进入中原地区后对来源自南方镈最显著的改造之一。值得说明的是，南方镈与北方镈之差异在其组别、件数的增加，南方镈均为特镈，是重要的礼器，北方镈则以编列形式呈现。最早发现的陕西眉县杨家村镈为三件一组，大小其次。所以，周代吸收镈钟的本义就是充实乐悬，镈之乐的功能逐渐凸显。春秋早期以后，镈如雨后春笋般频现中原地区，大多数镈钟扉棱已全部褪去。王子初先生曾提到，"四翼"的形制，除了显示豪华之外，对其音乐性能来说，没有一点用处。[①] 因之，从音乐声学看，"四翼"不仅阻碍镈的音乐性能，在青铜贵为"金"的时代，四翼的存在既耗费铜料，又增加成本，进入春秋中期，铸钟者果断抛弃奢繁的扉棱，让镈钟轻装上阵，真正成为乐悬中的重要一员。

（2）钮部造型

在镈钟形制流变过程中，钮部实则经历了"简—繁—简"的过程。在四

---

① 参见王子初《河南叶县旧县四号春秋墓出土的两组编镈》，《文物》2007年第12期。

翼退却之后，复钮以简化的形式存在于镈钟之上，一些地区干脆简化为方形单钮，返璞到商末周初湘赣镈的单钮状态。

郑国祭祀遗址钟钮即处于复钮简化的过程之中，其钮部设计较为简朴，多数呈凸字形钮，有的呈方环形，钮两端分别铸作兽首状。但对比来看，不同镈钟钟钮的宽狭及形状略有差异。有的钟钮在铸接时颇显草率，向下沉入舞部之内，只剩兽的一角露于外部，诸如以下各图。

中行遗址 1 号坎 1 号镈钟钮部 　　　　　中行遗址 1 号坎 2 号镈钟钮

中行遗址 4 号坎 3 号镈钟钮部 　　　　　中行遗址 5 号坎 1 号镈钟钮部

图 1　郑国祭祀遗址镈钟钟钮造型

通过图 1 可看出，在镈钟钮部类型大体相同的情况下，不同坎钟镈钮部在形制规范、制作工艺上各有不同。即使同一坎镈钟，其钮部形态、质量也参差不一，如上图中行遗址 1 号坎的 1 号镈与 2 号镈，前者呈偏窄竖环凸字形，两侧动物完整、立体；后者钟钮则相对较宽，似为塌陷入舞部，两侧动物造型残缺不全。整体来看，中行 4 号坎编镈制作最为规范、精致，其钮旁饰双首连体

龙形环纽，纽端略呈方形，龙首比例较1号坎镈稍大。

另外，7号坎镈钟纽部可分为两式：1、4号镈为Ⅰ式，凸字形纽；2、3号镈为Ⅱ式，竖环形纽。见图2。

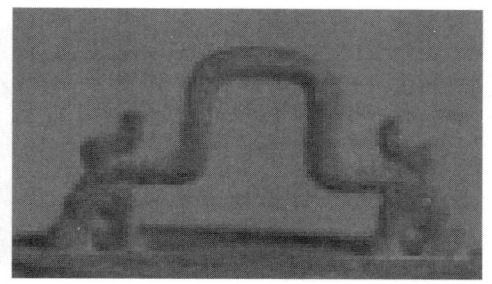

图2　中行7号坎1至4号镈钟纽

这种类型的纽部还可见于山东省博物馆所藏凤纹镈。此镈钟纽与郑国祭祀镈钟有异曲同工之处，同为凸字形环纽，只不过在制作上比郑国祭祀遗址镈要精致得多，凤鸟纹钲部以粗犷的阳线纹分界，而郑镈则是阴线纹。除此之外，在纹饰方面，凤纹镈比郑镈精妙、细致，在风格上却又极为相似。因凤纹镈系征集品，所以不排除两镈之为同源。

（3）枚的出现及钲、篆部的形成

枚与钲、篆部是甬钟的形制特点，三者或以阴线或以阳线作为界隔，分布在甬钟钟体上部区域。据声学专家证实，枚对编钟板振动发声有所影响。周人对镈钟的真正改造始于春秋中期，其方法是将甬钟的形制特点"嫁接"到镈钟上。目前所见最早标本即郑国编镈，无论出土于墓葬还是出土于祭祀遗址，枚、钲、篆齐全，特别是其数量之非凡，充分说明当时在中原地区对镈形制的改造已经基本完成，镈钟由礼器转型为乐器。春秋时期，战乱频仍，客观上促进了各国之间的文化交流。考察春秋中期各国镈钟形制，大多枚、钲、篆俱齐，但器形规格、制作水平方面明显较郑国迟缓。与郑国合为"郑卫之音"的卫国，亦出土有编镈，辉县琉璃阁甲乙二墓系卫国墓葬，出土两组编镈，但时代已为春秋晚期[1]；晋国所见春秋时期最早编镈于1959年发现于山西侯马市上马墓群的1004号墓，年代大体相当于春秋中期偏晚[2]；楚国黝镈、黝钟的确切年代应在公元前625年至公元前595年之间，属春秋中期[3]。应该说，郑国对镈钟形制改革具有开拓作用。

另外，镈钟钟枚设置虽取自甬钟，但形制上又不同于甬钟。甬钟枚形多呈圆柱状或二层台状，枚形较长，而郑国祭祀遗址镈钟钟枚大多呈乳钉状。1997年在新郑郑国祭祀遗址范围内449号水井发现一枚范和一局部编钟范，449号水井为铸铜作坊的供水井，后成为遗物的废弃坑，经断定为春秋中期遗存。枚范是组装范法的最小单元，范体泥质，为近完整的圆柱形，枚上涡纹清晰可见。编钟范范体泥质，为编钟腔面一侧枚篆之部，已浇铸使用过，其上起自舞沿，下端和两侧均为断茬。块面纹饰清晰，包括3行钟枚和枚间的两道篆带，其形、饰与镈钟相契合。

而同出于郑国的李家楼特镈则与之不同，其形制为螺旋状枚，这种形状钟枚在楚钟上最为常见。许公墓编镈所有钟形均采用螺旋形枚设计，这是甬钟使用螺形枚最早也是唯一的例证，集中显现了这批编钟的文化属性。王子初先生认为，螺形枚很可能来自南方越、楚文化的习俗，以往所见较早出现的标本在

---

[1] 参见赵世纲主编《中国音乐文物大系·河南卷》，大象出版社1996年版，第108页。
[2] 参见项阳、陶正刚主编《中国音乐文物大系·山西卷》，大象出版社2000年版，第58页。
[3] 参见赵世纲主编《中国音乐文物大系·河南卷》，大象出版社1996年版，第100页。

楚与中原均所见，所以螺形枚应是南北文化交流的反映。①

（4）钟腔的改变

同为钟类乐器，镈钟与甬钟的主要差异在于其椭圆形钟腔以及于口平齐的构造，这两个特点导致镈钟音响性能远不如甬钟。郑国祭祀遗址编钟在音响性能改造方面与眉县杨家村编镈等初入中原的镈钟之最大区别无外乎钟腔的改变，即由椭方形钟腔变为与甬钟相似的合瓦形钟腔，这是春秋时人对镈钟做出的重要革新，而郑国则是对镈钟改造的先驱。

新郑地区出土春秋中期偏晚的李家楼特镈钟腔虽已具备合瓦造型，但其钟腔仍为浑圆之势。而祭祀遗址镈钟钟腔均系合瓦形，也许前者的目的不在于乐，而在于以其巨大的体量发挥威震作用。在礼与乐的博弈间，镈钟乐的功能属性逐渐占据主流，春秋中期以后，椭圆形镈腔已难觅其踪，合瓦形腔体遂成为春秋后期编镈的主要形制。

综上所述，体现在郑国祭祀遗址镈钟上的改革可谓大刀阔斧，镈钟富有代表性的、极具美观性的形制特征到春秋中期已消失殆尽，换来的是镈钟音乐性能和旋律性能的提升。因此，郑国祭祀遗址镈钟既是春秋时期乐器改革的分界点，又具有显著的乐悬象征意义。

2. 钮钟

钮钟始于春秋早期，是周人结合甬钟钟体和铜铃的钮所派生出来的新式钟类乐器。统观郑国祭祀遗址钮钟钟钮，可依据钟钮形状将其分为两种类型：A型为圆形环钮，分两式，AⅠ式钮形状为扁圆形环钮，钮体为扁圆柱体，又可根据纹饰可划分为两个亚式，a式为绚索纹，b式为素钮。AⅡ组体形状亦为扁圆形环钮，不过钮体为扁体；B型钮体为方环形钮，可根据钮体分为两式，Ⅰ式钮体为扁圆体，绚索纹。Ⅱ式钮体为扁体，素面。郑国祭祀遗址钮钟系浑铸而成，即在铸制之前，钮与钟体的衔接已经预先设计。作为编钟的重要附件，

---

① 参见王子初《河南叶县旧县四号春秋墓出土的两组编镈》，《文物》2007年第12期。

这些钟纽有没有一定的规范存在其中？我们可以通过$\frac{纽高}{通高}$的比例关系，观察同组钟之间和不同组编钟钮的统一度和规范度。本文对各坎钟纽比例逐一进行分析，发现在钟纽的设计方面分两种情况，其一，钟纽的高度与钟体长度呈固定比例关系，钟纽随钟体大小比例变化，即钟体长者则钟纽高，反之，钟体短者则钟纽低；其二，钟纽的高度与钟体长度不呈固定比例，即钟纽不随钟体大小变化长短，大小钟之间，钟纽保持一定的长度。通过钟纽数据可以看出，钟纽设计中此两种情况均有所反映。第一种，即比值趋匀，这表明，钟纽与钟体呈固定比例，随钟体大小而变化，这样的情况占多数；第二种，即钟纽呈固定高度，不随钟体变化而变化，此种情况在数据上表现出编钟由大到小，比值逐至增大。例如 K4 号 B 组钮钟，比值数据在 B1—B10 逐渐增大。同样情况还有 K17，也呈递增趋势，说明钟纽高度上保持不变。

另外，郑国祭祀遗址钮钟几乎都饰以乳钉状枚。有学者认为，这种乳钉半球状凸起是一种纹饰，又称为"乳钉纹"，有如乳房之形而得名，并认为青铜器上出现的大量乳钉纹绝非偶然，说明在"国之重宝"青铜器上，饰以象征哺乳、滋育的乳钉纹饰，有延续子嗣、生生不息之意。这与青铜上所常见的"子子孙孙，永宝用享"铭句也相符合。[①] 在凸显文化特征的同时，钟枚又具有装饰功能，钟枚的对称性与鼓部纹饰的对称类同，体现了古人的二分意识以及对称的审美观。

（二）郑国祭祀遗址编钟形制标准差分析

类型学作为考古学的主要方法，有助于研究器物的外部形态和演化序列。但就器物自身而言，却"难以记录和表达同一器别内形态差别的复杂和细微

[①] 参见欧阳摩壹《中国玉器通史·战国卷》，海天出版社 2014 年版，第 259 页。

之处"①。尤其郑国祭祀遗址编钟外部形态表现出的高度统一现象，普通的定性分析较难阐清其形制设计的内在规律及规范程度。本文将采用统计学标准差的分析方法对郑国祭祀遗址编钟形制进行分析。此方法是隋郁在其博士学位论文《两周越地青铜编钟研究》②中首次应用于编钟研究。与考古类型学对器物分型、分式的方法有所不同，运用统计学标准差分析钟类乐器的形制数据，其目的是观察编钟在设计、制作层面的规范程度。③

隋郁认为，器物的尺寸数据有两种情况可以使用标准差的方法进行分析。其一为尺寸固定的状况，符合这一状况的器物，其理论尺寸固定不变，用这种方法对实物的尺寸数据进行分析时，标准差大则器物制作的规范性弱，反之则规范性强；其二为器物各部分的尺寸存在固定的比例关系，符合这一状况的器物，虽然不同实物各部位的具体尺寸可以按照既有的比例关系放大或缩小，但由于这种器物各部分尺寸的比例关系固定不变，因此可以用标准差的方法，对不同部位尺寸的比值进行分析，标准差大则器物制作的规范性弱，反之则规范性强。而钟类乐器的形制数据之所以能够使用标准差的方法进行分析，正是由于其形制尺寸中存在比例关系的原因。因之，使用统计学标准差的方法对乐钟钟体不同部位的比值进行分析，"可以得出这些比值对其平均值的离散度，离散度的大小直指乐钟形制在设计、制作层面的规范程度"④。

诚然，从视觉层面看，郑国祭祀遗址出土的11套编钟相似度极高，但视觉经验往往不可靠。即仅凭视觉判断及语言描述难以深入到同套编钟抑或不同套编钟之间差异度的细节当中，唯有用数据进行定量分析则更具科学性和直观性，亦是考古学界进行实物研究的发展趋势。虽然考古学中运用统计学的方法

---

① 俞伟超：《关于"考古类型学"问题——为北京大学七七至七九级青海、湖北考古实习同学而讲》，载《考古类型学的理论与实践》，文物出版社1989年版，第4页。
② 隋郁：《两周越地青铜编钟研究》，博士学位论文，中央音乐学院，2016年。
③ 参见隋郁《两周越地青铜编钟研究》，博士学位论文，中央音乐学院，2016年。
④ 参见隋郁《两周越地青铜编钟研究》，博士学位论文，中央音乐学院，2016年。

习已为见，但是将统计学中标准差计算方法引入编钟研究中，无疑推进了音乐考古学的发展，亦是隋郁博士学位论文贡献所在。有关统计学标准差的应用和分析，有几点须说明。

其一，本文采用钟体不同部位之间的比值进行比较，而非单纯以各部位对应长度与它钟进行对比。这是因为从设计层面而言，编钟外形尺寸存在不同部位之间的比例关系。如《周礼·考工记·凫氏》载："十分其铣，去二以为征，以其征为之铣间，去二分以为之鼓间，以其鼓间为之舞脩，去二分以为舞广。"[1] 隋郁在其先期论文《〈周礼·考工记·凫氏〉两种解读方式之比较》[2]中将《考工记》中的比例关系做出计算，并对目前所见甬钟的比例分别进行了验证，确定各部位长度为：

部位名称	舞脩	舞广	中长	铣长	铣间	鼓间
相对长度	6.4 分	5.12 分	8 分	10 分	8 分	6.4 分

不同部位尺寸间形成的比值，除却分子、分母相互颠倒的倒数外，共获15项：

舞脩/舞广	舞脩/中长	舞脩/铣长	舞脩/铣间	舞脩/鼓间	舞广/中长	舞广/铣长	舞广/铣间	舞广/鼓间	中长/铣长	中长/铣间	中长/鼓间	铣长/铣间	铣长/鼓间	铣间/鼓间
1.25	0.80	0.64	0.80	1.00	0.64	0.5125	0.64	0.80	0.80	1.00	1.25	1.25	1.5625	1.25

倘若抛却钟体的比例，对钟体之间的各部位尺寸进行比较，难以获得有效的、规律性的认识。因此，采用比值进行比较，是分析编钟形制的良策。

其二，有关"整体标准差"，系钟体比例对平均值的离散度，涉及一套钟在设计、制作层面的规范程度。数值大，则对平均值的离散度高、规范程度

---

[1]《周礼注疏》，载《十三经注疏》，中华书局 1980 年版，第 916 页。

[2] 隋郁：《〈周礼·考工记·凫氏〉两种解读方式之比较》，《中国音乐》2011 年第 1 期。

低；数值小，则对平均值的离散度低，规范程度强。通过各项数值，可对同套编钟不同比例关系进行横向对比，亦可对不同编钟同项比例关系进行纵向比较。

其三，有关"对比标准差"，是将《周礼·考工记·凫氏》中的比值设定为理论比值，来探测研究对象钟体部位对应《考工记·凫氏》比值的差异度。计算方式为：将《凫氏》所载比值代替平均值（即作为标准差公式中的 μ 值）代入标准差公式，其计算结果即为"对比标准差"[①]。运用这种方法的目的是观测其与《考工记》中理论比值的差异度，一方面，从对比标准差数值大小来看，比值越大，则与《考工记》所载钟形差异度越大，相似度越小；反之，则差异度小，相似度大。另一方面，从研究对象的总体标准差与对比标准差数值比较而言，数值越近，则说明两者之间越贴合。

其四，本文有关数值的标准范围以 0.05 作为界限，即整体标准差与对比标准差的值以 0.05 为界，大于 0.05 被视为偏差较大，而小于或等于 0.05 则偏差较小。

下文将对郑国祭祀遗址编镈和编钮钟分而论之。

1. 镈钟

通过对郑国祭祀遗址 11 套编镈逐坎逐项分析（由于篇幅所限，具体数据从略），各套编镈的形制特点通过精细数据得以揭示。首先，从整体标准差可得以窥探出，每套镈钟之间各保持一股向心力，其整体标准差均小于 0.05 的编镈多达 7 套，保持着极高的规范度。但这种规范度更多地体现在中行祭祀遗址出土编镈。相比而言，金城路和城市信用社编镈在规范度方面要弱于中行遗址，尤其城市信用社编镈，偏离度较高的比值较多，在规范度上不具前述编镈的向心性。影响其规范度的原因也许系拼合所造成，也许因铸制上的偏差。不过，形制的不统一并不代表其音列偏差变大，还需在后文中进一步探讨。其

---

① 参见隋郁《两周越地青铜编钟研究》，博士学位论文，中央音乐学院，2016 年，第 23 页。

次，通过将整体标准差与对比标准差的比对，发现每套编镈都有别于《考工记》所载钟形比例，而这种差别在金城路和城市信用社编镈上体现更为明显，其偏离度远超过中行遗址编镈。金城路 $\frac{中长}{鼓间}$ 项高达 0.67，城市信用社 $\frac{中长}{鼓间}$ 项高至 0.86。但是，虽与《考工记》所载编钟有所不同，在确定钟形基本形制的相关项如浑圆度、外侈度、修长度等比值方面却遵循着共同的规律。比如，《考工记》所记录的钟形结构，代表浑圆度的 $\frac{舞脩}{舞广}$ 与 $\frac{铣间}{鼓间}$ 比值相同，为 1.25，郑祭编镈虽整体上大于《考工记》所载比值，而就其自身两项数据相比，虽略有差异，却基本保持在同一水平线上，如文中所言，这些都无妨视觉层面的感官认知。其他诸如 $\frac{舞脩}{铣间}$、$\frac{舞广}{鼓间}$ 代表修长度之类的数据，也都符合这一规律。由此，我们可以得出这样的结论：郑镈与《考工记》在不同的比值数据层面保持一种平行与规律，而这种规律应是编钟形制的内在机制。

应该说，通过对每套编镈自体之间的异同解读还不够，前述每套编镈的整体标准差说明郑国祭祀遗址编钟都有相当的规范度，然而，11 套编镈之间的钟形异同度又是如何？我们从视觉层面所感知的统一度究竟统一到何种程度？是本文进一步追索的目标。表 1 中将前面 11 套编镈列出的 15 项比值的平均值作以并列对比，确认其中相近或相别的数据。通过平均值的比较，其近似或差异通过数值远近而一目了然。当然，在编钟铸造过程中难免存在误差，因此"当面对多套编钟形制数据的平均值时，平均值与平均值之间的数据差距是否在可忽略的范围内，对这一问题做出合理的判断绝对是既重要又棘手的"[1]。由于数据间差距的"大"与"小"总是一个相对的概念，所以在做出结论前应提出自己的判断标准，并在本节内作为尺度去衡量不同编钟之间实际值之平均值的差距：不同编钟之间，当同一项平均值之间的差距不超过 0.05 时，被认为是可接受的；同一套编钟、不同项的平均值之间的差距不超过 0.02 时，被认为是可接受的。

---

[1] 隋郁：《两周越地青铜编钟研究》，博士学位论文，中央音乐学院，2016 年，第 67 页。

表 1　各坎编镈形制对比表

钟名	藏号	舞修／舞广	舞修／中长	舞修／铣长	舞修／铣间	舞修／鼓间	舞广／中长	舞广／铣长	舞广／铣间	舞广／鼓间	中长／铣长	中长／铣间	中长／鼓间	铣长／铣间	铣长／鼓间	铣间／鼓间
金城路	平均值	1.37	0.71	0.71	1.19	1.39	0.52	0.52	0.87	1.01	1.00	1.67	1.95	1.67	1.95	1.17
信用社	平均值	1.39	0.71	0.71	1.04	1.50	0.51	0.51	0.75	1.08	1.00	1.47	2.11	1.47	2.11	1.44
K1	平均值	1.29	0.67	0.67	0.84	1.08	0.52	0.52	0.66	0.83	1.00	1.26	1.61	1.26	1.61	1.28
K4	平均值	1.33	0.68	0.68	0.85	1.10	0.52	0.52	0.64	0.83	0.98	1.24	1.61	1.24	1.61	1.30
K5	平均值	1.28	0.69	0.68	0.85	1.10	0.54	0.53	0.66	0.86	0.99	1.22	1.59	1.25	1.62	1.30
K7	平均值	1.36	0.70	0.69	0.85	1.15	0.51	0.51	0.62	0.85	1.00	1.22	1.65	1.23	1.67	1.36
K8	平均值	1.31	0.69	0.69	0.83	1.11	0.53	0.53	0.64	0.85	0.99	1.21	1.60	1.21	1.60	1.33
K9	平均值	1.30	0.68	0.68	0.84	1.08	0.53	0.53	0.65	0.83	1.00	1.23	1.58	1.24	1.58	1.28
K14	平均值	1.24	0.69	0.68	0.86	1.07	0.56	0.55	0.69	0.86	0.98	1.24	1.54	1.26	1.57	1.24
K16	平均值	1.51	0.79	0.78	0.85	1.26	0.52	0.52	0.56	0.84	0.99	1.08	1.60	1.09	1.62	1.49
K17	平均值	1.42	0.73	0.73	0.88	1.14	0.51	0.51	0.62	0.81	1.00	1.21	1.57	1.21	1.58	1.30

鉴于中行4号坎编镈制作最为精致，其形制数据也最为稳定、规范，因此可将其作为参照，去观察其他编镈的平均值。总体而言，金城路和城市信用社两组镈钟与中行祭祀遗址出土编镈数据相差较大，有$\frac{舞脩}{铣间}$、$\frac{舞脩}{鼓间}$等9项都大于中行遗址同项数据。同时，金城路和城市信用社编镈虽与中行遗址编镈偏大项相同，对应来看，数值也不尽相同，数值距离亦超过可接受范围。另外，就中行遗址9套编镈之间的比较可知，唯16号坎较为特殊外，其余8套数据都极为接近。16号坎编镈有8项数据或大或小于中行其他编镈，体现出较明显的差异。有了这一初步分析，进而可根据钟形外形特征相关的几项数据，来解读各遗址编镈形制特征。

在钟体浑圆度方面，金城路和城市信用社编镈$\frac{舞脩}{舞广}$数值更为接近，代表其口部浑圆度的一致性，至于$\frac{铣间}{鼓间}$，则相距甚远。从中行遗址9套编镈来看，16号坎编镈两项数值均大于其他各坎编镈，包括金城路和信用社编镈。而14号坎$\frac{舞脩}{舞广}$和$\frac{铣间}{鼓间}$的平均值，则小于其他诸坎，说明其浑圆度大于其他坎编镈。同时，就舞部与口部浑圆度比对看，并未表现出一致性，或则舞部浑圆度大于口部，或则相反。不过，两者平均值数据差别微小，可视为制作层面产生的偏差。由于$\frac{舞脩}{舞广}=\frac{铣间}{鼓间}=1.25$，说明舞部与口部的浑圆度应为一致。虽然郑国祭祀遗址编镈与理论值有偏差，但是就其自身舞部与口部浑圆度而言，仍能保持这样的一致性。

在钟体外侈程度方面，前面有所分析，郑祭编镈较之《考工记》所载，其正、侧面平均值大于理论值，但有着共同规律性。但同样属平行状态，在某种程度上符合《考工记》所载钟形规律。中行祭祀遗址编镈在外侈度方面颇为一致，但仍与金城路、城市信用社编镈的外侈程度不同，后两者数值均大于中行遗址，此两项数据越大，说明外侈度越小，由此，金城路和城市信用社编镈比中行遗址编镈铣部更为竖直。

总之，金城路与城市信用社编镈与中行遗址编镈有明显差异，中行遗址编镈中，16号坑编镈有迥异于其他编镈。有中行遗址可看出，郑国祭祀遗址编镈是经过设计后定型，且有着较为统一标准。

2.钮钟

通过对各坑编钮钟的细致分析，用数据对编钟形制加以量化。整体标准差作为衡量每组编钟对平均值的偏离度，直观展示出各组编钟在设计、制作层面的规范程度，具有可靠的说服力。对比标准差则以《考工记》所载理论比例为参照，重在考察郑祭编钟与《考工记》钟形的差异度。表2是对整体标准差与对比标准差中偏离度做出统计。

表2 郑国祭祀遗址编钮钟标准差偏离度统计表

坑名 组别	金城路		城市信用社		K1		K4		K5		K7		K8		K9		K14		K16		K17
	A	B	A	B	A	B	A	B	A	B	A	B	A	B	A	B	A	B	A	B	A
整体	10	10	6	8	13	14	11	12	14	15	13	13	11	13	10	12	15	14	13	13	13
对比	3	4	2	1	4	4	3	3	4	4	4	4	4	4	2	4	3	3	5	4	2

表2中数字是标准差小于0.05的数量统计，钟体各部位比例共15项，"整体标准差"一栏中，数字越大则表明编钟形制越加统一、规范程度越高，郑祭钮钟的规范度强弱关系一目了然。特别是中行5号坑B组和中行14号坑A组全部15项比值均在0.05以下，具有非常强的规范度和统一度。就各坑编钟比较而言，金城路和城市信用社钮钟规范度相对较弱，尤其后者，偏离度较小的比值A组仅有6项、B组8项。显然，虽同为郑国的祭祀遗址，中行祭祀遗址编钟更具规范性且自成体系。同时，各组钟"对比标准差"小于0.05的数量稀少，每组钟均未有超过5项者，与整体标准差形成鲜明对比。因此，郑国祭祀遗址编钟钟体形制比例与《考工记》并不相符，而具有自成体系的形制特征，这亦是其外观造型相似度极高的重要原因。

在整体标准差较小的前提下，通过对比每组钟各项之间的平均值，可反映出这些编钟在外部形态的近似度和差异度。比较的方式既可在各套编钟 15 项比值的平均值之间相互比较，又可以在不同套编钟之间的同项平均值进行比对。比较的结论既可以指向编钟与编钟之间整体形制的相近或相别，亦可由同一项比值平均值的差别反映出不同编钟相同钟体部位的形制差别。这种方法在前面分析各坎编钟时，对每坎 A、B 组之间数值分析时有所应用。现将郑国祭祀遗址所有编钟各项平均值汇总于表 3 中。

表 3 列出 11 坎编钟的 15 项数值中，进行纵、横比对后，有如下特点：

其一，形制有所差别。金城路与城市信用社遗址的两套编钟与中行遗址 9 套编钟形制特点并不一致。金城路和城信社编钮钟除 $\frac{舞脩}{舞广}$、$\frac{中长}{铣长}$、$\frac{舞广}{中长}$ 三项与中行遗址编钟数值接近外，其余均差异显著。多数比值大于中行遗址编钮钟，例如，其 $\frac{舞脩}{铣间}$ 和 $\frac{舞广}{鼓间}$ 两项平均值远大于中行遗址各坎钟同项平均值，即金城路和城信社编钮钟较之中行遗址编钟外侈度要小。再如，两者的 $\frac{铣长}{铣间}$ 较之中行遗址编钟数值大，即其钟体比中行遗址编钟修长。另外，中行遗址编钟形制也不尽相同。其中，K1、K4、K5、K7、K8、K9、K14 形制更为接近，尺寸比例整齐划一。而 K16、K17 的 $\frac{舞脩}{舞广}$、$\frac{舞脩}{中长}$、$\frac{舞脩}{鼓间}$、$\frac{铣间}{鼓间}$ 四项偏差明显，其余各项则较为一致。例如，K16、K17 两坎的 $\frac{舞脩}{舞广}$ 与 $\frac{铣间}{鼓间}$ 数值明显大于中行其他坎，说明其在钟体浑圆度方面小于中行其他诸坎钮钟。

其二，每坎 A、B 两组钟之间形制更为统一。本文将不同组相同项比值之间的限值制定为 0.05，前文所述，金城路与城信社编钟之间及中行遗址编钟之间，尤其是 K1 至 K14 编钟保持着同一形制规范。但是，每坎 A、B 两组钟同项比值的差距微乎其微，即相同坎内的编钟形制比例更为相同，保持有一股向心力。有的数值之间甚至为同一数据，极为精确。

表 3　各坎编钮钟形制数据平均值对比表

钟名	原编号	舞修/舞广	舞修中长	舞修铣长	舞修铣间	舞修鼓间	舞广中长	舞广铣长	舞广铣间	舞广鼓间	中长铣长	中长铣间	中长鼓间	铣长铣间	铣长鼓间	铣间鼓间
金城路	A组平均值	1.38	0.81	0.69	1.13	1.39	0.59	0.50	0.82	1.01	0.85	1.39	1.71	1.63	2.01	1.23
	B组平均值	1.38	0.83	0.70	1.15	1.41	0.60	0.50	0.84	1.02	0.84	1.40	1.71	1.66	2.03	1.22
城市信用社	A组平均值	1.39	0.85	0.72	1.00	1.43	0.61	0.52	0.72	1.03	0.86	1.19	1.69	1.38	1.98	1.43
	B组平均值	1.42	0.86	0.73	1.02	1.46	0.61	0.51	0.72	1.03	0.84	1.19	1.70	1.41	2.02	1.43
K1	A组平均值	1.34	0.70	0.58	0.82	1.07	0.53	0.44	0.61	0.80	0.83	1.16	1.52	1.40	1.83	1.31
	B组平均值	1.39	0.74	0.59	0.83	1.11	0.53	0.42	0.60	0.80	0.80	1.13	1.51	1.41	1.90	1.35
K4	A组平均值	1.33	0.71	0.58	0.81	1.14	0.53	0.44	0.61	0.86	0.82	1.15	1.61	1.40	1.96	1.40
	B组平均值	1.32	0.69	0.57	0.81	1.09	0.52	0.43	0.62	0.83	0.82	1.18	1.58	1.43	1.92	1.34
K5	A组平均值	1.32	0.69	0.57	0.81	1.08	0.52	0.44	0.61	0.82	0.83	1.17	1.57	1.41	1.88	1.34
	B组平均值	1.31	0.69	0.58	0.81	1.08	0.53	0.44	0.62	0.82	0.84	1.18	1.56	1.41	1.86	1.33
K7	A组平均值	1.34	0.72	0.60	0.83	1.11	0.54	0.45	0.62	0.83	0.83	1.16	1.54	1.39	1.85	1.33
	B组平均值	1.31	0.70	0.56	0.82	1.11	0.53	0.42	0.62	0.84	0.80	1.16	1.58	1.46	1.99	1.36
K8	A组平均值	1.39	0.72	0.62	0.84	1.17	0.52	0.44	0.60	0.84	0.86	1.16	1.62	1.35	1.89	1.40
	B组平均值	1.39	0.71	0.61	0.83	1.15	0.51	0.44	0.60	0.83	0.86	1.17	1.62	1.36	1.88	1.38
K9	A组平均值	1.31	0.69	0.58	0.84	1.09	0.53	0.44	0.64	0.84	0.84	1.22	1.58	1.46	1.89	1.31
	B组平均值	1.32	0.69	0.58	0.81	1.09	0.52	0.44	0.61	0.83	0.84	1.18	1.59	1.40	1.90	1.36
K14	A组平均值	1.33	0.70	0.58	0.81	1.11	0.53	0.44	0.61	0.84	0.83	1.15	1.59	1.39	1.92	1.38
	B组平均值	1.32	0.70	0.58	0.81	1.11	0.53	0.44	0.61	0.84	0.84	1.16	1.59	1.40	1.91	1.37
K16	A组平均值	1.45	0.78	0.66	0.85	1.22	0.54	0.45	0.59	0.84	0.84	1.09	1.56	1.29	1.84	1.43
	B组平均值	1.46	0.77	0.65	0.86	1.24	0.53	0.45	0.59	0.85	0.85	1.12	1.62	1.32	1.91	1.45
K17	平均值	1.42	0.70	0.62	0.82	1.26	0.49	0.44	0.58	0.89	0.88	1.17	1.80	1.32	2.04	1.55

其三，郑国祭祀遗址编钟与《考工记》钟形保持相同的规律特点。前述每套编钮钟均在自成体系情况下与《考工记》所载钟形有所不同。总体来看，虽有不同，但仍体现出一些规律性。比如，郑国祭祀遗址钮钟$\frac{舞脩}{舞广}$、$\frac{铣间}{鼓间}$两项数据均高于理论值，说明郑国祭祀遗址钮钟较《考工记》钟形要扁，但根据《考工记》比值关系可知，$\frac{舞脩}{舞广}=\frac{铣间}{鼓间}=1.25$，即舞部浑圆度与口部浑圆度相当。实际上从横向比较来看，郑钟这两项数据也极为相近，虽然两项数据并不完全等同，但编钟在铸制过程中难免会产生偏差，难以达到理论上理想化程度，因此，郑国编钟在自己的体系中维持与《考工记》相同的规律。同时，在$\frac{舞脩}{铣间}$、$\frac{舞广}{鼓间}$以及数据方面与理论值较为接近，均在可接受范围，表现出外侈度方面的一致。

（三）郑国祭祀遗址编钟与其他区域编钟差异化比较研究

本文还将郑国祭祀遗址编钟与新郑地区出土其他编钟以及宗周和齐国出土编钟加以比较，目的是将其与历时与共时、同地区与不同地区编钟进行比较，以期对郑国祭祀遗址编钟的传承与变迁获得更深层认识。受篇幅所限，以下省略研究过程，仅将研究结果阐述如下。

1.新郑出土其他编钟形制

新郑地区除郑国祭祀遗址镈钟外，出土镈钟极为有限，本文选取李家楼镈钟和新郑无枚编镈作为对比对象。结论是李家楼特镈比郑国祭祀遗址镈钟钟体要浑圆得多。在实物对比中，其浑圆度的差距也非常明显，李家楼特镈钟腔秉承商周以来镈腔特点，而郑祭编镈钟腔已改造为合瓦形。但除此之外，钟体的外侈度、修长度等方面均较一致。而新郑无枚编镈自身形制虽具统一度，但与郑国祭祀遗址编钟及李家楼特镈在形制比例上并不匹配。由于该套编镈被断代为战国器，战国时期郑国已被韩国灭国，新郑亦属韩国领地。国别的不同在文化属性上亦差异明显，编钟形制的改变顺应文化变更。这更加印证了郑国文化的自成体系。

就钮钟而言，新郑地区所见春秋时期编钟，除郑国祭祀遗址外未见钮钟出土或传世。不过可以所见同时期甬钟形制列入比较范围。甬钟与钮钟除悬挂处不同外，钮钟钟形设计依甬钟而设，因此，在钟体形制上具有可比性。对比观察李家楼甬钟和螭凤纹编甬钟，两者之间除 $\frac{舞广}{铣间}$ 和 $\frac{舞广}{鼓间}$ 两项的值略有差距外，其他各项均较为一致，可知这两套甬钟形制在设计、制作方面具有的形制规范。将两者各项形制数据与郑国祭祀遗址编钮钟作出对比，只有 $\frac{铣长}{铣间}$ 和 $\frac{铣长}{鼓间}$ 有所差距，其余各项均在阈值范围内，表现出极高的统一度，特别与中行遗址各钟更为贴合。由此可见，在郑国无论是甬钟还是钮钟，其钟体经过统一设计。

2.宗周编钟形制分析

所谓宗周，历来解释不一。本文所选取对象以丰、镐为中心（今陕西地区）西周墓葬群所出青铜编钟。目前所见西周早、中、晚期所见甬钟，通过将各项比值对比发现，郑国祭祀遗址编钟与西周早期编钟形制有较大差异。而与西周中期至西周晚期部分编钟形制上更为相似。当然，因数据所限，其统一度仅是局部统一，无法概其全貌。就有限数据看，也部分说明郑国祭祀遗址编钟与西周甬钟形制上的相承性。

3.《考工记》与齐国出土编钟

此部分意在探讨两个问题：其一，《考工记》与齐国编钟的联系；其二，郑国祭祀遗址编钟形制与《考工记》所载钟形之差异。通过研究可总结为以下几点认识：其一，郑国祭祀遗址编钟的规范度不止限于祭祀用的编钟，而在郑国各类型编钟中均有较高统一度。其二，郑国祭祀遗址编钟的钟形规格的承袭，与西周中期和西周晚期甬钟钟形结构有着较多相似性，但由于数据的缺乏，无法概其全貌。就有限数据看，也部分说明郑国祭祀遗址编钟与西周甬钟形制上的相承性。其三，郑国祭祀遗址编钟与《考工记》所载钟形差异明显，是因《考工记》记录的钟形主要是战国晚期兴起，而在西汉宫廷流行的弧铣、鼓腹、半球形枚的编钟特征，这种钟形与商周以来钟体偏扁的合瓦形钟体有着显著差异。

（四）纹饰

纹饰是铸刻于青铜器表最为醒目、直观的艺术语言。纹饰同时是一种文化符号，不同时代、不同地域人们的审美观念均有不同，通过纹饰体现出来。自宋人开始关注到青铜器的纹饰特征，并对纹饰图案予以区分和命名。在当今考古学研究中，纹饰研究也是商周青铜器研究的重要环节。

总体来看，郑国祭祀遗址编钟的纹饰特点可总结为两点：一为地域性，二为时代性。尤其是后者，在郑祭编钟上表现出来明显的新、旧风格的对比。所谓旧风格，是延续了西周遗风，特别在编镈上，一分为二的对称性、夔纹的大量应用等，皆袭西周以来的纹饰风格。旧风格实际是中原地区的文化面貌，如方建军先生所言："中原地区的西周编钟同属周音乐文化发展系统，编钟本身显示出强烈的文化趋同性。"[①] 而新风格则是外来文化元素，在钮钟上体现更为明显。这种新旧风格在新郑彝器中体现尤为明显，李学勤、郭宝钧早已注意到郑器新旧风格并存的现象。如李学勤所言："新旧风格一时并存的现象……实际是过渡时期应有的特点。"[②] 郭宝钧将上村岭虢国青铜器与新郑青铜器相比较："两群铜器相较，上村岭期是晚殷西周以来传统做法的终结，新郑期是东周铜器的初变，于铸法、花纹尤为显著。这正是中国青铜器时代的一个大转变期。所以存在新古交错之状，正是过渡时期的特点。"[③]

不过，学者们就新郑新旧风格的关注点多投注在新郑李家楼大墓上。此墓出土的青铜器物在器物形制、纹饰上均新、旧并存，既有中原文化特色，又具接近楚墓器物的楚文化特征。这与郑国的地理位置以及历史环境分不开。郑国系平原地区，地理位置贯通南北，具有不同文化交汇的先天优势，而且从时代来看，"新郑李家楼大墓的年代刚好在春秋中、晚期之际。李家楼青铜器中残

---

① 方建军：《中原地区商周乐器文化因素分析》，《交响（西安音乐学院学报）》2005年第4期。
② 李学勤：《东周与秦代文明》，上海人民出版社2007年版，第175页。
③ 郭宝钧：《商周铜器群综合研究》，文物出版社1981年版，第78页。

存的旧作风，在更晚一些的寿县蔡侯墓中，就很难找到"①。

然而，郑国祭祀遗址青铜器的时代较之新郑李家楼更早，是李家楼风格局面的肇始。因此，我们可以得出这样的认识：郑国祭祀遗址编钟是两周编钟发展的时代的枢纽，在传统与变革之间。

三、郑国祭祀遗址编钟的内部结构及其音乐、音响性能

影响编钟音响性能的因素颇多，包括形制、铸造工艺、体量制约、用铜量，等等。在铸造工艺方面，郑国祭祀遗址编钟的铸造并不考究，例如钟体附件铸制不够规整，铸后清理不彻底，浇冒口大多未清理以及芯撑孔包裹不严等问题存在。因此，郑国祭祀遗址编钟在制作工艺上与李家楼郑公大墓无法相比，即使与西周时期的钟相比较，也不可同日而语。这些钟的使命仅仅发挥其仪式作用，可看出当时人们对祭祀用钟与宫廷用钟的区别和观念态度。不过，与战国比比皆是的木制、陶制等明器相比，郑国祭祀遗址所用仍为青铜器实用器。

同时，在体量方面，郑国祭祀遗址编钟体量较小，在演奏方式上更为灵活，也更有助于旋律运行。春秋早期以后，镈钟体量向着增大和减小两条路径发展，在郑国集中体现出来，前面提到新郑李家楼大镈是郑国祭祀遗址编镈体量的三倍之多。笔者通过将郑国祭祀遗址镈钟首镈体量与鄡子成周、邲子受、辉县琉璃阁甲墓等首件镈体量进行尺寸比对，发现其体量大致相似，认为随着镈钟的入乐，体量规格已形成贯通南北的规范，各地区对编镈体量的改造，皆出于对其音响性能的认识与改造。

另外，用铜量的多少也是影响音响性能的一大因素。通过计算乐钟钟身高度与钟体重量的比值，可得出每套编钟的用铜量之多寡。经分析发现，用铜量

---

① 李学勤：《东周与秦代文明》，上海人民出版社 2007 年版，第 175 页。

最足者为 16 号坎编钟，单位用铜量为 0.1555125 千克，其次为 4 号坎编钟，单位用铜量为 0.14115 千克。这两坎用铜量之所以多与其内腔设置有关，此两坎编钟内腔均设有音梁，尤其是 16 号坎编钟音梁高耸，铜胎厚实，通过后面的音乐性能分析，充分证明该坎编钟的优质性。其他钟则不然，每组高音区编钟，用铜量克减明显。从镈钟和钮钟比较来看，镈钟用铜量相比钮钟更足，用铜量克减问题集中于钮钟。

（一）内部构造与调音锉磨

郑国祭祀遗址编镈调音锉磨情况呈现出来的特点包括以下两个方面。

1.音梁设置

音梁最先出现于钮钟腔内，山西闻喜上郭村 210 号墓钮钟还未见音梁，211 号墓编钮钟却出现音梁，这是目前所见最早的音梁雏形，时为春秋早期。音梁可能是为加固易破裂的于口，或是为隧（调音槽）的调音而铸造，它可将单一的正鼓音形成的两面共振发音变为四面振动发音，加强双音钟基频的音量和基频的相对独立性，有助于振动中节线的产生和稳定，在一定程度上抑止了两音之间可能出现的相互干扰的现象，改进编钟的音质，使声音更优美。[①] 这是当时人们音乐听觉认识作用于编钟上的物化形态。如果说山西闻喜上郭村 211 号墓钮钟音梁尚属孤证，那么郑国祭祀遗址编钟上的音梁以数量表明其存在的可靠性，亦可将其视为对闻喜钮钟音梁雏形的巩固。

郑祭钟的两种钟形中，镈钟音梁的出现无疑意味着镈钟音乐性能的提高。郑国祭祀遗址出土的大部分编镈有音梁的存在，除形制外，音梁是古代钟匠对镈钟进行乐学改革的重要标尺。同时，我们也可看到，郑国祭祀遗址编镈的音梁设置及长短并不均衡，在规范程度上较弱，有的坎出土的所有镈钟都未设音

[①] 参见河南省文物考古研究所编《新郑郑国祭祀遗址》(中)，大象出版社 2006 年版，第 930 页。

梁，诸如 8 号坑、信用社遗址编镈，可能是克减铜料所致。其他大部分镈钟音梁低平，相比而言，只有 16 号音梁最为高耸，这至少说明钟匠对音梁、对编钟声学性能有了一定的认识，只是对音梁的运用还不深刻，没有达到清晰的把握度。

从历时角度对镈钟音梁进行比较和对证，是对郑祭编镈音梁状态的最佳解读。宝鸡县杨家沟太公庙窖藏出土的 3 件春秋早期秦公镈未见音梁设置，春秋中期的郑国祭祀遗址编镈是目前所见最早的、最集中设有音梁的镈钟。对比与其时代相近的许公墓出土 8 件编镈也都有明显的音梁设置，有脊镈音梁长度在 5 厘米到 8 厘米，宽度在 3.5 厘米到 5.5 厘米；无脊镈音梁长度在 4 厘米至 6 厘米，宽度约 4 厘米。同为春秋中期的淅川下寺 10 号墓编镈（瓠镈）内壁同样有长条状凸起的音梁，因此，音梁在春秋中期的镈钟上已普遍存在，且都处于低平状态。所见春秋晚期编镈，以山西太原金胜村 251 号大墓出土的一套 19 件编镈为代表，其内腔已是长条状凸起的"音脊"，造型规范齐整。

钮钟的音梁设置情况与镈钟仿佛，音梁或有或无，高低厚薄均有不同。笔者在实地调查时真切"触摸"到编钟内腔的厚薄状态，设置音梁的编钟腔内可摸到或大或小的鼓起，较为明显观测到腔壁的低丘状鼓起。编钟的音乐性能与音梁设置与否息息相关，在 11 坑中，凡音准度高、音列规律者，音梁也最为齐全且相对高耸，如 4 号坑、14 号坑、16 号坑编钟等，在音列和音响效果上都较为出众。

2.调音方式

综观郑祭编钟的调音方式，几乎都集中在内唇，这是与西周甬钟"挖隧"调音的主要不同之处。郑祭钟内唇的调音位置与调音槽数量不均，但大体规律呈偶数状。a. 2 条：对两正鼓或两铣角处着重锉磨，凡两条锉磨缺口，大多集中于两铣角；b. 4 条：在两正鼓、两铣角形成四个锉磨缺口，对称形状呈十字花形；c. 8 条：在两正鼓、两铣角、四侧鼓部锉磨成 8 个比较明显的锉磨缺口。这三种情况可以看出当时工匠常规的调音过程：为了使钟体纵向中轴线和两铣处易于形成节线，产生较好的双音效果，首先必须锉断位于节线部位的内唇唇沿。如果编钟的音高已基本准确，就无须对编钟再做进一步的锉磨加工。如果音调并不准确，工匠必须对于口内沿做继续加工。此时锉磨的主要部位除了节线处之外，又加上了内唇上的四侧鼓部。音准差异较小，这些部位的调音锉磨程度较浅；反之就越深。[①] 出现 6 条或奇数锉磨痕的情况多为对侧鼓部调音的选择上，出现 6 条锉磨痕的钟，有的仅在一面的两侧鼓部进行锉磨，有的将两面对称侧鼓部进行锉磨，抑或两面斜对角侧鼓部锉磨。而奇数锉磨痕迹的钟则选择锉磨侧鼓部 1、2、3 条不等。编钟音高的变化与锉磨量的多少和部位相关，对某些敏感区甚至敏感点效果与在一般部位迥然不同，锉磨量的多少也必须在一定的幅度之内，此外，锉磨的方式还对音色有一定影响。[②] 同时，也有很多内唇锉磨均匀、无明显缺口的钟，只不过留存内唇的程度有所不同，有的锉磨适中，有的钟内唇锉磨殆尽。另外，在锉磨手法上也呈规范与不规范两种态势，有的锉磨缺口呈弧形，规范与美观度较高，有的则不然。这是钟师调试技术不均衡的体现。总而言之，郑国祭祀遗址编钟的调音锉磨以及音梁规格为我们提供了其所处时代铸调技术与音响性能发展水平的见证。

（二）双音性能

1.镈钟

郑国祭祀遗址的 11 坎镈钟中，仅 16 号坎大小三度相间，且音程关系准确，16 号坎编钟的优良性能在其他各个方面均有体现。其他各坎镈钟双音音程则形形色色，如二度、四度、五度、六度等，音程性质上也极为不协和，增四度、减五度频频出现，诸坎之间，音程关系也毫无规律可循。很显然，这些镈

---

① 参见王子初《中国青铜乐钟的音乐学断代——钟磬的音乐考古学断代之二》，《中国音乐学》2007 年第 1 期。
② 参见华觉明《双音青铜编钟的研究、复制、仿制和创制——兼论多重证据法和技术史研究的社会功能》，载《技术史研究十二讲》，北京理工大学 2006 年版，第 59 页。

钟并不具备双音性能。从调音锉磨也可看出，镈钟的侧鼓音大多未经锉磨，因此，侧鼓音并未纳入钟匠的调试范围，这是其一。其二，镈的造型结构方面，如于口平齐、铣棱不突出、腔体的合瓦形结构不鲜明，甚至于口更接近于椭圆形等，皆不利于侧鼓音的振动发声，导致镈钟双音音程关系的各型各色。综合来看，绝大多数镈钟不能证明是双音钟，镈的侧鼓音并非设计音高。

与郑国祭祀遗址编镈时期相近的有许公墓有脊编镈和无脊编镈、淅川下寺M10 镈、沂水刘家店子编镈、侯马上马1004号墓编镈。这几套镈的正侧鼓音音程关系都较差，许公墓出土有脊编镈b1号钟正、侧鼓音为同度，b2号钟甚至侧鼓音无法获得明确音高，其余钟或者无法获得音高和合理音程关系，或为二度关系，只有无脊镈b1号钟双音关系为宽小三度。相比而言，淅川下寺出土的8件镈钟正、侧鼓双音关系大大提高，但四度的出现仍对双音性能造成影响，"它既在双音编钟的音程类别中不占主流，又不会在同一套编钟中密集地出现，通常某套编钟中只会偶有一钟出现双音为纯四度的现象"①，另外，从调音锉磨看8件镈均经调音，调音部位主要在镈口内壁、音梁及两铣角夹角处。② 显然，调锉部位并未过多关照到侧鼓部。沂水刘家店子编镈共3件，前两件侧鼓音音高含混，无法获得测音数据，第三件正、侧鼓音为小二度关系，所以，此套编镈也不具备双音条件。再来看晋文化区的侯马上马1004号墓编镈，时代为春秋中期偏晚，全套共9件镈，除无测音数据的6、8、9号镈之外，其余钟正、侧鼓音为三度和二度关系。二度关系是商铙双音特点，系原生双音的特征，因此，侯马上马1004号墓编镈在双音性能方面亦不理想。总的来看，由目前所见春秋中期编镈，可作出这样的论断：春秋中期，镈钟侧鼓音尚未成为设计音高，一方面是镈钟"节度之所生"的功能特点。

春秋晚期出土编镈一改春秋中期不设侧鼓音的现象，在双音性能上有很

---

① 漆明镜：《论双音编钟的音程组合》，《音乐研究》2007年第3期。
② 参见王子初主编《中国音乐文物大系·续河南卷》，大象出版社2009年版，第100页。

大改观，楚文化区的倗子受编镈、淅川徐家岭 3 号墓编镈、淅川徐家岭 10 号墓编镈的正、侧鼓音关系，从出现频率看，绝大多数钟正、侧鼓音已是三度音程关系。晋文化区太原赵卿墓共出土 19 件编镈双音性能最为优良，其钟体大小相次，发音自成序列。但 2、6 号镈出土时已破碎，经焊拼复原，基本不能出声。6 号镈侧鼓音依稀可辨，权作测录备考。1、5、10、12、13 号镈外观完好，但发音有不同程度的瘖哑或余音受抑现象，当有内损。[①] 优良的双音性能使金胜村编镈音列结构大大提高，由以往的"奏乐以鼓镈为节"演变为真正的旋律乐器。

综上分析可知，春秋中期，钟师并未将镈钟侧鼓音作为设计音高，这在不同文化区域是一普遍现象，因此编镈双音性能尚未完善，郑国祭祀遗址镈钟所不具备双音性能是镈钟的共性特点。

2.钮钟

（1）郑祭编钮钟双音音程关系规律性分析

关于每套编钮钟双音音程的种类及其比率，前文已有所分析。可进一步探讨 11 坎 21 组钮钟之间双音音程有无规律可循，以及各钟双音设置是否统一。

通过音程统计（统计数据及表格从略）来看，可总结出以下几个特点：

首先，三度音程为数最多。正、侧鼓音三度音程关系的增多是编钟设计、铸造者由无意识向有意识过渡以及编钟音乐性能成熟的标志。三度音程的确立，应该是古人听觉认知和审美认知作用下的结果。并且，前文提到，大、小三度混合组织形式不仅节省铜材，且便于演奏。从郑国祭祀遗址编钮钟大、小三度各自数量来看，小三度音程又占绝大多数。比如，中行 1 号坎，小三度占 30%；中行 4 号坎、5 号坎小三度分别占 40%；中行 7 号坎和 8 号坎分别占 35%；中行 14 号、16 号坎分别占 55%；中行 17 号坎 20%；金城路和城市信用

[①] 参见王子初《太原金胜村 251 号春秋大墓出土编镈的乐学研究》，《中国音乐学》1991 年第 1 期。

社钮钟小三度分别占 55% 和 50%。冯光生先生据西周中、晚期甬钟双音音程统计的结果亦是小三度音程占比最高，较为客观反映了此时铸调双音技术的运用状况和水平。其中，西周中期 67 件钟，有 40 件为小三度，约占 60%，西周的 29 件钟中，小三度 19 件，约占 66%。中、晚期相比，不规则的音程和大三度音程呈减少趋势；小三度音程呈增加趋势。"小三度音程的选定和铸调双音技术的成熟，使原来为美化钟声而存的铸生双音，得以清晰、剥离、规范，其侧鼓音在音列中的地位得以确立。"[1] 因此，郑祭编钮钟体现了西周以来铸调双音技术的延续和钟匠的主观把控能力。

与此同时，我们也不应忽略郑祭编钮钟音程关系和音程性质呈现出多样化的现象。除大、小三度音程外，郑祭钮钟还出现了二度、四度、五度音程，且音程性质多样，如纯四度、增四度、纯五度等。这种音程不统一的现象多出现在商代编铙上，而且编铙中的二度音程居多。就郑祭钮钟来看，几乎每组都会出现二度音程。"小二度、大二度的侧鼓音，双音的交替和重合会给人以极不谐和的刺激，这样的效果，想必也不是先人的本意。"[2] 一般而言，"研究古乐器的音乐性能，将涉及三个方面。其一是当时人们设计乐器音列的主观意图；二是当时人们在音律方面的认识水平；三是古乐器发音的客观可能性"[3]。从认知层面来看，西周编甬钟首、次二钟往往侧鼓音不设小鸟纹，且正、侧鼓音音程呈不规则状态，而从第三钟开始各钟均存在较为规律的双音。证明原设计有意忽略这前件钟的侧鼓音，由此也确定当时钟匠对双音音程的主观追求能力，可排除认知水平上的不足。而郑祭编钮钟双音音程的多样化现象所直接的是其音列规律问题，或许正如王子初先生分析中行 1 号坎后所得出的结论，即中行 1 号坎的设计音列应与当时人们设计乐器音列的主观意图有关，而"它与当时社

---

[1] 冯光生：《周代编钟的双音技术及应用》，《中国音乐学》2002 年第 1 期。
[2] 冯光生：《周代编钟的双音技术及应用》，《中国音乐学》2002 年第 1 期。
[3] 王子初主编：《中国音乐文物大系·续河南卷》，大象出版社 2009 年版，第 128 页。

会对音阶的认识水平并无必然的联系。当时郑国的钟师在调试编钟的音列时，指导思想只顾及编钟的正鼓音，所以仅对正鼓音作了调试。各钟的侧鼓音均处于自然状态"[①]。

另外，就音程关系的统一度而言，可从不同编钟内部的音程对应性来考察，将各钟之间双音关系对比来看，其并不统一，即使是三度音程关系，除中行 16 号坎两组钟之间具备一定统一度外，其他钟则各不相同。

（2）正、侧鼓音分差偏离度分析

正、侧鼓音分差的偏离度涉及音程的精确性问题。本文将音准宽容度阈值设置为 –28 至 +24 音分之间，超出此阈值，但音分数在正负 50 音分以内，视为宽音程或窄音程。以此来衡量各钟正侧音程关系的准确度及偏离度。考察各组编钟正、侧鼓音分差与理论音分值的差值，其浮动性较大。例如金城路遗址编钮钟，全部 20 件钮钟，符合小三度音程的有 11 件，其差值有的钟精确到 0 音分，但最大值却达至 –41 音分的偏离度。而且，除中行 8 号坎和中行 14 号坎外，其余各坎钮钟的大、小三度音分差均有超过人耳宽容度阈值者。在双音关系的准确度上差强人意。

双音关系的精准度直接关系到编钟的音列设置，"在理论上相同的音在高、低音区间应该是同位同律的，即同一律位的律高在高低音区间只有八度之差，没有本质区别。换言之，同位异律现象只存在于正、侧鼓音之间"[②]。在正鼓音音列稳定的情况下，若双音音程的偏离度大，则与侧鼓音的设置问题相关。

（3）东周钮钟双音设置情况

由前面两点可知，郑国祭祀遗址编钮钟的双音关系并不理想。那么，郑国祭祀遗址钮钟的双音关系不规律现象是普遍存在还是郑国的地域性现象？其双音性能的偏差是钟匠的不能还是不为？一方面，我们不可忽略的一个事实是，

---

① 王子初主编：《中国音乐文物大系·续河南卷》，大象出版社 2009 年版，第 128 页。
② 孔义龙：《弦动乐悬——两周编钟音列研究》，文化艺术出版社 2008 年版，第 279 页。

这些钮钟的使用性质是祭祀。祭祀重在仪式的执行,对音乐性能的要求或许并不高。另一方面,我们可从其时代前后的钮钟中寻找答案。

有关于此,孔义龙对东周编钟正、侧鼓音程进行过统计研究,并归纳为两个明显的特征,"一是各正鼓音上方的侧鼓音主要是以大、小三度音程为基础进行设置的。但各正、侧鼓音分差数据又表明,除大、小三度以外尚存在许多其他音程,包括窄二度、小二度、大二度、窄小三度、宽小三度、窄四度、纯四度、增四度、纯五度、大六度和增八度等,而且编钟年代越早,音程种类越多;年代越晚,音程种类越少,这就成为第二个特征"。而"东周编钟侧鼓音位多样化设置自春秋中期以后逐渐减少,绝大多数正鼓音上方的其他音程均消失在春秋晚期。从出土的战国编钟的正、侧鼓音音程关系看,除山东诸城公孙朝子编钮钟外,均统一在三度结构的模式之中"。但同时,孔义龙也提出"多种音程体现出一种多样化的设置思维,但这种多样化并不等同于多自由设置,它们可能是出于某些音阶用音的需要而作为一定阶段的侧鼓音选择而存在"[①]。

通过对郑国祭祀遗址编钟双音性能的分析,编镈双音性能尚未完善,而钮钟的双音性能虽有一定规律可循,但处于离散状态,精确性亦乏善可陈。

四、时空坐标中的郑国祭祀遗址编钟编列—音列

编列与音列是互为表里的关系。编列为青铜钟从节奏乐器变为旋律乐器提供了条件。同时,编列的外在约束力也成为制约与促进音列成长的一对矛盾体,礼与乐即在相互博弈间此消彼长。郑国祭祀遗址编镈与编钮钟的编列—音列既有特殊性又有共性,以下将在时空之经纬中,寻找它们的历史坐标。

---

① 孔义龙:《弦动乐悬——两周编钟音列研究》,文化艺术出版社 2008 年版,第 250—251 页。

（一）镈钟与钮钟的编列形式

1.4件组编镈规制的来源及其形成与影响

4件组编镈继3件组之后而出现，成为春秋时期中原地区的重要编列形式。在本文第二部分述及编镈4件组编列的形成所伴随的是繁缛形制的消减，逐渐挖掘出编镈乐的功能。首先，将目前所见4件组编镈列表如下：

表4　4件组编镈统计表

序号	名称	时代	数量	乐器来源
1	新郑工行工地 T595K1	春秋中期	4	1996—1997年出土于河南新郑中国银行工地
2	新郑工行工地 T606K4	春秋中期	4	1996—1997年出土于河南新郑中国银行工地
3	新郑工行工地 T594K5	春秋中期	4	1996—1997年出土于河南新郑中国银行工地
4	新郑工行工地 T594K7	春秋中期	4	1996—1997年出土于河南新郑中国银行工地
5	新郑工行工地 T615K8	春秋中期	4	1996—1997年出土于河南新郑中国银行工地
6	新郑工行工地 K605K9	春秋中期	4	1996—1997年出土于河南新郑中国银行工地
7	新郑工行工地 T613K14	春秋中期	4	1996—1997年出土于河南新郑中国银行工地
8	新郑工行工地 T615K16	春秋中期	4	1996—1997年出土于河南新郑中国银行工地
9	新郑工行工地 T566K17	春秋中期	4	1996—1997年出土于河南新郑中国银行工地
10	新郑金城路编镈	春秋中期	4	1993年出土于河南新郑金城路2号窖藏坑
11	新郑城市信用社编镈	春秋中期	4	1995年出土于河南新郑城市信用社 K8 号坎
12	新郑李家楼编镈	春秋中期偏晚	4	1923年秋出土于河南省新郑李家楼
13	许灵公墓编镈	春秋中期	8（4+4）	2002年出土于河南平顶山市叶县旧县村 M4

续表

序号	名称	时代	数量	乐器来源
14	滕州庄里西村编镈	春秋晚期	4	1982年冬出土于滕州姜屯镇庄里西村（实用器）
15	辉县琉璃阁甲墓编镈	春秋晚期	4	1936年出土于河南辉县琉璃阁甲墓
16	长治分水岭25号墓编镈	春秋晚期	4	1959—1961年出土于山西省长治分水岭东周墓葬
17	潞城潞河7号墓编镈	战国	4	1982年出土于山西省潞城县西流公社潞河大队战国墓群（明器）
18	临淄淄河店2号墓编镈	战国早期	8（4+4）	1990年发掘于山东临淄淄河店村墓地（明器）
19	洛阳解放路编镈	战国	4	1982年出土于洛阳西工解放路北段一战国墓陪葬坑（实用器）
20	新郑无枚编镈	战国	4	旧藏（实用器）
21	涉县北关1号墓编镈	战国	4	1982年出土于涉县北关1号墓
22	编镈	春秋	4	深圳

由上表4所示，第一，从出土时代来看，编镈4件组编列在春秋中期大量涌现，且郑国镈钟是目前所见最早的4件组编列。西周晚期到春秋早期流行的3件组编镈在这一时期不见踪影。4件组编列是否为郑国率先发明尚待探究，但确实是新郑地区典型的镈钟编列模式，这一模式在新郑地区一直得以持续，新郑出土的战国初期镈钟仍为4件组编列，郑国在战国早期被韩国所灭，可知这种编列形式基本贯穿郑国存亡始终。编镈4件组编列，不仅见于郑国祭祀遗址，同时也见于郑国大型墓葬。新郑李家楼镈于1923年出土于新郑市李家楼，时代较郑国祭祀遗址编镈稍晚。李家楼编镈今散藏于三地：河南省博物院1件，北京故宫博物院2件，台湾历史博物馆1件。这4件镈钟以庞大的体积见著于世，最大的通高111.56厘米，重121.88千克，是目前已知的春秋编钟中

形体最大、最重的一件。[①] 是郑国祭祀遗址中行 1 号坎编镈首钟 3 倍之多。但"如此庞大的乐器，其音乐性能其实并不太好，于口内也未见明显的调音锉磨痕。也许精密的音律关系对于这样的乐器来说，已经不太重要；巨大的形制，加上极其低沉远传的声音，已足可让面南而坐的王公贵族抖尽威风了"[②]。因此，在郑国，编镈具有两种功能，一种是礼器功能为主，其体积巨大、形制繁缛；另一种则是乐器功能为主，其轻便小巧、朴素简约。李家楼大墓和郑国祭祀遗址青铜器器主同为郑公，虽埋葬性质、形制、功能不同，器物风格也有明显差异，但编列却是一致，足以证明 4 件组编列在郑国的典型性。

郑国 4 件组编列形式对周边各国有所影响。同出于春秋中期的许公墓较具典型。许公墓位于今河南省平顶山市叶县旧县常庄村北地，为春秋许国第十五世国君许公宁之墓。出土 8 件镈钟由两组不同形制编镈组成，每组 4 件成编。一组为有脊镈钟，无枚，带有扉棱和中脊"四翼"，其形制秉承西周晚期至春秋早期诸如陕西眉县杨家村镈以及克镈等形制；另一组为无脊镈，有枚，其形制与新郑李家楼特镈类同。"从音乐考古学的角度看，无脊镈钟应当晚出于有脊镈钟。但有脊镈钟因其形制原因，使其音乐性能方面受到较大局限，无脊镈钟在音乐性能上却远远超出有脊镈钟，春秋初期后，无脊镈钟占主导地位。"[③] 其实，关乎许公镈的断代，还有不同说法，"如果将许公墓有脊镈的时代定位在春秋早期的话，那么无脊镈的时代应该在春秋早期偏晚"[④]。8 件组编列是楚镈的编列模式，许公墓虽在整体上为 8 件，但实际又具中原特点。"从文化属性上，许公墓镈钟形制体现出较为典型的中原文化属性。"[⑤] 春秋中期是郑国发

[①] 参见蔡全法《新郑李家楼青铜器钩沉》，载《蔡全法考古文集》，科学出版社 2012 年版，第 157 页。
[②] 王子初：《中国音乐考古学》，福建教育出版社 2003 年版，第 185 页。
[③] 陈艳：《许公墓编镈探微》，《中国音乐学》2015 年第 2 期。
[④] 陈艳：《许公墓编镈探微》，《中国音乐学》2015 年第 2 期。
[⑤] 陈艳：《许公墓编镈探微》，《中国音乐学》2015 年第 2 期。

展最为强盛之时，文化传播的规律往往是强势文化影响弱势文化，因此，许公墓必然受郑国文化之影响。同时，其夹处于郑、楚之间，受楚文化影响也是必然现象了。

滕州庄里西村 4 件镈钟，除第 1 件镈体破裂、纽一侧断裂之外，余 3 件均保存完好。4 镈制作精细，腔体厚实，造型一致，大小相次。镈腔内均经过调音锉磨。①

辉县琉璃阁甲墓编镈系春秋晚期器②，1936 年出土于河南辉县琉璃阁甲墓，并以此墓命名。辉县西周时为共国之地，春秋时归卫，战国时属魏。该墓葬编镈原出土 4 件，前 3 件藏于故宫博物院，最小 1 件现藏于河南省博物馆。4 件镈钟保存完好，形制与纹饰完全相同，大小相次，镈体断面呈椭圆形，平口，两面共有 36 枚螺形枚。枚均又蟠盘成，制作精细。纽由三蟠组成，二蟠中间上部是一弯曲呈半圆形的一身二首螭。舞、篆、隧均饰蟠螭纹。③

长治分水岭 25 号墓编镈于 1959 年 10 月至 1961 年底由山西省文管会、山西省考古研究所和长治市博物馆共同发掘，时代为春秋晚期。同出乐器有纽钟、甬钟和石磬等。该编镈一组 4 件，编号为 M25：6-9，纹饰、式样相同，大小相次成列。纽由相对峙的双夔龙，口衔蟠螭，体呈合瓦形，篆和鼓面均饰蟠螭纹，于口平直。④

潞城潞河 7 号墓编镈 1982 年由山西省考古研究所发掘于潞城县西流公社潞河大队战国墓群。所出 4 件铜镈形制花纹相同，大小相次成列。编号分别为

---

① 参见周昌富、温增源主编《中国音乐文物大系·山东卷》，大象出版社 2001 年版，第 46 页。
② 有关辉县琉璃阁甲墓编镈年代，《中国音乐文物大系·北京卷》与《中国音乐文物大系·河南卷》记载有异，前者记为春秋中晚期，后者则记为春秋晚期，现遵照郭宝钧《山彪镇与琉璃阁》（科学出版社 1959 年版）中时代判定，为春秋中期器。
③ 参见袁荃猷主编《中国音乐文物大系·北京卷》，大象出版社 1996 年版，第 51 页。
④ 参见项阳、陶正刚主编《中国音乐文物大系·山西卷》，大象出版社 2000 年版，第 62 页。

M7：11、12、6、7。镈体内含有泥范芯，不能发音，为明器。①

山东临淄淄河店二号墓出土镈钟 8 件，分为 A、B 两型。情形与许公墓编镈类似，墓内所出青铜器多为齐国风格。至于器主身份，根据墓内出土的一件铜戈所铸铭文"国楚造车戈"可知，其格式、文字特征均具有齐国特有的风格。据发掘者推测，该戈前二字"国楚"应为人名，即戈的主人，也即二号墓之墓主，其为周王朝所命名的"守臣"，世为齐国上卿。②

洛阳解放路编镈，于 1982 年出土于洛阳西工解放路北段西侧（即东周王城北中部）一座战国墓陪葬坑钟。与编镈同坑出土的还有钮钟 18 件、石编磬 23 件和青铜礼器 100 余件。编镈除第 4 件锈蚀严重外，其余 3 件保存完好。镈身呈合瓦形，舞上有扁纽作两蛇相对共含一物状。镈口平齐，钲部左右两侧各有两排 6 个乳钉状枚，篆间饰蟠螭纹。③

新郑无枚编镈 4 件，系旧藏，因非发掘出土，所以相关资料较为缺少。不过从器物造型观之，具有典型的郑国风格。

当然，在春秋中期除了 4 件组编镈亦有其他编列出现，例如，1978 年出土于山东的沂水刘家店子编镈数量为 6 件；1979 年出土于河南淅川县仓房乡下寺 M10 有 8 件一组编镈；另 1979 年出土于湖北随州东郊义地岗的随州季氏梁编镈 5 件。此三者均属于中原周边地区。

第二，从地域来看，4 件组编镈是中原地区，尤其是郑国一带的突出现象，与政治、文化发展不无关系。前面提及所见 3 件组编列于西周晚期到春秋早期见于宗周丰、镐所在地陕甘一带，彼时，东都中原一带未见编镈。至春秋中期，4 编列编镈大量出土于中原地带，尤其集中于新郑，此时，宗周丰、镐旧都却难见编镈踪影。文化中心已跟随西周政权迁移到东都一带中原属地。如

---

① 参见项阳、陶正刚主编《中国音乐文物大系·山西卷》，大象出版社 2000 年版，第 62 页。
② 参见魏成敏《山东淄博市临淄区淄河店二号战国墓》，《考古》2000 年第 10 期。
③ 参见赵世纲主编《中国音乐文物大系·河南卷》，大象出版社 1996 年版，第 110 页。

果认为郑国发明了4件一组，结论未免草率，但至少说明郑国对编镈发展的推动作用。同时，郑国是宗周的近亲，亦是周平王东迁的要员，将编镈引入中原并加以改造有着极大之可能。其实，郑国在周平王东迁以前已率先到中原选址。从3件组编镈到4件组编镈所属地域，勾勒出编镈发生、发展的清晰路线。

第三，从器别来看，战国时期虽然对4件组编列形式还有沿用，但所不同的是基本为明器，也就是说沿用的是4件组的形式罢了。

2.10件组钮钟编列来源探析

郑国钮钟的10件组编列大量存在，其出现显然不是偶然现象。为何郑人未遵守常规而独创编列，其背后隐藏着什么样的文化心理抑或规章制度？在创制这种编列形式时有无参照对象？笔者将从两方面加以解读。

（1）乐悬制度的地方化体现

有关编钟的乐悬制度，最早见于《周礼·春官·小胥》记载："正乐县之位，王宫县，诸侯轩县，卿大夫判县，士特县，辨其声。"[①]郑司农释：

宫县四面县，轩县去其一面，判县又去其一面，特县又去其一面。四面象宫室四面有墙，故谓之三面，其形曲，故《春秋传》曰"请曲县繁缨以朝"，诸侯之礼也。

这种等级化的规定在周代礼仪中比比皆是。《周礼》中的乐悬制度已被考古所证实，著名的曾侯乙墓即为"轩悬"之制，郑国祭祀遗址乐器坎也多以三坎组合呈现出"轩悬"形式。至于每面悬挂多少组钟，每组又多少钟组成并没有明确规定，《周礼·小胥》也只是模糊提道："凡县钟磬，半为堵，全为肆。"对"堵"与"肆"的解读异说纷繁，一直成为先秦音乐史研究中聚讼不已的论

---

① 《周礼注疏》，《十三经注疏》，中华书局1980年版，第795页。

题。一般认为,"堵"指一面钟架,似一堵墙,《周礼·春官·小胥》贾公彦疏:"云堵者,若墙之一堵。"①"肆"谓一组钟,不过,所谓"堵",是组合编钟的概念,"堵"与"肆"在一定程度也可等同,比如李纯一先生所说:"其实先秦时期的堵肆并无严格区别,一套大小相次的编钟既可称之为堵,又可称之为肆。"②有关于此,王清雷在其博士学位论文《西周乐悬制度的音乐考古学研究》③有较为详细的梳理。历来关于"堵""肆"的研究讨论大致有二,其一是悬挂钟磬的种类,例如郑玄认为上自天子下至卿大夫皆有钟有磬,王国维则认为只有天子诸侯可以享用编钟,大夫有鼓无钟等;其二是对"堵""肆"的数量规格,相比前一点,古今学者更是各执其词。《周礼·春官·小胥》郑玄注:

钟磬者,编县之二八十六枚,而在一虡,谓之堵,钟一堵,磬一堵,谓之肆。半之者,谓诸侯之卿大夫士也。诸侯之卿大夫,半天子之卿大夫,西县钟,东县磬。士亦半天子之士,县磬而已。④

"肆"曾出现于描述郑国编钟的文献中,《左传·襄公十一年》载:"郑人赂晋侯以师悝、师触、师蠲……歌钟二肆,及其镈磬,女乐二八。"杜预注云:"肆,列也,县钟十六为一肆。二肆,三十二枚,磬亦如之。镈磬皆乐器。"孔颖达《疏》引《正义》曰:"以肆为列者,钟磬皆编县之在簨虡,而各有行列也。"考古发现一次次揭示了郑国特有的堵、肆规格,无论墓葬还是祭祀,一律为 4+10+10 的乐悬编制。

事实来看,堵与肆的规格因时而异,即使在西周时期,甬钟由 3 件一组发展到 4 件一组、8 件一组、16 件一组不等。至春秋时期,规格更为多样化、地

---

① 《周礼注疏》,《十三经注疏》,中华书局 1980 年版,第 795 页。
② 李纯一:《中国上古出土乐器综论》,文物出版社 1996 年版,第 288 页。
③ 王清雷:《西周乐悬制度的音乐考古学研究》,博士学位论文,中国艺术研究院,2006 年。
④ 《周礼注疏》,《十三经注疏》,中华书局 1980 年版,第 795 页。

方化，郑国祭祀遗址钮钟 10 件一组便体现出具有地方特色的编悬范式。

当然，10 件组脱离春秋时期 9 件组钮钟之定式，也不排除郑人特有的"数"的观念。数字，在中西思想观念中皆有体现，西方毕达哥拉斯早有"万物皆数"的名言，此"数"体现了西方人的数理意识，然而，"数"在我国古人思想中具有深邃的文化与哲学内涵。"自伏羲画八卦，由数起。"（《汉书·律历志》）编钟的最初定式为 3 件一组，与所谓"一生二、二生三、三生万物"不无联系。"天一地二天三地四天五地六天七地八天九地十。天数五，地数五。……凡天地之数五十有五，此所以成变化而行鬼神者也。"（《周易·系辞》）

李泽厚说："巫术的世界，变而为符号（象征）的世界、数字的世界、历史事件的世界。"[①] 郑国迁移到尚巫的商遗民之土地上，是受商人巫的观念的影响还是其他因素制约？史学研究向来有大胆假设、小心求证的传统，郑人对数字 10 的崇尚，不妨当作本文的大胆猜想。

（2）借鉴"他者"经验

前文提到亘春秋战国，郑国钮钟的 10 件组编列形式在常规编钟编列中可谓别具一格、独树一帜，体现了郑国独特的文化样貌。但这份独特性是横空出世的文化异想还是吸取其他事物的已有特征？倘若是后者，其在形式上是否有模仿对象？

笔者发现 10 编组编列形式在编磬上较为常见，并且是晋国一带编磬的编列特色。本文收集了目前山西地区所见编磬 10 件组编列汇总如下[②]：

---

① 李泽厚：《由巫到礼 释礼归仁》，生活·读书·新知三联书店 2015 年版，第 17 页。
② 参见项阳、陶正刚主编《中国音乐文物大系·山西卷》，大象出版社 2000 年版。

表 5　晋国出土 10 件组编磬统计表

序号	名称	件数	时代	来源
1	曲村晋侯 8 号墓编磬	10	西周中期	1992 年出土于曲沃县曲村乡北赵村的晋侯墓地
2	曲村晋侯邦父墓编磬	18（8+10）	春秋早期	1993 年发掘于曲沃县曲村乡北赵村的晋侯墓地
3	长治分水岭 269 号墓编磬	10	春秋中期	1972 年发掘于分水岭墓群
4	临猗程村 1001 号墓编磬	10	春秋	1986—1989 年间发掘于山西临猗县程村春秋中晚期墓葬群中
5	临猗程村 1002 号墓编磬	10	春秋	同上
6	侯马上马 5218 号墓编磬	10	春秋	20 世纪 60 年代发掘于侯马上马墓地
7	侯马上马 1004 号墓编磬	10	春秋	同上
8	万荣庙前 58M1 编磬	10	春秋晚期	1958 年出土于万荣县庙前东周墓群
9	分水岭 25 号墓编磬	10	春秋	1959—1961 年发掘于山西长治分水岭战国墓

从表 5 可看出晋国编磬 10 件组编列组合最早见于西周中期的曲村晋侯 8 号墓，与其相近时段的西周中晚期周原石陈乙区遗址编磬仅为 3 件一组。直至近春秋中期，编磬 10 件组编列形式才散见于齐文化区及中原文化区，诸如长清仙人台 6 号墓所出编磬以及洛阳中州路编磬等。而春秋时期 10 件组编列作为晋国编磬普遍所见的一种范式，即使到了战国时期，韩、赵、魏三家分晋，编磬的编列模式也在三个国家基本上以 10 件组形式延续了下来，诸如太原金胜村 88 号墓和 673 号墓出土编磬、交口窑瓦村编磬、屯留车王沟编磬、闻喜邱家庄编磬、潞城潞河编磬，等等，不一而足。

那么，编磬 10 件组编列模式作为晋文化特有的文化特点是否被郑国吸收、改造在编钟上，是值得进一步探讨的问题。晋文化在"金石之乐"方面确有其先进性，溯至新石器时代，襄汾陶寺遗址出土的 26 件乐器，被视为礼乐制度的文化先驱与滥觞[①]，其中的铜铃是目前所见最早的铜类乐器。历经曲折的晋侯苏钟，其形制的差别勾勒出一条由铙演变甬钟的清晰轨迹，也成为先秦编钟断代的重要标准。另外，闻喜上郭村 M210、M211 所出钮钟无论在编列还是音列方面均具开拓性。不过，事实也证明，进入春秋阶段情况有所变化，即在陪葬的钟类乐器中，明器的数量明显增加。如在临猗程村墓群钟的多套钟、太原几座墓中的编钟、潞河七号墓中的几套钟，许多甚至没有将铸造时钟体内的范芯清除，便直接送入墓中。这些明器钟体较薄，制作粗糙，即便将范芯清除也根本无法演奏。[②] 而此时正是郑国青铜器文化蓬勃发展之时，这也印证了一个事实：春秋间各诸侯国在政治、经济上的兴衰，促使其文化上的此起彼伏和传播交流。

由于郑国编钟在时期上的前后断层，我们所看到的只是郑国编钟成熟期的产物，在春秋早期是否有一过渡形态？不得而知，或许只能期待新的考古出土来填充。不过，可以看到郑国人的革新意识。对钮钟编列形式，还可从音列方面获得更多阐释。

（二）音列推定与分析

1.调性特点

郑国祭祀遗址编钟有着几近统一的调性规范，即 G 宫。不过，笔者在分析过程中亦有所疑问，例如，G 宫是仅用于祭祀遗址编钟还是郑国普遍存在的调性特征？编钟发展过程中是否存在调性变迁规律？我们可将视野放宽到编钟的历史发展中进行思考，西周甬钟有没有一定的调性规范？如果有规范存在，与郑国祭祀遗址编钟在调性上有无关联？首先对所见西周时期甬钟调性列表归纳。

---

① 参见项阳、陶正刚主编《中国音乐文物大系·山西卷》，大象出版社 2000 年版，第 2 页。
② 参见项阳、陶正刚主编《中国音乐文物大系·山西卷》，大象出版社 2000 年版，第 4 页。

表 6　西周甬钟调性统计表

序号	钟名	时代	调性	乐器来源
1	强伯各钟	西周早期	B宫	1980年宝鸡市南郊竹园沟西周强伯各墓出土
2	强伯𰀁钟	西周早期	A宫	1974年宝鸡市南郊茹家庄西周强伯𰀁墓出土
3	魏庄甬钟	西周早期	C宫	1986年河南平顶山北渡乡魏庄出土
4	一、七式㐱钟	西周中期	B宫	1976年陕西扶风庄白一号西周青铜器窖藏出
5	二、四式㐱钟	西周中期	C宫	同上
6	三式㐱钟	西周中期	bB宫	同上
7	五、六式㐱钟	西周中期	F宫	同上
8	长安马王村甬钟	西周中期	C宫	1973年长安县马王村西周铜器窖藏出土
9	长由编钟	西周中期	G宫	1954年陕西长安普渡村长由墓出土
10	逆钟	西周	C宫	征集品，陕西咸阳地区永寿县西南店头公社好畤河出土
11	柞钟	西周晚期	C宫	1960年陕西扶风齐家村西周铜器窖藏出土
12	中义钟	西周晚期	B宫	1960年陕西扶风齐家村西周铜器窖藏出土
13	晋侯苏编钟	西周晚期	C宫	1992年发掘于曲沃县曲村乡晋侯墓地
14	楚公逆编钟	西周晚期	B宫	1993年出土于山西晋侯墓地

表6所列西周中期甬钟数量最多，从调性比例看，C宫和B宫平分秋色。虽无法判定哪个调性成为西周编钟的规范，但在编钟调性上比较统一，非此即彼。进入春秋时期，乐悬中不再由甬钟一种钟形组成，镈钟和新创设的钮钟纷纷加入乐悬制度中。在春秋早期还可见一些编钟延续西周调性规范，诸如甘肃礼县大堡子山甬钟调性为C宫，虢太子墓编钮钟为B宫，长清仙人台M6编钮钟为C宫等，但很快，各地编钟雨后春笋般出现，调性也变得形形色色。例如，闻喜上郭村M210号墓编钮钟为D宫，而M211号墓为C宫；临沂凤凰岭编钮钟为#D宫；滕州庄里西村编钮钟为E宫；秦公钟为A宫；等等，不一而足。凡此种种，都凸显出一个现象：各地"乐"的繁荣。更多具有地方化的调性色彩渐为丰富，而西周调性规范体制的瓦解与西周的衰落是同步的。与此同时，各国新的调性体制确立起来。例如，楚地编钟以#F宫居多，而郑国则以G

宫为其调性规范之一，至于其原因，王子初先生认为，G宫"与C宫的关系十分紧密。从乐律学五度相生的角度来看，C宫和G宫是最直接的主、属关系，属同韵三宫以内，与西周编钟C宫的音律传统完全一脉相承"[①]。

2.正鼓音的规范度与侧鼓音使用问题探析

（1）正鼓音音列规范度分析

前面已将三个遗址各坎编镈与编钮钟的音列情况分别进行了细致分析，初步判定其正鼓音列具有较高的规范度，但也有个别钟存在音列不规律现象，下面对这些编钟正鼓音列做出总体述评。

首先是编镈，其正鼓音列有着惊人的统一度，为"羽·宫·角·徵"四声音列，为之设计音列。除了17号坎首钟和城市信用社末钟喑哑无法获取测音数据外，其余均保持规律音列状态，几乎在同一高度。这比西周末、春秋初3件组编镈在音乐性能上获得大大提高，说明钟师对镈钟音乐、音响性能上的开发以及对低音钟的音准把握度。较之镈钟，钮钟虽也呈现统一的音列，其设计音列为"角—徵—羽—宫—商—角—羽—商—角—羽"，但某些坎钮钟音高出现偏离情况。现将每套钮钟正鼓音列列出加以比对。

K1·A　角—徵—羽—羽—商—角—徵—商—角—羽

K1·B　角—徵—羽—羽—宫—商—宫曾—羽角—宫—徵

K4·A　角—徵—羽—宫—商—角—羽—商—角—羽

K4·B　角—徵—羽—宫—商—角—羽—商—角—羽

K5·A　角—徵—羽—宫—商—角—羽—商—角—徵

K5·B　角—徵—羽—宫—羽角—角—羽—商—变宫—和

K7·A　角—徵—羽—宫—商—角—羽—商—角—羽

K7·B　（角）—徵—（羽）—闰—商—角—羽—羽—徵曾—宫曾

---

① 王子初主编：《中国音乐文物大系·续河南卷》，大象出版社2009年版，第127页。

K8·A　角—徵—羽—宫—商—角—羽—商—角—徵

K8·B　角—徵—羽—宫—商—角—羽—商—角—宫

K9·A　角—徵—羽—宫—商—角—羽—角—变徵—羽

K9·B　角—徵—羽—宫—商—徵曾—羽—商—变徵—羽

K14·A　角—徵—羽—宫—商—角—羽—商—角—羽

K14·B　角—徵—羽—宫—商—角—羽—商—角—羽

K16·A　角—徵—羽—宫—商—角—羽—商—角—羽

K16·B　角—徵—羽—宫—商—角—羽—商—角—羽

K17　　角—徵—羽—宫—商—角—羽—商—角—羽

金·A　角—徵—羽—宫—商—角—羽—商—角—闰

金·B　角—徵—羽—宫—商—角—羽—商—角—变宫

信·A　角—徵—羽—宫—商—角—羽—商—角—羽

信·B　角—徵—羽—宫—商—角—羽—商—角—羽

以上各坎正鼓音列中，4号、14号、16号及城市信用社A、B两组钮钟以及17号坎钮钟正鼓音列最为标准、规范。其他坎均有差池，其中1号坎正鼓音列最不规范，B组钮钟从4号钟开始变得混乱，其原因前面已有所分析，不再赘言。还有一现象是，凡不调的钟多集中在高音区，特别是最后的10号钟，据知，人耳对中音区音准最为敏感，越到高音区越加减弱。总而言之，郑国祭祀遗址镈钟和钮钟基本能遵循正鼓音设计音列，而钮钟的音列规范度较为参差，规范度较镈钟略差。

（2）侧鼓音使用问题探析

笔者在前文对郑国祭祀遗址各坎编镈、编钮钟每钟正、侧鼓间双音音程关系进行了计算与分析。该遗址编镈正侧鼓音间呈现四度、五度、六度音程及增、减等音程性质，可以确认这些编镈并不具备双音性能。编钮钟的双音关系通过统计以三度音程居多，但二度、四度也在多数钮钟上出现，因此，编钮钟的双音性能亦不尽如人意。通过对侧鼓音的音列推定，虽然各音位情况多样，但我们可列出对比，寻找一定特点与规律（见表7）。

表 7 郑国祭祀遗址编钮钟侧鼓音列表

坎号	组别	1	2	3	4	5	6	7	8	9	10
K1	A	徵	羽	宫	羽角	和	徵	宫	变徵	徵	羽
	B	徵	宫	变宫	羽角	和	徵	变宫	徵曾	徵曾	羽
K4	A	宫曾	宫	羽角	和	徵	徵	宫	和	宫曾	变宫
	B	宫曾	宫	宫	徵曾	和	徵	羽角	变徵	宫曾	羽角
K5	A	徵	闰	宫	角	徵	宫曾	宫	和	宫曾	羽
	B	宫曾	羽	商	角	徵	徵	宫	和	徵	徵
K7	A	徵	宫	商	商	和	徵	羽角	徵	徵	变宫
	B	—	宫	—	商	角	宫曾	变宫	宫	角	羽
K8	A	变宫	变宫	宫	徵曾	宫曾	徵	羽角	变徵	徵	闰
	B	羽	闰	商	变徵	徵	徵	宫	徵	变徵	徵曾
K9	A	羽	宫	角	角	变徵	徵	和	和	羽	变宫
	B	闰	变宫	羽角	和	和	和	宫	变徵	宫曾	羽
K14	A	宫曾	宫	羽角	角	变徵	徵	和	和	宫曾	变宫
	B	徵	闰	宫	徵曾	和	徵	宫	和	宫曾	闰
K16	A	徵	宫	宫	徵曾	变徵	徵	和	变徵	宫曾	宫
	B	徵	闰	宫	徵曾	变徵	徵	和	变徵	宫曾	宫
K17	A	—	商	角	宫	羽	徵	宫	徵	徵	闰
金	A	变徵	闰	变宫	商	变徵	徵	羽角	和	宫曾	羽角
	B	徵	变宫	宫	商	和	徵	宫	和	宫曾	商
信	A	变徵	闰	变宫	商	和	徵	宫	和	宫曾	宫
	B	变徵	羽	宫	商	和	徵	宫	角	徵	羽角

在正鼓音基本一致且具有较高规范性的情况下，侧鼓音也理应保持一定的统一，通过表 7，可以直观看到不同坎编钟每钟对应的音位并未表现出一致

性，即使同一坎的两组编钟，也没有达成一致。其中，侧鼓音最为相同的是16号坎两组，除了2号钟，A2为宫，B2为闰，其余9钟音位都相同。可以说，16号坎钮钟是我们前面所说的理想化的侧鼓音状态，应该也是钟师所精心设计以及予以追求的编钟性能。因此，可将16号坎钮钟作为参照，来衡量其他诸钟的侧鼓音状态。

其一，从16号坎的侧鼓音来看，闰、徵曾、变徵、宫曾的出现，推测此时的钮钟至少保有九声音列，展现出钮钟所特有的音乐性能。

其二，在各坎侧鼓音与16号坎侧鼓音的重合关系看，4号坎、14号坎的侧鼓音经过设计，双音性能最强，钟师在铸调方面也最为用心。其次是金城路遗址钮钟和城市信用社遗址钮钟。其他各坎侧鼓音音位则比较混乱，显然没有经过设计以及调校，大部分侧鼓音呈自然状态。

其三，在正鼓音与侧鼓音关系中也呈现出音程的恒定状态。例如正侧鼓音"角—徵""羽—宫"双音关系最为稳定。在正鼓音列中，角音出现三次，分别位于1、6、9号钟，羽音也出现3次，分别位于3、7、10号钟。这种恒定性在6、7号钟最为突出，绝大多数坎的6号钟侧鼓音为徵音，与正鼓音构成"角—徵"关系，同时，大部分坎的7号钟侧鼓音为宫音，与正鼓音构成"羽—宫"关系。这是继西周甬钟流传下来的历史传统，可看出钟师对此二者的把握度。6、7号钟位于人耳的敏感区，在第10钟上正侧鼓音"羽—宫"双音性能极差，只出现少量的侧鼓宫音（除16号坎两组钟外，只在信用社A组出现一次），表现出钟师对高音钟把握度不足。

综上所述，郑国祭祀遗址编钟的侧鼓音状态除了16号坎、4号坎、14号坎质量较高的钟比较准确外，其他基本没有经过特别的设计与调校。与正鼓音的规范性相比，侧鼓音显然未得到重视。可看出当时郑国的钟师在调试编钟的音列时，指导思想可能只顾及编钟的正鼓音，所以仅对正鼓音做了调试。在本文第三部分分析钮钟双音性能时笔者曾设问，其双音性能的偏差是钟匠不能还是不为？经分析，很显然是后者。或许这些编钟只是用于某种性质的宗教活动，并非用于日常音乐演奏场合，所以对编钟的音乐性能的要求就未必有对日常演奏的乐器那么高。这些编钟的发掘者已经指出，编钟的出土地肯定不是墓葬，很可能就是某种祭祀坎，这与以上分析的结果是吻合的。

五、郑国祭祀遗址编钟的时代价值与历史意义

（一）郑国祭祀遗址编钟的摆列情况及同出器物

古人有着强烈的方位观，特别是周人，对青铜器物的摆放位置和方向均有严格规定。《仪礼》中所记录的各类仪式中有大量对方位的描述。特别是祭祀仪式，祭祀彝器的摆放位置、同出器物、摆放方式等都体现了浓重的仪式感和深刻的文化内涵。前文中提到礼器坎与乐器坎呈组合状排列，同时，各坎内器物的摆列亦非随意摆放，从中可探寻到重要的历史文化信息。

1. 编钟摆放情况

郑国祭祀遗址每套编钟均单独放置于长方形竖穴土坑内，仅有17号坎形状为南宽北窄的长方梯形。坑内填土未打夯，但质地较硬，内填由褐色黏土和黄沙土混合而成的五花土。许多编钟上下多残留有席编痕迹，清晰展示出编钟入土时的置放顺序，即先在坎底铺层席子，再将悬着钟的木梁置于席上，随后放入钟架，并以席覆盖，最后填土掩埋。

郑国祭祀遗址每坎编钟的摆放方式大致有四种：一是口朝下竖立在坎内，例如中行1号坎编钟均为此摆列方式；二是将编钟按组别平置于坎底，这种摆放方式占据多数，例如中行7号坎、8号坎、16号坎、17号坎等均属这类摆列方式；三是竖立和平置兼而有之，中行14号坎属此类情况；第四种摆列方式见于金城路遗址和城市信用社遗址，其A、B两组钮钟上下两层叠放在一起。

各坎摆放方式虽不尽相同，但均秩序井然。多数编钟悬挂于钟架横梁上，显然是按照编钟编悬形式放入坎内，这为我们研究其乐悬、演奏形式等提供了重要参证。另外，还有两点值得注意：其一，中行16号坎编钟上下除盖席以

外，还以丝绸包裹，体现出这套编钟的珍贵。实际上，前文从各个方面的研究均证实该坎编钟在形制、纹饰的特别之处，优良的铸造工艺及其所具备的优质音乐性能，均属上乘之作；其二，金城路编钟与城市信用社编钟的摆放方式一致，且明显区别于中行遗址编钟摆放情况。说明这两处遗址在祭祀仪式的时间、方式上更为接近。

2.编钟的摆放方位及同出器物

编钟的摆放方位有着特殊的历史蕴义。我国自古以来，人们都具有强烈的方位观念。尤其在周代，方位观更是处处体现于各种礼仪的执行过程当中。周代典籍《仪礼》中，对方位的描述可谓细致入微，体现了不同等级间的尊卑有序。同时，也呈现出不同民族、不同地区的习俗。据研究，楚人有着尚东的习俗，并且楚钟大多被摆放在楚墓中的东面，或正东、或东北、或东南。楚人将编钟放置在最重要的方向和方位，彰显出楚人的尚东之风。[①] 郑国祭祀遗址的摆放方位也有一定规律可循，现将每坎编钟摆放方位与同出器物详情列为表8如下：

表8　郑国祭祀遗址各坎编钟摆放方位与同出器物列表

坎名	摆放方位	同出器物
中行 K1	镈、A 组钮钟：分别立于南、北两侧，均由西向东大小错递摆放；B 组钮钟：立于镈和 A 组钮钟中间，由东向西大小错递摆放	钟架1具、陶埙1件
中行 K4	镈钟、B 组钮钟、A 组钮钟按组由南向北排列，每组均大小错递由西向东摆放	钟架1具
中行 K5	三组钟放置在坎的北半部，镈钟、B 组钮钟、A 组钮钟由北向南排列，每组均由西向东大小错递摆放	钟架1具、陶埙1件
中行 K7	镈钟、A 组钮钟、B 组钮钟按次序由北向南排列。镈钟由东向西大小错递排列，A、B 组钮钟分别由西向东大小错递排列	钟架1具、陶埙1件　木质钟槌1件

---

① 参见邵晓洁《楚钟研究》，博士学位论文，中国艺术研究院，2008年，第159—160页。

续表

坑名	摆放方位	同出器物
中行 K8	镈钟、A 组钮钟、B 组钮钟按次序由北向南排列。镈钟由东向西大小错递摆放。钮钟由西向东大小错递摆放	木质钟架 1 套、悬钟木梁 3 根、陶埙 1 件
中行 K9	镈钟、B 组钮钟、A 组钮钟按次序由北向南排列。镈钟由东向西大小相次摆放；钮钟都是由西向东大小错递摆放	钟架 1 具、悬钟横梁 3 根、陶埙 1 件
中行 K14	镈钟、B 组钮钟、A 组钮钟按次序由南向北排列。镈钟由西向东大小错递摆放；A、B 组钮钟亦均由西向东大小错递摆放	陶埙 1 件、悬钟木梁 3 根（残缺）、钟架半具
中行 K16	镈钟、B 组钮钟、A 组钮钟按次序由南向北排列。镈钟由西向东大小错递摆放；A、B 组钮钟亦均由西向东大小错递摆放	青铜钉 3 颗、陶埙 1 件、残钟架 2 组、横梁 5 根
中行 K17	镈钟与钮钟呈一字形摆放，于口向西。镈钟按大小由北向南摆放；钮钟按大小由南向北摆放	无
金城路编钟	镈钟与两组钮钟分南北两排放置，镈钟一排在南，钮钟一排作上下两层叠放在北。镈钟和钮钟均按大小相次摆放，但摆放顺序相反	无
城市信用社编钟	同金城路遗址	无

由表 8 中所列编钟摆放方位可得出，镈钟和两组钮钟都是南北排列，并呈现出两种排列方位模式，即从镈钟到两组钮钟由南向北排列抑或由北向南排列。总之，南北方向的排列方位是郑国祭祀遗址编钟的方位特点，应是体现了中原地区的方位观念，而有别于楚钟的"尚东"之风。

值得说明的是，在 11 坑编钟当中，除中行 17 号坑、金城路遗址和城市信用社遗址外，其余 8 坑均出土有簨虡一副。所谓簨，指的是悬钟的横梁，而虡则是两端支撑横梁的架子。有的坑"虡"的形状奇异，似奇诡飞舞的蝴蝶，而横梁基本为三根。为我们判断钟的演奏方式和悬挂方式提供了多重证据。据知，迄今考古发现的编钟架，多分布在楚文化区域，其时代几乎全属战国时期，属于春秋和汉代的仅少数几例。属于北方列国的钟架，长期以来却极为罕见。此次发现，弥补了这方面的不足。[1]另外，郑国祭祀遗址所见编钟架均为木结构，高度距地面1米。尽管所有钟同悬钟的横梁都是从钟架上摘下后放于坎底，但从每坎都有三根横梁以及1号坎的钮钟一排大钟在西、小钟在东，另一排大钟在东、小钟在西错递悬挂的情形以及4号坎的二根悬钮钟的横梁两端相连接的情况看，都说明镈钟与钮钟是分三层悬挂，即上层平行悬两套钮钟，下层悬一套镈钟，所有钟架与横梁的跨度都在2米以内。[2]加之出土的钟槌，乐师跽坐敲钟的画面浮若眼前。孔子曰："之死而致死之，不仁而不可为也；之死而致生之，不知而不可为也。是故竹不成用，瓦不成味，木不成斫，琴瑟张而不平，竽笙备而不和，有钟磬而无簨虡。其曰明器，神明之也。"[3]也就是说有无配备钟架是判断实用器与明器的重要标志。郑国祭祀遗址出土11套编钟均为实用器，证明文献所载有所不实。

同出器物中，最为特别的莫过于陶埙。这些埙都是黑色、褐红色泥质陶所制，体呈陀螺形，有3孔和4孔两种。单纯开闭音孔可得8音到16音不等。陶埙是原始社会时期即已出现的古老乐器，到商代发展成熟。目前所见出土陶埙中，商代后期埙数量最多，而且"主要是集中在河南的北半部，接壤的河北南部及山东西北部仅偶有发现"[4]。相比而言，周埙出土数量比商埙少得多。郑国祭祀遗址中的陶埙是作为法器存在还是与编钟所共同演奏的乐器，需进一步研究，不过，郑国所在的新郑地区乃商之旧地，推测陶埙的出现应该与此地遗留的商文化相关。

（二）礼乐制度的衰变与郑人的礼乐意识

"礼"在原始社会祭祀仪式中形成、发展。据音乐考古学的研究表明，史

---

[1] 参见河南省文物考古研究所《新郑郑国祭祀遗址》（中），大象出版社2006年版，第925页。
[2] 参见河南省文物考古研究所《新郑郑国祭祀遗址》（中），大象出版社2006年版，第926页。
[3] 孙希旦：《礼记集解》卷九，中华书局1989年版，第216页。
[4] 李纯一：《中国上古出土乐器综论》，文物出版社1996年版，第397页。

前时期所见礼乐器已是数以百计。据统计，到目前为止已达200余件。襄汾陶寺遗址乐器群，是目前所知中国上古礼乐制度初始阶段最重要、最完整的考古资料。①"礼"经历夏礼、殷礼的演化，在周礼中形成以血缘为纽带的"尊尊亲亲"的礼乐典章制度，巨细靡遗地制约着西周上层社会的方方面面。其根由如薛艺兵所言："周人灭商后所面临的主要问题，并不是如何恢复殷商的神鬼信仰，而是如何以周族极少的人口和较低的文明程度来统治广袤的中原大地和文明程度已相当发达的殷商国土。"而"对礼乐如此改造，其目的是要用周人的标准来规范各组和各代礼乐的内容，并通过制度的形式推行到各个不同等级的统治阶级中去；其意义在于扩大周文化的影响，加强周人血亲联系和维护宗法等级秩序"②。在礼乐制度中，礼与乐是不可分割的统一体，所谓"礼乐相须为用"，两者又具有不可调和的矛盾，在相互制衡下发展。"礼崩乐坏"最早出自《论语·阳货》③，礼崩乐坏反映在政治上是周天子地位的一落千丈，从"礼乐征伐自天子出"转为"礼乐征伐自诸侯出"，归根结底，则是人们传统礼乐观念的转变。据王清雷研究，西周中期已经出现"礼崩乐坏"的现象，到了西周晚期，有的贵族已经敢于公然僭越西周的乐悬制度。至于"礼崩乐坏"局面的形成，当是春秋中晚期的事情了。④人们在旧事物和新事物、旧制度和新制度间总是持有一种矛盾心理。郑国虽以鱼丽之阵大败王师并射中王肩，但在郑人的思想深处仍对周礼维护有加。《左传》中屡有记载，列之几例，窥其一斑。

《左传·庄公十九年》：

---

① 参见王清雷《史前礼乐制度雏形探源》，《中国音乐学》2007年第3期。
② 薛艺兵：《论礼乐文化》，《文艺研究》1997年第2期。
③ 《论语·阳货》中孔子的弟子宰我说："三年之丧，期已久矣。君子三年不为礼，礼必坏；三年不为乐，乐必崩。"
④ 参见王清雷《西周乐悬制度的音乐考古学研究》，博士学位论文，中国艺术研究院，2006年，第92页。

秋，五大夫奉子颓以伐王，不克，出奔温。苏子奉子颓以奔卫。卫师、燕师伐周。冬，立子颓。二十年……冬，王子颓享五大夫，乐及遍舞。郑伯闻之，见虢叔曰："寡人闻之：哀乐失时，殃咎必至。今王子颓歌舞不倦，乐祸也。夫司寇行戮，君为之不举，而况敢乐祸乎？奸王之位，祸孰大焉？临祸忘忧，忧必及之。盍纳王乎？"虢公曰："寡人之愿也。"二十一年……夏，同伐王城……杀王子颓及五大夫。①

《左传·僖公二十四年》：

宋成公如楚，还，入于郑。郑伯将享之，问礼于皇武子。对曰："宋，先代之后也，于周为客。天子有事，膰焉；有丧，拜焉。丰厚可也。"郑伯从之，享宋公，有加，礼也。②

《左传·隐公十一年》中强调了礼的重大作用：

"秋七月，公（鲁隐公）会齐侯、郑伯伐许。""壬午，（郑伯）遂入许。""齐侯以许让公（鲁隐公），""（鲁隐公）乃与郑人。""郑伯使许大夫百里奉许叔以居许东偏，""乃使公孙获处许西偏，曰：'凡而器用财贿，无置于许。我死，乃亟去之。吾先君新邑与此，王室而既卑矣，周之子孙日失其序。夫许，大岳之胤也，天而既厌周德矣，吾其能与许争乎？'"君子谓："郑庄公于是乎有礼。礼，经国家，定社稷，序民人，利后嗣者也。许无刑而伐之，服而舍之，度德而处之，量力而行之，相时而动，无累后人，可谓知礼矣。"③

---

① 《春秋左传正义》，载《十三经注疏》，中华书局1980年版，第1773页。
② 《春秋左传正义》，载《十三经注疏》，中华书局1980年版，第1818页。
③ 《春秋左传正义》，载《十三经注疏》，中华书局1980年版，第1736页。

种种材料均揭示出郑人自始至终的礼乐观念，难怪晁福林先生强调"在相对弱小的国家中能够使礼成为捍卫国家之武器者，以郑国最为典型"[①]。由此，也不难理解郑国社稷祭祀的兴盛和乐悬制度的健全，因为，这不是偶然现象。

（三）郑国祭祀遗址编钟对于音乐史研究的启示

中国数千年古老的历史，根据音乐形态可分为上古、中古、近古三大时期。所谓音乐形态，是指"音乐在特定时代条件下的一种整体性的存在方式"[②]。在很长一段时间中，由于上古先秦时期历史久远、文献匮乏或讹误，使其相较于中古、近古时期的音乐史研究成果最为羸弱。音乐考古成为研究这一时期音乐史的主要手段，支撑起先秦"金石之乐"为核心的音乐发展脉络。通过对考古新材料的增加以及音乐考古学者的研究，大量新内容需补充到音乐史著作中，并使读者及时更新学术认识。通过对郑国祭祀遗址编钟的研究，可对音乐史学有如下意义。

1. 补正文献所载。《左传》《国语》中对郑国社稷的记载有多处，却未记载具体方位，郑国祭祀遗址的发掘，弥补了文献之不足。而郑国祭祀遗址所出青铜编钟，使我们更客观地了解郑国礼乐文化的真实面貌。

2. 在现有音乐史著作中，谈春秋时期必谈"礼崩乐坏"，谈"礼崩乐坏"必谈郑国，而郑国也被打上"郑声淫""郑卫之音"的烙印。实际从郑国祭祀遗址来看，郑国的宫廷礼乐与民间音乐可谓两不相及，在郑国宫廷中，仍遵循着严格的礼乐制度。

---

① 晁福林：《春秋时期礼的发展与社会观念的变迁》，《北京师范大学学报》（社会科学版）1994年第5期。

② 刘再生：《论中国音乐的历史形态》，载《中国音乐的历史形态：刘再生音乐文集》，上海音乐学院出版社2003年版，第3页。

3. 郑国祭祀遗址具有断代史研究意义。郑国虽"国小而逼",却是春秋历史上不得不书的一笔,特别是郑国祭祀遗址编钟填补了春秋中期编钟发展的空白。因此,在音乐史的春秋阶段书写中,应为其留有一席余地。

后　记

　　中国青铜乐钟作为华夏礼乐文明的典型器物，承载着丰厚的文化内涵。因其物理性能的相对稳定，以及应用范围、编列和组合形式等制度化因素的存在，所以对先秦的历史、艺术、科技、社会制度研究乃至更广泛的领域都具有非常重要的学术价值。

　　对于编钟的研究，其历史可以上溯至战国时期，在《周礼》的"春官"和"冬官"中已有钟体形制和合金配比的记述。其后，历代统治者在礼乐观念的作用下，产生了大量关于编钟的文献记载，为研究编钟提供了丰富的背景资料。宋清两朝金石学的兴盛，推动了对古器物的研究和记录整理工作，被视作中国考古学的肇始。在这一背景下，编钟作为礼乐重器之一种，被给予相应的关注。但是，金石界多从制作、铸文、款识、义训及用途等角度着眼，未能从音乐考古学的维度进行考量，因而难以准确地揭示编钟的礼乐文化内涵。至1932年，刘半农于《国学季刊》发表《天坛所藏编钟编磬音律之鉴定》，开启了对于编钟现代学科意义上的音乐考古学研究。新中国建立后，大量考古发现以及系统的发掘整理工作促进了这一学科的发展。本书以曾侯犺墓编钟、许公墓编钟、曾侯乙编钟、郑国祭祀遗址编钟等为代表，研究涉及两周编钟的音列源流、西周考古与乐悬制度、楚编钟与楚文化、商周铙与编镈、吴越编钟、乐钟研究的标准差分析等研究专题和领域；在改写我们对于历史的认识同时，为音乐考古学这一学科的成熟，进一步夯实了基础。编钟作为音乐考古学兼具音乐、制度、工艺等多重文化内涵的研究对象，得到了学界的普遍关注。

　　本书所录文章都以编钟为着眼点，从不同角度对其进行研究，旨在阐释这一礼乐重器所蕴含的艺术及历史文化价值。除王子初先生外，其余作者皆为其指导的博士研究生，毕业时间的跨度十年有余。文章是各位作者以攻读博士学位时所获学术成果为基础，取其精华，加以精心提炼撰成。内容涉及乐律体系、乐器性能、形制规范、类型特征、组合形式、乐悬制度以及区域性青铜文化等多方面内容，基本涵盖了目前所见编钟的重要音乐考古学课题。刊录这些文论，既是对该领域研究对象与研究方法的汇集整理，也是对音乐考古学学科理论的发展施以积极的推动。

本书的出版得到了郑州大学王子初"音乐考古学"优势特色学科建设项目经费的支持，以及文化艺术出版社同人的大力协助，在此一并表达敬谢之意。

编者

2022 年 12 月